法律社会学教程

主编　李瑜青
副主编　瞿　琨

華東理工大學出版社
EAST CHINA UNIVERSITY OF SCIENCE AND TECHNOLOGY PRESS

图书在版编目(CIP)数据

法律社会学教程/李瑜青主编. —上海：华东理工大学出版社，2009. 10(2023.2重印)

ISBN 978-7-5628-2628-6

Ⅰ. 法…　Ⅱ. 李…　Ⅲ. 社会法学-教材　Ⅳ. D90-052

中国版本图书馆 CIP 数据核字(2009)第 159685 号

法律社会学教程

主　　编/李瑜青
副 主 编/瞿　琨
责任编辑/刘　军
责任校对/金慧娟
出版发行/华东理工大学出版社
　　　　地址：上海市梅陇路 130 号，200237
　　　　电话：(021)64250306(营销部)
　　　　传真：(021)64252707
　　　　网址：www. ecustpress. cn
印　　刷/常熟华顺印刷有限公司
开　　本/787 mm×960 mm　1/16
印　　张/20
字　　数/387 千字
版　　次/2009 年 10 月第 1 版
印　　次/2023 年 2 月第 9 次
书　　号/ISBN 978-7-5628-2628-6
定　　价/36. 00 元

联系我们：电子邮箱　zongbianban@ecustpress. cn
　　　　　官方微博　e. weibo. com/ecustpress
　　　　　天猫旗舰店　http://hdlgdxcbs. tmall. com

華東理工大學出版社
客户端扫码进入天猫旗舰店

主　　编　李瑜青

副主编　瞿　琨

参编人员　（按姓氏笔画排序）

王　荣　田先纲　李　瑞　李瑜青
肖　倩　张　建　陈琦华　赵　昭
赵　斌　雷明贵　瞿　琨

目　　录

第一篇　法律社会学基础理论

第二篇　法律与社会基础探讨

第三篇　法律与社会发展

第四篇　法律职业角色探讨

第一篇

法律社会学基础理论

第一章　法律社会学的研究对象和学科指向

一个学科的研究对象是由一个学科所面对的矛盾特殊性所决定的，但概念的表达是通过人们的行为揭示出来的，因此本章的讨论我们先从案例分析入手，从五个方面进行探讨：第一，民间收债的个案分析；第二，梁祝悲剧的个案分析；第三，法律社会学的研究对象；第四，法律多元主义问题；第五，法学研究的学术指向。

一、华南——民间收债[①]的个案讨论

按照法条主义的逻辑，国家是禁止民间收债的。1998年6月，最高人民法院、最高人民检察院、公安部、司法部联合通知规定：各级公、检、法、司机关一律不准以任何理由、任何形式，成立讨债公司以及其他类似的企业。1993年5月，国家工商行政管理局发布工商企字[1993]第124号文件，关于停止办理公、检、法、司机关所属的“讨债公司”登记注册有关问题的通知，停止为公、检、法、司机关申办的讨债公司及类似的企业登记注册，通知立即停止讨债业务，并办理撤销、注销或变更事宜，否则依法吊销营业执照。1995年，公安部、国家工商行政管理局明令禁止开办讨债公司。2000年6月，国家经贸委、公安部、国家工商行政管理局联合下发国家经贸综合[2000]568号文件《关于取缔各类讨债公司，严厉打击非法讨债活动的通知》。事实上，尽管法律、法规已有明确的规定，但民间收债仍禁而不止。应当承认，老百姓有他们自己认可的生活规则。就民间收债存在的根据而言，主要有以下这么一些方面。

首先，民间对收债市场的需求。因为当权利主体的正当权益不能通过正式的制度获得救济，这时主体一般就不会顾忌国家的有关规定，因而寻求权益保障的要求就压倒了一切法律文本。

其次，人们对依靠国家的法律维护社会正当的秩序缺乏信心。有时可能是国家的能力有限；有时可能是法律的执行成本过高。

① 徐昕：《国家的态度：民间收债和私力救济的表达与实践》，《中外法学》，2004年第1期。

第三，人们之所以要违法选择"自己"来讨债，还在于道德力量的作用。欠债还钱，天经地义。人们对这种道德知识的信服，使得已有的法律禁止民间收债的规定难以奏效。

第四，特有的个体形式导致对民间收债的需求。这里所谓的特有形式，是指寻求收债的多为弱势个体或组织，他们一般习惯于通过非讼方式来解决民间的债务纠纷。这样，就有一个民间的规矩在人们日常生活中流行。

其实在关于民间收债的问题上，就国家禁止民间收债而言，其一是怕出问题；其二是怕国家的法律权威受到置疑。国家及其代理人有所谓"问题"情节，稳定压倒一切，不出问题就是政绩。在现实中，收债人会绕开国家法律的禁区而不出"问题"。民间收债又不耗费国家的资源，却能为其"摆平"许多纠纷，社会公正问题一定程度上得到缓解，公众对司法不满情绪在一定程度上也可能得到释放。因此，民间收债在一定程度上能达到双赢的目的。

论文的原作者徐昕关于国家对民间讨债态度的分析，引出了法律表达与实践不一致的问题。他认为，法律规则几乎确实包含存在过度性(over inclusive)。按字面的意思理解，法律规则禁止了制定该规则的立法机关事实上并不想禁止的某种行为。由于人们预见力的限制和语言本身的模棱两可，将规则准确适用于企图禁止的行为所需成本较高，立法机关试图对禁止的行为描述得越特定，法律的漏洞就越多。若不折不扣地实施这种包含过度性的法律规则，就可能产生非常高的社会成本。因此，司法机关通过自由裁量的方式即不予执法来矫正这种法律规则。但笔者认为，这实际上反映的是国家法律存在的局限性以及法律与民间规则之间的关系。应该说，人生最为根本的是生活，而非法律。法律必须融于生活，满足于生活，才会有生命力。这是从对民间收债的讨论中得出的第一个结论。

从对民间收债问题的讨论，我们得出的第二个结论是：任何法律都是历史的或是现实的，它不应依据抽象的道德原则或是逻辑推演。按照一般的法条主义逻辑，国家禁止民间收债，有令则必行。但事实上民间收债禁而不止，这说明了有利益在其中起着重要作用。我们有必要分析和研究现有的利益关系与法律之间存在的矛盾状况，一概强调以国家武力作为威慑力量或进行制裁，抽象地去谈论所谓法律规则，是没有意义的。

法学家的职责在于促进社会公正，法律规则不存在固定不变的模式。无论把制定法看成是法的规范，还是把习惯、道德等因素也看作具有社会合理性的行为规范，主要的问题在于通过研究去研讨和发现，如何使法律规范能成为当时当地最为合适的一种社会秩序。正是在这个意义上，我们可以去评价民间收债的问题。法律，人们是可以通过经验发现的，也可以通过理性有意识地进行创造。通过人们的智慧和努力，法律可以不断地改善和发展。

二、从历史的意义来认识梁祝悲剧①的个案

梁祝的故事不仅震撼了一代代的少男少女，而且也令许多多情的成年人伤感。如今人们已经习惯将这个故事鉴定为“悲剧”，称其为中国的“罗密欧与朱丽叶”。在现代公众的眼中，外出求学、恋爱、结婚，基本上都是同20岁左右的年龄相联系的事，但其实梁祝的年龄要小得多。因为无论是从古代的结婚年龄来推算，还是对戏剧故事本身的细节来推测，梁祝悲剧发生时他们最多也只是青少年，在14～16岁，甚至可能更年轻些。而讨论年龄问题则对讨论梁祝爱情的悲剧有重要的意义。

按今天的标准来看，他们之间的爱情是一种非同寻常的“早恋”。但如果按历史来看，则是一种正常的现象，甚至可能是人类社会存在所必需的。因为在那时的社会生产力、技术水平、医疗水平都很低，加之交通不便，信息不畅，人的平均寿命不高，为保证生命的繁衍、种族延续，人们就必须早婚。假设当时人的平均寿命只有40岁，那么如果当时人们的结婚年龄如同今天城市人的结婚年龄在25岁左右，那么该社会的绝大多数人在去世时，其第一个子女才十多岁。这般大的一个孩子在农业社会中虽然可以参加一些简单轻微的劳动，但尚不足以独立谋生。而他们最小的弟妹可能还在襁褓之中。显然，这种结婚年龄是无法保证种族的延续和发展的。所以早婚是一种必然，也是一种社会存在的最佳选择。因此，只有在这个意义上，我们才可以理解古代的结婚年龄。

仅仅承认早婚早育作为社会制度在当时社会的合理性还不够，人类还必须发现其他的一些具体的措施制度来保证在当时的社会条件下（社会流动过小，交往过于狭窄，信息流通不便），实现最有效、最便利的早婚早育。媒妁之言与包办婚姻正是作为这样一种保证人类延续的辅助性制度，有效地应对这种社会条件而发展起来的。

首先，人类通过长期的实践，发现“男女同姓，其生不善”，即血缘关系过于亲近的人结婚，对于后代的繁衍很不利。因此，必须从血缘关系较远的人当中选择婚配的对象。但是，在以前的农业社会中，交通和信息都极为不便，人们的生活范围有限，孩子

① 朱苏力：《从历史的意义来认识梁祝悲剧》，《文汇报》，2004年2月15日。

们往往是在同一个村落里长大的，且同村同龄段的异性往往都是近亲属，可以接触到的并可以成为配偶的其他异性也很少。在这种社会条件下，婚姻就成为父母为儿女操心的一件大事。那些社会经历和社会关系相对广的父母亲，较有可能为子女找到合适的配偶。因此，包办婚姻和媒妁之言在传统社会当中确实起到了拓展择偶信息渠道的功能，而且具有不可替代的制度的正当性。

但是对于早婚，这些择偶标准往往变得难以适用。比如，由于早婚，男子的许多男性特征（身体是否强壮、高大、健康）往往未能充分发育而很难衡量。又比如，随着社会的发展，男子的养育能力已不再取决于他的体力，还取决于并可能完全取决于其个人的才智，而这种才智在包办婚姻中也是无法辨识的。只有在同人包括同异性交往中才能逐步展现出来。再比如，有养育能力并不一定有养育的意愿，而养育的意愿在很大程度上又往往取决于对方对自己有没有异性吸引力。这种以异性吸引力为基础的养育意愿，他人往往也很难衡量，但在异性的交往中更容易被对方所发现。我们可以看到，许多古代的戏剧中，常常有落难才子为大家闺秀一见钟情，这实际上展现的是一种社会生物学的现象。但这些都是因早婚早育而引发的以包办婚姻和媒妁之言为标志的婚姻制度所无法回答的问题。

这样，对梁祝的悲剧我们可以形成这样的观点：其一，关于婚姻的社会性质。应当看到，古代包办婚姻和媒妁之言制度有其历史的合理性，这与当时的生产力状况有内在关系，因此法律制度只能在历史中实现。强调个人自由，在性的自然属性上，包括人的许多本能，都需要在社会生活以及在社会生活中形成的制度的条件下才能得以实现。

其二，任何一种制度都不具有永恒的合理性。我们必须关注社会变迁对原有制度带来的种种影响和作用。某种制度不能只建立在逻辑体系和道德力量的基础上，更重要的是要适应变化了的社会条件。例如：在婚姻制度上，与农业社会相联系的包办婚姻和媒妁之言的制度有其历史的合理性。随着社会生活条件的变化，交通条件的改善，人员的大幅流动，医疗保健的发展，人类预期寿命的延长等，原有的包办婚姻和媒妁之言的制度就不适应这个社会的需求了。

其三，梁祝悲剧的意义在于，它以艺术的方式展现了婚姻制度作为规则与现实世界中特殊问题之间的矛盾。梁祝的故事表明，婚姻制度是否需要变革以及如何变革，恰恰是在人们违反制度的行动中展现出来或是实现的。梁祝的悲剧，使人们认识到传统包办婚姻制度的弱点和局限。这就使这一悲剧具有现实意义。因此，一种制度其本身就是一个矛盾体，这个矛盾体充满了历史与现实、生活与规则、人性与制度的辩证法。

三、法律社会学的研究对象

从以上民间收债和梁祝故事两个个案的讨论，使我们对法律的理解有了进一步的升华。法律，我们不能孤立、抽象地去理解它，要把它与一定社会政治、经济、文化发展的需要联系起来。法律作为社会的显规则，还必须与社会的潜规则相联系，否则它就难以有效地达到控制社会的目的。而对法律这样的理解，便具有法律社会学的特点。我们再进一步去思考法律社会学的研究对象。

关于法律社会学的研究对象，学界有不同的见解。有学者如赵震江、季卫东、齐海滨等人，从法律形成和发展的内在机制及其规律入手，揭示法律社会学研究对象的内涵，认为：法律社会学是对法律现象形成和运动的机制、规律以及法律体系的功能进行客观研究的社会科学。①

有学者如王子琳、张文显，从法律与社会关系上揭示法律社会学研究对象的内涵，认为法律社会学是以法和社会的关系为研究对象，横跨法学和社会学两个领域的边缘学科。② 朱景文也认为，法律社会学是研究法律和社会的关系学科，是法学和社会学相互结合的产物。③

有学者如陈明华，从法律是现实化条件入手揭示法律社会学研究对象的内涵，认为法律社会学是以法和社会实际的联系为基础的，关于法的作用、发展和法现实化的一门科学。④

有学者如沈宗灵，从法律实行的功能、效果入手揭示法律社会学研究对象的内涵，认为法律社会学的研究对象是通过各种社会现象问题来研究法律的实行、功能和效果。⑤

有学者如陈信勇，从法律社会化过程揭示法律社会学研究对象的内涵，认为“法律社会学是研究法律社会化过程及其规律的学科”。⑥

笔者认为上述学者的观点概括起来有两类：其一，认为法律社会学是以“社会中的法”为研究对象，研究法的实行、功能和成效，法的社会运行的机制、内在的结构及

① 赵震江，季卫东，齐海滨：《论法律社会学的意义与研究框架》，《社会学研究》，1988 年第 3 期。
② 王子琳主编：《法律社会学》，吉林大学出版社 1991 年版，第 1 页。
③ 朱景文主编：《法社会学》，中国人民大学出版社 2005 年版，第 115 页。
④ 陈明华：《法社会学刍议》，《西北政法学院学报》，1987 年第 4 期。
⑤ 沈宗灵：《法律社会的几个基本理论问题》，《法学杂志》，1988 年第 1 期。
⑥ 陈信勇：《法律社会学教程》，浙江大学出版社 2007 年版，第 4 页。

法的社会的组织实施等；其二，认为法律社会学的研究对象应该更为广泛，它不仅研究社会中的法，还研究法的社会因素，即法律在实现过程中的社会条件、社会机制、社会心理、社会文化、社会习俗等。英国学者科特威尔指出：用社会学的观点来研究法律，并不要求将法律纳入经院社会学的学术轨道，而应该带着'社会学的想象力'来观察法律。这种想象力不断以广阔的社会为背景尝试诠释法律的详尽知识，执著地寻求法律发展和社会大变迁之间的关系；认为法律以复杂的公式与用它来治理的社会环境之间的相互作用；并且这种想象力始终感到需要在合乎逻辑的经验性资料和严格的理论阐述的情况下，对这些问题进行系统化的探讨。[①] 笔者比较赞成从广义上来把握法律社会学的研究对象，即第二类观点。

我们要特别注意这种学术争论给我们的提示，这就是法律社会学与传统法学在法学研究对象上的区别。可以说，在法律社会学形成之前相当长的时期内，法被理解为一个封闭的固定的规则或命令。其中实证主义法学最为典型。实证主义法学把法定义为由一个总的标准确认的，旨在决定什么行为应受国家权力惩罚或强制执行而直接使用的一批特殊的规则。[②] 由此传统上，法学家大多自觉或不自觉地把形式上的法（或书面上的法）转变为现实中的法（或行动中的法），且为一种自然而然的过程，认为法律规范一经制定出来并付诸实施，就将在社会生活中发生实际效力。还认为法律规范的形态和运作形态是统一的，法学的任务就在于研究如何完善法的规范形态，而没有必要过多地关注法的运行形态。在这种片面狭隘的法学认识论的影响下，法律现象中的大量经验事实长期成为法研究中的"盲点"和"误区"。由于没有受到足够的重视，更没有成为某一具体的法学学科的研究对象，因此，法律与社会是隔离的或断层的。与此相对，法律社会学则把法理解为对社会是开放的，是一种运作的体制。它所关注的不是法律规范的价值或逻辑体系，而是法律现象中的经验事实或可能影响法律的社会事实，法律在社会实际生活中具体的运行及其功能发挥的"实际状态"等。

为此，诸多法律社会学家对上述观点做了论证。埃利希曾指出：法律社会学的任务与目的是发现和系统分析在社会生活的不同领域中起作用的"活法"，完善测量"活法"规范与相应的书面法之间的有效性。[③] 古尔维奇也说：法社会学是研究法律在社会现实性的社会学中关于人类精神的那一部分，它从社会实在的和外部可以观察到的表现有效的集体行为和物质基础着手。法社会学根据其内在含义解释这些行

①② [英]罗杰·科特威尔：《法律社会学导论》，华夏出版社1989年版，第7页。
③ [奥]欧根·埃利希：《法社会学与法律职业》（英文本），1984年版，第17页。

为和法律的物质表现，同时又吸收和剖析它们的含义及这些行为和表现所改变的内容。[1] 这些都说明，法律社会学在法学研究对象上力图解决的是社会生活中广泛的法律问题和法律涉及的广泛的社会问题。法律和社会的互动问题进入了法律社会学的视野。

四、法律多元主义问题

法律多元主义是法律社会学的一个重要的理论倾向。传统的法学理论主张，法律必然是国家的法律，它具有统一性、排斥性，法律由国家机构来实施。法律社会学家提出法律多元主义与他们对法律现象的观察有密切关系。在现实生活中，无论我们制定多少法律，现有的法律和固有传统法律文化之间存在的各种矛盾和冲突总不会马上得到解决。法律还难以充分真正深入人心，渗透到社会实际生活中。有法不依、执法不严的现象在某些地方还相当普遍，已制定的许多法律在实际生活中经常不能真正实行，缺乏应有的实效。人们习惯按行政命令、传统理论、土政策办事。在这种情况下，法学家不仅要对法律做实证研究，关注法律逻辑结构、语言框架等，而且还要研究在立法和法律实施中的影响因素，国家法律在现实生活运作中存在的问题，以及怎样使法律能切实可行等。法律社会学重视研究法的社会性，重视研究法的社会功能和社会效益，强调法与传统民族文化模式及心理结构的关系，强调法学要走出书斋，改变繁琐的注释方式，从事社会施政的考察分析，这使得他们不倾向于把法律的理解单一化。

当然，从法律多元主义角度分析，法律社会学家关注到了法律人类学的研究成果。法律人类学家在对非洲、美洲地区的部落社会居民文化的调查后发现，当地人有着自己的传统和生活习惯，有着自身解决纠纷的机制。那些外来的殖民统治者虽然利用强权建立起了国家和法律制度，但其作用是十分有限的。部落居民有着自己心目中认可的秩序规则。因此，亨利·莱维·布律尔指出：只要对社会生活简单地观察一下就可以使我们相信，除了由政权强加的法律规则外，还存在着某些法律规定，或至少具有法律效力的规定。过去存在，现在仍然存在着一些并非总体社会的组织权限中产生的法律。既有超国家法，也有国家法。[2] 弗里德曼也曾说，书面上的法则是一个样子，但生活中表现的有可能是另外一个样子。规则本身并不可能告诉我们

① ［英］戴维·M. 沃克：《牛津法律大词典》，法律出版社 2003 年版。
② 亨利·莱维·布律尔：《法律社会学》，上海人民出版社 1987 年版。

法律如何运行，不能帮我们把名存实亡的法律与现行的法律分开，不能告诉我们法律是如何制定的、为什么这样制定以及它对人们的生活有什么影响。法律社会学的视角与分析法学的不同，它重视对社会生活中某些法律现象进行经验描述。法律讨论的问题不是一个超经验的哲学思辨，也不是纯粹的逻辑分析。法律的问题是一个涉及在某一社会或某些社会中的与法相关的经验问题。法律多元主义有其存在的依据。

对与多元的国家法相对立的法概念，法律社会学家有不同的称谓，如民众法、本地法、民俗法、非官方法、非国家法等。历史上自然法学派的学者最早主张和坚持多元的法律观。如罗马的西塞罗把法律分为自然法和人定法；中世纪的阿奎那把法律分为自然法、实在法等。他们主张的法律多元论观点有一个共同的特点，即法律根源于人的本性（理性），自然法是最高的法，人定法要服从于自然法。从这个意义上说，自然法学派就其本质而言，属于一元法律观。与自然法学派的观点不同，法律社会学主张法来源于社会，除了国家法、正式法以外，还存在非国家法、非正式法。虽然非国家法、非正式法从狭义的意义上，不能把它称之为法，但它们作为在社会生活中实际起作用的秩序规则却是不能忽略的。法律社会学的这一思考，开拓了法学研究的视野。

五、法学研究的学术指向

一般来说，所谓学术指向，即是学术研究的路径或视角。笔者赞成有些学者概括的，即关于法学的一般理论到目前有代表性的，大体有三种学术指向，即道德理性的指向、逻辑实证的指向和社会现实的指向。

第一，道德理性的指向，主要与历史上的自然法学的观点一致。这种观点认为，法在本质上应该来源于永恒不变的自然性或理性，与一定的道德价值体系相一致，以诸如正义、平等、自由等抽象价值来构建法律的理想目标。

第二，逻辑实证的指向，主要与历史上的实证法学的观点相一致。这种观点认为，实证法或国家法是由法律规则构成的，是一个法律规则或法律规范的体系。法律是中性的，它具有技术性和工具性特征，与政治道德等价值观点无关，它要关注的是其既成内部结构的稳定性与逻辑的合理性。

第三，社会现实的指向，主要与法律社会学派的观点相一致。法律社会学突出法与实际生活联系的重要性，认为法在本质上是一种社会秩序。法与社会之间有着不可分割的内在联系，因此必须在社会中研究法律并且通过法律研究社会，强调法律在社会中的作用和效果，为此，要特别关注把以经验事实为基础的社会学研究方法引入法学研究中，实现法学方法论的创新。

法律社会学的学术指向，在法学研究上的创新是显而易见的。美国哈佛大学布莱克教授在1989年出版的《司法社会学》一书中的概括，很好地揭示了这一点。布莱克提出了法学研究的两种模式，即法理学模式和社会学模式。认为这两种模式有着以下六个本质的区别：

（1）从研究本质焦点看，根据传统的观念，法律从根本上讲就是规则，因此在法理学模式中其焦点是规则问题。通常根据一个或者多个规则对已有的案件事实进行判定评价，而社会学模式则把我们的注意力集中到了案件的社会结构上，即谁是参与者、这种参与对判决的影响等，这种分析，在法理学模式中则不加重视。

（2）从法的过程来看，法理学模式把法律看作是一个逻辑过程，对每一个案件都是运用法律条文进行评估，而且逻辑决定结果；但在社会学模式中，并不认为法律是逻辑的。法律所阐述的是人们实际上如何行动，仅此而已。比如谋杀，法律条文定义为“恶意预谋”杀人为谋杀，但谋杀并不是依照逻辑决定的，取决于谁杀了谁，实际上只是人们如此认定的。

（3）从对法的范围看，法理学模式视法律为从一个案件到另一个案件是不变的，它是书面的，并且是所有的人都可以获得的，相同的事实会有相同的结论，也即，法律是通用的，以相同的方式适用于所有案件。然而社会学的模式认为，法律是可变的，它随着各方社会特征的不同而不同，所以不同的和通用的是那些预测和解释结果的原理，并且这些原理是社会学的。

（4）从研究的视角上看，法理学模式是参与者的视角，从业律师用法律条文逻辑地引出一个特定的决定；法官也例行公事地运用法理学模式，他们根据法律逻辑地应用于案件的事实来形成他们的决定。相反，社会学模式需要的是观察者的视角，它关注当事人的社会特征，而不考虑从业律师和法官所强调的那些方面。当然这并不意味着社会学家认为法律条文是完全没有意义的。

（5）从研究的目的看，法理学模式是实用的，它所关注的是应该如何作出判决；社会学模式是科学的，它所关注的是有关案件的判决是如何作出的。

（6）从要实现的目标看，法理学模式用于作出决定，而社会学模式用于作出解释。[1]

① ［美］唐纳德·布莱克：《社会学视野中的司法》，郭星华等译，法律出版社2000年版，第16～18页。

第二章 法律社会学的历史发展与代表人物的主要观点分析

法律社会学作为一门独立的法学学科，有自身丰富的历史发展过程，在本章中我们要讨论法律社会学的历史发展和一些主要代表人物的历史思想。所涉及的问题是：第一，西方法律社会学历史发展概况；第二，法律社会学在中国的发展；第三，埃利希、坎特诺维奇的法社会学理论；第四，涂尔干的法社会学思想；第五，庞德的法律社会学思想；第六，马克斯·韦伯的法律社会学思想；第七，塞尔兹尼克、诺内特的法律社会学思想等。

一、西方法律社会学历史发展概况

我们可以注意到，在西方法律思想史上，很早就有学者开始从法和社会的关系出发去理解法。有代表性的学者，如法国启蒙思想家、法学家孟德斯鸠，他批判"君权神授"、"法自天出"的观念，认为社会及自然环境如气候、国土、人口等因素对法的决定性的作用，把法的精神解释为"法律同各种政体、风俗、气候、宗教、商业等等应有的关系"。为此，留下了他的一部力作——《论法的精神》。

英国法学家梅因等也十分重视探讨法与社会环境、历史传统等因素的关系。梅因在《古代法》一书中，分析研究了古罗马社会与古罗马法律之间的关系，指出法律的进步主要表现在从身份向契约的转变、从家庭向个人的转变。[1]

但一般从编年史的角度来回顾这一学科的发展，人们强调法国孔德的《实证主义哲学》一书的历史性贡献。孔德及其追随者对法律社会学所作出的研究，其特点在于确立了法律社会学的某些重要的理论基础以及相关的一些学术概念。他们的研究属于探索和开拓的性质。

就孔德(A. Comte，1798—1857)的历史贡献而言，主要是提出了实证主义原则和社会学的概念。所谓实证主义原则，即认为一切科学知识的来源，是观察实验的经验事实，科学的任务在于认识规律，而所谓规律是经验现象中的某种不变的先后关系

① [英]梅因：《古代法》，沈景一译，商务印书馆1959年版。

和相似关系。他首次使用“社会学”这一术语来标明一门独立的学科，指出社会学是关于社会秩序、社会进步的范畴和人性结构理论。但孔德当时对社会学的理解等同于社会科学，他的社会学目的论和方法论对后人研究产生了积极影响。这些人中比较著名的有英国的斯宾塞（H. Spencer，1820—1903）、奥地利的龚普洛维奇（L. Gumplowicz，1838—1909）、法国的塔尔德（G. Tarde，1843—1904）、美国的沃德（L. F. Ward，1841—1913）。如斯宾塞被称为进化论的第一位代表，“社会有机体”的创始人。他认为社会和国家如同自然界生物一样，是一个由简单到复杂不断进化的有机体。按进化论中的变异、自然选择、遗传等原理发展。社会阶级的分化正如有机体内部的机能分化一样：社会如同生物一样是一个有机体，生物机体中包含了营养、循环（分配）和调节（神经）三个系统，它们各司其能。社会有机体也是如此，相应于这三个系统，社会中的人就必然要分化成三个不同的阶级，即担负营养（生产）机能的劳动阶级（工人阶级）、担负分配机能的商人阶级、调节生产分配和整个社会的工业资本家阶级。这三个阶级各有其职、缺一不可，少了一个，整个社会有机体就会失去均衡，社会就不能存在。作为个人来说，应具有生存竞争和适应环境的能力，使个人有机体与社会有机体保持平衡。国家和法律的任务在于维护社会的平衡和个人的自由。

20 世纪初至 30 年代，是法律社会学的正式形成时期。当时活跃于法学界的如目的法学、自由法学、社会连带主义法学等，都对法律社会学的产生提供了积极的思想养料，由此涌现出了一批对后来法学的发展产生重要影响的法社会学家，如德国的耶林（H. Jhering，1818—1892）、韦伯（M. Weber，1864—1920）、坎特诺维奇（H. Kantorowicz，1887—1940），奥地利的埃利希（E. Ehrlich，1862—1922），法国的狄骥（Léon Duguit，1859—1928）、涂尔干（Emile Duskhein，1858—1917），美国的庞德（R. Pound，1870—1964）等。就思想发展的特点来说，学者们明确提出了法社会学、社会法学等一系列概念，把与法的社会根源、社会功能和社会效果等相连的各种不同问题连接成为系统的法律社会学的主题，并做了全方位的探讨。埃利希的“活的法律的思想”，坎特诺维奇主张把法理学和社会学相结合的观点，狄骥和涂尔干社会连带法学的论证等，都使得这一时期法律社会的发展呈现生机勃勃的势态。特别值得一提的是美国法社会学家庞德，在其关于法社会学研究纲领的思想中，提出法律社会学的任务：（1）研究法律制度和法律学说的实际社会效果，法律不应是封闭的规范体系和概念。（2）进行与法律研究有关的社会学研究，为立法做准备。（3）研究使法律规则发挥效能的手段，这种研究不是如分析法学那样对各种法律规则的内容进行逻辑分析，至于法律的生效自然会以国家武力作保证；这种研究也不是如哲理法学派那样，只是关注抽象的正义原则，认为这种抽象的正义原则可以保证法律生效。法律社会学则注意法律的作用，研究法律的适用，法律的生命就在于它的适用和施行。(4) 法律研究的方法应该既要对司法、行政和立法以及法学的活动进行心理学研究，又要对理想的哲理进行研究。(5) 对法制史进行社会学的研究，不只是研究法律原理和原则如何演变，而且还要研究这种原理和原则在过去发生了什么效果以及是如何发生的。(6) 承认根据情况对法律规则加以适用的重要性，即力求对各种案件都能正当合理地予以解决，研究依不同情况适用法律的制度。(7) 研究普通法系国家中司法部门的作用。(8)“所有以上各点都是达到一个目的的手段，即力求使法律秩序的目的更有效的实现”。

从20世纪30年代到60年代，法律社会学进入了发展的第二个阶段。这一阶段学术界一般认为，社会学的调查和经验研究方法被广泛地应用于法学领域，从而促进法律与社会学在经验层面上的结合。但是，人们的研究由于受心理学行为主义的影响过大，注重于问卷、统计、心理测验和法官行为等社会学技术方法的运用和具体法律的问题，忽略了对法的基本理论的探讨。作为这一时期具有代表性的人物是现实主义法学派的美国的霍姆斯(O. W. Holmes，1841—1935)、卢埃林(K. N. Lewellyn，1893—1962)、弗兰克(J. Frank，1889—1957)等。

到了20世纪的60年代，法律社会学的发展纠正了前一时期的某些偏差，这被看作是法律社会学发展的第三阶段。以庞德和坎特诺维奇为代表的法社会学的理论重新得到重视，强调法律社会学既是理论的又是实践的；重视法律社会学方法论和基础理论的研究；法学研究要联系法律实践，为立法、执法、司法等法律实践服务；强调研究法律的实践社会作用和效果，以发现法律的实际作用和预期作用之间的距离，以便提出改革或改善法律的方案。同时，还批判了以布莱克为代表的纯粹法律社会学的干扰。这一时期法律社会学发展新方向的有以塞尔兹尼克(Philip Selznick，1919—　)及其弟子诺内特(Philippe Nonet，1939—　)为代表的“伯克利学派”以及欧洲的法律社会学代表，如英国的科特雷尔(Roger Cotterrell，1946—　)，其代表作为《法律社会学导论》(1984)；德国的卢曼(Niklas Luhmann，1927—1998)，其代表作为《法社会学理论》(1985)。而批判法学研究运动以昂格尔(Roberto M. Unger)、楚贝克(D. Trubek)等为代表。这是以美国反西方法律传统的左翼思潮而存在的。

进入20世纪80年代之后，一批有影响的社会学著作问世。《国际法社会学杂志》创刊，标志着法社会学研究已成为了一种世界性的科学研究。

二、法律社会学在中国的发展

我国法律社会学的研究有其自身的问题或视角，从历史上看，早在20世纪初期就有许多学者对此给予了极大的关注并有了相当的学术积累。以严复为代表的一批翻译者是最早值得我们关注的。他们当时翻译了大批法学、社会学的名著，如《法意》(即孟德斯鸠的《论法的精神》)、《群学肆言》(即斯宾塞的《社会学研究》)、《民约论》(即卢梭的《社会契约论》)、《权利竞争论》(即耶林的《为权利而斗争》)等。1931年，上海法学编译室出版了张知本的《法律社会学》，这是我国最早的一本专著。1947年，上海商务印书馆出版了瞿同祖《中国法律与中国社会》，这是一本至今仍有重要意义的法律社会学研究型专著；同时还出版了一批法律社会学研究专题的报告，如严景耀博士的《中国的犯罪问题与社会变迁的关系》(1935)等。在20世纪中叶，法律社会学在中国有过短暂的学术繁荣。[①]

但真正使法律社会学这个学科得到全面发展的，是在20世纪80年代之后，我国陆续翻译和出版了大量的西方法律社会学著作，如美国庞德的《通过法律的社会控制》、《法律的任务》、《普通法精神》、《法理学》、《法律史》；埃利希的《法律社会学的基本原理》；韦伯的《论经济与社会中的法律》；塞尔兹尼克和诺内特的《转变中的法律与社会：迈向回应性法》；布莱克的《法律的运作行为》、《社会学视野中的司法》；昂格尔的《现代社会中的法律》；科特威尔的《法律社会学导论》；川岛武宜的《现代化与法》；棚濑孝雄的《纠纷的解决与审判制度》等。

国内的学者就法律社会学的原理也做了系统的研究，出版了有代表性的著作。按时间顺序先后有苏梅凤等编著的《法律社会学》(武汉出版社1990年版)；王子琳主编的《法律社会学》(吉林大学出版社1991年版)；陈信勇著的《法律社会学》(中国社会科学出版社1991年版)；马新福的《法社会学导论》(吉林大学出版社1992年版)；赵震江主编的《法律社会学》(北京大学出版社1998年版)；陈信勇著的《法律社会学教程》(浙江大学出版社2000年版)；饶艾、张洪涛著的《法社会学——社会学视野》(西南交通大学出版社2002年版)；田成有著的《法律社会学的学理与运用》(中国检察出版社2002年版)；刘焯著的《法与社会论——以法社会学的视角》(武汉出版社2003年版)；李瑜青等著的《法律社会学导论》(上海大学出版社2004年版)；王威著

① 韩亚峰：《法社会学在中国发展史略》，载于郑永流主编的《法哲学与法社会学论丛》(七)，中国政法大学出版社2005年版。

的《法律社会学——学科辨析与理论源流》(群众出版社 2004 年版);朱景文主编的《法社会学》(中国人民大学出版社 2005 年版);李瑜青等著的《法律社会学经典论著评析》(上海大学出版社 2006 年版);李瑜青等著的《法律社会学理论与应用》(上海大学出版社 2007 年版)等。另外,法律社会学专题性的研究成果也十分的丰硕。

20 世纪 80 年代,法律社会学以改革开放启动的社会转型为背景的研究主题,来探讨法律的实效问题。1987 年在北京召开了全国第一次法律社会学研讨会,主要把讨论的方向定位在法律的社会控制和法律实施的效果上。而在 1988 年全国第二次法律社会学的研讨会上,主要探讨了法律效果、法律文化。解决法律实效的问题可以说有两个不同的基本方向:一是寻找法律自身的问题,即回到法律本身,建构一个更细致、完备的法律制度;二是寻找法律外的因素,把问题追溯到传统社会,尤其是传统的法律文化。在这两种不同的研究领域和思路中,最为关键的就是把法律的秩序(即市场经济的法律秩序)先定化,既预设了社会改革与建构的参照系统,也预设了社会的基本目标,即任何问题的讨论都是围绕着新法律体系而进行的。其基本的逻辑是回到社会本身去寻找市场经济法制秩序难以实现的原因,并着力改变这些制约的因素。这就把中国的传统法律文化置于妨碍法制化的角色。因此,法制构建需要在健全法制系统的同时改变我国传统法律文化的逻辑,形成与现代法制相配套的法律文化,从而实现改革的目标,也即实现法制的目标。这种逻辑把外在的法律秩序视为参照标准和基本目标,以此反观传统的法律秩序。通过比照建立了两种截然不同的社会系统,建构了西方法律秩序和传统中国法律秩序的二元性,从而形成了传统社会向现代社会转变的进化逻辑。

20 世纪 90 年代初期,法律社会学研究经历了一段时间的低迷期,尽管 90 年代法律社会学知识生产量与 80 年代比较类似,但知识生产的场域则完全不同。随着 20 世纪 80 年代末的政治风波的发生,国家开始反思并重新调整社会改革的基本路径,这也使得 90 年代的知识场域对 80 年代的改革路径和知识发展的整体性进行反思。但随着 90 年代初期国家政策的调整,社会改革的方向基本明朗,法制革新也有了明确的目标,法律社会学也出现了新一轮的发展盛况。90 年代的法律社会学继续围绕着社会的转型探讨法治的构建及其实现,但这一时期的法律社会学研究开始了对传统向现代单线进化的现代化理论进行反思性建构,并把研究的重心从国家层面的制度建构下转移到社会层面寻求法律的社会根据。与此同时,法律社会学在“国家与社会”二元框架下,发展并得出了市民社会与本土资源理论两个分析路径,以求实现法治的目标——从国家本位回归社会本位。

进入 21 世纪之后,法律社会学有了新的进展,其不仅表现为法律社会学知识量的快速增长，同时也表现为学科意识有了新的发展。更为重要的是，法律社会学的研究主题和知识逻辑与90年代又有所不同，在法律社会学知识陈述的背后，隐喻了研究者的精神之旅及其试图表达的社会意涵。在2000年后法律社会学的反思性建构中，市民社会研究路径在法律社会学研究中逐渐被弱化，而民间社会尤其是民间法的研究却前所未有地凸显出来，使得这一时期法律社会学的研究主题转向了对民间社会尤其是民间法的研究。同时，在国家制度建构层面，多元化纠纷解决机制成为法律社会学的核心主题。当民间法与多元化纠纷解决机制放在同一范式下进行研究时，这也意味着法律社会学研究者开始尝试着在体制内解决国家法与民间法的冲突问题。总之，法律社会学问题意识的流动，反映了法律社会学学科意识的独立性及其对其他学科的辐射力。

三、埃利希、坎特诺维奇的法社会学理论

埃利希(E. Ehrlich，1862—1922)是奥地利法学家，其主要著作有《法律的自由发现和自由法学》(1903)、《法律社会学的基本原理》(1913)、《法理学逻辑》(1919)，其中《法律社会学的基本原理》一书使他赢得了“欧洲法社会主义之父”的称号，《法的自由发现和自由法学》一书则使他又被誉为自由法学创始人。坎特诺维奇是德国法学家，也是欧洲法社会学主要创始人之一。其主要著作有《为法律科学而斗争》(1906)、《罗马法注释派研究》(与W. 巴克兰合著，1938)、《法的定义》(1958)。从法律社会学发展的思维路径来看，他们的主要贡献在于明确提出摆脱传统法学的研究方法，主张法学研究的重心要转向广阔的社会生活，分析的对象也不再是具体的法律条文和法律原则，而是法律赖以生存的社会条件和社会环境。为此，埃利希提出：无论是在现在或者是其他任何时候，法律发展的重心不在立法、不在法学，也不在司法判决，而在社会本身。这段话也许就包含了陈述法律社会学基本原理每一个企图的实质。[①] 坎特诺维奇则明确提出了“法学与社会学的结合”。他认为法学是关于价值的科学，社会学是关于事实的科学。没有社会学的法学是空洞的，没有法学的社会学是盲目的。

与上述思想相关联的，是对法的形式所做的新的解释。埃利希认为，不能把成文法或制定法看成是法的唯一形式。那种把成文法教条化，唯成文法是从的习惯判决，是法官恣意专横的思想根源。埃利希提出了活法的命题。他认为，从根本上说法支

---

① E. Ehrlich, Fundamental Principle of the Sociology of Law (English edition). Cambridge: Harvard University Press, 1936, p. 1.

配着实际的社会生活，是对人的行为起决定性作用的因素。

因此，他提出要对法的结构进行分析，就法的存在形态而言，其一是以习惯、风俗为依据的社会一般成员日常行为规则，又称之为"活法"；其二是诉讼案件判决中审判机关适用的规则；其三是国家制定的抽象的法的规则。而其中"活法"反映的是原本的生活，是最为基础的。坎特诺维奇则把法定义为："规定外部行为的，其适用是由法官进行的规则的总和。"他把法分为正式法和自由法。强调自由法——习惯、法律的解释、判例理由、法学家的权威论述等也是法的渊源。为此，他批判实证法学派的理论，认为这种理论把法律当作了"自动售货机"，忽视了社会现实和法律价值，司法判决变成了一种法律教条的机械的逻辑推演过程。

基于"活法"的理论，提出对法规则的起源的探讨要列入法社会学研究的范围。埃利希认为，"活法"不仅是原始的法的形式，而且直到今天，仍然是最基本的法的形式。在现实生活中可以看到，人们总是自愿地履行日常行为规则，按习惯和风俗行事，避免失面子、失信誉。因此，"活法"和成文法便有区别。"活法"是处于社会最下位的生活规范，它通过各种方式起到有效地限制人们的行为的作用，形成社会生活最基本的法秩序。我们有必要在成文法之外的社会生活过程中去寻求和探索法。成文法的规则和审判规则只是在较高层次上作为法规则发挥作用。这样的研究对法官的工作也具有重要意义。法官应该在使用传统的技术主义的判决的同时，更要注意使用自由的判决方法。法官在实际审判中能发现法的真谛。坎特诺维奇也主张以"活法"作为法的基础。法官在审判活动中，不能限于现成的法条，应积极创造新的法律规则。由此，主张倡导一种自由法的活动。

四、涂尔干的法社会学思想

涂尔干（Emile Durkheim，1858—1917）是法国著名社会学家和法社会学家。他的代表作有《社会分工论》（1893）、《社会学研究方法论》（1895）、《自杀论》（1897）、《宗教生活的基本形式》（1912）等。

涂尔干提出的整体与功能分析方法和社会事实的理论，社会连带关系的学说和把法律作为一个社会过程来研究的观点，以及他对社会犯罪现象所做的社会的分析，扩大了人们把法律作为一种社会过程来研究的兴趣和视野，并对以狄骥（1859—1928）为代表的社会连带主义法学的发展奠定了基础。

涂尔干认为，社会是个有机的整体，其中的各种因素起着维持平衡的作用。这种观点无疑是吸收了孔德、斯宾塞的社会有机体的某些理论。但他不赞成斯宾塞在此理论中的个人主义的倾向。斯宾塞认为，社会是一个系统，又是一个个人的集合体，个人可以不受社会这个整体的干预和束缚，自由地追求各自的利益。涂尔干认为，其实任何一个个体都要受制于多种其他的因素。社会类似于生物有机体，多种不同器官都是相互作用、相互结合的。在对社会现象的研究中，不能只关注个人行为的目的与动机，也不能只探索历史的起源和原因，必须对社会现象作出合理的解释，必须弄清楚和明确一种社会现象与社会有机体与他的需要之间，究竟有没有相适应的地方；如果有的话，这种适应的地方表现在哪里，而不必考虑这种相适应的地方是否符合我的意趣。①

“社会事实”是涂尔干学说的基本概念，他运用其独特方法对“社会事实”的功能做了解释。涂尔干认为，所谓“社会事实”是相对于个人层次的社会层次，是人们通过观察和实验而建立起来的对象，“社会事实”在社会层次上具有其独特的存在性。在一个社会事实中，包含了社会成员之间的交互活动，是对个人的约束力和强制力。每个人在社会生活中生活，都要受到各种社会事实的制约、引导、劝说、引诱、强制或其他的影响。当社会事实特别是道德规范、法律规则等被作为社会成员的个体所接受，并内化为个人的意识时，这时社会事实就内在化了。这种社会事实的强制就成为自然的、与个人意愿相符的因素。法律规则作为一种社会事实，具有其特殊性。法律是官方意志所体现的社会事实。法律反映了这个社会共有的基本价值和习惯，并对个人发挥着强制的作用。法律作为社会事实，是不同类型的社会结构的一个重要指标。涂尔干认为，社会是社会事实的总和。社会事实和社会事实之间是相互联系的。某一社会事实必须根据另一社会事实来解释。社会生活虽然依赖一定的物质基础，也受到物质因素的影响，但群体的共同意识则取决于综合性的社会事实。这些综合性的社会事实摆脱了一切情感、个人意识而存在自己的法则。

涂尔干还提出了社会连带关系学说。提出把法律作为一个社会过程来研究的观点。涂尔干认为，由于社会发展所造成的社会分工程度的不同，形成了不同的社会连带关系，即机械连带关系和有机连带关系。所谓机械连带关系，反映的是前工业社会的特征。这时社会没有分化，各种社会组织都由中央权威协调，人们之间的活动、经历、生活方式都大体相同，具有很高的同质性，因而形成在信仰、价值观念、道德、行为规范等方面也具有相同性，个体的意识和独立性没有发展的机会，集体意识和观念主宰一切。而有机连带关系则相反，所谓有机的联系的基础是社会分工和分化。这时社会组织不再是单一的，社会组织既相互联系又独立发挥作用。社会成员之间由于

① ［法］涂尔干（又译迪尔凯姆）：《社会学方法的规则》，华夏出版社 1997 年版，第 77 页。

社会分工的影响，在其生活方式、活动方式上有了很大的区别。他们的共性越来越少，差异则在不断增大。集体意识和观念不再是这个社会唯一的东西，个体的意识和独立性得到发展。但是，正是由于如此的变化，使社会这个有机体的各个部分对整体的依赖性更加紧密。①

涂尔干由此区分了两类法律。涂尔干认为，不可能存在离开法律的社会连带关系。但是在机械的连带关系和有机的连带关系中，法律的地位作用不同，法律的存在形式也不同。在机械连带的社会中，通常使人们结合的因素是机械的，起作用的是血缘关系、地域关系、宗亲关系等，并由此形成种种的习俗、道德观念作为社会的共同信念和意识。法律的作用总是局限于刑事法律领域，法律的性质总是压制性的法律。而在有机连带的社会中，刑事法已不起主要作用，取而代之的是恢复性法律和合作法。这是因为劳动分工的发展，人们之间的绝对同一性已不再是社会凝聚力的首要基础。人们因经历、身份、地位、知识结构等的不同，在价值观念、社会信仰上就有很大的差别。由于绝对的集体意识的衰落，刑法的作用日益减小。同时，由于社会分工的发展，又使得人们之间相互依赖性增强。法律起着联系机体各部分的功能的作用，法律的制裁带有补偿性，它的目的不在于报复，而在于恢复原状。从表现形式上看，有民法、商法、民事诉讼法、行政法、宪法等法律，其中民法是现代法的核心机制。

涂尔干还用他的社会学方法对犯罪和刑罚的现象做了分析。涂尔干肯定，犯罪是一种社会的正常现象，那种把犯罪看作一种病态的观点是缺乏根据的。因为犯罪不仅见之于大多数社会，不管它属于哪种社会，而且见之于所有类型的所有社会。虽然犯罪的形式有所不同，被认为是犯罪的行为也存在不同的标准。不论在什么地方和什么时代，总有一些人因其行为违反集体意识，而使自身受到刑罚的镇压。② 就犯罪现象而言，涂尔干认为它是指违反集体意识所禁止的行为。一种犯罪的发生总不是孤立的，总要同整个社会生活的基本条件相联系，并要看它触犯集体意识的程度。

对犯罪的社会效用要进行具体分析，当一个社会的犯罪率急剧上升时，犯罪就具有反常性或病态性。犯罪是正常现象，但不能由此而认为罪犯无论从生物学观念还是从心理学观念来看都是身体素质正常的人。③ 同时我们也不能因为犯罪是正常的社会现象，就认为它不应该引起人们的憎恨。人们不喜欢自己的机体有疼痛，当然也不喜欢社会的机体有犯罪，但犯罪的存在又不以人的意志为转移。④

---

① ［英］斯温杰伍德：《社会学思想简史》，社会科学文献出版社 1998 年版，第 115 页。

②③④ ［法］涂尔干：《社会学方法的准则》，商务出版社 1995 年版，第 83、4、90 页。

涂尔干认为,刑罚的目的并不像有人理解的是为了起到使人害怕或威慑的作用,而在于使集体的共同意识得到满足。当集体的共同意识由于某人的犯罪行为受到了伤害时,它就要求补偿,对罪犯的惩罚就是为了对所有成员的感情给予补偿。惩罚罪犯不是为了报复,而是为了维护人们利益关系的秩序。

五、庞德的法社会学思想

庞德(R. Pound,1870—1964)是当代美国著名法学家。他的主要著作有《社会法理学的范围和目的》(1911—1912)、《法哲学导论》(1922)、《法律史解释》(1923)、《通过法律的社会控制》(1942)、《法律的任务》(1944)、《法理学》(五卷集,1959)等。他对法律社会学的主要贡献在于:系统地提出了法律社会学的基本纲领,以功能主义方法为基础提出的"社会工程"和"社会控制"的理论,揭示了法律和利益之间的关系以及对法律演变的意义。他注重"行为中的法律"和"法律实效"的研究,为法律社会的发展提供了良好的基础。

庞德的学说被称为社会工程法学。他以功能主义为基础,把法律类比成一个"社会工程"。庞德指出,我愿意把法律看作为这样一种社会制度,即在通过政治组织社会安排人们行为而可以满足人们的需要或实现这些要求的情形下,他能以付出最小代价为条件而尽可能地满足社会需求——即产生于文明社会中的需求、需要和期望。就目前的目的而言,我很乐意能从法律历史中发现这样的记载,这就是通过社会控制而不断扩大对人类的需求、需要和欲望的承认和满足;对社会利益的保护日益广泛和有效;更彻底、更有效地杜绝浪费,并防止人们在享受生活利益时发生冲突——总而言之,它是一个日益有效的社会工程。[①] 作为工程,法律就不只是一堆知识或一道固定的工序,它应是一个过程,一种活动。庞德法律社会工程的学说,实际上是实用主义哲学方法论在法学领域的应用。既然把法律看作是一种"社会工程",庞德认为衡量法律优劣的标准就只是社会的效果。法学研究的目的在于:不是去争论法的性质,而是去分析社会秩序;不只去考虑所谓的法定权利,而是多考虑人们的利益、主张和要求;不去抽象地谈论法律制度,而是具体研究人们究竟得到了哪些保障和满足;不去对法律制度的完善无瑕自吹自擂,而是去考虑一种体制的具体活动;不去从法律制度入手考虑问题,而是从法律主体的活动入手考虑问题。总之,我们越是清楚地认识到我们正在做什么和为什么这样做,我们的社会工程则将

① 《法制史解释》(英文版),第153页。

越有效。

庞德还重点研究了利益与法律的关系。庞德把利益定义为:“人们,个别的或通过集团、联合或关系,企求满足的一种要求、愿望或期待。因而利益也是通过政治组织社会的武力对人类关系进行调整和对人们的行为加以安排时所必须考虑的东西。”①他认为利益可以区分为个人利益(即直接涉及个人生活,并以个人生活名义所提出的主张、要求和欲望)、公共利益(即涉及政治组织的社会生活,并由这种社会的名义提出的主张、要求和欲望)、社会利益(即从文明社会的社会生活的角度出发,以社会生活的名义提出的主张、要求和欲望)。庞德认为,法律作为社会工程必须以一种合理的方式调节社会各种利益,使得它们能保持一种平衡的状态。在调节各种社会利益的同时,涉及的是对这些利益的评价,这就是法律价值问题。他认为,美国的法律系统长期以来一直过于关注个人利益,而忽略了社会利益和公共利益。他把有最大社会意义的问题只当作个人间的私人诉讼来审理,并在观念上深深地陷于自然法学的关系中,这与现代社会发展的基本要求十分不相称,因而有必要进行理论和体制上的改革。利益机制的变更,使法律发生变化。他将法律发展分为五个阶段,即原始法阶段、严格法阶段、衡平法和自然法阶段、法律的成熟阶段和法律的社会化阶段。

庞德还从社会工程角度探讨了法律的概念。他认为,法律概念的含义有三种:其一,法学家们所称的法律秩序,是政治组织依靠强力有系统有秩序地对社会关系所做的调整;其二,由司法和行政部门制定或作出的权威性文件;其三,在实际生活中,人们司法和行政的过程。庞德认为这三者从社会工程的观点来分析,可统一起来。

各种不同的法律理论往往侧重于这三种含义法律概念的某一方面。分析法学派主要指出权威性律令中的立法因素;历史法学派了解社会控制的连续性,但看不到法律是一种高度专门性的社会控制;哲理法学派则仅注意法律中的理想成分。其实从社会工程的观点出发,把这三种含义的法律概念统一起来,它表现为一种社会制度,即依照一批在司法和行政过程中运用权威性律令来实现。从这种立场出发,庞德主张把法律规范成分和描述事实的成分统一起来,法律上的规范成分和事实成分具有同样的重要性。法学所要考虑的,不仅是法官如何判决,而且是他们应该如何判决。这样,法律制度和社会本身就可以共同进步。

---

① R. Pound, Jurisprudence, West Pulishing, 1959, vol. 3, p. 16. 引自张文显《二十世纪法哲学思潮研究》,法律出版社 2006 年版,第 104 页。

六、马克斯·韦伯的法社会学思想

马克斯·韦伯(Max Weber,1864—1920)是德国社会学理论家。他的主要著作有《新教伦理与资本主义精神》(1904—1905)、《经济与社会》(两卷集,1922)等。有学者在总结韦伯对法律社会学的贡献时指出,他积极地探索了法律与统治、法律与政治结构之间的难题,他的一些理论进一步拓宽了人们对法律问题研究的视野。

合理性概念是韦伯学说的出发点和核心内容。韦伯认为:西方社会现代化的过程,可以说是特殊形式的合理化的增长过程。诸如人的行为的合理性、社会制度的合理性等问题,都具有重要的理论意义。但在研究这些问题时,他不主张像涂尔干那样以社会事实的概念来构成自己的理论,而是以分析人类个体的行为与社会制度的联系为主要目标。一定的个体行为,形成行为理想类型的社会行为,社会行为是社会结构的基础,并由此可以对经济、政治、宗教等社会制度作出解释。因此他认为,社会学是一门理解社会行为的学科。①

韦伯的社会学开辟了理解社会行为的学科,他把社会学称为旨在对社会行动进行解释性理解,即是解释社会行为的原因、过程和效果的学问。② 一般来说,社会行为又可能取决于以下四种方式之一。其一是目的——理性行为;其二是价值——理性行为;其三是感情支配行为;其四是传统行事行为。

在社会行为的领域中,我们可以发现各种规则。只有行为以某种“公理”为指导,社会关系的内容才能称为社会秩序。在韦伯看来,某种秩序的合法性效力还可以从行动者的角度得到阐释。首先,秩序的合法性可以被行动者承认是在于其传统性;其次,可以源于行动者的效果,特别是感情上的和信念上的效果;再次,是行动者价值——合理的信念而具有的合法性;最后,基于制定而产生的合法性效力,这种合法性可以是为所有相关人同意的,也可以是一部分人统治另一部分人的。现代社会最普遍的合法形式是合法的信念,即形式上正确的制定,且制定时默认了人们的习惯方式。

在韦伯看来,社会行动是其法社会学的逻辑起点。他从社会行为类型出发,确立了工具合理性、价值合理性、基于情感性和传统性四类合法性为社会行为有效性的根据。然而这并不构成社会行动逻辑的全部,作为行动者他们行动的取向不仅源于行

① [法]雷蒙·阿隆:《社会学主要思潮》,华夏出版社2000年版,第335页。

② [德]马克斯·韦伯:《论经济与社会中的法律》,中国大百科全书出版社1998年版,第3页。

动者自身的思维逻辑，社会的宏观结构尤其是政治的社会结构形成的权威类型，在某种意义上深深地影响甚至主导了人们的行为。

所谓权威类型，是对社会权力关系的分析，即基于权威使他人具有服从的支配力。在韦伯的社会历史考察中，不同的政治结构将形成不同的权威类型。为此，韦伯构建了三种合法权威的社会类型，清晰地展现出行动者的行动逻辑的另一个重要的方面。其一，传统型权威，这种权威依赖历史法则对古老传统的神圣性及其实施权威者合法地位的信念。它主要表现为两种形态，即家长式的权威类型和封建式的权威类型。家长式的权威类型源自家族的伦理秩序，国家只是家族的扩大形式，人们对家长式权威的遵从只是对个人的敬畏情感和对传统的尊重。而封建式的权威类型源于对土地占有而形成的封建领域及藩封之间的关系。其二，感召型权威，又叫克里斯玛型权威，这种权威建立在个人的能力和魅力基础上，并形成了追随者对权威者的崇拜。这类权威大多源于领袖的非凡气质、感召力及其被统治者对他们的崇拜和信仰。其三，法理型权威，这是建立在一种遵从正式制定的非人格的法律基础上的权威。法理型权威不是源于对领袖或传统的敬畏，而是对法律的遵守。对法律的遵守又依赖于在政治组织上拥有一套健全的官僚机制。与不同的政治结构具有不同的权威类型一样，不同权威类型构成行动者不同的行动逻辑。

韦伯作为一位法律社会学的学者，主要源自他把社会划分为各种理想类型，而在社会内部的每种社会类型都包含一种相应的经济类型、政治制度类型、法律类型等。①

按照韦伯的看法，在不同类型的社会中，法律本身可以在不同意义上“合理化”，这将取决于在何种过程中，法律思想对合理化所起的作用。② 为此，韦伯运用理性化和非理性化、形式和实质这两组概念，把法律和法律思想划分为四种类型。③ 第一，形式非理性的法律类型，又称克里斯玛型法律，它主要表现为人类社会早期的神启时代所采用的、根据神谕处理纠纷的原始程序。这种法律类型下，人们难以对法律决断的结果作出预测。第二，实质非理性的法律类型，这种法律类型并不依赖法律处理纠纷，而主要是通过法律外的标准尤其是宗教、伦理和政治价值等来处理纠纷。古代中国的法律明显具有这种实质非理性的属性。第三，形式理性的法律类型，它是西方社会特有的、以法理型权威统治为基础的法律。发达的官僚组织、系统的立法、专业化的司法以及训练有素的法律专家保证这种法律的形式化逻辑，从而达到可预测的目

---

① [美]哈罗德·J·伯尔曼：《法律与革命——西方法律传统的形成》，贺卫方等译，中国大百科全书出版社1993年版，第653页。

② [德]马克斯·韦伯：《论经济与社会中的法律》，张乃根译，中国大百科全书出版社1998年版，第60页。

③ [德]马克斯·韦伯：《经济与社会》，商务印书馆1978年版，第671页。

的。第四,实质理性的法律类型,它强调法律符合道德、功效、便利和公共政策。这类法律的裁量不是在法律体系本身求取,而是对人类法律秩序提出终极的自然法的关怀,以保证案件的公正裁决。

值得我们注意的是,韦伯认为神授的法律是感召型社会的特征,传统法律是传统社会的特征,形式理性的法律是资本主义社会的特征,然而,实质理性的法律并不与任何历史上的社会类型相对应(虽然韦伯认为它是在"近代法律发展中的反形式主义倾向"中出现的,并可能出现在未来的社会主义社会中),[①]而且作为类型学的法并不在于对不同法律类型的价值评述,而仅在于对不同社会中不同法律类型的客观表达。同时韦伯面对不断变化的社会,他推崇形式合理性的法律,尽管他也批判形式合理性的法律形态。这里明显隐含了他的价值判断,或许在他看来,形式合理性的法律形态是目前最好的法律秩序,它可以在世界范围内获得最终的胜利。

韦伯不仅仅从法律的外围即从经济社会的视角观察法律,而且还深入社会结构的内部,尤其是政治结构和法律结构的内部对不同社会形成不同的法律秩序作出自己独特的阐释。为此,他从法律的视角研究了法律与其他社会规范、法律与经济社会中权利的创设和法律与法律职业三对范畴,深入说明法律作为一种社会规范在社会中的功能与作用。

韦伯认为在不同的经济条件下,法律的自由度有着明显的差别,而这种差别主要来自不同社会的经济结构。法律本身可以在不同意义上合法化,而它最终是由根植于经济背后的因素决定的。比如,早期的契约建立在物物交换的基础上,依赖于神明的保障。只有当以货币为媒介的商品交换市场化时,一种形式平等的契约才成为可能。

法律的发展与法律职业的相关性是法社会学家一个极其关注的问题,在法社会学家看来,法律不仅仅是纯粹的规范体系,它的来源也不仅仅是表现立法者的意志或国家意志。法律作为一种社会的规范,它源于社会也服务于社会。

职业性的法律训练主要有两种方式,一种是学徒式的实务训练,另一种是专业学校训练。[②] 对于学徒式的法律训练是将法律作为工艺路线的经验性训练,在英国,法律的传授主要依赖于律师。第二种职业性的法律训练方式是大学的法律教育。这种法律教育方式并不排除实务的法律训练,而是把法律实践中的师徒式教育以及相应

---

① [美]哈罗德·J·伯尔曼:《法律与革命——西方法律传统的形成》,贺卫方等译,中国大百科全书出版社1993年版,第654页。

② [德]马克斯·韦伯:《论经济与社会中的法律》,张乃根译,中国大百科全书出版社1998年版,第198页。

的考试作为大学法律教育的补充。[1] 很显然,学术性的法律教育所产生的法律概念具有抽象规范的特点,而纯粹逻辑性的法律理论的力量得以释放,由理论主宰的法律实践在很大程度上减弱了法律形成中实践所起的作用。

作为一个补充,韦伯又区别了荣誉者阶层掌握法律训练与学徒式和专业式的法律训练之间的异同。与律师不同,尽管法律荣誉者阶层也是职业性的,但他们与行规和收入没有必然联系。法学家总是被作为一个法律荣誉者阶层来看待。他们与律师职业教育和大学教育一起构成西方法律职业的主流,并推动法律的发展。

七、塞尔兹尼克、诺内特的法律社会学思想

塞尔兹尼克和诺内特都是美国当代著名的社会学家,伯克利学派[2]的领军人物。

塞尔兹尼克(Philip Selznick)(1919—)是美国加利福尼亚大学"法律与社会研究中心"主席。他在20世纪40年代曾师从默顿(Robert K. Merton),专攻组织理论。20世纪60年代转而研究法律现象。他的主要著作有《法律社会学》(1959)、《社会学与自然法》(1961)、《法律、社会与产业的正义》(1969)等,其中《法律、社会与产业的正义》(1969)是他的代表作。

诺内特(Philippe Nonet)出生于比利时,后留学美国,主要在塞尔兹尼克的指导下研究法的政策论,以代表作《行政的正义》一书获得博士学位。现在,他与塞尔兹尼克在加利福尼亚大学伯克利分校法学院,长期主持着"法理学与社会政策研究项目"。塞尔兹尼克和诺内特的研究自称为"伯克利观察法"。这种方法的宗旨是:力求能够说明法是怎样适应社会需求、解决现实问题,主张用"软性法治"取代"硬性法治"。同时,在法学研究方法上将价值追求和经验实证结合起来。他们认为法制是用以反映和调整社会关系的,由于社会是处在不断地变化发展之中的,因此法制也必然要不断改变自身。从现实的角度看,一个社会随着它的发展、变迁,其原有的法律手段如果已经不能够解决当前实际生活中所面临的社会问题,那就应该找寻新的法律模式。

塞尔兹尼克和诺内特把社会中的法律现象具体划分为三种类型或三种基本"状态":其一,作为压制性权力的工具的法律,此谓"压制型法";其二,作为能够掌控压

---

① [德]马克斯·韦伯:《论经济与社会中的法律》,张乃根译,中国大百科全书出版社1998年版,第201页。

② 20世纪60年代以来,西方法律社会学得到了较快的发展,以塞尔兹尼克和诺内特等人为领军人物的一批学者,不断地探求能够说明法是怎样适应社会需求、解决现实问题的理论。他们的学术宗旨中存在着强烈的改革动机和应用倾向。由于他们俩都是美国加利福尼亚大学伯克利分校法学院"法与社会研究中心"的教授,因此,该学派被称作"伯克利学派"。

制并维护自己的完整性的一种特别制度的法律，此谓“自治型法”；其三，作为回应各种社会需要和愿望的一种便利工具的法律，此谓“回应型法”。这三种类型的法各有自己的特征。同样地，他们认为从一定意义上讲，“压制型法”是居先的。

塞尔兹尼克和诺内特深入探讨了三种类型法的不同特征及嬗变。他们认为如果统治政权对被统治者的利益漠不关心，换句话说，如果统治政权不顾被统治者的利益，或者被统治者否认其正统性，那么它就是压制型的。对于“压制”的理解，他们认为虽然任何政府法令或者法律判决都可能要求某些利益服从于其他利益，但“压制”其实并不包含“压迫”，虽然压制最显著的形式就是为了确认支配权、镇压离经叛道或平息抗议而无限制地使用强制，但压制常常是微妙的和间接的，它鼓励并利用消极的默认。压制并不必然就是强制。有权者这样做不一定是出于恶意，而是因为在政治资源缺乏的情况下，暴力等其他方法的行使已经难以奏效，于是被迫启用法律这套系统。对于压制型法的主要特征，他们将之概括为五个方面：第一，“法律机构容易直接受到政治权力的影响，法律被认同于以国家利益为名的理由”。第二，“权力的维护是法律官员首先关注的问题”。第三，“诸如警察这类专门的控制力量变成了独立的权力中心；它们与那些起节制作用的社会环境因素相隔离，并且能够抵制政治权威”。第四，“‘二元法’体制通过强化社会服从模式并使它们合法正当，把阶级的正义制度化”。第五，“刑法典反映居支配地位的道德态度，法律道德主义盛行”。但是，在罗列了这些特征之后，他们又强调了最重要的两点，即政法合体和放纵裁量。

根据塞尔兹尼克和诺内特的观点，自治型法所形成的法律秩序是控制压制的一种方法，它是“一种法律的统治（即法治——本文作者）而非人的统治（即人治——本文作者）”。至于对“法治”的理解，笔者认为最好是将它理解为“一种独特的机构体系”，这一体系的主要特征就是“形成了专门的、相对自治的法律机构，这些机构在各个规定的权能范围内要求一种有限的至上性”。作者对自治型法的主要特征概括为以下四个方面：法律与政治分离；程序是法律的中心；法律秩序采纳“规则模型”；“忠于法律”被理解为严格服从实在法的规则。根据他们的观点，法治模型的一个基本特征以及作为机构自治的一种保障，就是政治意志与法律裁判的分离，法律被放到政治之上。这就是说，人们认为实在法所体现的准则是“为传统或宪法程序所证实的公众认同已经消除政治论战的那些准则”。自治型法这一法律形态的最大特点就是，“通过设置一套专业化的、相对自治的法律制度，把决定的大权限制在一定职能范围之内”。

自治型法存在的弱点和局限。第一，在自治型法下，合法性被理解为对规则的严格负责，虽然这有助于缩小法律上相关事实的范围，但其另一个结果却使法条主义盛行起来，反映在政治领域，就是体现在现代官僚政治中的普遍的形式主义，形式合理性与实质合理性之间的关系趋于紧张。第二，“以规则为中心”使得自治型法在很大程度上成为一个自我封闭的体系，但事实上，任何法律都无法对存在于社会生活中的切合大众需要的公共目的进行精确的预设①。这些实质性的公共准则只能在社会发展的动态的选择过程中找到并不断发展。

回应型法是塞尔兹尼克和诺内特设定的一种符合社会变革需要的规范性模式，它的目的是要缓和“在开放性和忠于法律之间存在着的某种紧张关系”。他们认为，压制型法、自治型法和回应型法可以理解为对完整性和开放性的两难抉择的三种回答。压制型法的标志是法律机构被动地、机会主义地适应社会政治环境；自制型法正好与这种不加区别的开放性法相反，它首要关注的是保持机构的完整性；回应型法力求缓解上述紧张关系。

对于回应型法的基本特征，塞尔兹尼克和诺内特将之概括为以下四个方面："(1) 在法律推理中目的的权威得以加强；(2) 目的可以缓和服从法律的义务，为民间性公共秩序的概念网开一面；(3) 使法制具有开放性和弹性，从而促进法制的改革和变化；(4) 法律目的的权威性和法律秩序的整合性来自更有效率的法律制度。”其实质是要使法律不拘泥于形式主义，通过理论和实践的结合，进一步探究法律、法规中所含有的实质性的社会公共准则。

在西方法学史上，法学家们将自然法看作是永恒的、正义的体现，它的本体是理性，而以其为标准的实在法便提出了一系列抽象的法律规则。这样，实在法演变为“纯粹通过系统调节人际关系交往来维持社会秩序的一种技术媒介和工具”。这样的“法”虽然如韦伯所说的，它体现了“法律的形式合理性”，但却越来越脱离社会生活实际，不能对社会的各种各样的权利要求作出裁判，因而缺乏对社会的回应。塞尔兹尼克和诺内特作为回应型法的倡导者，他们不仅看到了现实中的实在法缺乏回应社会这一局限，更重要的是他们认识到，一旦权利主体意识到这类法并不是代表他们的利益而是对专制制度的维护时，必然会给社会带来压力，甚至可能导致社会分裂的严重后果。因此，他们试图超越传统的法律观，从一种新的角度来理解和解释法律的本体，寻找它的真正的根基。从某种角度讲，塞尔兹尼克和诺内特这种诉求与庞德等人的社会学法学是不谋而合的，他们都是从法的本体意义出发，阐述法律发展的必然趋势，说到底是对法的社会本体观的一种创新。

---

① 唐仲清：《“用‘伯克利观察法’考量法律”》，载于《广西政法管理干部学院学报》2004 年 9 月，第 5 期。

第三章　法学研究传统方法与法律社会学方法

法律社会学在法学研究理论视角的转换，必然在方法论上得到充分的表现。一般来说，方法论直接关系到一个学科的基础与分析问题的框架，研究方法的独特性是一个学科存在的重要前提。法律社会学在法学研究方法论方面的特点，可以从法学研究传统方法的比较中看出。因此，在本章中我们将主要讨论：第一，法学研究的传统方法；第二，法律社会学方法体系；第三，法律社会学方法的应用分析等。

一、法学研究的传统方法

法学研究要重视方法论的运用。从广义上说，方法是人们解决实践问题采用的途径或手段。起初，这种方法是人们在生活实践中自发采用的。随着实践生活复杂性的拉大，人们在方法的采用上也呈现其复杂性。著名生物学家巴甫洛夫曾论证了方法论运用适当的必要性，他说：研究工作的全部严肃性取决于行动的方法和手段，全部的问题在于有一个好的办法。有了好的办法，即使是一个不很有天才的人，也能作出很大的成绩。如果方法不对，一个天才人物也将白白地花费力气，而且得不到可贵的、精确的数据。

但就方法而言总是以一套先定的假设为依据的，因此，讲到方法总与哲学有关。任何一种理论，都需要理论的假设，总是建立在某种哲学理论基础之上的。法学方法论也必须以某种哲学思想作为证明的逻辑前提。哲学理论在历史的发展中有一个从传统哲学向当代哲学的转向。[①] 传统哲学的问题，似乎在2500年以前就已经确立了，并支配着哲学的创造活动，这就是要寻求现象背后的独立实体，并以这种实体作为世界统一的基础。无论是古代哲学或是近代哲学，都遵循着这样的方向。区别只是在方法论上，古代的哲学是直观的、宣言式的，仅限于对这种实体做客观的描述；近代的哲学是反思的、论证式的，把哲学本体论和认识论相结合。传统哲学理论由于研究问题的要求，思辨性是它的重要特征之一。这种哲学理论运用于法学上，就形成了法学

① 李瑜青：《人本思潮与中国文化》，东方出版社1998年版，第3～7页。

研究的思辨哲理的方法。这种研究方法先从一个抽象的理论如理性、正义、公平、自然法等入手，并作为评价实在法的理想标准。可以说，传统法学研究方法受到传统哲学的深刻影响。思辨哲理方法、历史的方法等都留下了这种思想的印记。传统法学方法主要有思辨哲理方法、历史的方法、实证分析方法和比较方法等。

1. 思辨哲理的方法

这种方法以传统思辨哲学理论为基础，强调抽象的价值分析在法律研究上的重要性，以考察一定的法律制度、法律规则等的思想基础。价值分析包括价值认知、价值评价和价值选择等内容。价值认知是主体对分析对象所代表的阶级或阶层利益的辨析；价值评价是主体以特定的标准评价一定的法律制度、法律规则和法律现象；价值选择是按照特定的价值原则对一定法律现象作出取舍，以先前已设定的抽象的理念如理性、正义为依据。由此，它着重追求的是理想的法律。自然法学派、哲理法学派等都是这种方法运用的典型。

2. 历史的方法

历史的方法强调通过对法律制度及其学说的起源和历史发展，来发现其精神的基本原则，认为法律就像语言、风俗、道德等具有很强的民族性。它有历史传统的内涵和生命力。法律与社会环境、历史的承上启下关系交织在一起。法学家通过对法律制度及其学说的历史考察，可以发现内含于法律中的“民族精神”。

但在法制史和法律思想史的研究中，历史的方法注重于探索法律制度和法律学说的进化和发展，并由此为法的现代化建设服务。这一方法又是一种普遍适用的方法。

3. 实证分析方法

这种方法强调法学的研究主要是考察实在法的渊源、结构和规则等，对实在法的诸要素进行逻辑分析。追求法学的科学化是这一方法的根本宗旨。要求一种法学理论不仅可被证实，而且具有准确性、精确性、确实性和可重复性，这是实证的基本内涵。实证方法可严格区分“实然的法律”和“应然的法律”，认为法学只研究“实然的法律”。实证分析方法的基础与哲学上的科学主义思潮有内在联系，是一种与本质主义法学方法相对立的经验性的研究方法。实证法学派是这种方法运用的典型。

4. 比较方法

不同国家法律之间的比较包括双边（即两国法律之间）的比较和多边（即三个及其以上国家的法律之间）的比较。这种方法强调对不同国家或法系在法律体系、法律制度所涉及的内容、结构和概念等要素的比较考察，从而指出法律的共通性以及差异性。

二、法律社会学方法体系

法律社会学方法有着丰富的内容，但是在具体分析其内容及内在系统前，有必要探讨法律社会学方法的哲学基础。

1. 法律社会学方法的哲学基础

一般来说，法律社会学方法的哲学基础，主要与实用主义和实证主义的理论有内在联系，这是从法律社会学最初作为一种思潮产生时的思想基础来分析的。实用主义就其理论特点，在于强调思想、理论立足于现实生活的重要性。反对脱离人的实际生活、脱离人生有关的问题去从事研究。人在实际生活中创造出许多观念以指导人的行为，真观念不是客观对象的正确反映，而是人的工具。有效性、能解决问题就是有价值的。[①] 而实证主义理论最早以孔德的学说为代表，指出了一切科学知识的唯一来源和基础都来自观察实验的经验事实。科学的任务在于认识规律。超出经验界限的问题是假问题，是没有意义的。[②]这些学说对法律社会学的意义，在于使法律社会学在理论倾向上强调法律要建立在可观察经验的基础上，而不应以抽象的推理为主。法律是实现一定社会目的的工具和手段，要根据法律制度的实际有效性进行评价。法律的重要性不是它的形式而是它的效果。

法律社会学主张法存在于社会中、社会生活是法的基础的观点，与马克思主义哲学理论是一致的。马克思主义哲学理论在强调法与社会的关系时，进一步指出要从社会经济关系入手，揭示法与社会、法与生活、法与人的行为的内在联系。同时，影响法的存在和发展的各种因素，如人口、自然环境、风俗习惯、文化传统等也对法的发展起着重要作用。法是社会生活的规则，对法的研究不仅是一个理论问题，更是一个实际问题。因此，要重视对经验材料的总结，把理论研究与经验研究相统一。这样，法律社会学原有的哲学基础可以通过马克思主义的哲学加以改造，从而形成马克思主义的法律社会学理论。

2. 作为法律社会学方法系统

以马克思主义的哲学为基础，法律社会学方法系统有三个方面，即方法论、基本方法和具体方法。

(1) 法律社会学的方法论，是把社会学的某种理论或学说运用于研究法律的某种现象或问题的，即贯彻于始终并引导着研究问题的展开、推进的全过程。换句话

①② 李瑜青等：《法律社会学导论》，上海大学出版社 2004 年版，第 27～29 页。

说，法律社会学方法论提供了一定研究所需要的理论思维框架和求索的途径。总之，当我们把社会学理论作为工具来使用时，它就转化为方法论。

（2）法律社会学的基本方法，是指法律社会学在研究中对法律现象所关注的角度和方式而言的。法律社会学的方法论解决的是理论思维框架，但并没有解决研究的角度问题，而法律社会学的基本方法则是要把研究的角度予以锁定，比如法官的角色分析，就把研究的角度锁定了。常用的基本方法有法律角色分析、法律组织分析、法律规范或制度分析、法律比较分析等。当然，在研究中，这些方法有时是交叉使用的。

（3）法律社会学的具体方法，是指法律社会学在对法律现象进行研究时的技术性方法。如社会调查方法、社会实验方法、社会统计分析方法。

三、法律社会学方法的应用分析

1. 作为法律社会学方法论的应用

对方法论我们不能仅停留在概念的基础上，关键是要学会如何应用。因此，在这里重要的不是讨论作为法律社会学方法论的社会学理论有如何的丰富，而是这些社会学理论如何与法学研究嫁接的，为人们提供理论思维的框架。我们讨论所涉及的社会学理论在这里只能是例子性的。下面分析功能主义、结构主义和现象学几个有代表性的理论。

（1）功能主义理论分析。功能主义作为一种理论源于英国的斯宾塞，斯宾塞将社会有机体和自然的有机生物进行比较，提出了功能主义的基本原则。他认为，社会如同自然界的生物一样，是一个有机体。社会有机体由简单到复杂不断进化。在这个有机体中的各个部分都相互协调、发挥作用并维持社会的良性运作。他论证了社会结构内部的组织形式由简单到复杂的进化、各种不同功能的社会构成部分之间相互联系和制约等。涂尔干是现代功能主义的奠基人，他提出了组成社会的要素对社会整体的功能问题，强调社会整体在社会学研究中的重要性，社会虽然是由每个个体所组成的，但社会并不是简单个体的相加，要考察社会现象所产生的原因就必须对已经组成的集合体进行探讨。涂尔干还提出集体意识的概念，认为集体意识是一个社会中大多数人的共同信仰与情感，集体意识的功能在于通过它而形成这个社会生活的相对稳定制度。帕森斯是结构功能主义的创始人，他强调社会的价值观在社会整体和过程中的作用，认为一个社会如果缺乏共同价值观基础，它的社会秩序就会崩溃。而社会学家默顿则对功能主义作出了新的发展，默顿指出，在社会结构的构成单位中，并不是所有的组成部分对整体而言发挥的功能都具有正功能的效用。有的可能被视为有反功能的效用，在社会结构各组成部分，还有显功能和潜功能的区别，显功能是能够为我们所意识到的，潜功能则是没有被人们所预料的，但它们都对系统的调整和适应施加影响。

功能主义作为法学研究的方法论，提供了如下的理论思维框架，即把法律看作是社会生活的一种手段，它不仅起着社会调整器的作用，还在于它是创造新型社会的工具。法律的社会功能不是孤立发生的，它与社会诸如道德规范、宗教规范、社会习俗等共同发挥着作用，因此，我们有必要从社会整体的视野上去评价法律的社会功能。法律对一个社会而言不仅具有显功能，也存在潜功能；不仅有正功能，也可能存在负功能。我们要用联系的方式进行具体的分析。

(2) 结构主义理论分析。结构主义可以说并不是一个统一的学派，而是由结构主义理论联系起来的一种广泛的社会思潮。结构主义的先驱是瑞士的语言学家索绪尔，哲学和社会学的主要代表是法国的莱维—施特劳斯等。心理学的代表人是法国的拉康等。结构主义者所说的结构，多指深层结构，但对结构的理解并不一致。通常人们采用的是瑞士心理学家，发生认识论的创始人皮亚杰的定义。结构主义的观点是：认为结构是组成一个整体的各个要素之间的一定的相互联系。任何事物都有其结构，在事物中，结构和关系重于成分和要素。结构有一种整体性，即结构中每个成分的安排是有机的关系。结构分为历史性结构和共时性结构，且共时性结构重于历史性结构。结构具有整体性，即结构的各个成分按自身内在的规律有机地相联系，结构不是凝固的，它是一个变化、发展的动态过程，并具有自行调整的能力。

结构主义理论被用于法学的研究，可以对法律的诸现象的结构成分、结构与结构的相互关系、法律结构的动态过程进行分析。其实，在表面上由法律所关联起来的社会联系本身适合了深层次社会结构的需要。法学的制度建设必须关注该制度运作的深层次社会结构状态。

(3) 现象学理论作为方法论分析。广义的现象学是关于意识现象的学说；狭义的现象学是指 20 世纪初由胡塞尔所创立的理论。这种理论认为，由现象学所发现的意识分析方法能够将人们导入纯粹的意识领域，所有的科学、所有的人类精神成就都能通过对现象学的意识分析方法而得到解答。在这个意义上的现象学是一种方法论，具体来说，是先验现象的还原法和本质变更法。首先，通过先验的还原，超载于意识的所有实在之物被排除，从而使思维的目光有可能反思转向意识本身；然后，运用本质变更的直观方法把握意识流中固定不变的因素。现象学理论反对把人的行为看作是对外部世界的机械的反应过程，而是把人的行为与其感知、判断、归纳、想象、期待、时间意识、自我意识等内在因素联系起来，强调人的意识的主动性。

以现象学理论为方法论的法律社会学的研究，要求把法律制度及其运作过程，看作同时是与人的意识所相伴随的、受到人的内心世界及感情色彩影响的过程。法律不只是客观的法律文本或物件，而是法律主体所赋予意义的构成物；法律规则不是现实法律制度的核心，构成为法的核心的是人们在情感的互动中达成的对法的理解和体验；法学研究者的目光不能仅限于日常法的范围，而要考察多种的"活法"的形成和运行机制。其实，离开了人的主体活动的法律制度及其运作过程是不存在的，法律制度及其运作过程的意义或价值是人所赋予的。

2. 作为法律社会学基本方法的运用

一般把法律角色分析方法、法律组织分析方法、法律规范或制度分析方法、法律比较分析方法等看作是法律社会学的基本方法。这些方法既可以单独运用，也可以交叉使用。

(1) 法律角色分析方法。所谓的法律角色，是指在法律制度中具有特定法律地位并执行特定法律职能的法律职业主体。在现代生活中，如法官、检察官、律师或警察等职业者，都是在法律生活中有着重要角色的法律职业主体。法律角色分析方法通过对法律角色的结构、关系、功能，以及权利、义务、行为模式等的分析来说明一系列的法律现象。

(2) 法律组织分析方法。法律组织是法律角色的组织形态，诸如立法机关、司法机关、行政执法机关等，它们在法律社会生活中扮演着重要的角色。这种方法的运用，则要揭示一定法律组织的地位、结构、权限、相互关系、活动方式以及在法律生活中所起的特定作用。同时，也要研究与一定法律组织活动相关的法律、法规等。

(3) 法律规范或制度分析方法。法律社会学对法律规范或制度的分析与实证法学派、哲理法学派不同，它强调把一定的法律规范放置于特定的社会现实生活中进行社会学分析：第一，深入研究法律规范或制度体现于其中的社会价值；第二，与社会现实发展的要求的统一性；第三，作为法律规范客体的"社会单位"的社会变迁；第四，法律规范或制度现状的分析；第五，法律规范或制度与不同现实利益群体的关系的探讨。

(4) 法律比较分析方法。法律比较分析方法，即把某一特定的法律现象与具有可比性的其他不同地区或国家的法律现象进行对比研究，寻找共通性和差异性的研究方法。但法律社会学的法律比较分析法的特点在于：它注重的不是法律体系、法律制度、法律结构等法律本身内容上的比较，而是侧重于法律中的如政治、经济、文化背景、社会作用、实施效果等文化因素的比较研究。

3. 作为法律社会学具体方法的应用

这个方面的内容很丰富，我们提取较为常用的方法来进行分析。

(1) 测量与抽样。所谓测量，是对所研究的对象依据一定的法则进行量度的方法。在科学研究中，概念是基本的思维单位，但概念如果不作深入的分析往往具有抽象性或模糊性，如“生活方式”、“自由”、“民主”等。对此，我们可以借助测量方法将这些概念转化为可观察的和可度量的。大致来说，测量有定类测量、定序测量、定距测量和定比测量。当我们把对象作分类的定性说明时，把人的性别分为男、女两类，则就是定类测量；把研究对象按照等级大小、高低、先后的次序进行排列，则就是定序测量；不仅将对象区分出不同的次序或排列，而且分析出其中间隔的数量差别，如不同地区 GDP 发展在国内的排序以及其中间隔的数量分析等，则就是定距测量；在包含了上述三种特征测量以外，还从绝对的零点出发，对从测量得到的数据作加减乘除的运算，如青少年犯罪不同时期的比较测量，则就是定比测量。

抽样是从研究对象的整体中按照一定方式选出一部分加以研究，并由此说明整体特征的方法。医生通过抽取病人小部分的血液判断病人的血液情况；社会工作者通过收取部分民众的意见反馈，得知对政府某项政策的支持状况。这是从部分到总体、从个别到一般的认识方法的应用。抽样可以分为概率抽样和非概率抽样两大类：概率抽样又可分为简单随机抽样、分层抽样、系统抽样、整体抽样、多阶段抽样等；非概率抽样有偶遇抽样、主观抽样、定额抽样、滚雪球抽样、空间抽样等。涉及如抽样框、参数值、统计值、抽样误差、置信水平、置信空间、抽样单位等一系列的专业概念和术语。

(2) 问卷与访问。问卷是从研究对象的整体出发，了解人们的特征行为和态度的方法。问卷可分为自填问卷和访问问卷两类。所谓自填问卷是由被调查者本人填答的问卷；所谓访问问卷则是由访问者根据调查者的回答填写的问卷。问卷一般包含封面信、指导语、问题、备选答案和编码等内容。问卷法特点在于：第一，可以节省时间、经费和人力；第二，避免偏见和减少调查的误差；第三，便于对问卷资料做定量分析。

访问是通过访问者和被访问者之间的社会互动过程，从而获取研究对象资料或情况的方法。它的特点是：首先，访问者和被访问者可以直接地面对面地进行交流；其次，对某些不清楚的问题可以及时地进行解释，排除信息获取时的某种不正当的干扰；再次，调研时可以发挥访问人员的主动性和创造性，也可以使被访问者在一种比较轻松的状况中表达他对某些问题的看法。访问分为结构式访问或无结构式访问：结构式访问又称标准化访问，它是一种对访问过程高度控制的访问，一般说来它预定一个题目，同时设计了提问的标准程序等；无结构访问又称非正式访问，它是一种半控制或无控制的访问，有时它只给被访问者一个题目，具体的问题都在访问过程中边谈边形成，随时提出的。根据无结构式访问实施方式的不同，又有重点访问、深度访问、客观陈述法等不同类型。

（3）观察与实验。观察是研究者依据计划，通过自身特定的感知方式获取资料的方法。科学的观察需要具备如下的特征：其一，有明确的研究目的或研究方向；其二，预先有一定的理论准备和较系统的工作计划；其三，观察工作有较完整的记录以便作为研究的依据；其四，观察结果是可以被验证的。

观察方法在具体应用上有不同的类型。第一，从观察场所来看，有实验室观察和实地观察之分。前者的观察通常需要在具有一定设备的场所进行，而后者则强调深入到现实生活中对实际所发生的现象进行观察。第二，从观察者的角色来看，有局外观察和参与观察之分。前者的观察者是“冷眼旁观”，他本身置身于所观察的现象之外；后者则直接参与到所观察的社会活动中，即在参与这项作为研究对象的活动中进行观察。比如有学者从事对青少年犯罪问题的研究，就以隐蔽的身份加入到犯罪团伙的内部进行观察。第三，根据观察程序的不同，有结构式观察和非结构式观察之分。前者通常是先要对观察的内容作详细的分类，形成若干具体的可以计数的方式或特征，并在观察中逐一做好记录，从而便于日后做定量分析；后者则没有这些要求，只能从定性角度用来描述所研究的对象和行为。第四，根据观察对象的不同，又有直接观察和间接观察之分。前者即对那些正在发生、发展和变化着的人们的行为进行的观察；后者主要是对人们行为之后所产生的痕迹进行观察，这里所谓的痕迹，指的是人们行为所留下的迹象。比如有学者研究不同地方居民的助人程度或状况，设计了一种“丢失邮件或物品”的观察场景，在不同的地方和时间将一些标有地址的邮件或物品丢失于街上，然后统计这些信件或物品被寄回或送回的比率，这就属于间接观察的类型。

实验是通过人为地控制场景来研究一定对象的方法。一般来说，它要经过准备、实施和资料处理等若干步骤。在准备的步骤阶段，它要处理好如确定研究的问题、提出理论的假设和进行实验的设计。在实施的步骤阶段，它要选取实验对象，采用随机、指派法等手段进行分组、控制情境、引入自变量、仔细观察、做好测量记录。在资料处理的步骤阶段，要整理分析资料、撰写研究报告等。根据实施场景的不同，实验又可分为实验室实验和实地实验。实验室实验仅限于有专门设备的场所进行，对实验的条件、实验设计等在严格控制的情况下进行；实地实验则一般在实际场所进行，如高校的法律模拟法庭实验就属于法学教学的一种实验室实验。

第二篇

法律与社会基础探讨

第四章 法律与习俗

日常生活中人们常常将习俗、习惯、风俗、惯例等概念混同使用，而且这种混同并没有影响日常交往中的意义表达与交流。但当我们就习俗、习惯、风俗、惯例等概念进行专门研究时，就有必要作具体分析。同时，我们认为关于"法律与习俗"的分析除了在习惯、风俗、惯例和法律这一连续体中进行理解，还可以将其置于国家法与民间法或习惯法的关系中进行理解。在本章中，"习俗"一词是在一种较为宽泛的背景下应用的。本章主要讨论的是：第一，分析习惯、风俗、惯例等概念之间的差异；第二，讨论习俗与习惯法、民间法之间的异同；第三，阐释法律与习俗之间存在的种种关联等。

一、习惯、风俗、惯例与法律相关概念分析

就习惯而言，其所包含的范围极其广泛。习惯乃是为不同阶级或各种群体所遵守的行动习惯或行为模式，它们所涉及的可能是服饰、礼节，或围绕有关出生、结婚、死亡等生活重大事件的仪式。它们也有可能与达成交易或履行债务有关。① 也就是说，习惯几乎涉及社会生活的所有方面。如果从对于社会秩序的维持与规范的角度来说，习惯、风俗、惯例与法律同属于对社会成员行为的规定与约束，或者说，同属于一种社会规则。按照博登海默的观点，社会中存在着明确程度与严格程度不同的社会规则，有些与"社会生活中不太重要的方面"相关，有些则"被视为是人们的一些具体义务和责任"的约束，违反这些规则，就会受到社会甚至国家的制裁。但是，习惯与习惯法有区别。习惯法(customary law)这一术语被用来意指那些已成为具有法律性质的规则和安排的习惯，尽管它们还不是立法机关或司法机关正式颁布的。② 因此，就习惯而言，存在着明确程度和对于违反习惯的行为的制裁不同的区分。

习惯与风俗也有区别。按照牛津英语词典的解释，习惯是指个人受到心理定势的影响而呈现出来的一种行动的规律性，即"habitual or customary practice"。从习

①② ［美］博登海默：《法理学：法律哲学与法律方法》，邓正来译，中国政法大学出版社2004年版，第399～400页。

惯到风俗则意味着此种规律性由个人层面扩展到群体范围，因此风俗意为“usual, generally accepted and long-established way of behaving or doing things”，即社会群体对于一种长期的行动方式的接受。习惯与风俗之间的差异在于，人的行动所遵守的风俗乃是一种建立在长期的习惯的基础之上，习惯仅仅意味着在实际的行动中人们会普遍采用的相同的方式行动。

而惯例则是在风俗基础上进一步的展开。惯例指在风俗上附加了某种社会的强制力量。惯例与风俗相比，区别在于惯例包含着对于人们应该如何行事的规定，从而具有一种外在力量的强制，虽然这种强制可能仅仅是相对和缺乏压力的。由此可以看出，习惯、风俗与惯例之间的差异主要有二：其一，从习惯、风俗到惯例意味着行动的规律性由个人层面上升至群体层面；其二，从习惯、风俗到惯例意味着对于其自身的明确程度以及对人们行动的强制性程度不断提高。

从上述的分析中，我们可以看到无论是习惯、风俗还是惯例，都首先被理解为一种具有规范性要素的行动取向而存在的。其间的差异在于其中所包含的规范性程度的不同。恰如韦伯所言："当一种社会行动取向的规律性有实际存在的机会时，我们称它为'习惯'。如果这种机会在一群人中仅仅由于反复操练而产生的，假如这类操练是基于长期习以为常的结果，习惯将称之为'风俗'。"[①]因此，习惯与风俗之间的差异在于：习惯仅是一种行动的规律性，而风俗则已经成为一种规则，但这种规则并无任何外在保证。正是在这一点上，惯例、法律与风俗产生了区别，即惯例和法律是一种具有外在力量保证的规则。"与'惯例'和'法律'不同，'风俗'指那些没有外在保证的规则。实际上行动者自由自在地顺应着规则，不管他的动机是处于单纯的'无心'，或是为了'方便'，还是有什么其他理由。在此意义下，风俗并非有强制'效力'的规定：没有人会去'要求'他人一定得如此。当然，从风俗到有其效力的惯例再到法律之间的过渡是相当模糊的。"[②]在此值得注意的是，在韦伯看来，惯例乃是属于风俗的一部分，或者说是风俗中涉及的"某些已被视作是合法秩序之一部分的规范模式"，是"一种'有效'的共同意见，并以不同意的方式来对抗偏差"[③]。

相对于风俗而言，惯例与法律都是具有外在力量保证的规则。但在韦伯看来，惯

① [法]马克斯·韦伯：《社会学的基本概念》，顾忠华译，广西师范大学出版社2005年版，第38页。译文中的"习惯"原为"习俗"。但在同页的英文版注中，认为"'习惯'(usage)是德语'Brauch'最适当的翻译，根据韦伯的定义，其意指'顺从模式的形式态度'"。同时鉴于本文行文的统一性，故将"习俗"改为"习惯"。

② [法]马克斯·韦伯：《社会学的基本概念》，顾忠华译，广西师范大学出版社2005年版，第39页。出于行文的统一，将"常规"改为"惯例"。

③ [法]马克斯·韦伯：《社会学的基本概念》，顾忠华译，广西师范大学出版社2005年版，第39页译者注，及第45页的相关论述。

例与法律的区别在于它们乃是由不同的外在力量所保障的,“惯例,其效力是由一种机会而外在地被保证,也就是若在一个既定的社会群体中偏离了它,则将导致一个相对普遍且实际感受得到的不同的反应的机会。法律,若它的外在保证是通过下列机会,即靠着一群执行人员为了集体承诺或对违规的惩戒,而可能运用对于个人生理或心理的强制”①。因而,惯例与法律之间的差异就在于,惯例“并非被一群执行人员所强制”,而对于法律而言,“有这么一种随时准备强制处理的执行人员的存在是最为关键的”②。但这并非意味着惯例的强制力要小于法律,实际情况可能恰恰相反,对于惯例法则的违反——如“体面”的标准——通常会导致一个人所从属的地位团体里的部分成员相当严格且有效的非正式的制裁,这事实上常比法律的惩罚更加严厉③。当然,如同风俗与常规、法律之间的差异一样,惯例与法律的“界限其实很模糊”。

综观韦伯对于习惯、风俗、惯例与法律的界定,可以看出,无论是习惯、风俗、惯例还是法律,都是从对于人们行为的规范性导向上来进行界定的,换句话说,它们都包含着具有指导人们行动作用的规范性元素,其中的差异在于此种规范性元素的明确程度以及规则化的程度不同。另外,从习惯、风俗到惯例、法律,其中最为根本的差异乃是在于有无外在强制力的保障。进而,惯例与法律之间的差异在于此种外在强制力的保障究竟是正式的(有一群执行人员)还是非正式的。当然,必须注意的是,韦伯对于习惯、风俗、惯例与法律的分析乃是一种理想类型(ideal type)式的界分,在现实世界中并不实际存在。同时,韦伯再三强调,从习惯到风俗再到惯例最后到法律之间的差异的模糊性。因此,可以认为,习惯、风俗、惯例与法律都是一种“社会规则”。按照规范的强度和明确程度的差异,社会规则可以由弱至强谱成一个连续体:习惯(usage)—风俗(custom)—惯例(convention)—法律(law)。④

对于习惯、风俗、惯例与法律之异同的韦伯式理解,一方面区分了它们之间的关联与差异,同时也表明,韦伯式的界分乃是以其对于法律的实证主义分析为基础的,或者说韦伯所持有的是一种严格的实在法观念,即将法律视为是国家强制力所保障、由“一群执行人员”执行的规则。因此,法律与习俗之间的差异便可以此为基础进行区分。但是,倘若我们采用一种较为宽泛的法律概念,或者说,一种法律多元主义

①②③ [法]马克斯·韦伯:《社会学的基本概念》,顾忠华译,广西师范大学出版社2005年版,第45、45~46页。

④ 林端:《法律人类学简介》,载[英]马林诺夫斯基:《原始社会的犯罪与习俗》(修订译本),原江译,法律出版社2007年版,附录一,第109~110页,原文刊于《中国论坛》,1988年第298期,第72~78页及第299期,第62~68页。但原文中将“usage”译为“民风”,而将“use”译为“习惯”。其对于习惯、风俗、惯例与法律的界分基本与韦伯的一致。

(Legal pluralism)的视角，则必须承认，即使在国家出现之前的社会，也同样存在着"法律"。更重要的是，即使是在现代民族—国家体系之中，也同样存在着两种或者说多种法律制度。正是在此种法律多元主义的视角下，对于"法律与习俗"有了另外一种理解方式，即将"法律与习俗"此一论题与国家法和民间法、习惯法相关联。实际上，众多学者所谓的习惯法、民间法即意指社会中的习俗，或者说一种特殊的习俗。所谓习惯法，在习惯—风俗—惯例—法律的连续体中无疑更接近于风俗习惯。换言之，习惯法一词多少有助于我们认识某种特殊的法律形态。①

二、习惯法、民间法与国家法相关概念分析

法律多元是指"两种或更多种的法律制度在同一社会中共存的一种状况"②，"是在单一政治共同体中存在不同的法律制度或文化"③。法律多元理论通过承认那些不是由国家强制力保证的社会规范同样具有强制力，同样是一种"法律制度"，从而将其关注点主要置于国家法律与非国家法律的互动与博弈之上，意图展现国家法和其他规范性秩序之间辩证的、相互交织的复杂关系。总体而言，法律多元理论可以分为古典法律多元论(classic legal pluralism)和新法律多元论(new legal pluralism)。古典法律多元论主要关注殖民地和后殖民社会中，本土法律和外来(西方)法律之间的关系；新法律多元论则主要是关于现代社会尤其是西方社会中的多元规范性秩序。④如果说，习惯—风俗—惯例—法律这一连续体的视角，是从法律与法律外部的社会规范的关系来看待法律与习俗之间的关系的，那么法律多元主义视角下的法律与习俗，则是从法律内部将法律与习俗转变为国家法与民间法、习惯法之间的关系。其基本的差异，则赖于对"法律"概念的不同的理解。

在分析国家法与民间法、习惯法的关系之前，依然首先从习惯法与民间法的概念本身入手。根据相关法律辞书的界定，习惯法(customary law)⑤约略有两种含义：第

① 梁治平：《清代习惯法：社会与国家》，中国政法大学出版社 1999 年版，第 36 页注[4]。

② Sally Engle Merry, "Legal Pluralism," *Law and Society Review*, 1988, 22/5, p. 869，转引自《法治及其本土资源》，第 54 页。

③ [美] 劳伦斯·M·弗里德曼：《法律制度——从社会科学角度观察》，李琼英、林欣译，中国政法大学出版社 2004 年版，第 229 页。

④ 高丙中、章邵增：《以法律多元为基础的民族志研究》，《中国社会科学》，2005 年第 5 期。

⑤ 几乎所有的中文文献皆将 customary law 译为习惯法。但按照韦森先生的观点，custom 应当被译为习俗，故 customary law 应当被译为习俗法。参见，韦森：《经济学与哲学：制度分析的哲学基础》，上海人民出版社 2005 年版，第 197 页。

一，习惯法，是指国家认可和由国家强制力保证实施的习惯，是法的渊源之一，在国家产生以前的原始习惯并不具有法的性质。[①] 第二，当习惯、惯例和通行的做法已经相当地确定并在相当一部分地区被使用，像以书面明确表述规则的法律体系一样，为人们所了解、公认并被视为具有法律约束力时，它们就可称为习惯法。[②] 可以说，国内外大多数学者对于习惯法的界定都与此两者存在重合之处，或综合、或扩展了上述对于习惯法的界定。

毫无疑问，习惯、风俗或惯例所涉及的范围非常广泛，因为习惯是为不同阶级或各种群体所普遍遵守的行动习惯或行为模式，它们所涉及的可能是服饰、礼节，或围绕有关出生、结婚、死亡等生活重大事件的仪式。它们也有可能与达成交易或履行债务有关。[③] 因此，并不是所有的习惯或风俗都与法律有关，或者说，可以称为习惯法的习惯或习俗仅占其中的一部分。法人类学家霍贝尔(E. A. Hoebel)指出，如果认为原始社会中的制陶技术、钻木取火术、训练小孩大小便的方法等习惯是法律，那是荒唐的主张[④]。与那些习惯和法律并无直接关联的习惯、风俗相比较，另外一些习惯被视为涉及人们行为的具体义务和责任，从而可以被理解为一种习惯法。可能还有一些其他种类的习惯，从更为明确和更为严格的意义上讲，这些习惯被视为是人们的一些具体义务和责任……这类习惯所涉及的并不是社会常规、外在礼仪或审美问题，而是重要的社会事务……这类习惯完全有可能被整合并编入法律体系之中，而且违反它们，就会受到法律制度所使用的典型制裁方式(其中可能包括由政府当局所使用的直接强力方式)的惩罚。因此，习惯法(customary law)这一术语被用来意指那些已成为具有法律性质的规则和安排的习惯，尽管它们尚未得到立法机关或司法机关的正式颁布。[⑤] 同样，英国人类学家马林诺夫斯基(B. Malinowski)指出，即使在原始社会，一些习惯也与其他规则不同，在原始社会众多的行为准则中，一些得到遵守的规则确定了个人或群体对另一个个人或群体负有强制义务。[⑥]

国内学者当中，梁治平先生从法律社会学的立场出发，认为习惯法主要指民间自发形成的不成文规范，它多与乡村日常生活，尤其是经济活动和交往有关。习惯法乃

---

① 《中国大百科全书·法学卷》，中国大百科全书出版社1984年版，第87页。

② [英]戴维·M·沃克：《牛津法律大辞典》，李双元等译，法律出版社2003年版，第296页。

③⑤ [美]博登海默：《法理学：法律哲学与法律方法》，邓正来译，中国政法大学出版社2004年版，第399、399～400页。

④ [美]霍贝尔：《原始人的法》(修订译本)，严存生等译，法律出版社2006年版，第20页。

⑥ [英]马林诺夫斯基：《原始社会的犯罪与习俗》(修订译本)，原江译，法律出版社2007年版，第5页。

是由乡民长期生活与劳作过程中逐渐形成的一套地方性规范，它被用来分配乡民之间的权利、义务，调整和解决他们之间的利益冲突。习惯法并不形诸文字，但并不因此而缺乏效力和确定性，它被在一套关系网络中实施，其效力来源于乡民对于此种“地方性知识”的熟悉和信赖，并且主要靠一套与“特殊主义的关系结构”有关的舆论机制来维护。自然，官府的认可和支持有助于加强其效力，但是它们并非习惯法所以为“法”的最根本特征。[①] 田成有认为，习惯法是独立于国家之外的在人们生产和生活中根据事实和经验，依据某种社会性权威和组织确立的具有一定强制性的，人们共信共行的行为规范。[②] 高其才认为，习惯法是独立于国家制定法之外，依据某种社会权威和社会组织，具有一定的强制性的行为规范的总和。[③] 俞荣根认为，习惯法是维持和调整某一社会组织或全体及其成员之间关系的习惯约束力的总和，是由该组织或群体的成员出于维护生产和社会需要而约定俗成、适用一定区域的带有强制性的行为规范。[④]

与习惯法有联系的是民间法。习惯法被视为民间法的一部分。梁治平借鉴了日本学者千叶正士关于“法的三重结构”的分析框架[⑤]，针对中国清代法律多元格局提出了国家法与民间法的“二元结构”说。他认为，在中国传统语汇里，与“官府”相对的正是“民间”，而“官”与“民”这一对范畴，适足表明中国传统社会结构的特殊性。主要因为这个缘故，我在“国家法”之外，特别标出“民间法”概念来做区分[⑥]。而民间法作为一个宽泛的概念，具有多种形态，包括民族法、宗族法、宗教法、行会法、帮会法和习惯法等。苏力先生也取此对于民间法概念的宽泛界定，其“本土资源”即可被视为一种民间法，本土资源是一种“传统”，或者是“社会生活中的各种非正式法律制度”，是国人在“他们的行动中体现出来的模式”。寻求本土资源，注重本国传统，往往容易被理解为从历史中去寻找，特别是到历史典籍规章中去寻找。这种资源寻找固然是重要的，但更重要的是要从社会生活中的各种非正式法律制度中去寻找。研究历史只是借助本土资源的一种方式，但本土资源并非只存在于历史中，当代人的社会实践中已经形成或正在萌芽发展的各种非正式的制度是更重要的本土资源。[⑦]

---

①⑥ 梁治平：《清代习惯法：社会与国家》，中国政法大学出版社 1999 年版，第 166、35 页。

② 田成有：《中国农村习惯法初探》，载《民俗研究》，1994 年第 4 期。

③ 高其才：《论中国少数民族习惯法文化》，载《中国法学》，1996 年第 1 期。

④ 俞荣根：《羌族习惯法》，重庆出版社 2000 年版，第 7 页。

⑤ ［日］千叶正士：《法律多元——从日本法律文化迈向一般理论》，强世功、王宇洁等译，中国政法大学出版社 1997 年版。

⑦ 苏力：《法治及其本土资源》(修订版)，中国政法大学出版社 2004 年版，第 14～15 页。

由此，“法律与习俗”之间的关系便可被分解为两个问题，即法律与习惯、风俗、惯例；国家法与民间法、习惯法。或者说，一方面作为法律渊源的习俗与法律之间的关系，另一方面则是意指作为民间法的习惯法与国家法之间的关系。而后一问题因为与中国现代化进程中的法律移植、现代法治秩序建设相关联，而更显其重要性。从而，“法律与习俗”关系的论述也将就此两个方面展开。

三、法律与习俗内在关系的思考

1. 法律与习惯、风俗、惯例的演变

诚如韦伯所言，习惯、风俗、惯例与法律之间的界限是非常模糊的。因此，有必要指出，下文中对于法律与习惯、风俗、惯例之间关系的论述也只是一种理想状态下的分析与阐述。另外，不仅法律与习惯、风俗、惯例之间的界限具有模糊性的特征，同时，法律与习惯、风俗、惯例本身也处于不断的变化之中。它们一方面受到与其相关的社会制度的影响，另一方面也保持着自身的独立性与规律性。换句话说，它们既不是独立的社会制度，也不是其他社会制度的简单函数。“法律作为一种调整和规范着人们交往与交换的正式规则系统，追根溯源，大多是从社会现实中的人们行事方式、习俗和惯例中演化而来”。[①] 习惯、风俗、惯例与法律同属治理人类社会秩序的规则系统，因而，从习惯、风俗、惯例到法律的转变实际上是一种社会治理的规则系统转变为另一种规则系统，即博汉南（P. Bohannan）所言之初级社会制度（primary social institutions），如风俗、惯例等与次级社会制度（secondary social institutions），如法律。毫无疑问，这种转变是缓慢的和渐进的。

习俗向法律过渡得最早也是最常见的一种方式，是通过法典的编撰将习俗直接纳入法律的范围，换句话说，就是将原先已经得到社会普遍认同的“初级社会制度”转化为“次级社会制度”，从而将国家的合法性权力加诸其上，为原有的社会规则披上了国家强制的外衣。通过这种方式，成为由专人负责强制实施的法律规则。相比于大陆法系的法典编撰传统，英美法系国家将习俗纳入法律的途径更多的是通过司法过程。在英美法系的传统中，司法本身就是通过判决赋予习俗以法律效力的一种过程。“英国有法律对习惯的权威宣告、惯例以及未经宣告但被法院确认的习惯。”[②]

① 韦森：《经济学与哲学：制度分析的哲学基础》，上海人民出版社 2005 年版，第 203 页。
② ［美］罗斯科·庞德：《法理学》（第三卷），廖德宇译，法律出版社 2007 年版，第 308 页。

无论是通过法典的编撰还是司法过程的实践，都意味着习俗被纳入了法律的演进发展过程之中。然而，毫无疑问，习俗的存在远早于法律的产生，而且也从未被法律完全吸纳。因此，习俗与法律关系另一个更为重要的特点，即为“共存”。即它们都是一种包含规范性要素的社会规则，共同维系社会秩序的稳定，两者处于不断的互动与演化过程之中。习俗和法律的共存，法律认同一部分的习俗，而未被国家法律明确表述的习俗也依然存在并继续规范着社会秩序，它们各自调整着社会秩序的一部分领域。

2. 国家法与民间法、习惯法的演变

前面已经提到，国家法与民间法、习惯法的关系因为与中国现代化进程中的法律移植、现代法治秩序建设相关联，而更显其重要性与复杂性。长期以来，中国法治建设的模式一直以西方法律制度为模版，进而导致了法学研究中对于此种“现代化范式”的下意识接受，从而遮蔽了我们对于中国法治建设独特性的思考[①]。就“法律与习俗内在关系”而言，此一问题提醒我们注意到在国家法与民间法、习惯法研究中、乃至在法律多元主义视角下，“现代化范式”所可能带来的影响。而这种影响可以通过对于法律多元主义下国家法与民间法、习惯法的两种关系（或可称之为“国家法—民间法中的双重结构”）得以表现。

法律多元理论可以分为古典法律多元论（classic legal pluralism）和新法律多元论（new legal pluralism）。古典法律多元论主要关注殖民地和后殖民社会中本土法律和外来（西方）法律之间的关系；新法律多元论则主要是关于现代社会尤其是西方社会中的多元规范性秩序。[②] 因此，古典法律多元论与新法律多元论大致对应于国家法—民间法中的双重结构，即“固有法—移植法”与“官方法—非官方法”。[③]

在“固有法—移植法”的关系结构中，固有法意指：广义上是“起源于一个民族固有文化的法”，狭义则是指“在移植现代西方法之前存在于非西方民族固有文化中的法”；移植法则意指：广义是“一个民族从异文化中移植来的法”，狭义是“非西方国家从现代西方国家移植来的国家法”。[④]

在“官方法—非官方法”的关系结构中，这两个概念分别意指“由一国之合法权威认可的法律体系及其组成部分”，以及“没有被任何合法权威正式认可，但在实践中被

① 邓正来：《中国法学向何处去——建构“中国法律理想图景”时代的论纲》，商务印书馆2006年版。

② 高丙中、章邵增：《以法律多元为基础的民族志研究》，《中国社会科学》，2005年第5期。

③④ ［日］千叶正士：《法律多元——从日本法律文化迈向一般理论》，强世功、王宇洁等译，中国政法大学出版社1997年11月版，第183～193、191～192页。

一定范围人们——无论是否在一国疆界之内——之普遍同意认可的法律体系及其组成部分，这是它们对官方法的有效性所造成的独特影响，补充、反对、修正乃至破坏着官方法，特别是国家法”①。

笔者认为，法律多元理论的双重结构与国家法在中国（后发现代化国家）现代化转型中的双重含义具有一种同构性。国家法既指由国家强制力保证的正式法律制度，也指从发达国家借用、移植而来的现代法律。相应地，作为与国家法概念对应而生的民间法概念也具有双重性，即代表着传统法律的固有法和代表着非正式法律制度的社会规范。正是在此意义上，民间法研究显示出其内在的复杂性，“国家法—民间法”的双重结构在中国的现代化建设此一特定的历史时空背景下相互交织，进而与已成为前设性范式的现代化理论产生了一种选择性亲和，共同造成了民间法研究中的内在张力。

现代化理论作为一种发展理论，主要以坚持“传统—现代”二分法以及单线发展进化观的普适性为理论依据，“‘现代化理论’是建立在现代化的普遍意义的基础之上的”②。正如有学者所言：西方现代化理论架构却可以说是以下述两项假设为基本支撑的。假设一：当下世界的所有国家都可以根据西方现代化所取得的成就而被界分为“传统社会”和“现代社会”，而这便是人所熟知的“传统—现代”两分观。假设二：不仅人类历史注定沿着一条单一的预设轨线发展——此一轨线由前后相续、性质严格区别的社会阶段构成，而且每个社会的历史也都必然遵循一条由较低级社会向较高级社会的预定路线向前发展。③

笔者认为，现代化理论作为一种发展理论进而成为一种研究范式，其中最为重要的，是将此种“由传统到现代的线性发展观”从一种经验性的事实判断转变为一种规范性的价值判断，进而赋予“现代”、“发展”等概念以正当性，并以此作为对社会整体历史进程（在本文中即指社会主义法治建设）进行价值判断的标准。

就现代化范式与“固有法—移植法”关系结构之间的选择性亲和而言，其理由在于，通过从西方发达国家移植、引进而来的法律制度建设，其目的是为了实现中国法治的现代化，最终有助于实现中国社会的现代化。通过主动选择移植法律来实现法

---

① ［日］千叶正士：《法律多元——从日本法律文化迈向一般理论》，强世功、王宇洁等译，中国政法大学出版社1997年版，第190页。

② ［日］富永健一：《“现代化理论”今日之课题——关于非西方后发展社会发展理论的探讨》，载［美］塞缪尔·亨廷顿等著：《现代化——理论与历史经验的再探讨》，罗荣渠主编，上海译文出版社1993年版。

③ 邓正来：《中国法学向何处去——建构“中国法律理想图景”时代的论纲》，商务印书馆2006年版，第97～98页。

治现代化的发展策略，而此一策略前设性意涵在于：我们所移植的法律是发达的、现代的，是能够适应社会发展方向的。而我们自身所拥有的法律制度是落后的、传统的，是不能适应市场经济发展的。显然，“作为‘本土资源’的民间法，在有的学者那里，只是在移植法律尚未完全有效的情形下而确立起来的一种补充性‘资源’，亦即在政治、经济和文化结构彻底改变且移植法律日趋完全有效的情形下，可以彻底放弃的那种过渡性资源，是一种在根本上已经被前设了在知识上与‘现代国家法’平等，而在‘价值上’却不如‘现代国家法的资源’。”①

因而，“固有法—移植法”的关系结构便可被转译为“传统法—现代法”的关系结构来表达。从而，一种基于传统—现代二元划分的线性历史观（现代化范式）便得以进入法律多元理论，并与以社会秩序的维系为研究取向的“官方法—非官方法”关系结构共存。因此，处于中国的现代化转型此一现实背景下，国家法与民间法、习惯法的关系便有可能受到现代化范式的困扰，从而与法律多元理论中“固有法—移植法”结构产生一种亲和性，并最终成为其理论性的前设，进而阻碍对于中国当下法律与习俗关系的研究。下面，我们将以苏力先生的本土资源论为例，简单说明一下此种国家法—民间法的双重结构所带来的矛盾与困惑。

3. 一个评论：以《法治及其本土资源》为例

在本土资源论中，“本土资源”概念相对应的是“法治”，而非“法律规则”或“实在法”。可以认为，本土资源论所关注的终极目的乃是“法治”理想而非“本土资源”即“强调借助中国的本土资源建立现代法治”②，换句话说，就是关注于如何利用本土资源来实现现代法治的理想（当然，这并非是指本土资源的关注仅限于此，而是指其关注重点或目的之所在）。而民间法研究则将其关注点扩大至国家法与民间法的互动、相互关系此一层面，现代法治建设于其中只是一个隐而不彰的主题。在此种理论关注下，苏力先生对于本土资源与法治理想（国家法与民间法）之关系的态度便被凸显出来。

对于本土资源论而言，其对于国家法与民间法之间的关系主要有三种观点：首先，民间法向国家法的转化，“隐含了这样的判断（即中国法制建设的一个重要任务就是要促进民间法向国家制定法融合和转变——引者注），并且作为针对中国今天建设与社会主义市场经济相适应的社会主义法制的一个现实判断……但问题在于这是否

① 邓正来：《中国法学向何处去——建构“中国法律理想图景”时代的论纲》，商务印书馆2006年版，第245页。
② 苏力：《法治及其本土资源》（修订版），中国政法大学出版社2004年版，第16页。

是或应当成为中国当代法制建设的一个普遍性原则。”①。其次，民间法与国家法的共生，强调在中国当下的国家法和民间法关系中，无论从维护社会秩序这一“天下之公器”，还是从国家制定法和民间法各自规制社会的有效性来看，两者之间都必须妥协、合作，国家制定法作出妥协也许更为紧要②，因此，可以看出，其强调“妥协”与“合作”之原因乃是基于民间法当下的现实有效性以及对于社会秩序之维持的重要性而言的。再次，“价值中立”的观点③，即是认为法学家应当研究国家法与民间法在实际生活中是如何互动的，而对于其未来走向并不持有规范性的判断。不主张法治本土化，认为法治最终如何，从来不是法学家说了算的，是一个民族的生活创造了法治，法学家创造的最多是对这种法治的一种理论正当化。④

我们认为，本土资源论中存在的以上三种不同观点，乃是由论者所持有的三种不同且在一定层面上相互矛盾的理论立场所决定。首先，作者明言，其所坚持的是马克思主义的唯物史观，即作为上层建筑的法治乃是受制于身处其中的社会经济基础。同时，由于“经济基础决定上层建筑”，中国的法治状况从根本上来说是由经济状况（即市场经济体制）所决定。随着我国社会主义市场经济体制的不断完善和最终确立，与此相适应的社会主义法治也将最终得以实现。“在中国从计划经济向市场经济转换，在建立全国性统一大市场的过程中，必定要求和引起法律和习惯的变化，最终要求形成与市场经济相适应的法治”⑤。其次，法律并非仅仅是指法律条文，同时也包括约束个体行为的社会规范。换言之，论者所主张的乃是一种多元的法律观。其逻辑是：对于规范社会秩序而言，起作用的不仅有（甚至主要不是）成文法，而是由国家法（成文法）和社会个体的行动逻辑（即民间法）共同构筑的。第三，或称之为韦伯式的“价值中立”立场，即主张研究国家法与民间法在实际生活中是如何互动的，而试图避免对此问题作规范性的判断。法学家在其中的作用乃是分析在法律实践中起作用的各种因素及其相互之间的关系

---

①②⑤　苏力：《法治及其本土资源》（修订版），中国政法大学出版社2004年版，第63、68～69、14～15、11页。苏力对于法治现代化即坚持国家制定法此一论断的模糊态度，恰恰反映了我们所谓的“现代化范式进入法律多元”所带来的困惑。笔者注意到，苏力意图通过坚持韦伯式的“价值中立”立场来缓解上述矛盾，即所谓其关于“国家法—民间法”关系的第三种观点。

③　“价值中立”为韦伯在1917年发表于《逻各斯》杂志上的“社会科学和经济科学‘价值无涉’的意义”一文所提，是韦伯的一个重要的方法论准则，载马克斯·韦伯：《社会科学方法论》，韩水法、莫茜译，中央编译出版社2005年版，第136～182页。韦伯坚持在经验科学与价值判断之间划出泾渭分明的界限。他主张，社会科学家根据自己的价值观念选择了研究主题之后，就必须停止使用自己或他人的价值观念，遵从具体资料的指引，而无论研究的结果对其有利还是不利。另参见苏国勋：《理性化及其限制——韦伯思想引论》，上海人民出版社1988年版，第267～274页；顾忠华：《韦伯学说》，广西师范大学出版社，2004年版，第141～161页。

④　苏力：《世纪末日的交待（自序）》，载《送法下乡：中国基层司法制度研究》，中国政法大学出版社2000年10月版，第Ⅵ页。

（亦即重视法治的"本土资源"），而非（同时也不太可能）指明法治发展的方向，即"法治（应当）向何处去"。

基于本土资源论中关于国家法与民间法关系的前两种态度，有学者认为，"本土资源论"中出现了"两种旨向不同的甚或矛盾的观点"，而此矛盾实质上是"现代化范式"和"法律多元"之间的矛盾，进而将其归结为本土资源论中潜在的隐含着两条论证进路，即"现代法取向"的进路和"法律多元"的进路。① 而对于出现此一矛盾的原因，是苏力先生基于"历史唯物主义"以及与之相容的社会学和经济学理论而主张的"法律反映观"，并最终将此问题归结为一种"为贡献而贡献的法律观"②。

我们认为，现代化范式作为本土资源论的内在理论预设，确实在一定程度上决定了本土资源论中的内在张力。但是将此矛盾完全归结为苏力先生所持的历史唯物主义史观和"为贡献而贡献的法学观"，却似缺乏足够的说服力。因为，以现代化范式对于本土资源理论进行的批判存在两个弱点：一是缺乏对于法律多元视角内在结构上的分析，而是直接简单的主张法律多元论和现代化范式的对立；二是将本土资源论中的内在矛盾归结为个人理论的原因，似未能洞察到国家法与民间法研究作为一种整体分析取向的内在张力。回应于上一节中的分析，我们认为，"本土资源论"中的矛盾正在于没有能够区分我们所谓的对于国家法—民间法中的双重结构。换句话说，"本土资源论"中的内在矛盾并非源自法律多元进路与"现代法取向"的对立，而是源自法律多元进路与现代化范式的相互渗透与融合，而这一点，正是中国当下"法律与习俗"研究中亟待关注的问题。

附录：点评陈晓峰《陕北P村女客和男户土地征用补偿款纠纷之法社会学分析》

法社会学强调社会中行动的法，而习俗作为社会中调整人们行为的重要规则，成为法社会学关注的重要课题。我们知道法律来源习俗，但在现代法治社会的构建中，法律与习俗又常常表现出相互对立，有时严格执行国家法会与传统的习俗发生冲突，以致凸显出习俗在法律实现过程中的阻碍作用。在法治化的过程中，习俗与法律的

①② 邓正来：《中国法学向何处去——建构"中国法律理想图景"时代的论纲》，商务印书馆2006年版，第235、240页。

关系更是受到关注。《陕北P村女客和男户土地征用补偿款纠纷之法社会学分析》一文的作者陈晓峰就注意到了此问题，通过具体案例分析现实生活中两者的矛盾，进而指出人们的困惑，提出在处理具体纠纷中应理性地认识法律与习俗，实现法律的效果。

文章从现实生活中的一个真实案例出发，揭示法律与习俗的矛盾或冲突。延安市宝塔区P村的女客与男户在土地征用补偿款的纠纷中，女客(当地出嫁女包括招婿上门仍在原籍生活的女子，本文专指后者)依据法律有权分得补偿款，而根据传统习俗女客不能得到任何利益。由于所依据的理由不同，致使这一纠纷长期得不到解决。作者联系社会中大量存在的类似情况，认识到解决这种纠纷的重要性，同时发现人们在考虑这类纠纷时，实际存在认识上的偏差，从而提出了自己的看法。

文章运用的基本研究方法是法律社会学的制度分析法。法律社会学把法律制度视为一种社会制度，认为它是整个社会制度体系的有机组成部分，是现代社会中有重要影响的社会控制手段。法律制度与其他社会制度相同，由主体体系、规范体系和手段体系三个要素构成，各构成要素各具功能，各项功能构成整体功能。这种分析法强调把一定的法律制度放置于特定的社会生活中进行社会学分析，旨在了解法律制度的运行、功能以及在社会控制和社会整合的过程中与其他社会制度的关系。本文主要研究有关土地征用补偿的法律制度在社会中的运行情况及实现的效果，考察其在解决由于土地征用引发纠纷中的作用及与传统习俗的冲突。

从文章的结构来分析，作者是这样运用这一方法展开论述的。作者首先介绍了案件的发展过程，即再现土地征用补偿制度在农村的运行情况，指出由于受到其他因素的影响，使得这一制度的具体实施成为一个很复杂的问题。接着文章的第一、第二部分作者分析了涉案当事人女客的困惑，为什么法律明明规定她们有权利但就是得不到呢？而男户的理由："嫁出去的女儿泼出去的水"，这个自古对女性歧视的观点，现在却依然流行，因而引发了现实生活中征地补偿制度的运行与传统的习俗产生激烈的冲突。在文章的第三部分，作者分析了对立双方的两套话语系统的博弈，指出话语背后隐藏的利益因素。将传统习俗与法律制度放在社会变迁中加以考察，分析其对双方当事人的影响，及在现实社会中人们因利益的不同而持有的不同态度。第四部分作者指出了人们对纠纷焦点的错误认识，并提出自己的观点，即女客是否有取得土地征用补偿款的资格并非性别平等问题，而是共同体成员资格问题。得出由于农村特有的社会条件和传统习惯使得相关政策不太完善，以致土地补偿制度在运行中出现种种问题。第五部分分析了法院处理这一案件的过程，考察法院对这一制度的运用，指出由于社会现实的复杂，以致法院在很多时候也把司法的社会效果置于法律效果之上。最后部分作者强调，在现实生活中法律与习俗冲突的情况下，法律并没有沉默，而是在与习俗博弈、协调中发挥社会调控的作用。综观全文，可以看出作者始终将土地征用补偿制度放在社会实际生活中加以考察，探讨其运行与传统习俗的关系，从而试图找到解决冲突的方法，实现法律制度在社会控制和社会整合中的功能。

从文章的具体方法来看，作者运用了访谈法。所谓访谈法就是调查者通过与被调查者有目的的谈话收集研究资料，包括面对面的直接访谈和借助电话等媒介的间接访谈。本文作者采用的是间接访谈，借助媒体的采访，再现了案件的具体运行过程，使得研究的资料更加真实，具有说服力。具体到文中作者借用媒体的采访资料，引出了女客对法律的困惑，男户对传统习俗的坚持。即女客以法律明文规定赋予自己的权利而不懈维权，争取自己的利益；男户则以自古就有的传统习俗支持自己的观点，捍卫自己的利益。作者以此指出现实生活中法律制度与习俗的激烈冲突，在此基础上对访谈资料进行了深入仔细的分析，发现现象背后的深层社会原因，考察在这样的社会事实中法律制度与习俗的关系。

文章的作者没有采用传统的法学研究方法，即在法律内部研究法律，而是在具体的社会现实中通过个案的研究，将法律制度放在实际生活中进行考察，发现其在运行中与传统习俗的冲突，进而分析冲突深层的社会原因，及在社会变迁时期法律与习俗的关系。正是这种研究方法使得作者发现了转型时期的土地征用补偿纠纷的复杂性，突破了以往人们将这类纠纷归结为男女平等问题的认识，提出自己的观点，认为是共同体成员的身份认同问题，为我们提供了另一新的分析此类问题的视角。但文中对所要研究的土地征用补偿款制度本身并没有深入说明，使得读者对其准确理解有一定的难度。而且作者这种间接利用媒体的访谈方法，由于媒体有其自己的价值判断，可能会影响研究问题的客观性。

论文摘要

陈晓峰：《陕北 P 村女客和男户土地征用补偿款纠纷之法社会学分析》2008 年 3 月发表于《中国社会科学院研究生院学报》。陕北 P 村女客和男户之间因为村集体土地征用款分配而引发的纠纷，实质上反映了在城市扩张和社会变迁的过程中，隐藏在法律与传统习俗、亲情与利益冲突之下制度与现实的隔膜与冲突。

在这场冲突中，女客主张的依据在于：《中华人民共和国土地管理法》、《中华人民共和国农村土地承包法》等相关法律明文规定，农村妇女在集体土地征用补偿费分配、土地承包等事宜中与男子的权利和地位平等，同时在2005年新修订的《中华人民共和国妇女权益保障法》中更是明确规定了这一法律权利。而男户的主张逻辑：自古以来“嫁出去的女儿就是泼出去的水”、女客的膨胀本身已经导致了人口膨胀和资源紧张以及女客的丈夫不是本籍人，其在原籍还有户口。在此实际上形成了两种不同的话语主张，即男户围绕着的“自古以来”的传统和自身利益被侵蚀之现实而形成的话语主张和女客以国家法律为依据而形成的话语主张，这两套话语主张的不同并非源自观念的不同和法律意识的高低不同，而仅仅是双方当事人根据利益的不同而进行的有意识的选择。

在这场纠纷之中实际上涉及的并不是男女性别平等的问题，而是乡村共同体认同的问题。女客的主张能不能得到实现，这要看该共同体对成员资格是如何认定的了。在历史上形成的女子出嫁后随夫方生活的习惯，并不仅仅是一个封建传统观念的问题，更是涉及资源的分配、农业社会延续的基本问题，因此男户主张的依据则是这种农业社会形成的惯习。但该主张是站不住脚的，因为新中国成立以来国家法已经宣告了男女之间的平等，同时相关的法律规定如户籍管理等也支持了女客的主张。因此，法院不应该保持沉默，不应该仅仅因为牵涉面广，就用堂而皇之的理由认为不符合起诉要求来加以回避，而应该在参照当地习惯的基础之上进行审慎的判断。最后，虽然法院对此类纠纷保持了沉默，但法律却不会保持沉默。在处理抽象的法律原则和纸面上的法律规则，在遭遇急剧的社会变迁的中国当下所形成的难题，特别是在广大农村地区并不是一个偶然的现象，而是有着其必然性的。法律不会保持沉默，P村的纠纷可能经过反复的调解、辩论之后会形成一个折中的方案。这既反映了法律不是万能的，又对法律无用论进行了反击。在当今城市化进程中，我们不能仅仅依靠农村社会内部搞利益平衡来化解问题，而应要求法律对社会变迁中所形成的问题进行有效的回应。

第五章 道德与法

法律社会学重视道德在法律生活中的作用，是为了说明国家法不是社会唯一的规则，道德和国家的法一样具有社会规则的功能。但我们在这里研究的，是要改变法律社会学对这个问题的传统表述。我们认为，当讨论一个社会道德问题时，这个道德当然是一定社会占主导地位的道德，它与法都是该社会的基本规则，具有某种程度的一致性、共同性和交融性。因此，一个有意义的问题就出现了，即什么是今天中国社会占主导地位的道德？今天道德的发展为法律提供的文化土壤及具有意义的成分是什么？为此，在本章中侧重讨论：第一，传统道德的现代冲突；第二，道德发展体现的新精神；第三，集体主义道德品质在新时期的表现方式；第四，依法治国与以德治国等。

一、传统道德的现代冲突

笔者在这里要说明何谓传统道德，以及当前的道德冲突从严格意义上看是在什么情形下展开的。

1. 传统道德的特征及其演变

传统道德的概念我们不能把它泛化，这里的传统道德特指的是封建时代的道德。这种道德是在过去封建时代产生的，但对进入社会主义时期的中国人民以及他们的生活仍产生了重大的影响，因此才有了值得我们去研究的传统道德的现代冲突问题。顾名思义，传统的"传"，指前人"以传示后人"；"统"，"继也"，指后人承续前人，因而所谓传统无非是人类社会生活中前后相承、世代相继的某种东西。但这种相承或相继，既可能是事物原质态上的继续，也可能是事物新质态已经发生情况下对新质态的影响，中国的传统道德显然指的是后者。因为新的道德还在建设中，而几千年发展起来的封建道德决不会轻易退出历史舞台，它总是这样或那样地变换着方式对我们的社会生活以深刻的影响。

道德作为观念形态，其存在于一定社会经济基础之中。要了解中国传统道德的特征，应特别了解中国古代的社会结构。可以说，中国古代社会是在没有摧毁以血缘为纽带的原始氏族组织形式的情况下，由原始社会直接跨入了奴隶制国家的。因此，中国古代的社会结构有其明显特征,这就是宗法制度。在中国,这种宗法制度不仅反映在家庭这个社会细胞中,而且还反映在国家政体、结构及整个社会的人际关系上。对这种社会结构的定式,有的学者作了很好的概括。[①] 第一,是严格的父系单系世系原则。在血缘宗族的世系排列上,完全排斥女性成员的地位,在家庭或国家政治权力的继承上也不允许母系成员染指,从而确立起"男尊女卑"的伦理关系。第二,稳固的宗族制度。宗族与一般意义上的血缘共同体的家庭、家族有别,它是以父系血缘纽带聚合而成的家族群体。宗族有族权,它通过其人格化的代表族长、宗子来统治宗族成员,并用特有的伦理、礼法调整宗族之间、人与人之间的关系。宗族中还存在族规、宗训等,对宗族的维系起到很重要的作用。第三,"家国同构",主要指宗族性的家庭宗族与专制主义的国家政权在权力结构上的相似性。家是小国,国是大家,"家无二主,尊无二上"。在家庭家族内,父家长、族长是至尊的;在国家,君主统治一切,他是至尊的。既然宗法制的社会结构是中国古代社会的基础,那么,维护社会结构的稳定,自然就成为这个社会伦理学的客观要求,由此也就决定了中国传统道德的特征不是个人本位主义,而是整体本位主义。这种道德的实质在于:道德、价值主体的根据是由宗法关系构成的家庭、家族和维护家庭家族的族团利益的需要所决定的。同时,由于"家国同构",自然也包括维护君主专制的国家政权的需要。具体来说就是通过"三纲五常"等道德规范以及仁、义、礼、智、信等一系列范畴得到反映。

对整体本位主义的道德观的价值,不能采取简单化的态度,而要进行具体分析。整体本位主义道德强调整体利益至上,要"正其义,明其道"。在长期的历史发展中,这种道德观点积淀成诸如"崇德"、"人和"、"贵义"、"礼让"、"慎独"等民族心理,以及重气节、重情操的民族精神,许多古老的格言如"见义勇为","当仁不让","杀身为仁、舍生取义","不降其志、不辱其身","富贵不能淫、贫贱不能移、威武不能屈"等都是这种民族精神的反映,因此在历史上这种道德价值观有其合理性,对当代道德建设也有许多积极的合理成分可以汲取。但这种道德观重整体轻个体的价值取向,毕竟束缚了个性自由和压抑了个性的发展,这是整体本位主义的要害所在。

可以说,中国进入现代以来,传统道德的社会功能和作用发生了很大的变化。现代道德革命的主题就是以个性解放、个性自由,反对封建专制主义及其整体本位主义为主要的内容。其中有的以唯意志论为根据,有的以实用主义为基础等,而共产党领导的新民主主义革命以及后来的社会主义革命成为现代中国历史的主流,一批先进的中国知识分子由激进的革命民主主义者开始接受并转向马克思主义,运用历史唯

① 冯天瑜等:《中华文化史》(上册),上海人民出版社 1990 年版,第 200～209 页。

物主义来考察道德问题，从而把近现代道德革命推向一个崭新的阶段，如李大钊对中国近现代道德革命有过很精辟的论述，他指出，“看那两千年来支配中国人精神的孔孟伦理，所谓纲常，所谓礼仪，所谓道德，哪一样不是损卑下以奉尊长？哪一样不是本着大家族制下子弟对于亲长的精神”。[①] 总之，“乃是使人牺牲的个性”[②]。因此，中国今日“社会上种种解放的运动是打破大家族制度的运动，是打破父（家长）专制的运动，是打破男子专制社会的运动，也就是推翻孔子的孝父主义、顺夫主义、贱女主义的运动”。[③]但李大钊宣传个性解放，并不否认整体主义的重要性。李大钊说：“个性解放，断不是单为求一个分裂就算了事，乃是为完成一切个性，脱离了旧绊锁，重新改造一个普通广大的新组织。一方面是个性解放，一方面是大同团结。这一个性解放的运动，同时伴着一个大同团结的运动。这两种运动，似乎是相反，实在是相成”，[④]真正合理的社会主义没有不顾个人自由的，社会主义应是“真实的自由”与“真实的秩序”的统一。毛泽东在近代道德革命的问题上，也提出了与李大钊相同的主张，并还从个性解放引出群众观点，他说：“在一切工作中，命令主义是错误的，因为它超出群众的觉悟程度，违反了群众的自愿原则，害了急性病……在一切工作中，尾巴主义也是错误的，因为它落后于群众的觉悟程度，违反了领导群众前进一步的原则，害了慢性病。”[⑤]从李大钊到毛泽东的马克思主义伦理思想，是近现代以来道德革命的伟大思想成果。然而，当时的道德革命也存在着严重的不足，主要表现在对“宗族主义”的批判并不彻底，在关于自觉或自愿，群与己等关系上有时过分强调自觉，忽视自愿及意志自由，反映到群己关系上强调个人必须服从，甚至是无条件地服从集体的思想，这在特殊的战争年代有其必然性方面，但却反映了还没有完全摆脱传统的道德价值导向——整体本位主义的影响。[⑥]

正是在这个意义上，当中华人民共和国建立以后，马克思主义作为中国文化的指导思想和理论基础其影响深远，在社会主义革命建设中发挥了重大的作用。但是不排除这种情况，旧的道德观力图在新建立的社会制度和意识形态之中顽强地表现自己，人们对马克思主义的认识和理解，常常不够完整、准确，也常常不免投射出旧道德观的阴影。而在高度集中的计划经济体制下，又由于“以阶级斗争为纲”指导下的频繁政治运动，使得“整体本位主义”的文化沉淀的沉渣泛起。原来对马克思主义伦理思想理解上的某些片面性，如忽视自愿原则、忽视个性自由，在新的历史条件下产生

---

①②③④ 《李大钊文集》（下册），《由经济上解释中国近代思想变动的原因》，人民出版社1984年版。

⑤ 毛泽东：《论联合政府》，《毛泽东选集》第四卷，人民出版社1991年版。

⑥ 朱贻庭等：《当代中国道德价值导向》，华东师范大学出版社1996年版，第71～85页。

了消极的作用，集体主义的伦理思想在相当长的时期内未得到全面、科学的解释，以致在“文化大革命”期间，给“四人帮”推行“个人迷信”、现代禁欲主义和法西斯以可乘之机。[①] 从这里，我们可以得出一个结论，即要建立起社会主义道德的任务实际上是很艰巨的。

（2）与传统道德冲突的反省

就传统道德在当代中国社会生活所发生的冲突的反省，主要与大的事件或社会变迁有密切的关系。笔者认为突出的可以从以下三个方面加以说明。

第一，“文化大革命”道德的反思。对“文化大革命”的反思，可以说是当代中国人道德生活的一个重要内容。这尤其对经过“文化大革命”的青年一代更为明显。那一代青年是与新中国同时成长起来的。当时人们倾向于或习惯于整体本位主义。青年人就是在这样的道德价值观中生活。青年人对未来有一种不可遏制的热情，那时给予他们力量和鼓舞的是《钢铁是怎样炼成的》、《青春之歌》和《雷锋日记》。[②] 在他们的日记本上，工工整整地写着保尔的名言“人的一生应该这样度过，当他回首往事，不因虚度年华而羞愧，不因碌碌无为而悔恨”。集体主义道德融化为他们的价值观和理想。对于他们来说，个人的存在，就是为了他人的生活更美好。为了集体，应该牺牲自己的利益。这种道德是纯洁的、质朴的。而“文化大革命”的磨难却使他们对这样一种道德产生了怀疑。特别是当他们看到“伪君子”和“假道学”的存在，欺骗了他们的真诚情感的时候，更感到了极度的困惑和不解。因此，当这个践踏人性的时代结束以后，青年一代苦苦地思索人生的意义。在批判中求索，因批判的对象而制订自己的人生目标，成为这一代青年人思索的特点及确立自我的一个典型方法。因此，他们自我观念的确立不是在正常、健康的社会环境下合理进行，而是在充满着叛逆的情绪、批判的快感和醒悟之后中的追悔。他们在两极的大跳跃中完成了人生哲学的转换，表现为由对社会政治的狂热关注到对自我的莫大热忱。[③] 这就是说，他们对整体本位主义道德观的否定，不是扬弃的过程。社会导向的偏差和批判的激情，使他们把集体主义社会理想与当时极“左”政治的污水一同倒掉，因此，他们建立的自我是孤单的，是缺乏丰富的社会内涵的。但即使如此，也反映了道德观的现实冲突及这种冲突在现实生活中的表现。

第二，现代西方人本主义思潮的冲击。传统道德的现代冲突表现在与当代西方人本主义思潮的思想交锋。国内在 20 世纪 80 年代掀起的现代西方人本主义研究

① 朱贻庭等：《当代中国道德价值导向》，华东师范大学出版社 1996 年版，第 71～85 页。
②③ 李瑜青等：《世纪的交融与选择》，安徽大学出版社 1997 年版，第 375～397 页 。

热，是自发发展起来的。这一思潮虽在学术研究上提出了有待深入研究和探讨的问题，对社会的影响则集中在道德观、价值观上，有的学者从四个方面分析现代西方人本主义思潮在道德观、价值观上影响的内在逻辑[①]。其一，受尼采和萨特存在主义伦理思想影响而形成的“自我超越”、“自我设计”的伦理生活模式；其二，受弗洛伊德理论影响而体现在性道德上的宽容和开放；其三，受弗洛姆、马斯洛伦理思想的影响，而对于一种健全人格的追求；其四，受道德相对论思想的影响，而出现的一种反道德的游戏人生的态度。这些分析都是十分中肯的，但这种影响最为核心的方面，是以独特的方式对个人本位观念的论述或论证。所谓个人本位观念，就是一反传统的、以社会或整体为本位的观点突出人的个体主体性，并以此为核心，作为判断一切事物和行为的出发点或根据。就西方社会而言，个人本位观念在古代和中世纪就形成了，文艺复兴后得到了进一步发展。文艺复兴的人文主义强调人在感性生活中的解放，重视个人的权利和尊严，主张把属于人的生理、心理上的正常要求归还于人，人是由个人自身的感受、幸福、尊严等组成的一个独立个体。在后来的资产阶级革命中，“个人”概念形成了鲜明的社会政治含义，当时进步的思想家们强调天赋人权论，认为个人自由是人的内在固有本质。合理的社会应当保证个人的独立性以及人的自由权的实现。如果说近代哲学思想中对人的个人本位的确立，在于肯定人的个体自由、主体意识和感性生活的丰富。但是在对人的阐释中，仍然把人作为世界的一个对象或客体看待，以某种精神或物质的实体为基点来加以说明或论证。而在现代西方人本主义思潮中，情况就不同了，它们不主张在人之外设定一个上帝或某种精神实体，也不赞成把世界归结为物质。而认为除了人的主观性的宇宙外，再没有其他的宇宙，因而把人的存在提高到了本体地位。在对人的说明中，对外部世界的知识不再关心，而是把目光转向人的内心深处，注重于单独个人处于孤寂、苦闷、绝望等的情绪体验中的非理性因素的发掘。力图在个体自我中寻找个人人格的完整。现代西方人本主义思潮即是以哲学的理论方式深刻反映当代西方社会所存在的一种精神状况，并力图从哲学主体论上对恢复人的自由和个性进行论证，以重建新的价值观。但中国读者从现代西方人本主义思潮中，则找到了某种共同面临的问题。[②]

现代西方人本主义思潮对中国伦理思想的发展产生深刻的影响，又必须从中国现实中找到根据。其中一个重要的方面，在于十年“文化大革命”浩劫留给人们的是一片文化沙漠。“文化大革命”结束后，一打开思想的大门，人们顿时眼花缭乱。在近

① 朱贻庭等：《当代中国道德价值导向》，华东师范大学出版社 1996 年版，第 101 页。
② 李瑜青：《人本思潮与中国文化》，东方出版社 1998 年版，第 24～36 页。

三十年中国文化与西方文化的隔绝之后，西方文化注入中国必然在人们的思想中冲撞出道道火花。它引起的好奇心和吸引力是巨大的，同时，刚刚过去的几年动乱给中国人留下了深度创伤，人的个性、需要、价值都被否认或扭曲了。人们自然要反思造成自我和社会悲剧的根源，并思索人生的意义。恰恰在这一时期，萨特的存在主义，叔本华、尼采的唯意志论，弗洛伊德的精神分析理论等人本主义学说逐渐流入我国。我们可以看到，很多人对现代西方人本主义思潮具有浓厚兴趣，但他们并不是关心理论阐释上的系统、全面，而注重于解释过程中所伴随的情绪共鸣；他们并不深究哲学家们观点上有什么不同，而注重于对个人本位强调的实质；他们并不在乎是否弄懂了哲学家深奥的理论，而注重于从只言片语中去满足这种心理上的体验。[①] 现代西方人本主义思潮的传播，促进了个人本位观念的确立。它对于我们的道德建设具有正负两个方面的效应。从一定意义上，强调"自我超越"、"自我完善"、"自我实现"，只要没有走向极端个人主义，这对当代社会的发展是极为有利的。

第三，市场经济的发展与传统道德观的冲突。这是传统道德现代冲突的又一重要方面。市场经济是高度发展的商品经济，它与计划经济相比对人们有不同的道德要求，人们有必要从市场经济模式和计划经济模式的比较中作出说明。应当肯定，社会主义社会生产的最大目的也是它的最基本的价值取向，是满足人民日益增长的物质生活和文化生活的需要。我们曾用计划经济方式实现社会主义价值目标。计划经济有其优点，在某种特殊情况下，它有利于把国家有限的人力、物力、财力集中，用于需要优先发展的部门和地方。但在持续稳定的进一步发展中，特别是进入集约增长阶段后，它的缺陷充分暴露出来了，主要是不能有效配置和利用资源。但发展市场经济情况就不同了。在市场经济中，企业作为市场主体，依法以自己的名义行使权利，依据市场的信息及时作出生产和其他经营决策，并对经营结果负完全责任。因此，它能有效地处理信息，企业也有了自身的利益和活力。建立社会主义市场经济体制的过程，也伴随着人的价值的某些重要方面得以生长。这具体表现在：

其一，利益激励机制以承认不同利益主体存在为前提，肯定了人的物质利益的正当性、合理性。人们所做的一切，实际上都同他们的利益相关，对利益的追求，形成人们的动机，成为推动人们活动的动因。否定利益主体的独立性，否定各个独立利益彼此之间的差异性，否定带有差异的利益主体得到满足的正当性、合理性，利益机制就不会对各个市场主体具有激励和约束作用，建立在不同利益基础上的社会整体利益就会成为抽象存在。这正是计划经济活力缺乏，效益不高，经济成就不佳的原因。市

① 李瑜青等：《世纪的交融与选择》，安徽大学出版社 1997 年版，第 362～375 页。

场经济以承认物质利益多元化为前提，使人的价值在物质层面上获得现实的生动内容。

其二，竞争机制有利于主体的创造和能力的发扬。竞争机制的根据存在于商品的价值规律中。市场经济的发展使人们懂得了在社会主义市场上的商品，是受价值规律支配的。只有那些个别劳动时间等于或小于社会必要劳动时间的产品，才能在竞争中取胜，为消费者认可和接受。竞争精神的奋起，为人们主体性的弘扬获得了客观必然性的支持。

其三，打破了人身依附关系，强化了人的平等观念。市场的主体都有自己的独立利益，并在此基础上形成自己的意志，他们按自己的意志行事，不允许其他人把自己的意志强加给自己。这就确立了平等观念，有力地抑制了特权思想和等级观念，打破了人与人之间的依附。在计划经济体制下，由于种种原因，存在着下级对上级、企业对政府的依附。现代企业是自己掌握自己的命运。当然，市场经济的价值要具体分析，它存在正效应，也有负效应。但不可否认，在市场经济发展中酝酿、成熟起来的新道德观对整体本位主义为特征的传统道德观又形成具有根本性的冲击。[①]

通过以上几个方面的分析，我们可以看到，随着社会生活的发展，旧的道德观念已不能适应社会发展的要求，新道德正在日益成熟、发展起来。其实，如果对传统道德观念及整体本位主义的导向进行历史定位，那它只是处在人类道德历史演进过程中的第一阶段，属于人类道德发展的第一个历史形态。马克思根据对人类社会发展史的考察，从个人与社会的关系上，提出了社会历史发展“三阶段”或“三形态”的理论。他在《1857—1858 年经济学手稿》明确指出：“人的依赖关系（起初完全是自然发生的）是最初的社会形态，在这种形态下，人的生产能力只是在狭窄的范围内和孤立的地点上发展着。以物的依赖性为基础的人的独立性，是第二大形态，在这种形态下，才形成普遍的物质变换，全面的关系，多方面的需求以及全面的能力的体系。建立在个人全面发展和他们共同的社会生产能力成为他们的社会财富这一基础上的自由个性，是第三个阶段，第二个阶段为第三个阶段创造条件。”马克思的这一论述，指出了道德历史发展的三种形态，即以“人的依赖关系”为特征的整体本位主义，以“物的依赖性”为基础的人的独立性为特征的个人本位主义和以每个人的全面而自由发展为实质的集体主义。所谓“人的依赖关系”，就是个人在政治、经济上甚至在人身、人格上没有自己的独立性，必须而且应该依附于一定的群体或特权者。而无论是市场经济发展对新道德的呼唤，还是对“十年动乱”反思及对现代西方人本主义思潮道

① 李瑜青、李明灿：《契约精神与社会发展》，山西人民出版社 1997 年版，第 139～142 页。

德价值观的批判吸收，都反映了对旧道德的批判和超越，反映了人们思想的解放程度以及正在成长为新道德的建设者的历程。

二、道德发展体现的新精神

在建设社会主义市场经济的过程中，对传统道德当然有一个批判继承的问题。但从本质上说，这种传统道德已不适应时代发展的要求了。道德的更新，其中必须找到新道德的生长点，揭示其所包含的主要内容。

1. 新道德生长点的思考

就新道德的生长点，可以从多方面分析，这里着重分析契约关系的发展对道德发展的意义。有关实行市场经济对道德建设起何作用的讨论，在理论界已经持续了多年，大致形成了三种观点：其一所谓“二律背反说”，即认为市场经济的机制突出了人的情欲、物欲作为社会的动力，它在有效促进社会经济发展的同时，却带来了社会道德的退步；其二所谓“一致论”，即认为我们国家实行的是社会主义市场经济，其特点是以公有制为主体，而集体主义道德体系正是社会主义公有制的内在要求，因此，市场经济和道德的发展是一致的；其三所谓“双重效应论”，即认为实行市场经济对道德建设的作用是双重性的，一方面，它能提高自主、自立、平等、自由等社会道德价值；另一方面，它也容易引发利己主义、自我中心主义、拜金主义和享乐主义等不道德倾向。

以上三种观点，应当说都有一定的道理，但又存在值得思考的一个方法论问题，即市场经济的确立与适合市场经济发展要求的道德能否自发地建立起来？笔者认为，市场经济的发展有它自身客观的过程，人们可以揭示市场经济对道德的客观要求，但市场经济无论怎样，在道德建设上它是一个中性词。关于这一点，诺贝尔经济学奖获得者、美国纽约市立大学教授哈里·马克维茨说，“市场没有心脏和大脑，因而不能指望市场自身能够自觉地意识到它所带来的严重的社会不平等，更不能指望市场自身来纠正这种不平等”。① 另一位诺贝尔经济学奖获得者、美国麻省理工学院教授萨缪尔森也说，“在当今没有什么东西可以取代市场来组织一个复杂的、大型的经济。问题是，市场是无心的，没头脑的，它从不会思考，也不顾忌什么”。② 因此，问题的关键，不在于就市场经济与道德的关系作抽象的议论，而是要适应社会主义市场经济的要求来建设道德。

①② 《新视野》，1995年第3期，第24～27页。

在市场经济条件下，道德的生长点在哪里，这是在进行道德建设中必须明确的。就道德建设的直接目的而言，在于满足市场经济健康发展的伦理要求，也就是说，市场经济的道德适应，主要在于道德必须为市场经济的健康发展提供有力的支持。只有明确了道德的生长点，才能找到这种道德的支持要素。

笔者认为，契约关系在市场经济中具有基础性关系，契约关系是适应市场经济要求的新道德的一个重要生长点。这首先可以从契约关系在市场经济中的地位来说明。在计划经济条件下，由于国家或政府是经济活动的唯一主体，因此形成一切经济活动都必须严格依政府指令或指导进行，形成难以更改的企业或个体对国家的无限依赖。但在市场经济中，由于一切自然人和法人主体地位的确立，摆脱了昔日人对人的依赖关系，而通过物（包括实物和货币）的依赖关系进行活动。市场经济运行机制要求不论是主体与主体，还是主体与客体只能是以契约关系为基础的经济运行模式。不仅是在经济领域，在其他社会领域，为了明确独立主体的权利和义务，都必须要用一定的契约关系联系起来。道德关系是一种社会关系，在市场经济条件下，契约关系成为道德关系活动或展开的空间，因而成为道德的生长点。有许多学者曾论证市场经济是新道德的生长点。其实我们仔细分析一下，市场经济的活动大多都是在契约关系中实现的。契约关系是市场经济的核心关系。

其次，还可以从契约为市场经济的道德发生提供特定的内容来说明。市场经济具有流通性、开放性、社会性及主体的多样性等特点。但是市场经济的活动得以展开是通过一种独特的方式，这个方式就是契约。契约在这里不仅仅是人们彼此的约定，在这种约定中彼此之间都有基本的道德要求应当遵守，否则这种约定就会失去它的价值和意义。同时也包括大家都共同认可的市场规则，遵守这些市场规则也是最基本的道德要求，否则契约活动就无法真正实现。实际上，虽然交换者个人在市场上同某个具体的他人的交换是一种偶然的行为，但交换的实现必须依据一定的市场规则。人们的每一次成功交换行为的实现，也是交换者对彼此共同认可约定或规则的一次维护。所谓道德是调整人们之间、个人与社会之间的关系的行为规范和准则的总和。在社会主义市场经济条件下，道德要满足社会健康发展的伦理要求，其中一个重要方面就是调整人们在契约关系中的行为，从而为市场经济的健康发展提供有力的支持。

第三，从契约、法治对道德实现的作用来分析。社会对道德的客观要求是一回事，这种道德能为人们广泛接受，成为现实的德治力量却又是一回事。因为道德的实现依赖于人的自我意识、情感和意志。要使一种道德能成为人们普遍接受的社会公德，必须要依托于社会某种既定可靠的强制力。在不同的体制下，这种强制力表现方式是不同的。在自然经济条件下，没有真正的法治而言。专制君王具有至高无上的独尊地位，道德主要通过政治的强制力得以贯彻和实现。在过去建设社会主义的相当长时期，我国脱离客观存在的一定的经济发展水平，构筑了一个高度集权化的计划经济体制。在这种体制下，把一切生产资料都收归国家所有，从而形成一体化的国家所有权模式：这种利益上的一元化自然没有真正意义上的个体独立性、自主性，同时在这种控制方式下的经济性、法律性因素比较薄弱，主要诉诸直接命令的行政控制手段。而社会主义市场经济则不同，它的本质特征是：当事人在相互关系上应当具有充分的独立性，他们在财产、行为以及其他方面具有不依赖性，因而相互之间处于平等的地位。市场经济的这种本质特征决定了它对人治主义的排斥，绝不允许任何一方的强迫命令和独断专行。它在自身运转中，必须设定一种统一的规则和法则。法治成为在市场经济中最具有普遍性的社会强制力，它独立地起着作用，法治成为市场经济德治实现自身的一个重要途径。而这种统一的规则和法则，呈现了法治的具体内容，也就是人们共同的契约或约定，它上升为国家的意志即是法律，这其中体现了契约关系，是一种契约精神的表现，从而也证明了契约是道德的生长点。①

2. 新的道德的内容及发展的阶段性

为了更深入说明问题，我们进一步考察反映市场经济的要求，在契约关系中发展的新道德的一些主要内容。

（1）人格自由。我们知道，选择市场经济体制这一经济发展形式，无疑是基于如此的基本认识，即市场经济体制是在当前生产力水平下最具活力和高效率的经济发展形式。而市场经济的内在活力和高效率的动力源泉，是与人们对自身的利益追求以及个人能量的充分释放和个人主动性、积极性的充分发挥分不开的。为了适应这一要求，首先必须消除那些阻碍人们“自由进出市场”和积极进取的不必要的道德限制，实现“个性解放”，同时又必须从道德上确认个人利益、个人自由及个人责任的合理定位。而现代契约关系就体现了这样的要求。契约本身就是契约人的自由意志的表示，它包括契约人选择合作者的自由、契约人决定契约内容的自由、契约人选择契约形式的自由、契约人选择解决契约纠纷方式的自由等，这是契约关系中自由人格的体现，契约把这种自由人格普遍化，成为新道德的生长点。

（2）积极进取。市场经济具有主体的多元化。每个主体在市场活动中都是自由的，这不仅反映在活动本身中，市场主体不再受制于他人，都由自己说了算，而且反映在活动后果上，市场主体的自下而上发展不再由他人包办负责，而且自己掌握自己的命运。个人或企业的独立、自由地位激发了主体的潜能，使主体在具体的经济活

① 李瑜青、李明灿：《契约精神与社会发展》，山西人民出版社 1997 年版，第 145～149 页。

动过程中进行独立的意思表示，实施自己的经济行为，根据市场的需要独立而自主地处分自己的财产，自由平等地参与市场竞争。因此，积极进取是市场经济对主体的客观要求，也是调整人们之间、个人与社会之间关系必要的行为规范。在市场经济中人们的活动是在契约关系中实现的。在契约关系中，人们的进取活动表现为对权利的确认和肯定，契约同样把人们的权利普遍化，满足了市场经济发展在这方面的伦理支持。

（3）平等公正。基于商品经济的内在要求，社会主体参与社会经济等活动，要求确认交换主体的平等人格。此外还有当事人参与经济活动的机会均等、竞争的条件均等、当事人享有的权利和承担的义务对等。平等交易的公平原则排斥了任何等级特权，为调整社会关系提供了统一公正的标准，符合市场经济秩序的内在要求，平等自然也构成市场经济道德的重要内容。而契约是平等主体之间的一种合乎人性的关系，缔约人地位平等，既不允许当事人把自己提升为他人的主人，也反对把自己贬低为他人的奴仆，这是契约的一个基本前提，契约关系把人们的平等要求普遍化，使市场经济的平等要求得以实现。

（4）诚实守信。市场经济的主体必须在平等和自由竞争中实现利润最大化，这反映到人际关系上就要求人们必须确立一种诚实守信的人格习惯。要遵守商业及职业道德，反对弄虚作假；恪守信用，不违反约定和逃避应尽的义务；企业或个人都要讲自尊自爱，不损害自我形象。这种诚实守信，也是契约关系的根本要求，契约作为一种平等主体之间的自由意志协定，它明确了当事人相互之间的权利义务，诚实守信也就是忠实地承诺并实现自己的义务，契约关系把义务普遍化，其中发展出来的伦理精神对市场经济的发展予以支持。

（5）互助公益。社会主义市场经济以承认不同利益主体的存在为前提，肯定了人的物质利益的正当性、合理性，但这不是它的目的，它的目的是通过发展社会生产力，经由一部分人的首先富裕达到全体人民的共同富裕，实现社会经济、政治和文化的现代化，这也是社会主义市场经济和资本主义市场经济的本质区别之一。资本主义市场经济造成的结果是把人对物的依赖绝对化，由依赖转化为人受物的统治，人的一切活动都围绕着利润和经济效益旋转。社会主义经济基础决定了市场经济体制的运作要使人对物的依赖向积极方向发展，兼顾社会效益、环境效益，维护人的价值。因此在一个社会发展过程中，它的精神文明、道德文明也必须同步得到发展。人们之间乐于互相帮助、扶弱济贫，重视人权以及人们的情感沟通，积极参与社会的公益活动，遵守社会公德。这里体现的具有社会主义性质的互助公益，也就是要求我们超越狭隘的契约关系的限制，而从整个国家或社会整体利益出发，这是每个公民应具有的权利和义务，也是包括国家在内的政治实体应具有的权利和义务。从广义上说，也是一种契约或约定，从而促进社会主义市场经济的发展。

通过以上的分析进一步证明，契约关系发展起来的伦理、道德精神是与社会主义市场经济发展的客观要求相一致的。由于市场经济中契约关系的普遍化，契约关系成为社会主义市场经济道德的生长点。但就涉及的道德内容而言，笔者不赞成简单地把它看作为人类道德发展的第二种形态。如前所述，马克思按照自然经济、商品经济和产品经济的划分，把人类社会道德发展区分为三种形态，即“以人的依赖关系为特征的整体本位主义、以基于物的依赖性的人的独立性为特征的个人本位主义和以每个人的全面自由发展为实质的集体主义”。我国建立社会主义市场经济，正在大力发展商品生产，言下之意似乎道德只能属于第二种形态。笔者认为，在社会主义市场经济中，既有商品经济的成分在起作用，又有社会主义制度的成分在起作用，并且社会主义制度这个成分又是具有根本性的，它决定了这个社会的性质和发展方向。在社会主义市场经济的道德中，既肯定有第二种形态的明显特征，又注意克服商品经济可能产生的消极作用，其道德的发展属于由第二形态向第三形态转化中的过渡环节。就道德的第二种形态的特点看，是以“物的依赖性为基础的人的独立性”，它比第一种形态进步是明显的，其中最为突出的在于，这里的“人”已不再具有依附性，而是有主体意识即独立个人，有明确的自我意识，有意志自由、行动自由，人际关系是平等的。但在这个阶段，人和商品的矛盾尖锐。一方面商品是人创造的，是人的本质和力量向外部世界的展示和投射，商品之中凝结着人类所创造的文明，体现了人从“最初的社会形态”向“经济的社会形态”发展的丰富内容；另一方面，商品被创造出来，人又不能自由地支配它，甚至反过来受商品支配，诸如货币拜物教、享乐主义和极端个人主义的出现都是这种现象的反映。市场以“看不见的手”支配着人的思想和行动。但社会主义市场则通过多种调控手段，来克服商品经济发展中固有的局限性，强调在发展经济的同时要兼顾社会效益、环境效益和维护人的价值，从而为人的全面发展创造条件。从这个意义上说，社会主义市场经济的道德是在一个新的基点上强调了“整体本位主义”即集体主义，它以尊重和重视个体利益和个体发展为条件。因而这种道德观与传统道德观是根本不同的。这种社会主义道德观，符合社会主义市场经济的要求，并能促进社会主义市场经济的健康发展。

三、集体主义道德品质在新时期的表现方式

在讨论道德发展时，有必要说明集体主义道德品质在新时期的表现方式。

1. 个人与集体关系在表现特征上的变化

人是一切社会活动和社会关系的承担者，因而也是社会主义市场经济及契约关系建立的承担者和实现者。在社会主义市场经济、契约关系的推动下，就个人与集体的关系在表现形式上有了新的变化和新的特点，从而使集体主义原则的贯彻面临着新的问题，这些问题主要表现在以下几个方面。

(1) 道德主体层次的多样性。集体主义是我们党一贯倡导的道德原则。在民主革命时期，中国共产党人在革命根据地和革命队伍中倡导集体主义。这时，作为道德的主体相对比较单一，革命者是当时中华民族的优秀儿女、先进阶级的先进分子，他们能自觉地以共产主义道德标准要求自己。社会主义制度建立后，集体主义道德实践的主体发生了变化，但在传统的计划体制中，社会经济结构基本上是单一的公有制形式，商品经济被作为资本主义经济遭到排斥，个体经济数量减少并不断处于下降趋势，人们基本上是在同一种社会主义所有制下工作、学习和生活，大家都是公有制下的公民，集体主义道德实践的主体相对也比较单一。但在我国建设社会主义市场经济的条件下，随着政府角色的变换，社会契约关系的发展，社会已由单一化向多元化转变，这不仅是指商品的多样化或生活方式的多样化，更深层的是社会内部结构的多样化。在以社会主义公有制为主体的前提下，个体经济、私营经济、合资企业以前所未有的速度得到了迅速的发展，同时还有承包制、租赁制、股份制等各种经济形式竞相争辉。体现这种不同经济形式的实践者构成了不同的道德实践的主体。因而今天的道德主体呈现出了多样性和复杂性的特征。

(2) 个体的独立性和自主性。从一定意义上说，民主革命时期的革命者所从事的事业决定了人的主体行为带有强烈的政治色彩，就是在家庭、婚姻等个人生活中也是如此，他们选择了革命事业，个体的独立性、自主性要无条件地服从于革命斗争的政治需要。因此，这时个人利益和集体利益达到高度统一，有时甚至达到“大公无私”的程度。正是由于这样，当时的革命队伍能步调一致地去战胜各种困难，并争取事业的成功。在过去实行的计划经济条件下，虽然人的个体的自主性和独立性，因和平建设时期的到来而有了一定程度的发展，但由于当时经济、政治管理上的高度集中，企事业单位或集体都依附于国家、个人都依附于集体，这种利益上的一元化自然没有真正意义上的个体独立性、自主性。当前正在建立的社会主义市场经济及契约关系的发展，则是在创造一个开放系统，但人们还处在新旧交替的过程中，旧的东西仍然起着作用，因此人们的选择趋向必然是多重而矛盾的，新的利益结构同旧的利益结构相伴随，而每一种利益结构都有吸引人的魅力，人们在面临选择时常会表现出左右摇摆，但自主、独立意识的增强则明显地反映出来了。形成这种状况的原因，归根结底在于市场经济是建立在个人具有充分的经济选择基础上的,个人可以拥有财产和生产资料,可以自由地选择职业,进行各种由社会创造的资金投向活动等。在这一过程中,个人与个人、个人与企业、个人与国家都存在着普遍的权利和义务关系即契约上的联系。同时,商品经济带来的巨大冲击,使人们不仅从个体经济存在这个事实本身来看待这个世界,而且商品经济发展造成的个人利益的独特性,也足以使他们不断反复地把自己从群体中挑拣出来加以审视。无论是租赁制、承包制,还是厂长经营负责制,无不都是将利益主体分解到最小单位,使每个人的个人行为表现和个人利益构成一个统一体,并且使之在企业的生产关系和分配关系中裸露出来,造成一种强刺激。不仅是个体,每个企业也都是这样,在市场竞争的优胜劣汰压力下,企业必然为追求自身利益而最大限度地挖掘其潜力,生龙活虎地投入经济和社会发展的大潮中。因此,市场经济对人的本质具有个体自主性和独立性的要求,而这又总是与人的自由、个性的解放、人格的独立相联系的,由此便带来了个人与集体结合方式上的变化。①

(3) 集合方式的多变性和灵活性。在民主革命时期的艰难岁月,在军队和革命根据地强调绝对地服从命令,步调统一听指挥,这既是特殊的战争环境的客观要求,也是人们为实现自身利益所必需的,集体主义在这个时期体现出较强的整体性、稳定性和统一性。个人要离开原来的集体,都得由上级部门统一指派或安排。集合方式的多变或灵活不适合特殊的战争环境。在过去的计划经济条件下,人与人之间的集合方式虽然不再像战争年代那样具有高度的统一性和严格性,但由于当时整个国家的运行机制由最高权力机构通过它的职能部门实行利益的一元化管理,自上而下建立起来的部门或单位被规范为不同的行政系列而把人集合起来,同时用城乡户籍制度限制住了占全国人口70%左右的农民,除了极少数人通过升学、招工、当兵或提干等方式可能转为吃商品粮的城镇居民外,其余的均只能被绑在世代延续的耕作土地上。城镇中,大、小集体和国营单位之间也壁垒森严,人员之间的流动受身份、指标等因素的限制,并需经层层审批,跨地区的流动更是困难重重。这在客观上造成了人们的一种相对稳定的心态,每个公民自觉或不自觉地意识到,唯有自己的单位或部门才能实现自身的真实利益和保障,因而道德主体的集合方式也比较稳定,变化较少且灵活性也较小。但是正在建设的社会主义市场经济及契约关系,则给我们的社会带来了巨大变化。由于市场经济及契约关系确立了个人的独立、自主地位,给人以经济自由及独立平等追求自身利益的权利,这样人性的巨大膨胀力必然会不可遏制地爆发

① 李瑜青、李明灿:《契约精神与社会发展》,山西人民出版社1997年版,第150~152页。

出来；人性的需要从社会深处突破禁锢的外壳向社会各个方面伸展，个体之间或个体与集体之间的关系就越来越表现为契约关系，即契约成了人们集合方式的载体，因而个体与集体之间的关系就不再像过去那样通过行政手段的强制而具有稳定性。灵活和多变成了市场经济中个体与集体关系的一个特点。个人在一个单位或部门，如工作不称心或特长难以发挥可以跳槽，社会也开辟了劳动力市场为他们创造条件；有的人还可以独立地创办企业，开拓自己的事业。社会上不少人除了做好一门主业外，还可从事第二职业，从而与其他部门或单位发生集合关系。①

（4）个体的物质需求与社会整体利益发展的矛盾。个体对物质的需求与社会整体利益发展的矛盾在民主革命时期还不突出，因为当时采取的是军事共产主义生活方式，人们的物质生活要求通过供给制来实现。虽然物资匮乏，但分配公平，组织纪律性严格，先进的共产党人和革命者都自觉维护集体的利益，为了人民的利益和共产主义事业，公而忘私，不图享受，体现出崇高的共产主义道德情操。按照马克思的设想，社会主义是在社会生产力高度发展的条件下实现的，因而人们应能超越对物质的追求，实现人的全面发展。可历史并没有完全按照马克思所设想的那样展开。我国的社会主义是建立在经济落后或生产社会化程度很低的半殖民地半封建社会的基础上，并不具备马克思的理想社会主义模式所必须具备的经济条件。但在我国实行计划经济时，则通过社会的定量分配，工资大致保持平均水平等方式来抑制个体的物质需求，以保证社会整体利益的发展。这时个体的物质需求与社会整体利益发展的矛盾还没有展开。但是在建立社会主义市场经济及契约关系过程中这个矛盾就展开了。即一方面由于发展商品生产，形成了普遍的社会物质交换关系，占有商品或与商品打交道的人自然要讲物质利益和效率，人们对物质的需求日益增强，个人利益观念日益得到发展。应当承认，社会成员自身独立的物质利益是一种正当的客观需求，这既是市场经济建立，从而也是合理的利益关系形成的基本前提，它能充分地激发个人潜能的发挥，给予人们进入同一市场竞争的平等权利。承认这种需求的正当性，必将有助于铲除各种特权和不平等关系，使主体性活动得以在空前的广度和深度上展开。但同时，由于市场经济遵循交换原则，这就可能会使商品生产者以种种不道德乃至非法手段获取利润。商品与货币在市场经济中所具有的特殊作用，可能会使某些人堕落于商品拜物教、货币拜物教的泥潭；以商品交换为基本行为模式的商品生产，可能会诱使人们利己主义思想的膨胀，以损人利己、损人肥私为竞争手段，催发、加剧某种不健康甚至丑恶的社会现象的发生，从而对社会的稳定和发展、对人民的整体利益产

① 李瑜青、李明灿：《契约精神与社会发展》，山西人民出版社 1997 年版，第 152～153 页。

生极大的危害。①

2. 集体主义价值取向的客观根据

我们要正视市场经济发展给贯彻集体主义原则带来的新问题。但不能认为个人主义是发展市场经济及契约关系的客观要求，市场经济的价值取向只能是个人主义。

我们首先可以从市场经济本身来做一分析。市场经济或契约经济是市场化的商品经济，它作为社会经济的一种运行形式，是同自然经济相对立的。自然经济可以说是一种具有封闭性的生产方式，其生产的目的不是为了交换，而是为了满足生产者个人或某些社会集团的直接生活需要。但市场经济则表现为流通性、开放性、社会性等特点，在这种生产方式下，不仅生产者的剩余产品是商品，而且其他的生活必需品、各种不同的生产条件也都成了商品，即一切生产活动都表现为商品生产和商品交换。由于市场主体的多样性和市场主体选择的自由，法律就成为整个社会经济生活统治的形式和调控的手段，无论是官员还是普通民众，都要服从具有非人格特征的法律秩序。市场经济这一特征的根据在于：在市场经济环境中，每一个体或企业都是由市场联系起来的，尽管每个个体或企业都有自身的利益和要求，但他们又有超然于个体之上的共同利益。能否保证市场的有序性、规范性以及社会整体的稳定，是决定个体利益能否实现及实现程度的关键，而法律就成了维护整体、约束个体的依据和保障。由此可见，市场经济在它的运作过程中，在本质上必然要求坚持集体主义价值取向。

就社会制度和人生价值取向的关系来说，任何一种人生价值取向，都植根于社会政治、经济的关系中，人生价值取向不是独立的本位概念。社会主义制度在发展自身的经济、政治的同时，也以一定的方式为实践主体的道德行为确立基本的价值准则，这就是集体主义，这是从社会主义经济关系的本质及其内在需求机制中引申出来的。社会主义在自己的本质构成中，实行公有制经济为主体，这一特征意味着广大人民群众有着共同占有的生产资料，并有着一致的最大利益。正是这一点，从根本上决定了社会主义道德价值取向只能是集体主义。社会主义市场经济活动的根本目的是满足人民的需要，追求最大的社会效益，社会主义市场经济体制以按劳分配为主要分配原则，力求抑制剥削，防止两极分化，追求共同富裕。这一切都说明，坚持集体主义人生价值取向，是社会主义的应有之义。②

① 李瑜青、李明灿：《契约精神与社会发展》，山西人民出版社1997年版，第153～154页。

② 李瑜青：《社会主义市场经济与集体主义价值取向的实现》，《深圳大学学报》（人文社会科学版），1995年第8期。

四、依法治国与以德治国

深入讨论中国道德的发展和特点，使我们看到法律实施和建设的土壤基础。"依法治国，建设社会主义法治国家"，在党的"十五大"上就被作为治国方略确定下来并写进了宪法，这是中国社会历史进步的重要里程碑。对一个国家的治理来说，法治与德治，从来都是相辅相成、相互促进的，两者缺一不可，也不可偏废。从维护和保障社会的稳定来说，法律和道德有着同样重要的作用。今天我们在"依法治国"之后又加上了"以德治国"，这决不是要过分地夸大道德的社会作用，而只是要给予道德在社会生活和人民群众的日常生活中应有的地位，使它与"法治"并行不悖、并驾齐驱，共同维护和促进社会主义改革开放和现代化建设事业的发展。

当然，我们现在所说的"德治"不是中国古代传统意义上的德治。在传统的意义上，中国曾经是一个以德治国的国家，举世闻名的"礼仪之邦"。古代传统意义上的德治主张用伦理道德来治理国家，统治人民。这是儒家的一种政治理想。就其本质来说，当时的"德治"仍然属于人治的系统。但我们今天讨论的德治主要从治理方法上而言的，同时德治的社会基础、性质特点都发生了根本性变化，社会主义道德以人民的根本利益为最高原则，为人民服务是其核心内容，它根据现代生活的要求对传统道德观念进行吸收和改造。把这样的道德理论和思想贯彻于现实生活中，要求我们确立集体主义的精神、权利和义务相统一的观念等，这些都是与社会主义法治精神相一致的。①

就德治对法治文明的作用可以从多方面加以说明，本文强调其对法治文明的精神功能作用。

首先，德治对法治文明具有评判作用，体现出它的精神功能。一般来说，法治是通过诸多的法律规则来实现的，法律制度的本质及其内在的生命力，在于它要确认和反映社会物质生活的真实内容和发展规律，一个法是否真实地反映社会发展的客观趋势和大多数人民的利益或要求，就成为人们评判它为善法还是恶法的根据，这是德治评判的工作。应当说，道德与法律有着共同发生、发展的基础，道德也是由物质生活条件决定的。人对自身和他人行为进行道德评价，目的在于判别行为的善恶。在现实生活中，善恶并非抽象原则，而是依据人们的利益来确定的。社会主义道德精神与法律精神具有一致性，它们都凝结着社会主义和共产主义的理想要求。在市场经

① 李瑜青：《论德治对法治文明的精神功能》，《毛泽东邓小平研究》，2001年第3期。

济和对外开放条件下，社会主义道德所崇尚的顾全大局、诚实可信、互助友爱、机会平等、人道主义、效率优先、兼顾公平等的原则规范，也是法律所要包涵的内容。这样，使得道德对法治的评判有了实在的根据。同时，我们应当看到，法律一经确定下来，它就具有确定性和稳定性，具体的法律规范总是确定地对应于一些具体的行为，并且应其稳定而不断地得到贯彻和落实。但是，现实生活是在不断变化、发展的，法律规范的确定性、稳定性处理不当就可能蜕变为僵化性，因此法本身存在缺陷或漏洞的情况有时是难以避免的。这样，德治的评判就十分重要。通过道德及其他意识形态力量的作用，使法律不断地根据条件的变化调整自己。①

其次，德治通过社会舆论方式维护法治文明，体现出它的精神功能作用。一般来说，道德与法律在现实生活中实现方式有所不同。法律与社会主导的道德虽然都表现统治阶级的意志，但法律是以“国家意志”的形式出现的，要通过一定法定程序制定，一经产生就具有普遍遵行的效力，并通过一定法律程序修改或废除。这样，法律在现实生活中往往表现为一种事实状态，这种事实状态以反映现实的广泛性要求为主要内容。而道德则以群众意识、社会舆论的形式出现，其发生一般是在阶级的先进分子中首先形成，然后逐步为整个阶级甚至全社会所接受。这样，社会主义道德通过它的宣传、舆论的作用或力量来推动法治文明的建设，通过外部力量，潜移默化为人们的自觉行为。具体地说，道德通过影响人们的观念意识来引导人们的外在行为，通过社会舆论的谴责、批评、赞成或反对以及唤起行为者的内心信念，培养善恶判断能力和道德责任感等方式，引导行为者借助于自我认识、自我批判和内心“立法”，把外在的道德要求转化为自愿的行为活动。这个问题在今天的中国就显得特别重要。因为不可否认，现实生活中存在着不同道德价值的冲突，人们对改革的不同理解或存在的某种困惑已严重影响了法治文明的发展。随着改革的深入、生产的发展、交往的扩大、生产方式的不断革新，必然冲击着旧的经济关系及建立在其基础上的各种社会关系，促使人们的生活方式发生变革，并带来了人与人之间的利益关系的重组。然而，变革过程并非一蹴而就，新旧力量在相当长时间内往往处于纵横交错之中，这是造成道德困惑、道德冲突的根本原因。

再次，德治可以进入人的内心世界，通过对话、交流方式实现社会控制，体现它对法治文明的精神功能作用，法律以国家名义规定基本规则，在社会生活的调整上，法律起了主导作用，大部分社会关系要由法律和其他手段进行调整。但有些社会关系的调整，法律只能起辅助的作用，主要应依靠其他手段，如思想、信仰领域。因为法律

① 李瑜青：《德治在法治文明建设中的作用》，《光明日报》，2001年5月29日。

作为制度，它突出尺度的统一性、规范性，严格以事实为根据，考察主体行为对客体产生的实际效果、作用及行为主体应负的责任。法律制度不诉诸良心，不允许渗入主观因素，也不干预、惩办人的思想。而道德行为作为一种价值判断，它虽然也考虑人的行为的社会后果，但更多的是关注人的内心，是行为主体由自身利益和文明素质熔铸而成的思想动机，带有较为强烈的主观色彩。道德通过对话、交流方式实现社会控制是十分重要的。因为任何社会或国家实际都需要有一种主流道德文化，它可以起到维护社会稳定、保持社会延续的精神支柱作用。一般说来，这种道德文化的社会作用，是通过文化塑造与特定社会制度要求相一致的人，从而达到维护社会的同一性和稳定的目的。道德之所以能起这种作用，因为它属于精神生产，它可以通过语言文字以及其他物质载体，使其由个人意识变为社会意识，由主观精神变为客观精神，从而形成一种社会文化环境。我们每个人都生活于某种文化体系处于主导地位的社会中，它将对我们每个人的一生产生巨大的影响。所谓人的社会化过程，就是接受文化的培育和熏陶的过程。所以主体道德文化的重要作用，是培养一代又一代对该社会制度的归属感和认同感。①

附录：点评吴春雷《评析夫妻相互忠实的法律底线——以偷查妻子话费清单引发隐私权的纷争为例》

在现实生活中，法律与道德既有相互融合又有相互对立的时候，两者的关系非常复杂。本文作者以现实生活中的真实案例为例，分析了现实生活中法律与道德在调整人们行为时的冲突及其原因，探寻了如何协调两者以求更好地调整社会关系。

文章以婚姻中夫妻的忠实义务与夫妻各自的隐私权以及其他法律权利和自由的矛盾为出发点，探讨实际生活中人们对夫妻忠实义务的理解及其履行的情况，以及所涉及的法律与道德的关系问题。作者选取一起因丈夫偷查妻子的电话费清单而引起的诉讼案例，分析了该案涉及的法律问题以及法律与道德的冲突，考察现实生活中法律规范的实施、遵守情况及其与道德的冲突，及在现实的婚姻中两者怎样发挥作用维护正常的婚姻秩序。

① 李瑜青：《德治在法治文明建设中的作用》，《光明日报》，2001年5月29日。

从文章的研究方法来看，作者运用的是法律社会学的规范分析法，这种规范分析法既不同于分析法学那种对法律规范的逻辑推理，也不同于哲理法学对法律规范所进行的价值评判，它要求结合特定的社会现实来对反映在法律规范中并受其调整的社会因素进行社会学的分析，即把法律规范与体现在其中的社会价值联系起来进行分析。通过研究来了解法律规范在现实生活中实施时，是如何被处于不同经济和社会结构中的人所反复解释和转意的，进而可以为法律规范的重新评价和重新拟订提供依据。

作者以我国婚姻法中的夫妻忠实义务与夫妻双方都是相对的独立个体，都有参加生产、工作、学习和社会活动的自由的规定，来考察现实生活中产生的问题，即夫妻双方互相忠实的义务与各自的隐私权发生冲突和矛盾，从而引发婚姻纠纷引出所要探讨的问题。以一起丈夫偷查话费单引发的婚内隐私权诉讼展开文章，考察社会生活中人们对夫妻忠实义务、对各自隐私权的理解及法院在具体的实践中是如何运用法律和道德解决纠纷的。

首先，作者分析案件中所涉及的法律问题，即(1) 妻子赵×的隐私权主张是否具有合法性？通过对法律规范分析和结合现实生活中人们对隐私权的理解，作者认为妻子隐私权的主张是一种合理的主张，但是不具有宪法的合法性。(2) 丈夫吴×偷查妻子电话费清单的行为是否合法？通过对相关法律的对比分析，作者认为从法律上讲，吴×偷查妻子电话费清单是一种明显的违法行为。(3) 法院的判决是否合理合法？作者认为判决存在三点疑惑。第一，在对于“电信内容”的认定上。这里作者联系实际生活中电信公司的服务内容，认为法院的认定并不能让人信服。第二，关于吴×和赵×相互之间的代理关系的确认上。此处作者对比普通民众和审判机关对于夫妻日常家庭事务的代理现象的认识，认为法院的认定明显缺乏法律依据。第三，关于“谨慎的注意义务”。作者结合电信部门实际工作中对于谨慎注意义务和审查义务的不同，认为法院的判决存在“转移概念”的倾向。可以看出对于以上三点结论的得出，作者都是将具体的法律规范置于社会实际生活中，并结合人们的日常认识和法院在实际处理案件过程中对法律的运用加以分析的。

其次，作者分析了法律与道德的冲突。即(1) 妻子赵×的隐私权。作者认为隐私权既是一种道德权利，又是一种法律权利。但在现实的婚姻关系中，隐私权会与相互忠实等婚姻道德发生冲突。在本案中妻子诉诸法律保护自己隐私权的方式是绝对合法的，但是方式是不可取的。因为在婚姻中，相对于法律而言，道德规范可能更有利于化解夫妻之间的矛盾。此处作者将隐私权放在实际的婚姻关系中加以考察，说明其实现过程受到夫妻相互忠实义务的制约。(2) 丈夫吴×的知情权。作者分析实际生活中妻子打电话或者发短信的几种可能、夫妻婚姻关系中的几种情况，以及法律规范的社会价值认为丈夫的知情权的请求既是违法的也是违反婚姻道德的。(3) 有关法院审判权。作者通过对案件的起因和发展过程考察，认为法院在审理中对一些事实采取了回避态度，案件的审理中法院没有做到以事实为依据，以法律为准绳，因此判决从内容上看，它的道德性遭到质疑；但从形式上看，它又具有道德合理性，因为它为夫妻提供了感情和好的空间。从中可以看出，作者并没有就法院的判决是否严格依照法律规范就事论事，而是结合现实生活分析其道德性以及对夫妻关系可能的影响，可见作者关注的是法律的社会价值。

最后，作者总结全文，揭示案例体现的在现实生活中法律与道德的具体关系。这场夫妻相互的忠实义务与个人隐私权的冲突，最终以个人隐私权的保护不利于维护婚姻关系的稳定而没有支持妻子的诉讼请求而告终。其实质反映的是个人和夫妻共同生活的婚姻冲突，为了维护夫妻共同生活中的道德原则和规范，个人的法律权利只能作出必要的牺牲。在这里作者将法律规范放在特定的社会现实中研究，以考察其在运行中与道德的冲突。

通观全文，作者并没有简单地、抽象地研究法律与道德的关系，而是将其放在具体的社会生活中进行考察，说明法律规范在社会运行中遇到的道德挑战，旨在分析法律规范的社会价值及与其他社会规范的协调。这种研究法与道德关系突破了以往的将法律与道德抽象化加以研究的特点，更加注重社会现实中两者的作用，为我们提供了一种新的思考方式。但是作者分析的这种社会价值能否在实践中受到重视，给予充分的肯定，还有待实践的进一步检验。

论文摘要

吴春雷：《评析夫妻相互忠实的法律底线——以偷查妻子话费清单引发隐私权的纷争为例》发表于《理论与现代化》2008 年第 6 期。在现实生活中，矛盾着的各当事人的法律主张以及这些法律主张所涉及的法律与道德的对立，表明了婚姻生活中的“互相忠实”和“互相尊重”这两个道德原则与法律原则之间是有冲突的，同时也体现了在现实生活中法律和道德相互关系的复杂性。

案情：吴某的妻子新换了一个手机号码之后，妻子对外联系的频率越来越高，为此吴某心中生疑，从而去电信部门将妻子的通话清单打印了出来。进而妻子起诉认为吴某侵犯了其隐私权，而法院认为通话清单不属于隐私权的范畴，从而驳回吴某妻子的起诉。该案件实际上是夫妻互相忠实的义务与隐私权之间的关联问题。隐私权涉及“隐”和“私”两个方面，对此我国法律没有明确规定但又都有所涉及，吴某妻子的主张具有合法性。文章认为虽然法律规定了夫妻之间有相互忠实的义务，但吴某打印妻子的通话清单却是没有任何法律根据的；法院驳回起诉的判决也是有问题的，表现在对“电信内容”界定的不恰当以及对吴某夫妻关系性质界定的不准确。

夫妻之间相互忠实的义务，涉及法律与道德之间的冲突。就吴某妻子主张的隐私权来说，其既是一项法律权利，同时也是一项道德权利，但婚姻法又要求夫妻之间相互忠实的道德义务，因此夫妻一方在主张隐私权的时候必须要有所节制，而不能就此来对抗相互忠实的义务。就吴某的知情权来说，表面上看来是颇有道理的，但实质上通过偷查妻子通话清单的方式来获得，其本身既是违法的，同时也是违反婚姻道德的。吴某要求妻子遵守夫妻之间相互忠实的义务的时候，其本身也应该遵守夫妻之间相互尊重的义务。而法院的判决并没有能做到“以事实为依据”，同时法院也对吴某的做法是否侵犯了妻子的合法权益问题予以了回避，因而是不恰当的。但法院的这种做法，实际上也为夫妻之间重新言归于好提供了足够的回旋余地。为了维护婚姻生活中共同道德原则和规范，在某些时候是要牺牲个人的法律权利的，要是允许个人权利超越婚姻应遵守的道德原则和规范的界限，婚姻便会面临解体的可能。

第六章　文化与法

文化的观念很宽泛，前面所讨论的民俗与法、道德与法等，都可以归入文化与法的范围。文化与法的一般讨论，可以从多个角度展开。文化之所以对法律会有影响，是因为法律源自社会，它必定以开放的状态吸收着社会具体形态的文化的思想、观点。从一般的意义上来看还有文化力的问题。从文化力的视角来看，法律是如何存在并发展的、文化力及法律文化人格存在的根据，以及中国在法治建设上实际存在的不同文化力影响下的矛盾和冲突。由此，本章设定了研究如下一些问题：第一，文化力与法律文化人格；第二，对文化的辩证思考；第三，传统中国法制内在文化分析；第四，文化观念的现代冲突。

一、文化力与法律文化人格

文化在广义上讲，指的是人类所创造的物质财富和精神财富的总和；在狭义上讲，文化是指人类所创造的精神财富的总和，主要包括制度文化和思想文化，涉及人的思想观念、理想人格、行为趋势等因素。但如果对狭义文化再作深入分析，则存在一定的起主导作用的社会文化，主导的社会文化即深层次的内在文化，它是一个国家或社会文化的核心理念。就这种深层次的内在文化观念与法的关系来说，它是形成的法律规范的内容和灵魂，这时文化是通过它特有的思想符号使人们习得并转化，并成为人们内隐的行为模式。法律规范可以说是内在文化观念的表现形式。因此简要来说，文化决定法律规范，法律规范反作用于文化。法律作为一种社会规范或社会制度，把文化的内涵因素以外显行为模式表现出来，起到作为维系社会存在和发展工具的作用，由此对人们的行为以普遍化的方式进行指引。正是在此意义上我们说，法律不仅是一种规则，它同时也是一种文化，且具有自身的文化人格①。这就是说，任何国家的法律所包含的规则都不是抽象的，它是以一种直接的形式对人的社会生活作出表现和确证，体现了一种存在方式。法律的存在发展，从来就是与这个国家法律所

① 李瑜青：《论中国传统内在观念与当代法制精神的现实冲突及选择》，《法律文化研究》，陕西人民出版社1995年版。

处的文化相互联系、相互影响、相互制约的。

我们必须承认与法律的文化人格有着内在联系的文化力的存在①。所谓文化力，是指文化对社会经济、政治、法律或人们的日常生活等进行一种无形设计，文化所释放出来的某种信号或思想原理，能影响人们的态度、情绪或向心力等。如当代中国学界所讨论的法律在新中国的发展，在思想观念上由过去简单强调以阶级斗争为纲或以权力为本位，转向以人为本，主张和谐法治的过程，这其实就是在文化力深刻影响下的法律流动。② 一定社会深层次的内在文化观念能建立起一个人们独特的精神世界，形成人们彼此相互认同的思想、原理等，它在一定的历史时期形成一种文化力，由于这种文化力作用所释放出来的特殊的文化信号，可以直接影响人们的思想或对问题的判断力。法律在文化中流动，法律从本质上总要反映一个社会内在文化观念的要求，按照内在文化观念的要求进行建构，从而使已经形成的法律有自身的文化人格③。

二、对文化的辩证思考

文化力的作用告诉我们，一国的法治建设过程必然与传统及现代文化有着千丝万缕的联系。无形的文化力的设计作用不以人的意志为转移，它对现实发生影响，形成一种既定力量，如果我们对传统及现代文化不能采取一种正确的选择态度，就会使这个国家法治建设偏离本国现实发展的客观要求，从而不能满足时代发展的需要。

一定法律所表现的文化人格，是一定国家内在文化的展现。因此，我们在进行现代法治建设时，要正确对待传统文化。有一句话充满了哲理，即“只有民族的，才是世界的”。文化作为一种社会现象，它同组成一定社会的人群及地理环境息息相关，同一定社会的人群及环境的相关文明必然性中产生出文化的民族性④。法治建设如果忽略了民族文化的内在因素的作用，采取简单的“拿来主义”的移植，它的一个直接后果是造成整个社会文化系统的紊乱，使社会系统中各文化力作用相互抵消。三十多

① 笔者这里所说的文化是从狭义单方上使用的，指一定社会的意识形态以及与之相适应的制度和结构；而文化力是一定社会所表现的对社会发展的精神动力。

② 李瑜青：《思想的流动与法治的构造》，《上海大学学报》（社会科学版），2009 年第 2 期。

③ 人格一词在伦理学上指个人的尊严、价值和气质的总和；在心理学上指人的性格、气质、能力等个性特征的总和；在法律上指作为权利和义务主体的资格。笔者在这里则用于强调一定国家或社会的法律不是孤立的，它与其他的诸如政治、经济、道德、哲学等文化因素相互影响、相互交融地存在着，同时，法律对其他文化因素所给予的影响又是以自身独特的方式进行吸收并表现的，具有自身独特性的品性或风格。

④ 李瑜青：《论中国传统内在观念与当代法制精神的现实冲突及选择》，《法律文化研究》，陕西人民出版社 1995 年版。

年的改革,当代中国从封闭走向开放,中西方经济、文化交流日益频繁。但是由于中西方在经济上存在着较大的落差,使一些人提出全盘西化的观点,对自己民族的文化缺乏起码的自信心。其实持有这种文化观的人在认识论上有一种误解,即把时代性和民族性这两种因素混淆了。就西方现代文化而言,既蕴含有永恒性与人类性的成分,可供其他民族发掘采用;也含有合乎时代性的成分,供别人参照吸取;但不等于说可以无条件地适用于其他要求现代化的民族和国家,因为它还有独特的民族性,英国著名史学家汤因比曾经这样说过:一个文明系统中不会有致害甚至会致富的因子,一旦跳离这一文明框架的制约而参与到另一个文明系统中,就有可能对这一文明系统产生致命的危害,因为这一文明中没有制约它的相对的机制,因而"一个人的佳肴,完全可能成为另一个人的毒药"[①]。

传统文化不仅与社会的精神生活直接相关,而且也与全部生活有着密切联系。人们的精神生活不仅有传统的内容,而且又有现代生活的内容。人的生活一方面继承和维护传统文化,另一方面又消解或超越传统文化。影响这种消解或超越活动的主要因素是社会生产力和生活方式,而生产力又是最根本的。在一定生产力和生产关系中产生的现实条件为生活方式提供了基础,随着生产方式的不断进步,生活方式也在不断进步。传统文化消解或超越的根据最终存在于生产方式及其他的表现方式——体制之中。从这个意义上说,一个国家当代的法治建设归根结底应从根本上体现社会生产方式的客观要求,代表时代的进步文化。这就是说,法律的文化人格不是凝固的,而是不断超越的,法治建设过程就是在保持着民族的个性基础上的不断超越的过程。

三、传统中国法治内在文化分析

文化力的特有功能来自社会的深层文化。传统中国的法制是以皇权为中心、以"重刑轻民"为表征的。而从其精神上来说,与传统文化的内在观念有着深刻的联系,中国传统文化的内在观念是传统中国法制的思想基础。

中国传统文化是建立在自然经济结构上的,在观念形态上明显反映出东方民族的某些意识特征[②]。与古希腊所代表的西方文化传统特征不同,古希腊文化

① 传统文化顾名思义是指过去传下来的,今天还在产生影响的思想、理论等。在把握传统文化这个概念时,有必要确立历史意识、开放意识和批判意识。但笔者在这里为了使讨论的问题更为明确,主要抓住历史上的这种文化比较具有共性的因素。

② 李瑜青:《人本思潮与中国文化》,东方出版社 1998 年版,第 51～59 页。

精神十分关注人与自然的关系，且富有科学精神；中国传统文化则更注重于人与人之间的关系，属于“求善”为目标的伦理型文化。[①] 在古代中国这种伦理型文化将伦理与政治系在一起，使伦理成为整个国家政治生活的基础，并渗透到其他社会生活的各个领域。政治一般都必须从伦理原则中加以推导，而伦理又反过来为政治论证。中国传统文化正是在这种伦理与政治相互交融中构筑了自己独特的观念结构，并以伦理观念的形态呈现出来，其中最突出的表现为以下几个方面：

1. 整体至上

在理论上，中国古代“天人合一”的哲学思想为这种整体至上的观念提供了基础或依据。这种哲学思想主张把天地人看作一个统一的整体，以“人与天地万物为一体”、“天人合一”为最高的境界。与此相联系的，在与整体的关系中，形成整体至上，以整体为基础消融个体的心理定势。正是在这个意义上，中国传统文化表现出注重社会人格，而不是注重个体人格的特点。人们习惯从关系中去体认一切，把人看作整体的分子，人不是个体，而是角色，得出人是具有群体生存需要、有伦理道德自觉的互动个体的结论。[②] 在这个问题上，不同学说的表现方式有所不同。如果说儒家是用一套严格的道德规范束缚个人的行为，泯灭个性；道家则是主张将人的意志消融于虚无之中，提倡无己、无功、无名，摒弃人的感情冲动和理性追求。而中国佛学的方式就是解脱，采取一套解除痛苦的修持方法，超脱世俗世界，进入涅槃境界。[③]

2. 贵义贱利

义是指道义，即维护封建等级制度的伦理道德规范；利是指人们的切身利益和实际功利。中国传统文化在观念上，表现出贵义贱利的倾向。儒家的学说则最为典型，即孔子说，“君子喻小义，小人喻于利”(《论语·里仁》)。孟子在与梁惠王的对话中，也表现出相同的观点，“王何必曰利，亦有仁义而已矣”(《孟子·梁惠王上》)。孔孟的这种人生及价值观念，发展到宋明理学，再现出强烈的禁欲主义。在中国历史上，其他的学说、理论也主张相似的观点。老子倡导清心寡欲，认为要体验“道”，首先就必须涤除心中的欲望，尽量做到“少私寡欲”、“见素抱朴”，即“日损”，损之又损，以至于“无为”。至于中国佛家则主张所谓“一切皆空”，认为人欲是万恶之源，因而要去欲、灭欲。[④]

---

① 李瑜青：《当代中国法律权利意识的解读》，《学术界》，2009 年第 5 期。

②③④ 李瑜青等著：《世纪的交融与选择》，安徽大学出版社 1997 年版，第 335～352 页。

3. 孝悌为本

孝悌为本反映了中国文化的特殊表现。孝经曰:“夫孝,道之本也”,并作了具体说明:“身、体、发肤,受之父母,不敢毁伤,孝之始也过;立身、行道、扬名于后世,以显父母,孝之终也。夫孝,始于事亲,中于事君,终于立身。”孝道不仅是立德修身的根本,是“民之行”,而且也是治天下的原则,是“天之经”、“地之义”。因此,孔子把孝悌看作“仁”之本,“孝悌者也,其为仁之本与!”(《论语·学而》)。“仁”本来是中国传统伦理规范的最高原则,是孔子思想体系的理论核心,孔子把孝悌作为仁之本,可见其在中国传统文化中的地位。孝悌的观念对后来社会发展的影响是深刻的,其中一个突出方面反映出中国社会对人情的看重,情感因素渗透于社会生活的每一个方面。人际关系的缔结靠情感,人们的价值取向、心理机制也是情感,情感成为人们精神生活的重要内容,而这种情感主要是一种伦理情感,是以血缘为根基的。①

4. 崇古导向

中国的传统文化还具有崇古导向的特征。历代思想家都对先王之道极为推崇,并宣传“尧舜之治”、“三代之盛”为历代帝王的楷模。孔子说,“周监于二代,郁郁乎文哉,吾从周”(《论语·八佾》)。朱熹也认为夏商周三代统治时代是“天理流行”、“王道盛世”。而三代以后王道失传、道统断线,霸道也就流行了,道家的学说也有这个特点。老子的理想是远古的小国寡民社会,“小国寡民,使有什伯之器而不用;使民重死而不远徙,虽有舟舆,无所乘之;虽有甲兵,无所陈之”(《老子》第八十章)。②

5. 等级有序

在社会中构成一个以强制服从为特征的等级系统,一直是中国传统文化追求的伦理政治目标,③其中君王是至高无上的,“天地生君子,君子理天地。君子者,天地之参也,万物之和也,民之父母也”(《荀子·王制》)。传统的伦理观念,突出了忠君思想,并作为五伦(君臣之义、父子之亲、夫妇之别、长幼之序、朋友之信)之首。君王被看作是圣明的裁决者,庶民百姓“人微言轻”,只有君王“一言九鼎”。无论是认识、道德,还是言行交往,都应遵王之道,这是最高标准。在这个最高标准面前,庶民百姓只有服从,整个社会以君王为核心建构起等级有序的政治官僚系统。在家族关系中,依靠血缘亲疏关系、以宗法观念为纽带构成了一个以情感的自觉服从并以由此获得孝顺名声为心理满足的宗法系统。这样,传统的伦理原则,自然成为社会的最高原则并

①②③ 李瑜青等著:《世纪的交融与选择》,安徽大学出版社 1997 年版,第 335～352 页。

被普遍接受，整个国家都实行等级式的家族统治。

四、文化观念的现代冲突

我们正在建设的社会主义市场经济，已使中国政治、经济等社会结构发生了根本变化，在对传统文化批判继承的基础上，也自然在形成新的文化观念、新的文化力，其中市场经济所要求的法治精神是当代中国新文化观念、新文化力的反映①。

社会主义市场经济和自然经济有很大区别。自然经济，如在前面的分析所指出的，它是一种以生产使用价值为目的的生产方式。在这种经济形式下，人们生产的目的不是为了交换，而是为了满足生产者个人的、某些社会集团的直接生活需要。而市场经济则是以生产交换价值为目的的，在这种生产方式下，不仅生产者的剩余产品是商品，而且他的生活必需品、各种不同的生产条件也都成了商品，即一切生产活动表现为商品生产和商品交换。市场经济具有流通性、开放性等特点。正因为如此，市场经济从本质上所要求的必定是一种法理型经济，即以法律作为整个社会经济生活统治形式和调控手段，设定市场运作的规则和原则，使市场主体的多样化行为受到规范和制约。市场经济的这一特征根据在于，在市场经济环境中，每一个个体或企业都是通过市场而联系起来的，尽管每一个个体或企业都有自身的利益和要求，但他们还有着超然于个体之上的共同利益，能否保障市场的有序性、规范性以及社会整体的稳定性，是决定个体利益能否实现及实现程度的关键。而法律就成了整体、约束个体的依据和保障。② 市场经济所要求的文化自然与传统文化的内在观念发生冲突和斗争，而当代中国法治建设自然要在这种文化冲突中来实现，对这种文化观念的冲突有必要从以下主要方面作一分析：

1. 独立人格意识与消极依赖意识的冲突

市场经济是发达的商品经济。商品经济是交换经济，而交换经济在法律上就是权利让渡，这就必须设定交换的主体。这个主体显然包含国家、政府等，但不唯国家和政府。市场经济的主体是市场经济活动中的一切自然人和法人。市场经济主体的特点在于，它摆脱了昔日的人对人的依赖关系，而通过物(包括实物和货币)的依赖关系进行活动。每个主体在市场活动中都是自由的，这里的自由不是指具有不受约束

① 李瑜青：《人文精神与当代中国法核心价值理念》——兼论《宪法》中民营经济地位变迁的思想基础，《上海大学学报》，2005 年第 4 期。

② 李瑜青、李明灿：《契约精神与社会发展》，山西人民出版社 1997 年版，第 3～8 页。

的性质，而是针对在不平等地位下受到的强制、胁迫、无可选择等造成的不自愿、违背自主意识而言的。当代中国的法治精神就是以确立人的主体的独立和自由为前提的。

但是，中国传统文化内在观念则相反。中国传统文化内在观念倡导“整体至上”，具体化为人们的经验意识，即主张以忠孝等伦理来认知、体验和评价个人的存在及其与家庭、国家的关系，规范人们的行为。人不被看作是独立的个体，而是整体的分子或角色。在这种伦理至上、整体至上的文化氛围中，个体的独立和完整性消失了，所表现出来的是人对人的依赖，天子、诸侯、卿大夫之间，既是政治上的君臣关系，又是血缘上的大宗小宗关系。这样，社会组织、经济结构、政治设施等，也都无一不与宗法血缘关系紧密结合在一起，形成难以更改的、对君主的无限依赖的心理。君主以“整体”的身份号令一切，其他的人只是一个角色或分子，他的职责就是服从，这种服从其实就是人身依附和人格依附。中国传统文化内涵的这种消极依赖意识，显然与当代法治精神倡导的独立人格意识是格格不入的，形成尖锐的冲突。[①]

2. 平等意识与等级意识的冲突

在现实的中国社会，市场经济体制的确立，使人的个体化通过社会的经济活动而向整个社会生活纵深拓展，这种活动所表现的特点在于，人们都是按照自己的意志行事，不允许其他当事人把自己的意志强加于他，市场主体的自主性在两个方面打破了对他人的依附。从活动本身看，市场主体不再受制于他人和唯上是从，而是由自己说了算；从活动结果看，市场主体的生存发展不再由他人包办负责，而是盈利自得，自己掌握自己的命运。这样，市场经济的发展对法律提出了要求，即确认交换主体的平等人格，维护各所有人财产的所有权，尊重所有者的意志，以保障自由平等的交换，这是当代中国法治精神应有之义。

但中国传统文化体现的伦理原则所包含的内在观念则相反，它倡导君为臣纲等明显的等级观念。在这种传统观念影响下，人们陷入等级森严的人伦之网中，人生来就处于不平等的等级之中，有的人至尊、至贵、至高，有的人至卑、至贱、至低，并且不可改变。每个人都必须在他的等级内尽伦尽职，不可越轨一步。个人的欲望、本能、个性、自由受到限制。个人无所谓独立的价值而言，个人的价值被淹没在普遍的伦理原则之中。显然，传统文化内在观念的身份意识、等级意识与当代法治精神所要求的

① 李瑜青：《当代中国法律权利意识的解读》，《学术界》，2009年第3期。

主体意识、平等意识形成了直接冲突。[1]

3. 权利义务统一意识与消极义务意识的冲突

既要自主、自立、自强，又要责、权、利相结合，这是发展市场经济的客观要求，也是当代中国法治精神的体现。发展市场经济最重要的一环是培养和完善市场主体。作为法人，必须具有独立的自主权，自主经营、自负盈亏、自我发展，这种法人本位的实质包含了对其价值或权利的确认。对普通的个体，也正因为有行为的自主选择，才会享有应有的社会利益，并确立其权利。但是，在强调权利的同时，又必然涉及权利主体的义务。人们作为一定的社会成员在社会中生活，不论个人是否意识到，客观上都必然要对社会或他人负有一定的使命、职责或任务，因而都要对社会和他人履行义务。因此，权利和义务是对等的。法律作为社会共同意志的产物，是建立在人们共同合意的基础之上的，它必须体现出责、权、利三者的高度统一，权利主体与义务主体两者合二为一。

但是，传统文化内在观念则相反，它主张的是一种消极义务的意识。所谓消极义务意识即以义务为本位的观念，而根本否认人应有的权利的存在。传统文化推崇整体至上、伦理至上，仅仅从关系中确立人的存在，而否认人的存在的独立价值和意义，反映的是人只有消极义务意识。传统文化倡导贵义贱利，维护统治阶级的利益和要求，否定或抹杀人们对自身利益追求的合理性存在，同样反映的是人只有消极义务意识。消极义务意识存在的根据当然与自然经济体制有着内在关系，在自然经济条件下，生产具有简朴性和直接性，形成了上下垂直的家庭管理结构。家庭的重要性高于个人，个人必须为家庭承担义务，使家庭得以正常运转。这样在宗法关系里就形成了个人在家庭中只有义务没有权利，权利与义务处于分离状态。这种独特的观念又进一步延伸到人们政治、文化等生活中，经过长期的内化作为一种文化现象凝固下来，使中国人对自身应具有的权利十分陌生。这种消极义务意识与当代中国法治精神倡导的权利义务统一意识形成了尖锐冲突。

4. 法治意识与人治意识的冲突

所谓法治，顾名思义，即以法治理国家或社会。中国现代化建设过程，要求在走向经济强国的过程中必须建立稳定的法治环境。同时，现代社会极其繁杂，运作日趋精细，不仅需要有一定的社会氛围，而且还必须尽量避免由于个人独断给社会带来的损失。这样，法治就有了特别的意义。从理论上说，在法治体系中，法作为一种超越个体与团体之上的客观必然性和理性力量，成为联结人们的纽带和网络，为所有人提

---

① 李瑜青：《当代中国法律权利意识的解读》，《学术界》，2009 年第 3 期。

供了确切、明晰、普遍有效的行为准则和评判尺度。法治即一切以法为依据，不仅排除了因行为准则模糊和缺乏量化导致的种种社会弊病，有利于社会高效率运转，而且使人们可以按照同一原则控制自己、要求他人和保护自身，对于自己和他人行为准确地作出评价和预测，因而其中必然包含着效率、公正、自由和平等。在社会生活中实行法治，是当代中国法治精神的必然要求。

但是中国传统文化内在观念则相反，它是建立在以自然经济为基础的家国一体的专制基础上的，这种维持家国一体秩序的规范乃是家长或君王个人意志的产物，因而必定倡导一种人治精神。中国传统文化表现的崇古导向，反映的就是把古代贤人意识看作是高于一切的观念；中国传统文化表现的等级有序观念，实际上就论证了君王的至高无上的地位，君王个人永远可以居于法律之上或者他本人就是法律化身，形成了个人权力可以随意支配法律的人治传统；中国传统文化表现的整体至上观念，证明的也是君王的整体象征，它具有意志自由。由此我们可以看到，在传统文化内在观念中，导致了君王在人们心中的显赫地位与法律只是社会中婢女的身份。这种人治观念的影响是深刻的，使人们习惯于把生活的改善和民族的富强完全寄予于贤明君主的出现。这个社会的兴盛与危机也完全系于一个具体个人——君主的贤能或昏庸。这样，把整个国家或民族的命运完全交付给了一个偶然性的基础之上，塑造了人们崇尚人治而蔑视法治的民族意识。为此，传统文化内在观念体现的人治意识与当代中国法治精神所提出的法治要求产生了尖锐冲突。①

5. 公正意识与人情意识的冲突

当代中国法治精神的发展还与公正意识联系在一起。所谓公正，是指人们在交往或相处过程中基于对自由、平等和美好生活的渴望，而维护合理性的理想，使人们在处理事务中从私利或情感因素的制约中解脱出来。以公正的态度保护社会各方面的利益，这是法律的传统使命，这不仅有助于维护法律的尊严，也有助于社会生活的各个方面都能在正常的轨道上运行，促进生产力的发展，激励人们为社会创造更多的财富，提高社会的文明程度。社会主义市场经济的建设，是要建成一个高度理性化与制度化的文明社会，用法律来主持社会公正，而这是这个社会的客观要素。当代中国法治精神倡导社会公正意识可以满足社会主义社会经济建设和发展的需要。

但是，中国传统文化内在观念则不同。中国传统文化内在观念作为以自然经济为基础的血缘宗法制度的产物，始终贯穿着伦理至上的精神，其中表现出人们崇尚人情关系而轻视法律、人情高于法律的思想特点。例如以孝悌为本的观念，本来具有道

① 李瑜青：《当代中国法律权利意识的解读》，《学术界》，2009年第3期。

德上的两面性：一方面反映出一种宗法人伦关系，并被引申为封建的政治统治服务；另一方面又反映出中国传统文化中一种尊老爱幼的传统美德，它是人性中值得保存的一种善性。但孝悌为本的观念在后来的演变中，又与传统文化中重义观念相结合，使人情高于人性，人情观带有浓厚的小团体或宗派意识。即使在今天，我们仍然可以看到这种人情意识影响的严重存在。如在某些地方颇为盛行的修祠堂、修族谱、"认祖归宗"等现象，我们必须做具体分析。在有的地方，封建宗法势力恶性膨胀，族长的权力大于村长、乡长，党规国法在那里被家族法所取代，一宗一族的权益压倒了国家和人民的利益。此外，某种社会黑势力也开始抬头，公然向社会的公正和法律的尊严挑战。如此等等的行为都表明了一种社会现象，即由于传统文化内在观念某种消极因素的影响，某些人竭力用人伦道理和情感去改变法律规范对他们的约束和要求，将是非曲直融化在封建的伦理道德中。这样，社会提供的制度环境，使人们有可能将精神或物质的东西变为情感的载体而影响个人的意志，并最终改变规范的原始内涵。中国当代法治精神倡导的公正意识正与这种传统的人情意识发生着尖锐冲突。总之，法律的研究是不能离开对法律所依赖或生存的文化土壤的深刻理解和认识的。[①]

附录：点评周安平《面子与法律——基于法社会学的视角》

我们知道文化的范围是非常宽泛的，它体现在社会生活的方方面面，而法律是在一定的社会中运行的，因此，任何一个国家的法律所包含的规则与其所处的文化是相互联系、相互影响的，研究法律就离不开对其所依赖或生存的文化土壤的理解和认识。在中国的传统社会中，法律并不是调整人们行为的唯一规范，民间的习俗、道德或者说是存在于人们日常生活中的被大多数人认同的潜规则和一些文化因素等也发挥着巨大的作用，因此也是我们研究法律时应该关注的。

周安平的《面子与法律——基于法社会学的视角》一文关注的就是社会中法律与文化的关系，作者抓住了对人们日常交往起着重要作用的面子文化，对其进行了深入研究，运用法社会学的方法考察了面子规则与法律规则在人们社会交往中的关系，进而指出面子文化对中国法治化的困境的解读与启迪。

文章通过一个具体的案例引出问题，即某校某院某教师评职称过程中，由于某领

① 李瑜青：《论法律的文化人格》，《日本北海道大学法学院学报》，2004 年第 2 期。

导的口误没有及时纠正而致该教师被淘汰出局，这一事件引出了现实生活中是保障教师的权利还是维护领导的面子的矛盾，进而考察现实中存在的类似的情形，即为了保全某人的面子而不惜牺牲他人权利和正规制度。而后又进一步追问其原因，得出在中国社会，面子是一个人在社会中的立足之本，这种在人际交往中通行的“对人不对事”的面子规则，与调整社会关系的“对事不对人”的法律之间必然是对立的，因而出现正式法律制度从人们日常生活中发生退隐的现象，面子文化对法律的不断侵袭导致了中国法制化进程陷入困境。从而作者指出中国在法治化过程中，不仅要注重法律制度的完善和法律制度的移植，更重要的是要培养中国自己的文化土壤，使法律与其所处的文化相一致。

从文章的研究方法来看，作者运用了功能主义的方法论。功能主义认为，社会整体作为一个系统是由相互关联的各个部分有机地组成的；社会整体为了延续下去就产生了一些基本需要——也就是它的功能先决条件；各个社会组成部分就是为了满足一定功能的先决条件而存在的，它们在这方面作出的贡献就是它们对维系社会整体所具有的功能；各个组成部分并非是孤立的，而是在与其他组成部分的相互作用中发挥功能的，所以其功能的发挥程度不仅与其自身的完善性有关，而且也取决于与其他部分的协调关系。而法律作为从特定社会环境中派生出来的社会整体的一个有机组成部分，其发挥的作用也与其存在的社会文化紧密相连。文中对面子与法律在社会生活中的运作机理和发挥的作用进行了详尽的考察，分析了面子积极功能和消极功能对我国法治建设的影响，从而寻求两者相互促进发挥其积极功能、消除其消极功能的途径。

具体地说，文章的第一部分是案件的叙述，指出面子在社会中具有重要的作用，但其在运作时会与法律产生冲突。第二部分作者分析面子为什么具有如此重要的正功能，对此作者论述了三点：首先，面子具有重要的社会功能；其次，面子具有资源交换的重要功能；最后，面子的影响具有滚动和辐射效应。第三部分作者对比了面子的运作机理和法律的运作机理的不同，指出面子在与法律的对立中对人际交往的负面作用：其一，面子导致事实的遮蔽；其二，面子导致平等的消解；其三，面子导致正当权利的缺损；其四，面子导致法律信任的缺失。第四部分联系我国法治化的实践，探讨面子文化对法治化困境的解读与启迪。综观全文，作者始终都是在研究面子文化和法律在社会生活中的功能，强调法律作为社会调整手段的一种，其功能的发挥需要与其他调控手段相协调。

文章所运用的具体方法是社会现象观察法。观察法是调查者亲自深入被调查者的现场并与被调查者直接接触，通过耳闻目睹或借助于工具来收集和积累被调查者的具体、生动的感性资料的方法。本文作者正是通过对人们实际交往的长期观察，注意到人们在日常交往中所遵循的面子规则，进而具体考察这种规则的运作环境、运作过程，分析这种潜规则何以能够存在的原因和产生的后果，以及在现代社会面子与法律相对立对中国法治化的影响，反思在法治化过程中应当如何协调面子文化与法律的关系，从而更好地实现我国的法治化。

仔细分析文章的研究路径，作者从社会现实出发，通过对社会现象的观察，分析这种现象背后的深层社会原因，以及所引起的社会效果，反思如何才能更好地协调这种社会现象中的矛盾，最后归纳总结得出自己的结论。这给我们提供了一种新的研究问题的视角和思路，研究社会中的现实问题，使我们能够真切地体会到所研究问题的重要性，这种将问题放在现实的社会中加以研究避免了空洞的说理，使得研究结果更加具有说服力和实用的价值。

另外，作者在观察社会现象时，由于是个案分析，得出的结论可能并不适合于所有情况。所以可以看出，本文的作者是将面子文化作为与法律相对立的要素提出的，着重考察的是在中国的熟人社会中，面子文化的发达对法治的阻碍。但我们知道，中国的社会已经或者正在发生重大的变化，已经不是传统意义上的熟人社会了，在社会的变迁中，其中的面子文化和法律都发生了极大的变化。而且我们也注意到，现实社会中的面子文化在人们的交往过程中也有一定的积极作用，如在调解中，当事人经常是由于调解人的面子，才彼此妥协、让步，最后达成一致，而这有利于社会纠纷的解决，也是法治社会追求的效果。因此，我们应该客观地理解面子文化在法治过程中的作用，注重培育与法律相适应的文化土壤。

论文摘要

周安平：《面子与法律——基于法社会学的视角》载于《法制与社会发展（双月刊）》2008 年第 4 期。面子是人际交往中依据自我表现而作出的评价，它代表着一个人的社会地位，并在人际交往中具有资源交换的重要功能。但面子“对人不对事”与法律制度的“对事不对人”的运作要求又是相互对立的，并且这种对立导致了正式的法律制度从人们的日常生活中发生退隐。

第一部分从一个具体的案例之中，将面子在日常生活中所发挥的作用的问题引出来。第二部分：面子为什么如此重要？从通俗意义上讲，所谓面子可以理解为人们为了满足其欲望、得到别人的认同和尊重等心理需要而表现出来的一种心理态度。面子具有重要的社会功能，比如面子代表了个人在社会中拥有的财富、权力以及关系网络等。面子还具有资源交换的功能，面子是人际关系的一种资源，争面子、照顾面子、维护面子，其实就是人们在人际关系中交换资源的行为。同时面子的影响还具有滚动和辐射的效应。中国人的面子文化与中国人的"耻感文化"是有关联的。但面子与法律是相对立的，这主要表现在：法律调整的是利益关系，面子关涉的是人情关系；法律关系是一种即时性关系，面子关系是连续性关系；法律具有普适性，面子只具有特殊性；法律具有精确性，面子只具有模糊性等。

面子文化的存在对法治建设是有危害的，主要表现在如面子导致事实的遮蔽、面子导致平等的消解、面子导致正当权益的缺失、面子导致信任的缺失等。在第四部分：熟人社会与陌生人社会是存在着很大差别的，与西方社会相比，中国是一个典型的熟人社会。熟人社会孕育了面子的交往规则，虽然随着近现代工业文明的推进，中国的人口流动也频繁起来，陌生人群体也不断地涌现，但面子文化在悠久的历史进程中已经深深地扎根于中国人的日常行为方式之中了。因此，中国在进行法治现代化建设的过程中，要顾及面子文化这一独特的文化现象，而不能仅仅简单地通过制定法律或简单地通过法律移植，来缩短我国法治现代化建设的进程。同时，通过面子与法律之间的张力的研究，可发现法律必须要克服面子的侵袭。

第七章　法与社会心理

法律作为上层建筑的一部分，与一个社会的政治、经济、宗教、习俗等密不可分，这就决定了法律制度有着基于自身文化传统和意识形态的特征，这种特征也必然反映在人们的法律心理上。法律社会学重视法律与社会心理关系的研究，是基于法律的实现其实并不单纯由政治强力所决定，其为人们广泛信任乃至信仰，这其中与社会心理有着密切的关系。本章的研究主要讨论以下的问题：第一，社会心理及其对法律的影响；第二，从社会心理视角分析法律问题的方法；第三，中国法律社会心理特点分析；第四，作为学科的社会心理学及相关的法律学科。

一、社会心理及其对法律的影响

1. 社会心理的内涵

探讨这个问题，首先要理解社会心理的含义。关于社会心理，学界有不同的定义。但笔者认为，以下两种对社会心理的解释，较好地说明了这个概念的内涵①：一种观点从生活的直接性上强调社会心理，认为所谓的社会心理，即特定的历史时代、民族、阶级中普遍流行的，没有经过职业思想家加工制作的精神状态。它是对社会存在的直接反映，直接与日常生活相联系，表现为感情、习惯、成见、倾向和信念等，具有自发性、不系统性、不定型性和不稳定性等特点。另一种则从主体交互影响上分析社会心理，认为社会心理是人们在社会生活中自发产生并互有影响的主体反应，它表现为三个基本点：第一，社会心理是主体的反应，是一种心理的内在化过程，从而使社会心理与社会性精神实体相区别；第二，社会心理在社会成员中互有影响，从而使社会心理与个体心理相区别；第三，社会心理是在社会生活中自发产生的社会精神现象，从而使社会心理与社会意识形态相区别。

在法学界有一种流行的观点，认为社会心理并不值得太多的关注，所要关注的是社会意识形态。因为前者作为人的思想还没有成熟，社会意识形态是社会心理的自

① 乐国安、沈杰：《20世纪80年代以来中国社会心理学的基本理论研究》，《南开学报》(哲学社会科学版)，2001年第2期。

然凝结或归属。其实，这是认识上的一种误导。社会心理不能简单地说是社会意识形态的基础或源泉，社会心理与社会意识形态是两个既有联系又各自相对独立的精神领域，社会心理对法律的影响或作用的方式与社会意识形态是不同的。

2. 社会心理对法律影响的方式

具体分析社会心理对法律影响的方式，可以从两个方面来加以说明。一方面，社会心理是一种精神现象，发生并存在于主体的内部，具有潜在性或内在性，其存在方式表现为对社会生活中的事物或法律现象的认知、印象、情感，并由此产生态度，这种心理过程也是一个动态的发展过程。通过对社会生活的法律实践活动，形成某种认知，伴随这种认知形成印象，产生对该种现象或活动的一定好恶情绪，并根据自身好恶产生一种态度，这种态度往往具有一定的稳定性，不易改变，表现为特有的一种惯性或惰性，具有保守固执之倾向。另一方面，社会心理的产生并不是纯粹的、任意的，它是主体在实践中、在社会成员进行社会交往中逐渐形成的。社会成员进行社会交往的过程伴随着他们相互之间的心理刺激与感应，在互动中形成一定的心理态势，这种心理态势的形成是自发的、没有经过理论加工的，不是一种理论的、系统的、完整的、经过提炼的产物，因而不同于意识形态，这种心理态势又是在人们的相互交往中展现出来的，具有一定的外在性或显在性。

社会心理的产生有其深刻的社会背景的要求。它总是不断地接收并“消化”来自社会生活环境的冲击与影响，而“消化”的结果是形成一种新的态势，这种态势反过来又在主体社会实践中发挥作用，产生影响，在生活环境中无意识地塑造着自身。然而，它的存在与变化发展又是有一定规律性的，这种规律性表现在主体内在动态的过程中，表现在这一内在心理过程与主体所处的外在环境的相互关系上。社会心理产生和发展所依赖的外在环境作为一种客观条件，对于社会心理起决定作用，而社会心理的承载者既包括社会中的个人又包括各种不同层次的群体（它在个体水平上表现为人格，而在群体水平上则表现为一种社会性格或民族性格，即所谓“国民性”），作为一种主观条件，也在一定程度上影响着社会心理的发展态势。社会心理就是在这种既是内在的又是外在的、既是主观的又是客观的互动过程中，实现着自身并对法律的实践以影响。

二、从社会心理视角分析法律问题的方法

1. 从社会心理的结构入手的分析

社会心理从结构上具有内在性与外在性。社会心理既是内在心理过程，又外现

为社会现象。社会心埋的内在过程包括社会认知、社会情感、社会动机和社会态度。社会心理对法律的作用表现在对法律的认知、情感、守法与违法的动机以及对法律的态度。由于社会心理的内在性更多地表现为个体成员的心理内部活动，它是伴随着主体对法律的实践活动直接或间接地参与而形成的一个动态过程。

社会心理同时具有外现的特性。社会心理外现为一种社会精神现象，存在于人际关系和广泛的社会关系中。社会心理的外现的表现就是其互动性，互动性是指它在社会成员中相互沟通和相互影响的特性。人们在互动中形成对法律的相对稳定的认知和情感，直接作用于人们对法律的认知和信仰，影响法律在人们心中的地位。社会心理是社会规范与社会行为的中间环节，社会心理的中介作用有两个基本方向——正向和负向。正向是有利于社会规范对社会行为的调控，即是说社会规范在社会化过程中内化为人们的内在行为准则，转变为心理过程，社会心理又外化为社会行为，这样的循环方式可以使得法律对人们的行为起到正向的调控作用；负向是指社会规范不利于社会行为调控的方向，社会心理反映出的问题虽然是客观普遍存在的，但未必都是正确的，但这未必正确的东西却可以产生一种社会力量，它会对社会规范起到消极或者抵触的作用。由此可见，内在性与外在性是相互影响相互制约的。内在对法律的认知、情感和态度作用于群体互动之间，而互动之后的法律效果又反馈回内在的认知，并在内心之中不断调试形成相对稳定的态度和认知。[①]

2. 从社会心理的实质入手的分析

社会心理的实质是它一方面是人脑的机能，另一方面它也是社会现实的反映。从这样一个视角分析法律现象我们可以得出：

其一，社会心理是人脑的机能。人的心理是人脑对客观现实的主观能动反应。列宁说："心理的东西、意识等等是物质（即物理的东西）的最高产物，是叫做人脑的这样一块特别复杂的物质机能。"[②]法律是调整人们行为的规范，人的行为受到人脑的支配，社会心理的这一特性将其与法律很有效地结合了起来，在具体研究实践中可以将人们对法律心理的分析作为切入点，来观察和研究社会心理与法律的相互作用，这具体包括如法律实践过程中各个环节的展开和运行，人们社会心理的反应，人们的法律社会心理会受到哪些社会因素的影响，人们守法的心理与违法的心理有什么不同特点等等。

其二，社会心理是社会现实的反映。马克思说："人的本质并不是单个人所固有

---

① 乐国安主编：《中国社会心理学研究进展》，天津人民出版社 2004 年版，第 7～9 页。

② 《列宁全集》第 14 卷，人民出版社 1990 年版，第 238 页。

的抽象物。在其现实性上，它是一切社会关系的总和。”“物质生活的生产方式制约着整个社会生活、政治生活和精神生活的过程。不是人们的意识决定人们的存在，相反，是人们的社会存在决定人们的意识。”①从具体的关系出发，才能真正看清社会心理是如何反映社会现实的。每个人处于具体的社会关系网络之中，社会生产力、生产关系以及在此基础上产生的政治文化关系，决定了个体或群体的社会心理性质，制约着个体或群体社会心理的发展。人们对法律的社会心理是由其所处的社会现实决定的，受社会的政治体制、经济体制、思想文化体制的深刻影响和制约。社会现实对人们的法律社会心理产生冲击，同时人们的社会法律心理反过来作用于社会现实，其结果或是固化既有法律制度和现存的思维观念，或是冲击甚至对抗现有的制度和观念。总之，社会现实与社会法律心理总是处于一种相对的动态平衡的状态中，不断地相互影响，循环往复，保障了社会调控手段的实施和完善。

3. 从社会心理的研究对象入手的分析

社会心理关注对象层面与维度的不同，可以主要划分为以下三种情形。②

(1) 对个体层面与维度的关注。

首先，社会心理研究人在社会化过程中的心理问题，任何人心理上的发展是一个社会化的过程，以此为切入点主要研究法制环境对人的心理发展的影响，以及个体对法制环境的不同反应方式。法律期望的行为样式、规范、制裁等都是外部决定因素，它们影响着个人法律的心理；而在个人意识中所形成的“价值—规范”模型则是内部因素，包含行为准则和标准、可能的法律制裁和预期的制裁。从外部因素和内部因素的结合，进一步研究法律与社会心理的关系，在维护法治和预防违法行为领域中，不断完善对人施加管理调控作用的方法。如在社会化过程中通过学习不断获得各种社会动机，如相符动机、成就动机、结群动机等；守法动机也是一种个体需要不断学习的社会性动机。个体只有具备了守法动机，才有可能在社会行动中经常性地自觉地遵循法律规范。

其次，研究个体在特定社会生活条件下的心理活动的变化和发展，个体或若干个体在特定的政治社会化、道德社会化、民族社会化、性别角色社会化的条件下成为社会成员的法律心理活动。如由若干个体组成的集体具有共同的目标、共同的规范、共同的情感和价值信仰体系，人们在社会过程中如何形成相对稳定的法律情感、法律价值等法律心理活动。

① 《马克思恩格斯选集》第1、2卷，人民出版社1995年版，第60、32页。
② 乐国安主编：《中国社会心理学研究进展》，天津人民出版社2004年版，第14～20页。

再次，特定的社会生活条件下个体心理活动的发展及其变化规律，即是在特定的社会条件下研究人们的法律心理的规律，研究对行为进行法律规范调节的心理机制。

（2）对个体和群体层面与维度的关注。

从这个角度切入法律研究，强调对不同群体的法律心理及其规律进行研究，这对于制定法律及其他政策、对提高宣传工作效率和群众觉悟都很重要。研究个体和群体在与社会环境的相互作用中其心理活动发生、发展变化的规律，研究个人的法律心理如何受其他人或团体的影响，同时又是如何影响其他人和团体的。研究不同群体法意识的心理方面，集体法律心理的特征和规律及其之间如何相互产生影响，在人际交往和社会背景下探讨人们的法律心理，揭示出其更为本质的社会意愿、社会情绪与社会经验。

（3）对个体、互动和群体甚至更多层面与维度的关注。

从这个方面作为研究的视角，主要关注的是法律实践中、在人际互动过程中的法律心理，分析探讨人的内潜心理和外现行为与周围环境之间的互动关联和影响，分析这种关联和影响所引发的法律社会心理与行为变化，尝试通过分析、改变和重建这种关联和影响，来形成关于对实际法律问题的理解和解决方法。① 分析置于法律环境中心理的各种表现特点和变化规律，人与人相互作用的法律机制，在双向沟通和互动的背景中，说服、从众、服从以及依从等的心理现象可能都会发挥作用，并研究这些因素如何影响人们的法律心理。研究应用性问题中的法律调节和护法活动的社会心理方面，司法领域的法律与秩序问题，社会影响对司法决策产生影响的一些重要方式和场所等。

三、中国法律社会心理特点分析

法律与一个国家的政治、经济、文化密不可分，这就决定了我国的法律社会心理必然受到这些系统的影响和塑造。人的心理活动，在某种意义上可以看成是个体与社会环境互动的结果，外界的各种刺激或各种社会生活条件，包括政治、经济、文化等都可以通过社会化的媒介——家庭、学校、社会文化三大系统——影响和塑造个体的心理和行为。中国的法律社会心理有个演变的过程。

1. 传统中国的法律社会心理特点分析

任何一种制度都受到文化观念、社会组织和社会心态的制约，传统中国的法律在

① 李伟民、戴健林著：《应用社会心理学新论》，人民出版社 2006 年版，第 41 页。

功能上就是君主统治国家的工具。在普通百姓的心中，法律往往被看作是一种外在强加的因素存在于社会，法律就是刑律，权力高于法律，传统法律文化中强烈的无讼价值取向更使得人们普遍在心理上畏惧法律。

这种法律社会心理，首先可以在当时的经济生活领域找到依据。传统中国的经济是在自然经济条件下的自给自足的农业经济。美国学者费正清认为："从社会的角度来看，村子通常由一群家庭和家族单位（各个世系）组成，他们世代相传，永久居住在那里，靠耕种某些祖传土地为生。每个农家既是社会单位，又是经济单位。"①对于传统社会分散经营的小农来说，农村是"人情社会"②，是个重信誉、轻契约的环境，中国传统儒家文化渗透民众的心灵，人们的行为主要靠伦理制度和习惯来约束，人们相互依赖、相互帮助以应付现实的和未来的事件，在无数次的互动中，人们相互交换情感与物质利益，建立了一种含有情感因素的相互预期。在这种社会中人们不是相互分离的个体，而是关系网络上的一个联结点。人与人之间的互动基于双方的熟知以及建立在其上的信任关系，打官司会破坏相互信任。"在熟人社会里，没有比失信更可怕的事情了，它意味着失去人缘和关系，失去生存的依托和乐趣。"③这样一种特殊的经济社会结构使得人们在心理上对诉讼普遍有种畏惧心理。同时，中国社会特有的宗法制度也在两重意义上塑造中国人的法律社会心理：一是它通过血缘联结的人情，把国家法律的强制性、习惯法的自然约束和道德法庭的社会监督机制有机统一为一体，使其在某种程度上取代了国家的正式法律；二是在宗法制度温情脉脉的面纱下面，社会成员自动解除了作为独立的个体的可能，从而根本上剥夺了他们以个人名义争讼的自主性。④

我们再从政治领域上来分析传统中国社会。皇帝兼掌立法和司法，个人权力凌驾于法律之上，个体意志可以左右法律的制定及实施。由于最高统治者的专擅，司法权完全成为行政权的附属品，传统中国实行垂直领导的官僚体制，臣只对君负责，不对民负责。行政司法混同会导致司法权的滥用，传统中国的司法官群体也十分复杂，中国司法的人治化特征比较明显。法律中的情、理、法等人为因素由司法主体自己把握，司法主体的非专业化，导致司法行为的严重情绪化，形成司法擅断。而且在传统社会，缺少抗辩的审判形式，司法程序失去监督，公平与效率严重失衡。⑤ 在这样一

① ［美］费正清：《美国与中国》，张理京译，世界知识出版社 1999 年版。
② 费孝通：《乡土中国·生育制度》，北京大学出版社 1998 年版，第 48 页。
③ 何兵：《利害的分配　我们身边的法律》，上海三联书店 2005 年版，第 41 页。
④ 戴健林：《法律社会心理学》，广东高等教育出版社 2002 年版，第 61～62 页。
⑤ 张仁善：《法律社会史的视野》，法律出版社 2007 年版，第 42～45 页。

种制度的作用下，法的普遍性原则在百姓心中很难落实，法的权威无法真正树立，自然人们在心里畏惧法律。千百年来在中国老百姓心头都萦绕着一种社会心态，就是“清官情结”。从社会心理分析的角度来看，清官构成了中国百姓心理深层的一个人格化、道德化的法律化身。

从思想文化领域上也可以分析出当时法律社会心理特点形成的原因。法在中国传统文化中几乎不被看作是一个独立的存在。一方面，它只是政治权力的附庸，法律是驯服老百姓的工具，终极的目的只是为了维护皇权；另一方面，传统社会中儒家文化把道德抬到了至高无上的地位，加之特有的宗法制度的社会结构，形成了千百年来中国特有的礼法文化。由于法在中国社会文化中的特殊地位，因此，在老百姓心目中，法也大致在它与权力、道德的关系中被认识。据此，我们可以把中国人的法律心理归结为权力—法律—道德这样一个三元基本结构，三者同构共生或同构互渗，它表明法律在传统的中国人心中不是一种独立的存在，而只不过是政治权力和道德的工具或附庸。[①] 中国人的这种法律社会心理结构是建筑在其特有的社会和文化基础上的。

2. 当代中国法律社会心理特点分析

当代中国近三十年来的法制建设揭开了法治社会的序幕，法律体系日趋完备，法律制度日趋科学，在社会各个方面基本做到了有法可依。随着我国市场经济体制改革的不断深入发展，民主政治改革也颇有成效，文化不断向多元发展。在社会体制改革和不断转轨的过程中，无论是从外部还是从内心都受到了强大的冲击，人们亲身感受到物质文明和精神文明在极大丰富的同时，一方面不断对平等、自由、契约、人权等理念有了理解和认同；另一方面，人们从过去的重义务转向权利与义务的统一，从单纯的重整体转向整体与个体的统一[②]，但也存在某些人或团体对个体利益的过度关注。

当代中国法律社会心理特点的根据，我们可以首先从经济领域中进行分析。市场经济的内在精神是一个相互协调、彼此制约的体系，其内在本性、运作规律、运作机制以及利益实现都要求整个社会具有应有的秩序规范和模式。市场经济法权关系对个人利益的确认，是以市场交换主体互相承认对方有追求自己个人特殊利益的权利为前提，同时这种追求和利润赚取的进行应以一种合理化的方式，它包括诚实信用和契约自由。伴随着我国市场经济体制的不断深入和完善，市场作为对资源的配置性

① 戴健林：《法律社会心理学》，广东高等教育出版社 2002 年版，第 69 页。
② 李瑜青：《当代中国法律权利意识的解读》，《学术界》，2009 年第 3 期。

作用发挥着巨大的作用，在市场机制的作用下，市场经济对应的是法治文化，人们在市场的作用下形成了独立意识、契约意识、平等意识、竞争意识等，人们逐渐学会用适应市场的规则来有效实现自己的目标行为，将规范内化为行为，从而保障了行动社会化的意义共享和有效性，这样不但提高了行为的效率，同时也适应了规范和秩序。这些都是与现代法治精神要求相契合的，对人们法律心理的正向培养有积极的意义。

与此同时，市场作为以利益追求为机制的资源配置手段，使得人们将追逐利益最大化作为目标而忽视法律的存在。这样一种法律心理存在的前提，除了利益能给人带来实质性的物质财富外，就是不断加剧人们对事情的评判标准由原来的道德伦理标准转向了“金钱标准”。在这种判断标准的驱使下，人们在这样的社会情境和心理情境的双重刺激下，就会受利益驱动而干出违法乱纪的行为。这种漠视法的存在、无视法律权威的现象对人们法律心理起负向的作用。

从当代政治领域的建设上，我们也可以看到法律社会心理特点构成的根据。现代法治的前提和基础是民主政治，而民主政治的实现依赖于法律的保障。法治强调对权力的规范和限制，权力的实施必须在宪法和法律规定的范围内，以保障人权为终极目的。因此主张权利与义务的统一、整体利益与个体利益的统一的法律社会心理有它的基础，但法治运作机制，从立法、执法、司法领域中存在着法律文本和实际之间的差距。如在执法和司法领域，大量存在不依法行使职权、不依法定程序办事的现象，人情、面子、利益等影响着执法、司法的过程，权钱交易使得权力私人化、物化。法律从保障规范人们的行为准则沦为工具化手段，“打官司就是打关系”的这种无奈现象在民间广泛存在着，人们更习惯于看重人情和关系，因而极大地影响了我国普通民众对法律的态度，对当代中国法治建设形成了严峻的挑战。

我们再从思想文化领域进行分析。文化、价值与社会风气通过约定俗成、传统习惯的方式影响和塑造着人们的心理与行为，把文化价值等内容纳入法律社会心理研究分析架构和研究范式之中，在互动的框架下分析法律社会心理，其中由地方性经验形成的心理有着重要的意义。著名人类学家吉尔兹指出：“法学和民族志，如航行术、园艺、政治和诗歌，都是具有地方性意义的技艺，因为它们的运作凭靠的乃是地方性知识(local knowledge)。”[①]东方集体主义文化与西方的个体主义文化存在着重大的区别，集体主义文化强调的是人际关系的和谐融洽与对社会群体的相符和责任，个体主义文化则强调个人的自主独立和自我中心。中国的现代化包括体制现代化，也包

① ［美］克利福德·吉尔兹：《地方性知识：事实与法律的比较透视》，载于梁治平编：《西方法律哲学文选》，法律出版社2008年版，第87页。

含着观念、意识的现代化。中国的法治现代化，既是一个传统法律文化观念逐渐解体，也是现代法律意识破茧而生的过程。这种传统与现代相互包容和渗透的情况主要表现在两个方面：其一，传统的法律文化中也有可供继承的合理因子；其二，西方法律移植和嫁接到中国的土壤，也并非全部适用。① 在这一过程中，尽管传统的法律文化观念已经失去了历史的必然性，但由于法律意识的相对独立性、主体法律思维方式和法律情感机制的复杂性，在社会转型过程中，传统的法律文化观念因素往往长期存在于人们的头脑中，与现代法律观念因素交织在一起，影响人们的行为。这种传统法律观念与现代法律意识相互并存、彼此冲突的格局，构成了当代中国法律社会心理的一个基本矛盾。在诉讼心理问题上，传统的"非讼"或"无讼"观念在人们的心里仍然具有很大的影响，制约了人们在解决纠纷方式上的法律途径选择；在权力观上，权力本位的意识还在我国相当多的人们的心中存在，影响和制约着他们的思维方式和行为方式；在平等观上，传统的绝对平均主义的思想观念，在一定程度上扭曲了现代市场经济的平等原则和理念。② 长期以来，我们或者强调法律服务于阶级斗争，或者强调法律服务于现代化建设，宪法和法律一直没有成为独立的、具有权威性的信仰目标，传统的人际关系及传统文化的特质，也极大地影响了我国民众的法律社会心理。

3. 建构和谐社会所需的法律社会心理机制

在一个社会里，民众的法律心理状态与法治化的程度密切相关，甚至可以说有什么样的法律心理，就会有什么样的法治状态。正如卢梭所言："一切法律之中最重要的法律，既不是铭刻在大理石上，也不是铭刻在铜表上，而是铭刻在公民心里，它形成了国家真正的宪法。"③

法治社会不仅需要完备的法律体系，更为重要的是，这些法律具备其能够发挥作用的社会心理基础，法律是人们在相互作用过程中所演化出的一套行为规范，对人们的社会行为产生重大影响，法之所以为法，必须在社会心理和意识层面为人认可和接受，才能真正体现它的力量。按照日本法学家美浓部达吉的意见，法律效力的存在基础乃以它系存在的社会心理之上为前提。④ 但就我国法律心理基础建设而言，不仅要关注立法，而且要关注法律实施的心理基础和条件，以免法律和社会生活发生背离。法律作为现行维持社会秩序、保护公民权利的手段，社会心理研究所积累起来的

---

①② 戴健林：《法律社会心理学》，广东高等教育出版社 2002 年版，第 259、58～82 页。

③ [法] 卢梭：《社会契约论》，商务印书馆 1980 年版，第 20 章。

④ [日] 美浓部达吉：《法之本质》，林纪东译，台湾商务印书馆 1992 年版，第 74 页。

知识，无论是在法规的制定或执行方面，还是在如何更好地预防和矫正犯罪方面，都对法律的实施和运作起着重要的作用。和谐社会的建立和发展依赖于良好的法治环境和条件，联系中国社会当下的实际问题，主要从以下两个方面进行研究与建构：一是联系中国法学现代化建设的实际，研究在改革开放过程中出现的各种法律问题的社会心理现象和问题；二是联系中国法律文化传统的优良品质，探讨具有中华民族特色的法律社会心理学现象和问题。[①] 法律社会心理的形成和发展，既离不开社会主体的法律实践和法律生活所形成的对主体的外在刺激，也离不开与社会主体的生活经验和民族法律文化传统对社会主体长期熏陶所形成的主体的法律文化的心理结构。其“一旦形成，必将极大地作用于历史，即便在最初的条件已经消失、相应的制度已经改变的情况下，它也可能长久地存留下去，于无形之中影响甚至左右着人们的思想和行为。”[②]同时，东西方法治实践也验证了“不管法律是以何种方式被认可的，通过立法法案也好，通过法院的判决也好，通过统治者的政令也好，法律只有被社会上的人民大众愉悦地认可并欣然遵守时才是实际意义上的法律。”[③]这种“愉悦”、“欣然”的心理显然来自社会主体发自内心的体验和感受。和谐法治依赖于广大群众对待法律的态度。赞恩也十分中肯地指出：“正如心理学研究现在已经证明的那样，确保遵从规则的因素如信任、公正、可靠性和归属感，远较强制力更为重要。法律只在受到信任并且因而并不要求强制力制裁的时候，才是有效的；依法统治者无须处处都依赖警察……总之，真正能阻止犯罪的乃是守法的传统，这种传统又根植于一种深切而热烈的信念之中……”[④]所以，只有根植于大众的内心对正义的诉求和公平理念期望的法律，才能真正有效地发挥作用，达到和谐社会的根本就是心理上的和谐，法律赢得人们普遍的心理认同，法律权威内化为人们内心自觉，继而支配人们的外部行为，只有符合大众心理认同的法律规范才能有效地调控社会行为，从而使得社会得到良性动态的循环。

四、作为学科的社会心理学及相关的法律学科

1. 社会心理学的内涵与发展

就社会心理学的内涵而言，有学者认为，它是研究个体怎样受社会生活条件的影

① 戴健林：《法律社会心理学》，广东高等教育出版社 2002 年版。

② 梁治平：《梁治平自选集》，广西师范大学出版社 1997 年版，第 4 页。

③ ［美］约翰·麦·赞恩：《法律的故事》，刘昕等译，江苏人民出版社 1998 年版，第 245 页。

④ ［美］哈罗德 J. 伯尔曼：《法律与宗教》，梁治平译，三联书店 1991 年版，第 43 页。

响从自然人变成社会人，成为社会要求的社会成员，如默菲在其著作《实验社会心理学》一书中谈道："社会心理学研究个体怎样变成社会成员的方式，同时研究个体怎样在群体里发挥作用的方式。"[①]其实，社会心理既受心理因素的制约，又受社会因素的制约。社会心理学除了用心理学的观点与理论阐明社会与个人之间的相互作用，揭示心理机制外，还广泛地吸收社会学的研究成果，它力求对人的形形色色的社会或文化行为的发生、发展、变化及其规律作出解释。[②]

社会心理学作为一门独立的学科形成于19世纪末20世纪初。1908年英国心理学家麦独孤(W. McDougall)和美国社会学家罗斯(E. A. Rose)分别在大西洋两岸出版了以"社会心理学"命名的两本教材，被学者看成是社会心理学诞生的象征性标志。1924年美国社会心理学家G. W. 奥尔波特出版了《社会心理学》一书，社会心理学的系统框架从此得以确立。如果不以人物为线索考察社会心理学的形成，也可以说社会心理学直接来源德国的民族心理学、法国的群众心理学和英国的本能心理学。社会心理学受到了社会学和心理学两门学科的主要影响，所以社会心理学在研究取向的选择上主要形成了两种不同的路径：一种是心理学家的社会心理学，这种取向着重研究社会情境中的个人，其代表人物主要有法国的塔尔德和英国的麦独孤；另一种是社会学家的社会心理学，这种取向注重对群体生活的研究，其代表人物主要有法国的涂尔干和美国的罗斯。[③]社会心理学真正的确立始于20世纪初，并形成了人们公认的社会心理学四大流派：精神分析派别、行为主义派别、认知主义派别、社会学派别。[④]

中国的社会心理学是从20世纪20年代作为一门学科，最初以介绍西方社会心理学为主。在1949—1980年，中国社会心理学的研究几乎处于停滞状态。1981年，北京心理学会首次举办了"社会心理学学术座谈会"，[⑤]此次会议成为中国社会心理学重建的起点。我国社会心理学的发展大体经历了一条理论移植、组织机构和改造发展的道路。在1990年8月召开的中国社会心理学第三次代表大会暨第四次学术年会上，全国各地的学者达成共识，认为中国社会心理学的研究不能脱离中国社会，中国社会心理学的研究必须遵循中国传统文化和历史背景。

2. 法律心理学

在受法律调整的社会生活中，人们必然产生关于法律和法律现象的各种感觉、情

---

① 戴健林：《法律社会心理学》，广东高等教育出版社2002年版，第3页。

②③ 沙莲香主编：《社会心理学》，中国人民大学出版社2006年版，第11～12、15页。

④ 乐国安主编：《中国社会心理学研究进展》，天津人民出版社2004年版，第3～4页。

⑤ 孙时进编著：《社会心理学》，复旦大学出版社2003年版，第21页。

感、观点、意图、理想、要求、愿望等等。最初,它处于法律意识的低级状态,是杂乱的、无系统的,甚至出现矛盾和冲突,但它却为法律思想体系提供了最丰富的材料,成为法律思想体系的直接来源。它经过思想家、理论家的理论加工,对这些杂乱、零碎的法律心理按照一定的标准和原则进行选择、抽象、概括,把它升华为一定的方式(如立法、灌输等)作用于法律心理,使之成为存在于特定阶级、阶层或社会集团的法律心理,推广为特定时代在整个社会占统治地位的法律心理。这使法律体系在更高、更广泛的基础上不断转化、凝结为人们的法律心理。① 法律心理学则是社会心理学的应用研究,它把与法律有关的各种问题作为研究对象,通过对有关法律心理现象及其规律性的把握,帮助我们理解和解决现实法律事务中出现的各种问题。② 法律心理学研究主要和法庭审判与犯罪有关,也与法律过程和制度的改革与完善有关。法律心理学研究的质量和深度、实际建议的效益,在很大程度上取决于社会心理学中一系列问题的研究程度。

世界各国法律心理研究的视角与方法:

欧洲大陆法律心理学的发展主要有如下的特点:其一,研究领域的多样化,法律社会心理学研究的课题几乎涉及了法律与心理学所能结合的各个方面。其二,重视方法论,在研究中能熟练运用模拟、实验设计、参与观察等多种研究方法,并且十分注意研究的设计和量化研究。其三,研究与实践的密切结合,法律心理学的研究很重视解决司法实践中出现的问题,在研究报告中大多数都对实践活动提出了改进建议,纯粹为发展某种理论而进行理论研究的较少,法律心理学家们大量参加司法实践活动,在司法实践中起着重要作用。③

美国近20年来的法律心理学的研究者们,更注重将社会心理学与法学的观点和研究视角相结合,使自己的理论成果更符合实践要求。例如,对陪审团心理学问题的研究、关于证人证言心理学问题、诉讼的心理因素、“法的社会化”问题及儿童和未成年人认识和掌握法规的过程,形成对待这些标准的定式,养成守法的行为等。还有一些研究者从较为宏观的角度注意到社会心理学与法律在基本理念上存在的差异,他们认为,社会心理学的研究通常是在缺乏对法律和司法程序的基本了解的情况下进行的,而缺乏有关司法基本知识的研究是不可能有效的。这些研究者还专门写文章为社会心理学研究民法和刑法提供一种用以整合的体系,以便法律社会心理学者将

① 王勇飞、张贵成主编:《中国法理学研究综述与评价》,中国政法大学出版社1992年版,第312页。
② 李伟民、戴健林:《应用社会心理学新论》,人民出版社2006年版,第88页。
③ 吴宗宪:《欧洲大陆法律心理学述评》,载于《心理学报》1996年第1期。

司法理论融入自己的实际工作中,使其研究与法律有更大的相关性。[①]

通过20多年来发展,中国法律心理学已经拥有由专业的社会心理学者和实际法律工作者相结合的研究队伍,已经基本上度过了学科的创立阶段,开始向纵深方向发展。他们的研究课题涉及犯罪原因、犯罪预防、犯罪改造以及在审判过程中各种不同角色的心理:侦查心理、审讯心理、检察心理、证人心理等许多方面。在研究法与社会心理问题上主要有两大路径:路径之一是对刑事司法领域与社会心理结合的研究,路径之二是对中国传统文化和传统心理对人的法律社会心理的影响研究。

法律社会心理的基本研究框架:[②]

根据对国外学者有关社会心理介入法律领域的研究文献的梳理,同时亦参照国内学者的研究成果,我们认为法律社会心理主要涵盖以下几个方面的研究范畴,从中也可以看出社会心理学的基本原理和方法应用于现实法律领域的基本侧面。

第一,关于法律观念的发展研究。法律社会心理学关注的基础性课题之一是个体在社会化过程中法律观念的发展问题,即人们如何获得关于法律的知识、形成关于法律的信仰,以及在作出与法律有关的判断时所依据的内部标准是如何形成和发展的等问题。这方面的研究主要解决的是现实社会生活里的法律,在个体成长过程中如何被内化并使个体形成相应的法律心理或意识等问题。第二,犯罪行为及其成因的社会心理学解释。社会心理学强调的是个体及其由若干个体组成的群体与社会环境之间的相互作用,社会心理学视角的犯罪理论更强调犯罪的特定模式是个体通过与社会的相互作用过程而习得的。第三,关于法律制度的社会心理学问题。这里所指的法律制度,既指规范性的法律条文的系统创制、修改和完善,亦指司法过程中的各个环节,特别是法庭审判系统的制度性问题。自20世纪70年代以后,国外学者在这方面的研究相当活跃,其中有些成果对现实的法律制度的改革和完善产生了实质性的影响。此类研究涉及的主要问题包括法官和陪审团的判决、诉讼程序、证人证词的可靠性以及一些具体的法律条文和司法解释的改变等。第四,法律文化心理。社会心理学提供给我们研究各种文化心理现象的原理和方法,对于法律文化现象而言,社会心理学主要关注解决使民众的法律心理顺应法治化所遇到的种种现实问题。自20世纪80年代开始,我国学者对法律文化现象表现出了极大的研究热情,许多人试图从这种探讨中寻找中国法律现代化的本土资源,也有许多人关注中国法律文化传

① Wiener R. L. *Social Analytic Jurisprudence: A Social Psychological Approach to Civil and Criminal Law*. Presented at 2nd Annual Meeting of the Society For Personality and Social Psychology. San Antonio, Texas, 2001.

② 戴健林:《法律社会心理学》,广东高等教育出版社2002年版,第17～20页。

统中与现代法律观念和制度相冲突的问题。

3. 犯罪心理学和司法心理学

犯罪心理学注重犯罪行为人的心理结构(包括生物的和心理的结构)的探讨,犯罪的社会心理学则强调对犯罪行为特定模式形成的社会过程的研究。社会心理学研究犯罪行为的社会心理根源通常就成了法律心理学的主要研究任务。此外,法律心理学还包括对犯罪行为的矫正和群体犯罪等方面的问题提出意见并提供具体的技术。①

司法心理学一般被认为是心理学知识在法庭诉讼程序、诉讼当事人、司法精神卫生机构以及其他具有司法职能的机构中的应用。司法心理学大体上涉及5个方面的问题:第一,各类司法人员,特别是警察的选拔;第二,在某种案件审理过程中,各类司法人员的心理活动与判决之间的关系;第三,各类司法人员在职业活动中出现的特殊心理问题;第四,各类证人的证词与其知觉、记忆和人格特征间的关系,其证词的可靠性如何;第五,诉讼当事人的状态,罪犯是否具备自由意志和罪恶动机等。② 法律社会心理学在司法问题的介入则比较集中,美国社会心理学家奥斯坎普认为,社会心理学家干预现实司法问题主要集中在证人证词、心理学家作为专家证人、陪审团的选择程序、陪审团的人员规模和投票规则以及陪审团的裁决等领域。法律社会心理学与司法心理学既有交叉或重叠,又有各自不同的关注对象。③

附录:点评郭星华、邱洪敏《法律的"在场"与"不在场"——对一起赡养纠纷调解事件的法社会学分析》

我们知道法律作为调整人的行为的社会规范,它的实现必然与人们对法律的认识紧密相连。法律在社会生活中能否发挥作用或者作用有多大,在一定程度上依赖于人们在心理上对其认同的程度。如果一部法律不能得到人们的普遍认同,便不能得到人们的普遍遵从。郭星华、邱洪敏《法律的"在场"与"不在场"——对一起赡养纠纷调解事件的法社会学分析》一文反映了人们在具体的实践中运用法律时的心理状

① 戴健林:《法律社会心理学》,广东高等教育出版社2002年版,第21页。

② 沈政主编:《法律心理学》,北京大学出版社1986年版,第133页。

③ 李伟民、戴健林:《应用社会心理学新论》,人民出版社2006年版,第91页。

态的不同，而使法律的意义也有所不同。

文章从我国法制建设过程中凸显的一个问题，即立法以相当快的速度不断完善而法律的实施却不尽如人意这一现象，引出法律的实施与人们主观上对法律的认识间的重大关系，而作者选取的是行动者主体意识中的法律这一问题进行研究。通过对一起赡养纠纷的调解案件的实地调查，作者详尽地描述了这一案件发生的社会环境、调解的具体过程，进而分析案件处理过程中的当事人、在场的相关人员对法律的认识，调解人对法律的具体作用，从而考察了现实生活中法律的“在场”与“不在场”的这一复杂问题。具体地看，在这场纠纷调解中，调解是以法律援助的名义进行的，调解人是法律援助者，调解中也提到法律当事人一方是“违法”的，如此种种显示出法律的“在场”；但从调解的具体操作来看，法律的援助是为了实现社会稳定，将法律看作是实现社会政治功能的工具，调解人也没有将案件看成是法律事件而是当作道德事件进行处理，认定当事人违法也并没有指出法律规定的权利义务，而只是借用法律的强制力、威慑力使一方妥协，达成一致，解决了案件，这种种又表明法律的“不在场”。从中可看出在人们的主观意识中，法律的形式和实质并不完全统一。最后，作者通过分析调解过程中行动者的主体意识，指出现实生活中，在人们意识里，法律具有双重意义，法律的形式与本质并不一致，这种心理是导致立法和法律的实施脱节的重要原因。

从文章的研究方法来看，作者运用了法律社会学的现象学方法，探讨了在纠纷调解中人们对法律的认识及如何运用法律解决纠纷。具体地说，作者是以现象学的方法论为视角展开研究的。现象学强调把法律条文与具有充分主观能动性的人结合起来进行研究，反对把人的行为看作是纯粹的对外界的机械反应，而是把人的行为跟他的动机、目的、预期等内在因素结合起来加以考察。此文从调解人的动机和所承载的社会期望，来分析调解人在整个调解过程中对法律的灵活运用，正因为他们的出发点是为人民服务和维护社会稳定，而且人们也把他们当作一个评理者而不是法律人来看待，所以整个过程并不严格依法办事而是法、情、理的结合，旨在实现解决纠纷的目的。从中反映出法律的存在与人们的主观心理态度有很大关联。

文章采用的基本方法是法律角色分析法，所谓法律角色，是指法律制度中具有特定法律地位并执行特定法律职能的法律职业主体及其相应的行为规范。它作为法律规范结构中最小的单位，具有将组织和行为联结的功能。在现代社会中，法官、检察官、律师等法律职业者都是法律生活中的重要角色。法律角色是法律进入实施状态的中介，角色活动的过程就是法律实施的过程。法律角色分析法通过法律角色产生、结构、关系、功能以及权利、义务、行为模式等的分析，以此来分析一系列的法律问题。在文中，作者详细分析了在法律援助服务所与镇司法所这种“一套班子，两块牌子”下的既具有法律援助工作者身份，又是司法行政人员的G所长在具体处理纠纷过程中的行为，来揭示人们对实践中的法律的认识。具体来看，在调解纠纷座谈会上，G所长作为“那片儿”最懂法的角色出场，代表的是法律权威，他的在场就意味着法律的在场。但其在调解过程中并没有寻求双方权利义务的法律纠纷解决模式，而是主张双方本着“互相尊重，互谅互让”的原则妥善处理好这一纠纷，将道德意义赋予了这一纠纷调解事件，使得法律形式上在场，而实质上并不在场。可以看出在他的意识中法律的形式和实质并不一致。而且在纠纷当事人和在场的相关人的意识中，始终也没有明确法律的权利和义务，而只是暗示法律的强制力和惩罚的可能性使得调解得以成功。由此可以看出，作者是通过对这一案件中调解人这一法律职业者的角色分析，来考察在调解过程中人们对法律的态度。

文章采用的具体方法是实地调查法，作者是根据自己对C市的法律援助机构的纠纷解决的实地调查，通过非参与式的观察和大量的访谈收集相关资料，从而展开研究的。所谓非参与观察即“袖手旁观”，调查者在观察过程中并不参与被调查对象的活动，而以纯粹第三者的身份从旁观察。本文的作者以学生收集资料的名义在一旁观察了整个调解过程，为本文的研究提供了真实、详尽的第一手资料。而访谈法是调查者通过与被调查者进行有目的的谈话来收集研究资料的方法。作者在实地调查中通过与法律援助所的工作人员交谈对当地的情况有了全面的了解，为深入研究提供了可靠的资料。

综上可以看出，作者从现象方法论视角出发，在对一起民间赡养纠纷解决的实证调查的基础上，着眼于国家法律的实施，研究行动者心理的法律本相，从而指出在实际生活中法律的形式和实质的不一致，说明法律在社会中的运行与人们主观心理对其认可程度密切相连。这种研究方法从社会心理的角度，对法律不能很好地实施这一社会事实作出了解释，拓宽了研究法律实施情况的视野，提供了一种新的研究路径。但作者以实地调查中的个案进行考察，得出在现今中国人的主体意识中，法律是随着情境和表述立场等不同而随时发生变化的，认为这是中国立法与法律实施脱节的症结所在，似乎存在以点盖面、以偏赅全的偏颇现象。

论文摘要

郭星华，邱洪敏：《法律的“在场”与“不在场”——对一起赡养纠纷调解事件的法社会学分析》,发表于《中国农业大学学报(社会科学版)》2007年9月。运用现象学的分析方法对中国法治现代化进程中出现的法律的形式与实质之间发生的背离这一现象进行探讨。

第一部分:对于法律实践的认识及其过程之中出现的困境,中外学者一般都是从文化、制度以及关系这三条路径来进行分析的,但这三种分析方法并不是截然不同的,在本质上是存在惊人的一致性的,亦即都是将法律作为外在于行动者意识的客观实在物来进行研究的,因此必须要摆脱传统的"主客观"二元对立的思维。为了避免前人研究过程中出现的将行动者主体意识抽象化的问题,尝试着从现象学的方法入手,在纠纷解决实证调查的基础之上,着眼于国家法律的实施,将行动者主体意识中的法律作为研究的对象,从而探究行动者主体意识中的法律的本相。

第二部分:对农村中出现的一起赡养纠纷调解过程进行了观察和分析,从多个角度出发,如乡镇中的法律服务所,其本身就是新旧两个传统的交替而出现的产物,即全能国家时代以行政为主导的传统和市场经济时代逐渐建立法治社会所形成的新的传统,这两者的交汇而产生的,所以乡镇中的法律服务所本身存在既要照顾行政的传统,又要照顾法治的新传统,这就足以显示法律现代化过程中出现的法律在场与不在场的现象。同时在纠纷调解过程中强调法律服务所所长所应具备的法律背景、法律身份,从而通过法律的"在场"使得法律在该纠纷调解的过程之中不断地发挥作用。另一方面在该纠纷调解过程中,又是更多地遵循"情、理"的逻辑而非法律本身的逻辑,进而又使得法律"不在场"了,但正是在法律的这种"在场"与"不在场"交互作用的逻辑之下,最终才使得该纠纷的调解得以圆满地解决。

第三部分:在西方所追求的法治过程中形式和实质的一致性是其应有之意,但在中国人的法律意识之中,法律是可以随着环境和立场的转变而变化的,进而使得行动者的取向与法律的权利义务之间明显的趋同性,这或许就是当下中国立法与法律实践相脱节的症结之处,但正是这种不相称性又使得法律在中国民间纠纷的解决过程之中发挥着一种实质性的作用。

第八章　法律与社会秩序

法律的重要功能之一是维护社会秩序，但法律作为社会控制手段之一，其发挥作用是有条件的，需要与其他的社会规范保持良好的合作关系。本章从以下几个方面讨论：第一，社会秩序的概念界定；第二，社会理论家对社会秩序问题的构建；第三，法律旨在确立秩序和保障自由；第四，通过法律实现社会秩序：转型期的难题。

一、社会秩序的概念界定

要讨论法律与社会秩序，先得廓清"秩序"、"社会秩序"的概念，因为"法律秩序"是"社会秩序"的一种实现方式，而"社会秩序"的建构在很大程度上有赖于人们对"自然秩序"的思考及人类本性中对有条理状态的追寻。

1. 自然秩序与社会秩序

在《汉语大词典》中，秩序一词的释义是：有条理，不混乱；符合社会规范化状态。在英语中用 order 来表示秩序，指的是一种事物存在形态，它的近义词有系统(system)、结构(structure)和模式(pattern)等。秩序可分为自然秩序与社会秩序。所谓自然秩序，指的是一个独立于人类行为之外的秩序系统，它是自然界物质运动、变化和发展规律的直接体现，由两个要素构成，即自然物及其运动规律。自然物是自然秩序的物质载体，而自然界物质运动的规律则是其内容，物质运动规律只有凭借宏观的物质系统才能体现出来，因此，自然秩序与规律是两个非常接近的概念，两者之间存在着一系列的联系和共同特征，但又不能将它们完全等同。简单地说，秩序与规律的关系，就像现象与本质、形式与内容的关系一样，是辩证统一的关系。正是自然界中各种物质的存在、运动、变化总是处于一种有序状态，并形成自然秩序，才为人类认识自然和利用自然创造了条件。

然而人不仅是一种自然的动物，更是一种社会动物。人们在认识自然、征服自然和改造自然的过程中，在进行社会交往等活动中，总是遵循着一定规则，并逐渐形成一定的、固定的社会关系，维持着人类社会整体上的有序运行。所谓社会秩序，就是人与人之间的各种社会关系的制度化和规范化。社会秩序是人类社会特有的现象，它源于人们的各种社会交往活动和人们在这样的交往活动中产生的各种关系，并维持这种社会关系的正常状态和保证人们社会交往行为的正常、有序进行。

2. 社会秩序的类别

按照不同的标准，可以将社会秩序区分为不同的类别：①

一是等级秩序与平等秩序。等级秩序是以等级关系为规范内容的社会秩序，在等级秩序中，价值内核反映着秩序主体对稳定性与协调性的追求，但这种稳定与协调是建立在肯定和维护等级先天差别的基础上的，如中国古代思想家所理解的“君君、臣臣、父父、子子”的等级关系，等级秩序中的社会规则所依托的社会制度确定并凸显了因血缘和地缘差别所导致的身份的先天不平等的合理性。平等秩序则是指以平等关系为规范内容的社会秩序。平等也是个历史范畴，在市场经济社会中，平等是由作为商品交换的交换价值的平等所决定的。建立在市场经济基础上的平等是对等级特权的超越。在这种平等秩序中，社会规则要素所依托的社会制度主要是法律，而道德和习俗的影响力已经退居次要地位，其权威要素有相对弱化的倾向。

二是单极秩序与多极秩序。其划分源于主导社会秩序的性质和发展趋向的社会力量状况不同。单极秩序是指只有一个或一种社会力量主导社会秩序的性质和发展趋向；而多极秩序则有多个或多种社会力量对社会秩序发挥着不同但大致相当的作用或影响，共同决定着社会秩序的性质和发展趋向。单极秩序中的权威要素具有绝对化的特点，从而其价值内核和社会规则体系是单一的。多极秩序中的社会规则体系具有以下特点，即包容性和弹性。由于多元主体的共同参与，单极秩序中的绝对权威消失了，在利益协调和制度保障的基础上所形成的权威往往是处于均势地位的权威而非绝对权威。

三是自发秩序与人为秩序。从社会主体在社会秩序进程中的作用的角度出发，如果暂时抛开对人在社会进程中的主体作用的考察，只是把人类社会作为认识客体进行客观分析，那么，社会历史就是一个自发演进的过程，其内在的社会秩序即是自发秩序。自发秩序范畴揭示了社会秩序客观性或客体性的一面。而人为秩序范畴则揭示社会秩序主观性或主体性的一面，它强调社会主体的建构性作用，特别强调社会权威的力量，认为在任何时代和领域，社会权威的作用都不可忽视，这种权威可能是社会个体，也可能是制度或组织，甚至包括国家。

在希腊人对于自然秩序与人造秩序的分类中，自然秩序是指一个自生的秩序世界，在其中一切都遵循着事物的本能和习性的演化，人类社会则是一个人造的秩序世界，在其中人的主观目的、理性设计发挥着重要作用。但实际上，人类社会中的大量

① 高峰：《社会秩序类型探析》，《内蒙古社会科学(汉文版)》，2008 年第 7 期。

秩序并非完全都是由理性建构起来的、体现着一定的目的和意图的秩序，实际上存在着很多并非人的理性设计的自生秩序，这类秩序从某种意义上来说与自然界的自生秩序并没有多少差别，它们反而与那种理性设计的秩序形成了很大的差别。在此基础上，哈耶克得出了它的三分法，①即自然秩序、理性秩序、自生自发秩序，前两者可合称为外部秩序。

3. 法律秩序

社会秩序是“秩序”的一种形式，它是指人们在长期社会交往过程中形成相对稳定的关系模式、结构和状态。基于法律而建立的社会秩序则是社会秩序的一种表现形态。因此，现代意义上的法律秩序大体上属于其中的“平等秩序”、“多级秩序”与“人为秩序”范畴。

人类社会的法作为一套有效的规则体系，一产生就与人类的社会秩序联姻。法作为规范系统，其本身就是阶级社会一定社会秩序的化身，体现、确认和保护着一定的社会秩序。也许正是因为人类社会的法律和秩序这种与生俱来的联系，法律的价值取向于秩序，后来人们干脆将两者结合形成一个新的概念——法律秩序。根据《牛津法律大词典》的解释，“法律秩序是从法律的立场进行观察、从其组织成分的法律职能进行考虑的，存在于特殊社会中的人、机构、关系原则和规则的总体。法律秩序与社会、政治、经济、宗教和其他的秩序共存。它被当作是具有法律意义的有机的社会。”“法律秩序要素所涉及的是一个群体和政治社会是否采纳某些组织规则与行为标准的问题。这些规则与标准，按其设想是要给予为数众多却又混乱不堪的人类活动以模式和结构，从而预防不能控制的混乱。”②因此，法律秩序就是由法律规则所体现的、防止社会混乱的、作为结果的一种理想的社会秩序形态。这只有在当法律成为一种有效的社会控制手段和社会治理方式时才出现的，这种控制在很大程度上通过分类来达成。③

二、社会理论家对社会秩序问题的构建

社会学起源于人们对失序的思索，对社会团结有秩序维持的追寻，因此在社会理论家的著作中，秩序问题成了其关注的核心论题，有时彰显有时隐含，但都无法脱离

① 高全喜：《法律秩序与自由正义：哈耶克的法律与宪政思想》，北京大学出版社 2003 年版，第 1～5 页。
② [英] 戴维·M·沃克：《牛津法律大辞典》，李双元等译，法律出版社 2003 年版。
③ 王启梁：《法律是什么——一个安排秩序的分类体系》，《现代法学》，2004 年第 8 期。

对社会秩序问题的追问和回答。而学者们对社会秩序问题的建构和回答本身，又来源于对社会现实的思考，指向特定历史背景下社会秩序的实在状态。对于处于特定时空背景下的中国来说，对社会秩序问题的讨论也同样来源于现实生活，其提出的理论观点也必定是指向社会实践。在这个意义上，社会理论家们对社会秩序问题的思考，能够给转型期的中国提供知识上的指引和方法上的启示。

1. 亚当·斯密和托马斯·霍布斯

考察人类对社会秩序的思考，要追溯到启蒙时代，当时随着工业革命的发生与发展，西方社会结构加速分化，许多思想家开始思考人类社会秩序的建构问题，明确对秩序进行讨论的主要是英国的思想家亚当·斯密和托马斯·霍布斯。我们把他们俩的理论归结为个人利益理论和共识理论。

斯密认为，在人们相互认同的规则框架下，有着不同利益诉求的人们通过自己的无数努力汇聚成了推动社会利益增长的洪流。社会是个体的集合，其存在和秩序的基础是人性。[①] 在这种秩序中，法律规则确定了开放市场中形形色色的契约与产权，人们在其中寻找种种获利机会并为此相互竞争、相互刺激，从而促使较优趋向的形成与社会总体福利的增进。[②] 可以将斯密的主张认为是个人利益理论，该理论是社会秩序的一个基础概念，可把它归于功利主义和古典政治经济学，但它也是其他许多思想传统的一个重要组成部分。

在斯密的“自由竞争”的秩序基础之上，霍布斯进一步追问：人们在合理地追求自己的私人利益之际，如何才能保持社会秩序，而不陷入“一切人反对一切人的战争中”？因为，人们各自追求自我利益并为此相互竞争，最终可能会导致不可收拾的战争与恐怖状态。为避免“人对人是狼”的混战局面，必须建立一个权力支配中心来规范所有的社会关系，以实现社会的和平与秩序，并给普通的人们带来安宁与温馨。[③] 斯密与霍布斯对于社会秩序建构的不同观点，对后来学者的社会秩序观产生了重要的影响。

2. 哈耶克的自生自发秩序理论

按照哈耶克的观点，对于社会秩序的建构，启蒙以来一直存在着两种不同的理论主张，即所谓的建构理性主义（constructivist rationality）与进化理性主义（ecological rationality）。以法国哲学家笛卡儿为代表的建构理性主义认为，人的理性具有至高

① 王楠：《亚当·斯密的社会观：源于人性的自然秩序》，《社会学研究》，2006 年第 6 期。
② 潘云华、姬德峰：《亚当·斯密的法律秩序图式》，《天水行政学院学报》，2007 年第 4 期。
③ 李庆钧：《霍布斯的秩序解说与转型期社会秩序的构建》，《江海学刊》，2003 年第 6 期。

无上的地位，因而人们凭借着自己的理性，可以通过契约的形式来建构社会制度、经济制度和社会资源的配置方式即经济体制。与建构理性主义相反，从苏格兰启蒙思想家斯密、门格尔到哈耶克所承传下来的进化理性主义的思想则认为，个人理性在理解它自身的能力方面有一种逻辑上的局限，个人理性在认识社会生活方式也存在极大限度，因而人的理性无法摆脱生成和发展它的传统与社会，而清醒地、无偏颇地审视和评估那种理性人自身处在其中的传统与社会。①

哈耶克认为，社会秩序可以分为两种类型，一种是自生自发秩序，即一种抽象的整体秩序(overall order)，这是哈耶克社会秩序理论的基本特性。与之相对的是外部秩序，它是一种由人的理性、意志和命令所建构起来的规范系统，这个系统试图将人的社会行为规则纳入全能理性所划定的整体框架之内，并把这种理性的有机整体视为这种秩序的核心功能。②

3. 迈克尔·博兰尼的秩序理论

与哈耶克类似，迈克尔·博兰尼也指出，现代社会中存在两种不同的秩序：一种是指挥的秩序，又可称为设计的秩序，这种秩序凭借终极权威，并通过一体化的上级指挥与下级服从的长链条维系着自身的“协调”与运转，实现着自身的分化与整合。另一种是多中心秩序，它是与指挥秩序相对而言的，在此种秩序中，许多行为单位既相互独立，自由地追求自己的利益，又相互调适，受特定规则的制约，并在社会的一般规则体系中找到各自的定位以实现相互关系的整合。③ 博兰尼认为，“多中心的”与“自发的”基本同义，多中心在产生与发展有序关系方面是“自生的”与“自发的”。也正是在这个意义上，多中心体制内的组织模式在人们有意识建立有序关系意义上，将是自我产生或组织起来的。

4. 哈贝马斯对秩序的建构

哈贝马斯在用系统与生活世界二分法这一框架考察西方社会进程时，发现生活世界殖民化是导致社会失序的主因，他对现代社会失序的诊断是：系统控制了生活世界，生活世界被殖民化。他提出的解决方案是：沟通理性，克服生活世界中被扭曲的现象，实现交往行为合理化。④ 沟通行动理论提供的双重视角，有助于我们将事实性与有效性重新融合，从而成为社会整合的媒介。沟通理性所持的观点是：只有在

---

① ［英］弗里德利希·冯·哈耶克著：《自由秩序原理》，邓正来译，生活·读书·新知三联书店1997年版。

② 高全喜：《法律秩序与自由正义——哈耶克的法律与宪政思想》，北京大学出版社2003年版。

③ ［英］迈克尔·博兰尼：《自由的逻辑》，冯银江、李雪茹译，长春：吉林人民出版社2000年版。

④ ［德］哈贝马斯：《在事实与规范之间：关于法律和民主法治国的商谈理论》，童世骏译，生活·读书·新知三联书店2003年版。

相互承认的基础上形成的社会交往并以法规形式固定下来，从而法规的接受者也必定是制定者，社会秩序的合法性才得以建立，否则秩序就完全可能蜕变为压制的工具。①

斯密的社会秩序建立在同情和交换这样的人的社会性本性之上。社会的秩序和繁荣都源于人的自然本性而非理性设计的结果。苏格兰启蒙运动思想家哈耶克也揭示，人并非只有自爱的孤立个体，他具有内在的道德能力，能够认识到规范人群秩序的自然的道德准则，社会并不是理性设计的产物。

秩序是个体主义解决、整体主义解决与交互主体性解决之间的选择。

三、法律旨在确立秩序和保障自由

法律问题实际上与秩序的问题密切联系在一起，因此法律更进一步又与社会生活可能发生的问题联系在一起。什么是法律的问题依旧是法律学家和社会学家争论的一个焦点，从“法律就是法律”到“所有使社会生活有秩序的规范都可以称为法律”的认识上的转变，使得法律学家和社会学家的边界很难划分清楚。

从规范的意义上讲，法律的基本价值就在于兼顾社会秩序与个体自由。它实现这两种价值的基本方式有：向国家授予权力，向个体授予权利。它们的本质分别在于确立社会秩序与维护个体自由。通过向执行机关授予权力，可以为建立社会秩序起作用，比如在革命时期，一个旧秩序即将覆灭，新秩序即将建立的时期，可以通过宪法或其他重要法律的制定，为确立新的权力秩序起作用；在改良时期，法律在原有权力秩序基础上，向某些权力主体授予若干新权力，以期对现行秩序作出修补。另外，法律通过向个体授权利，为自由划出一个相对确定的边界；法律授予的权利范围，同时也就是法律保障的自由空间；当个体权利受到侵害时，法律可以为其提供可靠的救济，有效恢复其自由；同时，法律也为个体的自由划定一个国家权力不得进入的空间，②法律就在确立秩序与保障自由之间求得平衡。

在社会理论中，就法律与秩序之间关系的一般性认识来说，大体上有如下两种主导观点：根据第一种观点，法律是社会秩序的真正来源，因为法律强制对社会规范的保障起着不可或缺的作用；根据第二种观点，社会秩序原则上并不依赖于法律，因为确

① 肖云忠：《失序与重构：哈贝马斯与迪尔凯姆社会秩序思想的比较》，《成都理工大学学报》，2005 年第 12 期。
② 喻中：《确立秩序与保障自由：法律授权的双重价值》，《社会主义研究》，2005 年第 2 期。

定而稳定的社会规范即使没有法律的强制也是可能的。[①] 这两种观点表面上来看似乎截然对立、不可调和、不能混淆，但实际上这两种观点在思维倾向上有两点具有呈递进关系的共同之处：其一，无论哪一种观点都是在二元对立的前提下思考法律与秩序之间的关系问题的；其二，这两种观点都是在手段与目的相分离的意义上讨论秩序与法律之间的关系的。

秩序与法律是两种不同的存在物——或者秩序依赖于法律来保证和实现，在此，秩序是法律所追求的价值之一，法律也就是获得秩序的一种手段；或者秩序可独立于法律而获得，实现秩序这一目的并不一定需要法律。前述对法律与秩序之间关系的理解，不仅阻碍了我们对于法律与秩序之间关系的进一步认识，也妨碍了我们对于理论化实践的真正需要及其健康发展的认识。其实，法律既要确立秩序又要保障自由，但社会秩序并不一定需要法律才能达到，法律与社会秩序的关系有多种可能性。

1. 无需法律的秩序

无数的证据表明，没有法律的秩序不但存在而且可以运作良好。现代社会没有法律的状态存在于孩子们的社会生活中，存在于朋友和同事之间，存在于家庭和亚文化群内，存在于路人、与世隔绝的人以及其他生活在社会生活边缘的人中，也存在于为社会空间距离所分离的人们之间和各种外国人中，尤其是存在于民族国家间。[②]

埃里克森在《无需法律的秩序》一书中提示，法律远没有人们想象的那么重要，而"法律制定者如果对那些会促成非正式合作的社会条件缺乏眼力，他们就可能造就一个法律更多但秩序更少的世界。"[③]

2. 法律作为社会工程

在 17、18 世纪古典自然法学派那里，他们对"法律的目的和功能就是为了维护和平秩序"的思想加入了理性的因素，形成了一种进步的契约思想。而到了规范法学派的代表人物凯尔森那里，则更是直截了当地指出法律与秩序之间的密切联系，即"法是人的行为的一种秩序"，是对人类行为的一种强制秩序。

及至民族国家建立时期，法律作为廓清国家权力边界的手段被广泛使用；在之后的社会变革时期，法律作为变革的手段被利用，成了"秩序工具"。[④] 庞德的理论观点影响了当时美国的社会政策，也与那个时期南京国民政府对于法律的认识相吻合。

---

① ［德］米歇尔·鲍曼：《道德的市场》，肖君、黄承业译，冯兴元、景德祥校，中国社会科学出版社 2003 年版。

② ［美］布莱克：《法律的运作行为》，唐越、苏力译，中国政法大学出版社 1994 年版，第 144～145 页。

③ ［美］罗伯特·C·埃里克森：《无需法律的秩序：邻人如何解决纠纷》，苏力译，中国政法大学出版社 2003 年版。

④ ［美］庞德：《通过法律的社会控制：法律的任务》，沈宗灵、董世忠译，商务印书馆 1984 年版。

传统中国法家及儒法合流后的法律思想与“法律工具主义”的理论观点之间并无冲突，这也使“法律作为社会变革工具”的思想能够很容易被人接受，庞德在20世纪40年代作为“中华民国”政府的顾问对立法和司法发表高见，除了其理论较新之外，最重要的可能在于其观点迎合了人们关于法律功能的设想。

在现代社会，法律在社会生活中的作用越来越突出，已经成为社会控制的一个重要工具，法律之所以被当作社会控制的工具，是因为法律提供了类似于道德性的行为规范和角色预期，同时也提供了秩序建构的机制。

3. 风险社会的秩序是否可以经由法律获得

在我国还在为现代化建设而积蓄力量时，很多发达国家已经跨入后工业社会。而根据贝克的研究，这样的社会也是一个“风险社会”，在由社会所决定并因此而产生的危险破坏或取消福利国家现存的风险计算的既定安全制度时，我们就进入了风险社会。与早期的工业风险相比，核的、化学的、生态和基因工程的风险：其一，既不受时间也不受空间的限制；其二，不能按因果关系、过失和责任的既存规则来负责；其三，不能被补偿和保险。① 在这样的社会当中，法律作为预测和控制机制的作用无法发挥，因此它不再是后工业社会控制的有效工具，不仅如此，在某种程度上法律本身就是风险的来源。

四、通过法律实现社会秩序：转型期的难题

转型意味着变迁，意味着不稳定与无序因素的不断生存，意味着“丛林法则”起作用的可能。没有一个稳定的社会秩序，改革及社会转型就不可能顺利进行。亨廷顿曾劝说那些转型国家必须注意“首要的问题不是自由，而是建立一个合法的公共秩序”，②因而转型期建构良好的社会秩序非常迫切和重要。就本文的论题而言，法律与社会秩序的关系是复杂的。

由于法律的目的不仅是维护秩序，还有保障自由，而社会秩序也有好的与坏的之分，它本身并不带有价值判断，因此，“什么样的秩序是可欲的秩序”就值得追问了。秩序概念所涉及的是社会生活的形式而非社会生活的实质和质量。它所关心的是一个群体或政治社会是否采纳某些规则与行为标准，通过此，将社会生活纳入某些模式或结构。采纳某些规则或行为标准，并不足以创造出一个令人满意的社会生活方式。

① ［德］乌尔里希·贝克：《世界风险社会》，吴英姿、孙淑敏译，南京大学出版社2004年版。
② 亨廷顿：《变动社会中的政治秩序》，李盛平等译，华夏出版社1988年版。

正如前面在社会秩序的分类中所指出的，既有等级的秩序也有平等的秩序，因而在所谓的秩序中，人们既可能感受到公平，也可能感受到强制、专横。法律要在维护秩序和保障自由之间求得平衡。即使是以社会有序为取向的法律，也应该关注到个体自由是否受保护，法律与社会秩序之间的关系因此变得比较复杂。

1. 法律促进社会秩序的形成

关于法律和秩序(社会秩序)的紧密联系，早在古希腊时期亚里士多德就一语道破："法律(和)礼俗就是某种秩序，普遍良好的秩序基于普遍遵守的法律(和礼俗)的习惯。"后来，奥古斯丁也指出，无论天国还是地上之国，也无论社会还是个人，一个共同的目标就是追求和平和秩序，以获得社会和个人的心灵安宁，法律正是维护和平秩序的必要工具。

通过法律实现转型期社会的有序化是我们希望达成的目标，比如在改革开放初期，社会转变的迹象与法律体制的建立几乎是同步的，至少在1979年的前后，几部最基本的法律就得以订立，如《中华人民共和国民法通则》、《中华人民共和国民事诉讼法》、《中华人民共和国刑法》、《中华人民共和国刑事诉讼法》等，之后的数年时间里就建立起了完备的法律体系，给普通人带来了社会有秩序的观感。这些法律尽管粗糙，但它基本上确立了社会秩序的基本框架。转轨过程虽然带来了大量的失范现象，但一切还在可控范围之内，也就是说保持了一种有秩序的状态。

当然我们也要注意到这种秩序的达成不仅仅是法律的功劳，还与当时社会的组织控制、舆论控制等社会控制分不开，只是法律起到了正面作用，共同服务于秩序的维持。

2. 法律会造成社会失序

法律并不直接导向秩序，一些没有法律的社会在殖民者引入法律后，暴力案件反而增加。[①] 即使是在现代国家，法律造成社会失序的现象也并不少见，比如美国20世纪20年代和30年代初为了禁止制造、运输、出售酒精的饮料，美国宪法第18条修正案以及严厉法律制裁条款，都没有有效地实施。1929年"禁酒法"所规定的法律制裁是：对违法当事人每次狂饮处以1万美元的罚金或三年监禁，也可以两者并用。从1920年至1932年禁酒法被废止为止，有75万人因违反"禁酒法"而被捕。据统计，这期间所课罚金和罚款的总额超过7 500万美元，价值高达2.05亿美元的财产被没收。从这些因素分析，禁酒法的颁布加剧了社会的各种冲突，公开说教、最终趋向偏激和

① ［美］布莱克：《社会学视野中的司法》，郭星华等译，法律出版社2002年版，第87～88页。

专横，尽管该法在颁布之初得到了广泛的支持。①

正如上面所提到的，考虑法律秩序问题还应该注意到一个“个体”的维度。秩序是一种人与人之间的关系模式，探讨秩序就离不开人。法既生于人群之中，且用以调整人际关系，靠人之行为体现和维持，自然在任何时候都不能够脱离人。秩序之于人不过是一种生存状态，因为秩序是社会的一种结构性安排，在这种安排中，确定了人们的社会地位。人们以“主体性”来概括这种结构性安排中人的社会地位状况，社会秩序的维持还要关注人的主体性发挥。② 因为如果法律想建立的秩序违背了个体的需要，法律面对的就是大面积的抵抗，其起正面作用的可能性就很小，甚至可能适得其反。

3. 转型期法律对社会秩序的有限作用

转型期国家的重要任务之一，是由放松规制所造成的无序和由体制复归所导致的专制之间进行权衡和取舍。在法律秩序和民间社会规范的变动中，需要注意两者间的沟通，通过政策性规则、法律规则和关系规则的转化机制和互补、互替、互动效应，使转型国家的治理结构发生转变。就现有观察而言，这种转变有两个前景：一是如转轨初期的俄罗斯那样在无序和混乱中进行；二是在相对有序进程中进行。转型国家要想获得有序的、平滑的秩序转型效果，必须超越“秩序规则二元观”。“二元观”思维将政府与市场、国家与社会、外部规则与内部规则之间的关系作了理想化、绝对化的理解，这种非此即彼的思维方式由于缺乏“法律多元主义”的比较制度分析视野，在对待国家治理转型问题上可能在专制和无序之间失去平衡，从而缺乏制度建设意义。③ 当然，在社会秩序完全处于专制之下的时候，就可能发生另一种极端情形。在专制秩序中，法律的内容至少是部分内容可能是全无理性的，并被大多数人视为不可接受的。如果法律退化为暴虐的专制，而且与人们的正义感相抵触的程度达到了令人难以容忍的地步，那么有关这种完全非正义的法律措施的有效性问题，就被提到了首要位置之上。

我国法治进程还存在一个矛盾：一方面，法治的实现需要人们树立法律的权威观，建立对法律的信仰；另一方面，人们仍根深蒂固地认为法律不过是维护阶级统治秩序的一种工具，这种法律工具论从根本上削弱了法治建设的根基，导致法律工具论的缘由是立法者把秩序作为法律的出发点和归宿，忽视了法律更重要的价值

① ［英］罗杰·科特威尔：《法律社会学导论》，潘大松、刘丽君等译，华夏出版社 1989 年版，第 64～65 页。

② ［日］田中英夫、竹内昭夫：《私人在法实现中的作用》，李薇译，法律出版社 2006 年版。

③ 张建伟：《国家转型与治理的法律多元主义分析：中俄转轨秩序的比较法律经济学》，《法学研究》，2005 年第 5 期。

存在。这也是我们讨论法律与社会秩序问题时需要注意的问题。也就是说,法律必然以秩序为上,但秩序并不是法律最高的价值目标,因为除了维护秩序,法律还要保护自由。过分强调法律对社会秩序的作用可能会遮蔽法律的价值,导致法律功能的单一化。

4. 转型期法律与秩序问题的进一步思考

在中国为何秩序会成为一个令人担忧的问题?答案就在于中国社会的权威正在发生变化。要维护社会秩序就需要权威,任何时候没有权威也就没有秩序。托克维尔曾指出:"正如人们为了表达自己的思想而需要依靠一定的语法结构一样,一切社会为了求得生存也不得不服从于某种权威,而没有这种权威,社会就会陷于无政府状态。"①但在市场转型过程中,我国在计划经济体制下建立起来的统一性社会业已日趋瓦解,执政党和国家权力正在从日常社会生活中全面淡出,不断放松对社会的监控,中国的政治生活正在经历一场全面的理性化和世俗化考验。这一方面为民主自由提供了空间和条件;另一方面也因为在一段时间内没有适当的权威来填补这一空白,致使在局部地区出现了权力真空。故中国的秩序问题是与中国的权威转型与重建联系在一起的。②

正是出于对中国社会权威与秩序重建的关注,才将关注的目光转移到法治社会的建设上来,开始关注怎样建立起新的权威与秩序体系,法律成为权威以及成为权威得以建立的工具。也就是说,法律与社会秩序的问题在转型期变成了"权威重建"的问题,在原有的传统权威和奇里斯马权威作用日渐消退时,法理型权威建立成为关注的焦点。但在一个讲求人情、面子,被儒家文化浸润了数千年的国度,法律的不分内外、不讲人情很难在所有层面上被接受,即使接受,也是一个漫长的过程,在社会结构基本保持不变的情况下,希求仅仅通过法律改变社会的想法是不切实际的,如果社会真正改变了,那一定也不完全是法律的功效。

附录:点评韩恒《法规的运行——以G村的殡葬改革为例》

社会秩序总是与一定的规则相联系的,而法律作为调整人们行为的重要规则,它

---

① [法]托克维尔:《论美国的民主》(上),董果良译,商务印书馆1988年版,第78页。
② 何永军:《断裂与延续:人民法院建设(1978—2005)》,中国社会科学出版社2008年版。

的主要功能之一就在于对社会秩序的调整。秩序是法社会学一直关注的问题，而在现实生活中，法律对社会秩序发生作用是极其复杂的过程。《法规的运行——以G村的殡葬改革为例》的作者韩恒抓住了社会生活中法律、法规对具体的丧葬秩序的调整，考察殡葬改革的实际效果，从而说明法律、法规在现实社会中是怎样运行的，如何发挥其调整社会秩序的作用。

文章从法社会学的视角，分析了农村的殡葬改革，作者从"书本中的规则"能否转变为人们实际遵从的"活法"这一问题出发，即法律如何在维护社会秩序中发挥作用，考察了G村的传统丧礼及有关法规对殡葬的具体规定，总结出国家实施殡葬改革的目的。为了考察殡葬法规在农村的运行及实际效果，作者亲自到G村进行实地调查，调查了G村1998年到2002年的所有丧葬行为，从中对比分析这些行为与法规的规定是否一致，是否达到了丧葬改革的目的。紧接着作者剖析了法规的运行没有达到预设目的的原因，研究了法律法规在实际生活中运行的复杂情况。最后作者总结归纳得出"书本中的规则"转化为现实中人们遵循的"活法"受到很多因素的影响，回应了自己的问题。

文章运用的基本方法是法律制度分析法，这一分析方法的理论前提是法律制度作为社会整体结构中的一个有机部分和社会大系统中一个相对独立的子系统，在维系社会整体方面发挥一定的功能——社会控制和社会整合。他强调要把一定的法律制度放置于特定的社会生活中进行分析。研究法律规范体现的社会价值及与社会现实发展要求的统一程度等。以此来了解法律制度的运行、功能、效果以及法律制度与其他社会制度之间的关系。文中就有关丧葬制度的法律法规作为社会结构中的一部分，考察其在社会中的运行状况、存在的问题以及与其他社会规范如习俗之间的冲突，分析在这种冲突矛盾中法律法规的功能及由此形成的社会秩序。

下面从文章的逻辑结构来分析作者是如何运用法律制度分析法来研究问题的。文章第一部分是问题及资料来源，提出在国家有关殡葬活动的法律制度和传统的丧葬习俗的双重规则下，人们将作出怎样的丧葬行为及将会形成怎样的社会秩序这一问题，并以此展开全文；第二部分具体介绍了传统的葬礼和国家的有关法规，对比两者发现：国家有关丧葬行为的法律制度的具体实施给当地的传统丧葬习俗带来了巨大的挑战；第三部分是对G村的丧事的考察，从中分析实际生活中有关殡葬的法律制度的具体实施情况和实现的效果，发现由于法律的实施受到传统习俗的影响和基层政权的操作，使得其实施效果与法律所要实现的殡葬改革的目的背道而驰；第四部分是文章的结论，作者总结上文深入分析法律制度在社会生活中的实施何以不能实现其预设的目的和其所要达到的调整社会秩序的目的。由上可以看出,作者是通过个案将有关丧葬的法律制度放在社会现实中进行研究,考察其运行情况、实现的效果和其体现的社会价值的实现程度及与传统习俗的关系的。

文章采用的具体方法是社会调查方法,社会调查是采取客观态度,运用科学方法,有目的、有步骤地去考察社会现象,收集资料并考察各种因素之间的相互关系,以掌握社会实际情况的过程。通过社会调查,可以掌握某个有关问题的很多事实资料,而通过对这些事实资料的归纳、整理和推论,认识某一现象的性质和发展规律。本文研究的是社会中丧葬秩序,研究材料来自作者平时的积累和有目的地集中调查两部分,由于作者对这一问题比较感兴趣,平日收集了大量的有关丧葬改革的文件法规,也特意了解了一些有关农村传统的丧礼的知识,再结合自己的实地调查,对农村殡葬的改革有了较全面的认识。分析了国家通过法规规范丧葬活动的目的,进而考察伴随着国家法规的实施、人们的行为选择。通过对在实地调查期间所了解到的G村从1998年殡葬法实施后的5年间的殡葬情况的分析,并逐一对5年间去世的13人的丧礼情景进行描述,从中对比找出哪些殡葬活动是符合法律规定的,哪些达到了法律预设的目的,在此基础上作者考察随着丧葬改革的推进,人们的行为的一些变化,发现在殡葬改革中,人们只遵守了有关的殡葬法规的一部分,而真正的殡葬改革所要达到的节约成本和促进精神文明建设的目的并没有达到。作者进一步究其原因:一方面,由于国家法律的规定和传统丧葬习俗有很大的冲突,被认为是愚昧落后的习俗在人们心中根深蒂固,传统的丧葬习俗影响着人们的具体行动;另一方面,传统的丧葬习俗为人们提供了一套详细的行为细则,而国家法规中却仅仅有一些“禁止”而没有具体的行之有效的操作方案,使人们在实际丧葬活动中无“法”可依。另外,国家法规有赖于基层政权的贯彻实施,但基层政权并不会机械地实施国家法律,而是结合自身的实际情况灵活操作。以上种种原因使得国家有关丧葬活动的法律的运行并没有达到预期的效果,没有形成新的社会秩序。最后,作者回归到法律法规在社会生活的具体实践中,认为法律法规对社会的秩序的调整是一个复杂的过程,受到社会各种因素的影响。

通观全文可以看出,作者考察的是法在社会中的运行情况和实际效果,通过实地调查G村的殡葬改革,从有关的殡葬法规的实施对农村殡葬行为的影响,引出法律、法规这类文本中的规则如何转化为行为的规则,进而创造新的社会秩序的思考。通过实证研究使问题更加具体,结论更具信服力。与传统的法学研究方法相比,文章没有先假设问题再推理论证,也没有局限在法律条文中分析法律实现何以可能,或单纯强调法律的价值追求,而是立足于社会,在实际生活中考察法律的效果及对社会秩序的作用，发现法律运行中存在的问题，并把其放在社会现实中加以分析，从而找出解决问题的方法。

但是，我们也应该注意到，这种在社会中研究法律的方法，在注重法律的实际运行效果的研究时，如果能够结合法律的价值进行分析，在实践的基础上加以价值的导向作用将会更有助于我国的法治社会的建设。

论文摘要

韩恒：《法规的运行——以G村的殡葬改革为例》载于《中国农业大学学报(社会科学版)》2007年9月。此文从法社会学的理论视角出发，对豫南一个村庄中的丧葬改革进行了实证的研究，并具体分析了殡葬法规的实际运行及其效果。

研究问题的来源：豫南一个村庄中的殡葬改革实际上反映了国家以法规为基础形成的新话语与以传统为基础的话语之间的竞争情况，因此对“书本上的规则”如何转化为实际运行中的“活法”以及该过程受到哪些因素影响的研究的学术意义在此也就凸显出来了。随后文章对传统习惯上丧葬是依据何种逻辑以及仪式进行了描述，同时对国家的相关法律、法规进行了阐释，比如国务院的《殡葬管理条例》等。

在第三部分，对该村庄从1998年到2002年的丧葬仪式的情况进行实证研究表明：依据国家的相关法律、法规进行的丧葬逐渐在该村中形成了一种传统，并且依据传统的仪式进行丧葬的仅仅是一些不具有代表性、也不代表发展潮流的个殊现象，比如死者是残疾人，或者偷偷地按传统仪式举行丧葬活动等。虽然表明G村已经逐渐地形成了火葬的习惯，但国家法所要达到的目的，如节约土地和促进精神文明建设并没有能完全地得以实现，因为国家的法律、法规在实施的过程之中还是有很多变通之处的，比如只要交足了“火葬押金”、只要不声张，土葬还是被默认的。导致这种现象出现的原因有传统丧礼的影响、基层政权在具体操作过程中出现的一些问题，为此一方面国家法律的实施有赖于基层政权的贯彻，另一方面基层政权在实施国家法律的过程中并不是机械地予以实施，而是灵活地结合了自己的实际情况、有着自身考虑的实施，从而才导致了实施的异化。最后的结论：首先是法规的运行需要一个过程，这就是说文本上的法规颁布之后并不是立即对社会产生影响的。从法规颁布到真正对社会发生作用，这中间有一个时间差。其次法规的运行会受到基层政权的影响，国家法制定之后必然需要经过贯彻、宣传、执行、监督等一系列环节才能对社会发生影响，而这其中基层政权发挥着至关重要的作用。再次，法规的运行还受到社会已有规则的影响。颁布新规则的目的在于改变已有的行为规则，调解社会生活，确立新的社会秩序，但新的社会秩序并不会随着新规则的颁布而自然生成，其必须要在与旧有的社会规则之间进行不断博弈方能在社会之中实现从“书本上的规则”向生活中的“活法”的转变。

第三篇

法律与社会发展

第九章 社会变迁与法

不仅要从社会的横断面来分析法律与社会诸要素的联系，而且还有必要从社会纵断面来讨论法律与社会诸要素的关系。社会的变迁对法律的影响问题是其中的重要方面。本章中主要讨论：第一，社会变迁所涉及的诸概念、模式及社会变迁的基本动因；第二，社会变迁与法的关系；第三，转型期的中国社会与法律的发展；第四，全球化进程与中国法律发展趋势等。

一、社会变迁的基本理论

（一）社会变迁的含义

对社会变迁有许多不同的感性认识，但要从理性的高度来把握社会变迁的含义，必须对现象进行深入的探讨。近现代社会学家大量使用"社会变迁"一词，来指称和描述人类进入社会以来的变化，但仁者见仁、智者见智，难有定论。

已知的关于社会变迁的定义几乎都是广义的。摩尔（Wilbert E. Moore）将社会变迁定义为"社会结构的显著变化"，①他所说的社会结构包括规范、价值和文化现象。L. 弗里德曼和J. 兰廷斯基则认为，"社会变迁是指社会中已建立的行为模式的任何非重复性变更"②。可见，上述两个定义通过使用"显著"、"非重复性"这类词汇，实际上预设了一个基本判断，即认为社会过程的某个阶段或某些社会不存在社会变迁，从而否定社会变迁是一个常态过程。劳尔（Robert H. Lauer）的社会变迁定义更为宽泛和明确。他将社会变迁视为"包括各种概念的、涉及从个体到全球的人类生活的不同阶段的社会现象的变化"③。按照这一观点，社会变迁存在于任何社会和社会的每个阶段，不管这一变化是社会制度的显著变化还是人们的态度与看法，也不论社会是向前发展还是向后倒退。

显然，要把握社会变迁的实质，就必须打破对社会变迁表面现象的观察，而进行

① Wilbert E. Moore, *Order and Change: Essay in Comparative Sociology*, New York: Wiley, 1967. p. 3.

② 转引自罗杰·科特威尔：《法律社会学导论》，潘大年等译，华夏出版社1989年版，第54页。

③ Robert H. Lauer, *Perspectives on social change*, 4thed. Boston: Allyn and Bacon, 1991, p. 4.

理论上的抽象和概括。从社会学研究的历史看,人们从静态分析和动态分析入手把握社会。马克思在考察资本主义社会时,先从静态上揭示社会的生产力和生产关系、经济基础和上层建筑组成的结构,然后从动态上考察社会结构是怎样通过内部的矛盾运动发生变化的。从马克思的分析中,我们可以认为,社会变迁就是社会结构的变迁。社会结构的变化既有质变又有量变,在社会系统的结构未发生质变的情况下,社会系统的功能也可能发生很大的变化。社会结构的变迁面临的主要问题是社会解组和社会重组,而社会结构的功能变迁面临的主要问题是社会分化和社会整合。因此,社会变迁是社会系统的结构功能生成变化的过程。①

社会变迁和社会发展是既有联系又有区别的两个概念。社会发展是社会变迁的一种形式,而且是主要形式,社会发展寓于社会变迁中。社会发展是指社会的进步,在指向上具有一维性和单向性;社会变迁则既指社会的进步又指社会的倒退,既包括社会的整合又包括社会的解体,它具有多维性和多指向性。当我们说社会发展时,实际运用了价值判断,而社会变迁不是一种价值判断,它是一种事实陈述,经常用来表达和描述社会整体性和综合性的变化过程和特点。

(二)社会变迁的主要理论模式

1. 社会进化论

其主要思想来源于达尔文的生物进化学说,其主要代表人物有孔德、斯宾塞、滕尼斯等。其中斯宾塞的社会进化理论具有代表性,这一理论强调社会变迁是由内发模式决定的从简单的、非专业化的和非正式的到复杂的、专业化的和正式的变化过程,是“一个从非连贯的同质到连贯的异质”的变化。20世纪后期,社会进化理论招致了吉登斯等社会学家的指责。

2. 历史循环论

历史循环论是社会学思想史上一直存在的一种较为普遍的社会变迁理论。它认为社会历史的活动和发展是有规律可循的,这种规律就是按照产生、增长、衰落和死亡的历史轨迹循环往复。这种理论虽然有一定的科学性,但具有浓重的宿命论倾向。

3. 社会均衡论

社会均衡论在西方社会中颇有影响,主要的代表人物是美国的社会学家帕森斯。他认为,社会是一个具有自我调节功能的系统,系统各部分存在相互依存的功能联系。社会系统一部分的变迁必然给别的部分带来相应的变迁,最后的结果是整个社会趋于平和、和谐。社会的变迁和进化过程实际上就是社会分化和整合的过程,变迁

① 陆学艺主编:《社会学》,知识出版社1991年版,第334、335页。

的潜力来自行动系统之间的信息能量交换。

4. 社会冲突论

社会冲突论是在反对社会均衡论的基础上发展起来的一种理论。其主要代表人物是达伦多夫和科塞尔。在社会变迁的基础上，冲突论的基本假设是：每个社会在每一方面都表现出争端和冲突，社会冲突是普遍存在的；社会冲突既是社会变迁的原因，又是社会变迁的结果。社会变迁也是普遍存在的，变迁过程存在于社会的每一方面；社会的每一成分都有助于社会结构的瓦解和变迁。

值得注意的是，由于社会冲突论者或多或少地受马克思主义的影响，所以，西方社会学界习惯于把马克思的社会变迁理论归结为冲突型社会变迁模式。而事实上，马克思的社会变迁理论与社会冲突论者的存在根本区别。马克思主义变迁理论的精髓是：社会的变迁归根结底是由社会的经济基础发生变动而引起的，随着经济基础的变更，上层建筑也或快或慢地发生变革，人们的生产、生活方式及社会关系也将发生变化。而上层建筑又会反作用于经济基础，对社会发展起到推动或阻碍作用。

（三）社会变迁的基本形式

1. 进步的社会变迁和退步的社会变迁

进步的社会变迁是指社会进步和社会发展，它符合人类社会发展的客观规律，能够带来社会物质财富的增长和精神文明的提高，促使社会中人与人的平等及个人的全面发展。退步的社会变迁是指社会的倒退或社会的停滞。一般说来，这种社会变迁不利于社会的良性运行和协调发展，它主要由于诸如社会结构的生成条件不复存在或被破坏、社会结构的解体或受到摧残、社会分化加剧而整合错误、社会结构失调和功能障碍等因素所导致。① 退步的社会变迁的存在从根本上否定了社会直线发展的假设，但历史表明，尽管存在停滞和倒退，社会总体上是朝着历史的进步方向发展的。

2. 渐进的社会变迁和突发的社会变迁

这是从社会变迁的速度和深度上进行的分类。前者是指社会渐进的、缓慢的演变过程，如社会改革和社会改良。一般而言，这种变迁形式不会带来社会系统的震荡，能够在平稳发展的过程中逐步实现社会的变迁。而后者是指急剧发生的带有质变性质的社会变迁，如社会革命。这种变迁形式往往伴随着剧烈的社会冲突和急剧的社会动荡，但只是连续性的断裂，不可能持续地进行。

---

① 陆学艺主编：《社会学》，知识出版社1991年版，第353、354页。

3. 局部社会变迁与整体社会变迁

这是从变迁的范围上进行的区分。整体变迁是指社会结构的整体变化以及由此带来的功能的彻底转变，它是从社会结构体系各个构成要素相互联系的有机变迁的合力中演化而来的。而社会结构体系中各个构成要素的变迁就是局部变迁，如人口变迁、组织变迁、家庭变迁等。当然，整体社会变迁和局部社会变迁是相对而言的。我们有时可把某一方面的结构体系作为整体，而其自身又有各个局部系统。局部变迁的积累将导致整体变迁，而整体变迁的结果又反过来影响局部变迁。

4. 无计划的社会变迁和有计划的社会变迁

这种区分是针对社会变迁有无目标控制而言的。社会变迁并非是无法控制的，控制主要指通过人的参与、规划设计、目标选择和秩序建构，使社会更符合社会进步的要求。从无计划的社会变迁到有计划的社会变迁，既是人类认识自然和社会发展规律能力的不断提高，也是人类自觉参与社会变迁的过程。显然，无计划的、人为导致的社会变迁必然要付出代价，其一方面是社会变迁过程中社会结构不同程度的解体所带来的大量社会问题，如社会失范、社会越轨；另一方面是由于人类还未认识到一些自然和社会发展的规律而采取盲目行动，或其他一些人为因素所导致的有害结果，如对生态环境的破坏。当然，有计划地导致社会变迁并不意味着人们可以支配社会变迁，它只意味着人们能够在可能的范围内影响社会变迁的趋势，减少社会变迁的盲目性。[①]

5. 微观社会变迁和宏观社会变迁

这是从社会变迁的层面上进行的区分。在实际生活中，由于人们审视社会的角度不同，宏观和微观的界限并不是非常明确。宏观社会变迁一般是指社会结构的分化与整合、社会功能的转变等，不过有时一些中观层面如社会组织的变迁、社会观念的变迁等也归于宏观变迁的范围内。当代关于宏观变迁的热点主要集中在社会现代化等问题的研究上。微观社会变迁一般是指表现在社会构成的最小单位个人及其行动层面上的社会变迁，如对个人角度变动的分析及对社会互动关系的分析等，但有时微观社会变迁也特指对一些小群体和小型社区变迁的研究，以便了解不同群体或社会变迁的模式，从而可以对社会变迁模式的多样性有更深刻的理解。

（四）社会变迁的基本动因

社会变迁在一个社会与另一个社会可能是迥然不同的。社会变迁是多种原因、多种力量交互作用的结果，生产方式、自然环境、人口环境、社会文化传播、创造和发明等，都是导致社会变迁的原因和影响社会变迁的因素。

① 陆学艺主编：《社会学》，知识出版社 1991 年版，第 354～356 页。

首先,社会生产力是社会变迁的绝对力量,是导致社会变迁的根本原因。恩格斯指出:“一切社会变迁和政治变革的终极原因,不应当在人们的头脑中,在人们对永恒的真理和正义的日益增进的认知中去寻找,而应当在生产方式和交换方式的变更中去寻找”。① 马克思也说:“社会的物质生产力发展到一定阶段,便同它们一直在其中活动的现存生产关系或财产关系发生矛盾。于是这些关系便由生产力的发展形式变成生产力的桎梏。那时社会革命的时代就到来了。随着经济基础的变更,全部庞大的上层建筑也或慢或快地发生变革。”②由此可见,社会变迁的根本动力是生产力的发展以及生产力与生产关系的矛盾运动。

其次,自然环境的变化也是导致社会变迁的因素之一。人类与自然环境的关系,从依赖、顺应到掠夺,甚至第二次世界大战以来所强调的和谐与协调,充分说明了自然环境作为人类生活的基本条件对人类社会变迁的重要意义。自然环境的变化对社会变迁的影响主要表现在两个方面:一是自然界自然的变化如自然灾害对社会变迁的影响;二是由于人类的活动引起的生态环境的变化对社会变迁的影响。

再次,人口变化对社会变迁也会产生一定的影响。人是社会的主体,人口的发展变化必然会对社会发展产生影响,人口是社会变迁的基本前提。人口变动包括自然变动与社会变动。自然变动会对社会变迁过程产生影响,如我国目前人口基数过大、人口增长过快,这种现状影响到我国各项改革和建设的推进及一些社会问题的解决。社会变动的影响主要体现在人口迁移方面。大规模的人口迁移会使一些社区衰落,另一些社区兴起。盲目的人口迁移造成社会生活中不安定因素的增加,而有计划的人口迁移则有利于社会的发展。

最后,文化的变迁与传播也是导致社会变迁的重要因素。作为人类的生存方式及其知识与意义系统,文化对社会的变迁与发展具有导向功能、推动功能、整合功能、涵化功能等。文化是社会的基础,没有文化就没有社会。构成文化的因素极其复杂,像一个纵横交错的立体网络。从横向看,文化有它的各个小系统,如科学、道德、法律等;从纵向看,文化又具有各个不同浅深层面,一般认为分为物质层面、制度层面和心理层面。文化内部动因就产生于不同因素之间的矛盾运动中,这种矛盾推动了文化的变迁。美国社会学家奥格本认为,社会变迁就是文化变迁,最先变迁的是物质文化;其次是非物质文化变迁,但最终会引起社会变迁。文化中最重要的部分是科学技术知识,科学技术的发展主要有两个源泉,其内部源泉是发明、发现,外部源泉是依靠

① 《马克思恩格斯选集》第3卷,人民出版社1972年版,第307页。
② 《马克思恩格斯选集》第2卷,人民出版社1972年版,第82、83页。

引进或传播。发明是在科学技术上创造新的事物或新的方法，发现是经过研究和探索，看到或找到前人没有看到或找到的事物或规律，无论是发明还是发现的成果一旦用于人类认识自然和社会及改革自然和社会的实践活动中，必然对社会的发展产生不可估量的影响。文化的传播是社会变迁的主要来源。美国人类学家林顿估计，在各种文化中，约90%是由传播得来的。特别是当今信息化时代，不同文化之间的传播、移植、渗透成为一种不可避免的客观趋势。

二、社会变迁与法的关系

社会是个复杂的系统或整体，法作为其中一个重要的组成部分和因素与其他社会因素是彼此影响、相互作用的。法社会学研究的一个重要方面就是考察在社会变迁过程中法的地位、作用乃至发展变化以及法之于社会变迁的价值与功能等。

关于社会变迁与法的研究，西方各学派有不同的理论。卢曼强调法系统在调整与社会环境及其变迁的关系时的自我参照性；哈贝马斯强调超越于法制之外的实践理性和个人间的对话、共识的意义；P. 诺内特和 P. 塞尔兹尼克把法的变迁理解为服从一定的制度逻辑的进化过程，主张一种新型的法——“应答的法”是进化的必然结果，强调目的的普遍价值和实质正义；G. 图依布纳强调可控的自治和程序正义，把改善法系统与社会环境的结构性衔接方式，扩大法系统内部替代选择的范围，作为以法调节社会变迁的有效方案。各学派表现出共同的倾向，都注意法的过程性、交涉性和中介性。法与社会变迁研究的先驱者 W. 弗里德曼曾提出这样的命题：相对于社会变迁而言，法既是反应装置又是推动装置；在这两种功能中，尽管法对社会的被动反应得到了更普遍的认知，但法对社会的积极推动作用正在逐步加强。为了进一步研究法与社会变迁的关系，我们不妨以弗里德曼的观点为切入点进行深入探讨。

（一）对社会变迁作出反应或回应的法

依照马克思主义辩证唯物论的基本观点，法作为社会上层建筑的重要组成部分，受到作为其基础的生产关系的决定性影响。社会物质生活条件首先是生产方式决定了法的内容，而且生产方式的根本变化最终将引起法的根本变更。人类社会历史已经宏观地见证了生产方式的发达与进步，使得法也日益趋向科学与文明的事实。

法对社会变迁的反应主要从三个方面表现出来：[①]第一，制度和规范形态的层面。例如公害的扩散导致了环境保护法的发达和国际化。又如制造业经济比较优势

① 季卫东：《社会变革与法的作用》，《开放时代》，2002年第1期，第35页。

和大规模生产机制所形成的后发者利益会压抑承担开发风险的动机，开发者要维护既得利益必然要竭力加强对知识产权的保护，其结果是知识产权在法律体系中的重要度不断上升。第二，法律观念和意识形态的层面。事实上，正是机械文明带来社会风险的增大，为涉及企业行为的归责原则从过失主义转变到无过失主义提供了前提条件，正是工人阶级的组织化和利益诉求导致了社会法观念的普及。第三，应用和研究法律现象的方法论层面。具体实例有：政策型纠纷和团体争议的增加使得司法参与成为制度设计的基本标准，国际交流的日常化提高了法律制度与文化之间关系的认识水平。其中有些反应是通过判例的积累表现出来，而另一些反应通过法律家行为方式表现出来，有的反应比较直接、比较迅速，但多数反应需要长时间的演变过程。

（二）对社会变迁起工具职能的法

马克思主义经典的论述为人们揭示了这样的原理：作为上层建筑的法对社会经济基础和生产力有着积极的反作用，它为自己的经济基础的发展排除障碍，总是以其一定的超前性、纲领性为其经济关系、经济结构的发展方向和途径作出安排，同时法直接或间接地反作用于社会生产力：或间接调解生产力的因素，推动或促进生产力的发展；或通过其经济基础的中介间接影响生产力，当这种经济基础的性质与社会生产力的发展要求相适应时，法推动和促进生产力乃至社会变迁和社会发展的发生。

1. 法作为社会变迁工具的社会基础

根据马克思和恩格斯在《德意志意识形态》一文中的记述，法律有两个内在因素：一是国家权力要素；二是意志要素。两者相辅相成，缺一不可。但两种要素在法律形成、运作中何者更能发挥作用，则体现了不同社会的运行方式及价值取向。

按照传统的马克思主义观点，法是以国家强制力保证实施的统治阶级意志，是确认、保护和发展统治阶级所期望的社会关系和价值目标的统治工具。这种观念强调国家权力的集中化是法制强力的原因，法律正是单纯地仰赖集中化的国家权力才成为社会变迁的工具。然而自二战以来，各国对社会变迁的认识逐步深化。社会的发展不再被认为是片面的经济增长，也不仅仅是为了满足人的基本需要。一个以人的全面发展为核心的社会发展观被世界许多国家所认同。人们在法与社会变迁的关系上有了新的认识：国家权力的集中化并非法律作为社会变迁工具的真正理由，法律必须符合人民的意志。立法基于社会共同的价值观念，并且政治权利来源于人民的支持，且行使政治权利必须为广大人民谋利益，只有当政府获得人民的广泛支持，方可利用法律引导社会变迁，这才是法作为社会变迁工具的社会基础。

2. 法引导社会变迁的功能和条件

中外法制史上，通过法律引导社会变迁的例子不胜枚举。法律实践的经验事实表明法是能够积极推动社会发展的,法律也应当成为人们实施社会改革和社会发展的有用工具。法律引导社会变迁的主要方式是通过立法,不过,司法及行政之参与亦不可缺少。但是法对于社会变迁的积极意义是有条件的。美国社会学家威廉·M. 埃文曾在对以美国种族关系法为典型的法律实践和法律效力作了经验总结后,指出这些条件主要包括:第一,立法机构应当具有权威性;第二,表述新法的基本原理必须与已形成的文化和法律原则保持一致与延续,那种不顾社会文化结构、价值观念和被普遍接受的法律发展模式而盲目推行法或社会变革的做法往往遭到人们的抵制;第三,必须确定实际的服从法律的典范;第四,在法律确定与法律生效之间的时间间隔不能太长,因为缩短两者的过渡时间可以使有意识或无意识的抵制社会变迁的因素尽可能地减少到最小限度,过渡时间越短,就越能达到法的目的;第五,执法机关的行为必须绝对地受法律的约束,否则这种机构的腐败和虚伪将有损于法律的实施;第六,法律应将积极鼓励和消极处罚视为同样重要,因为依据法律采用积极鼓励方法同样也能使法律达到促进社会变迁的效果;第七,法律对因他人规避或违反法律而受害的人,必须规定保护他们权利的有效措施。①

中国学者也对法引导社会变迁的功能前提条件进行了探讨,有学者认为这些条件包括:(1) 社会关系必须在法制层面上有流动的可能性。有两种方式非常重要,一种是通过分散既存的权力,而不是立即削弱或任意剥夺这些权力的方法,逐步减轻权威主义秩序的重负,扩大自由的幅度。另一种是通过把社会组织中确定归属原理转换成不确定的功绩原理的方法,建立和健全能力主义的分工体系,扩大选择的余地。(2) 保持法的系统独立性或功能自治性与社会关联性或功能相互之间的适当平衡。法没有独立就不能有效地发挥安定化的作用,但如果独立性太强则可能脱离社会现实,反而引起法系统与社会其他子系统之间的紧张。(3) 强化法律行为的实用主义的工具性指向。在一日千里地不断发展变化的现代化社会中,法律工具主义的倾向是必然的。卢曼说:工具性行为必然要求规定它其承认自身的变更可能性,并随着各种观点的展开而委身于自我操纵和外部操纵。它不能抵抗变更本身,顶多只能从变更的目的观点抵抗之。(4) 变革措施能够调动个人的积极性,使之成为内在化的自觉行动,并与社会其他方面形成协调的关系,这也涉及社会变迁的正当化和正统化机制。②

---

① 罗杰·柯特威尔著:《法律社会学导论》,潘大松等译,华夏出版社 1989 年版,第 67～71 页。
② 季卫东:《社会变迁与法制》,《法律社会学》,中国政法大学出版社 1999 年版,第 273 页。

比较中外学者的论述，我们认为，美国社会学家威廉·M.埃文是在对典型的法律实践和法律效力作了经验总结后而得出的结论，他总结出的七项条件具体且针对性强，其中有些具有重要的启示作用。例如，第二项条件明确指出这样一个普遍规则，即在一个法律理念和法律精神远未形成并得到广泛认同的社会里，法律很难寻求生存和生长的空间。它可以用来解释中国法制构建过程中，为什么人文层面构建的不完备性会引起的中国法制走入的困境。当然，这些条件中有些也值得商榷，例如第四条缺乏充分的说服性。事实上依据中国的法律实践经验在法律的制定和生效期间给出一定的时间，以使社会主体能够较充分地学习、理解并在思想上做好准备，这对于新法的有效实施十分有益。我国学者则从社会关系的法律化、法的独立性、法的工具性、变迁的内容等四个方面的进行表述，涵盖了基本的功能条件，但忽视了文化结构、法律意识的重要性。

3. 法在社会变迁中的工具职能

社会变迁中法的作用分为直接和间接两种。法的直接作用是指通过规定法定义务及相应的制裁措施，来改变人们的行为或态度，以实现一定的变革目的；法的间接作用则是指提供可以孕育变革的制度框架和条件。

在法作为社会变迁的工具直接加以运用时，其操作方式主要有以下三种：

（1）通过法律规定的实施引起行为形式的变化。这种场合权力作为中介具有特别重要的作用。权力不仅指以刑罚作为典型的国家的物理强制力，而且广泛地包括司法制度、警察、租税制度、公共财产和资源的管理能力。在现代社会中，政府在资源的分配和再分配中发挥越来越重要的作用，因而权力行使的重点由消极制裁转移到积极制裁上，权力行使的效果也较明显，特别是有关开发的法律，其制裁的典型与其说是惩罚，毋宁说是报酬、奖励。

（2）通过对国家职能的调整、变更和基本制度的改革，重新编排社会结构的各种关系。在制度改弦更张之际，应该特别强调对机制的认识和灵活利用。所谓机制，可以定义为能够根据具体情况进行功能选择的活动复合体，其本质在于富有选择可能的弹性结构。这里存在着的强制机关与强制对象之间的复杂的相互作用，必须反映到制度革新之中，尤其要注意直接影响法律实行的各种互动关系，例如，法律信息的供给与接受、法律决定的制定与异议、利用法律制度的便利条件、因地制宜的法律贯彻方式等等。

（3）通过以形成某种政策为目标的审判、法律执行过程中的裁量、特别的法律措施启动或者促进社会变迁。在这种复杂的操作过程中，技术往往左右结果。法律技术主要是指严格操作法律概念和命题的法学家的思考方式，不仅限于有说服力的法解释学的方法，而且包括行政手段以及其他法律执行的各种手法，恢复和调整社会关系的技巧、改善法律措施等。①

在法作为社会变迁的工具间接加以运用时，法的影响只有通过经济杠杆及其他中介系统、社会资源的动员才能表现出来。例如，专利法、商标法、著作权法、科学技术进步奖励条例、发明奖励条例等一系列法律的制定与实施，为社会成员精神成果的产生提供了宽松的环境，从而调动了他们进行科技创造的积极性、主动性与献身热情，促进了科技进步，引发了社会变革。

（三）法律发展与社会的关系

世界上任何事物均处于不断的运动变化之中，社会如此，法律亦如此。我们考察法在社会变迁中的作用，不能忽视法律的发展。法与社会的关系是双向互动、互相支撑的，即法的发展有助于促进社会进步，社会的进步又必然会推动法律发展。法律适应着社会经济、文化的发展和社会主体利益格局调整的现实要求以及社会各个领域的秩序需要，吐故纳新、去伪存真，是社会发展的需要，也是法保持活力与生机的需要。

当今社会，很多人持有这样一个观点，即认为只通过法律变革实现社会变革是现代社会的一个基本特点，其实，这种观点是不全面的。相对于物质生活条件而言，法律是第二性的因素，其内容决定于社会物质生活条件。虽然法律对社会发展也有反作用，但这种能动作用只有与社会发展内在的要求相一致，并基于一定的社会关系条件才能真正发挥作用。综观中国历史上的法律改革，如清末修律、戊戌变法，都是在没有根本触动甚至是在保持、维护原有政治、经济体制的情况下，企图仅靠法律变革而实现社会理想。这种功利性的法律变革除了留下失败的惨痛教训外，对整个社会几乎没有带来任何实质性的影响与触动。作为一种社会的存在，法首先存在于现实社会之中，一切法律的实践活动的立足点和归宿点也都在社会之中。正如埃利希所说："不管什么年代，法律发展的中心，不在立法，不在法学，也不在司法判决，而在社会本身。"②

法律的发展必须与社会发展进程基本保持同步。当某种社会关系发展到了不能保持社会稳定与和谐而非由法律来调整时，则对相应的法律适时地进行补充新的规范与条款，及时地修改或废止不适应社会发展要求的旧规范与旧条款是必要的，例如

① 李卫东：《社会变迁与法制》，《法律社会学》，中国政法大学出版社 1999 年版，第 274、275 页。

② Ehrlich, Fundamental Principles of the Sociology of Law (English edition). Cambridge: Harvard University Press, 1936, p. 1.

科学技术的发展是引起法的变化的一个直接因素：内燃机、汽车和空中运输的出现，引起了法的原则的更新和新的部门法的诞生；而当某种社会关系尚处于萌芽和初创阶段、富有成长和发展的趋势时，就应该研究其规律，在作出科学预测和判断上，适时地超前立法。实践中，社会变迁与法律发展又往往不可能齐头并进，法律的发展较社会变迁滞后的情况经常发生。一方面，随着社会经济结构的日趋多重化和利益主体的多元化，社会秩序渐次由僵化走向活跃，社会关系频频分化、重组而日趋复杂，社会发展与社会变革的速度与幅度日显变动而难以预测。社会关系的复杂化、社会发展的多动性要求法律规定具有现实性和进步性。另一方面，法律规范体系具有相对稳定性，一旦形成，法律会内生出一种抗变的惰性；除非外在压力的驱使，法律很少反向思考其是否与变化中或变化了的现实情势相适应。法的相对稳定性很容易转化为法的滞后性，尤其在急剧的社会变革时期。当法为保持其相对稳定而有意识控制自身新陈代谢的节奏时，社会前进的步伐并未因此而停滞，法律的发展较社会发展滞后也就不可避免。因此，在这里强调法的社会适应性也就显得尤其重要。在社会变迁过程中，法律要发展就应该遵循社会发展规律，克服惰性，在稳定中求发展，适时对社会现实需要作出反思和回应，以自身的发展促进社会的发展和进步。

三、转型期的中国社会与法律发展

社会转型是指一定社会历史条件下的社会主体，在社会基本矛盾的推动下，全方位地变革人的生存发展状况和社会结构关系的社会实践活动。就社会发展规律而言，人类社会总是从低级的组织形式向高级的组织形式发展，因而一个国家或民族的社会转型，反映着人们对于新的、更高级的文明的追求和渴望。

法律变革与社会转型有着密切的关系，因为历史上的社会转型无论以什么形式实现，最终都需要以法律的形式固定下来，因此，社会转型期是社会变革的最活跃期。人们通过法律观念和法律规范，以建立与社会发展相适应的法律制度；同时也通过法律变革，聚集社会变革的力量，巩固社会变革的成果。人类社会许多重要的法律观念、法律原则、法律概念和法律规范都是在社会转型期间创造的。①

当代中国社会处于由传统向现代转型的深刻变革过程，一般认为，这场变革具体包括以下几个方面：第一，从计划经济社会向市场经济社会转型；第二，由农业社会向工业社会转型；第三，由乡村社会向城镇社会转型；第四，由人治社会向法治社会转

① 朱兴文：《论社会转型期的社会创新》，《吉林大学学报（社会科学版）》，2003 年第 4 期。

型；第五，由单一性社会向多样性社会转型。中国社会转型的目标是建设具有中国特色的社会主义国家，建立自由、平等、幸福、和谐的新型社会。中国特色的社会主义国家是一个以法治为重要特征的国家，在这一层次上说，由人治社会向法治社会转型是中国转型的中心环节。在转型期，中国社会与法律发展存在着两层密切的关系：一是社会转型追求社会的法治化，二是社会转型为法治的发展与成就提供契机。

（一）社会转型追求法治化

社会转型的目标之一是建立社会主义市场经济。市场经济是以社会分工生产为前提、以市场交换为手段、以满足主体消费为目的的一种经济形态。市场经济要求确立一套保障市场和谐运行、良性发展的规则，要求稳定的政治环境与社会环境，这就要求以合乎市场经济的法律去固定和活化市场经济运行规则；需要法律调和市场经济运行的矛盾属性；需要法律去平和市场经济造就的社会动荡。但目前计划经济体制下的一些观念在经济政治生活中仍然存在，如在法律主体上过多地强调非平权关系，如政府对市场经济活动的不当干预、社会对政府的无条件服从等；在社会运行上，由于计划经济主体的非平权性，导致了社会运行的强控性。公民、法人的行为严格被限制在政府政令的范围之内，其行为主要不是由法律的权利义务来规范等。这些思想观念与行为方式难以在短期内完全改变，而法治的一个重要功能，就在于以法律来规范和限定政府权力，防止政府对市场经济的非法或不当干预，保障市场经济主体的权利和自由。

建立中国特色的民主政治是对法治化提出的要求。政治改革是当前改革的重要工作之一，社会转型的顺利实现需要建立现代政治制度，即法治政治。政治体制转型的重要内容是打破目前权力过分集中的状况，防止专横的政治体制，形成人民既服从执政者同时又运用制度的内在机制和合法程序，实现对掌权者的控制与监督的社会状态。法律是社会运行的“稳压器”，也是整合政治主体与政治秩序的主要机制。民主政治要求法律控制政府和政党权力，规范党政行为，确立强有力的、可操作的制衡与监督体制，明晰党政关系、人大与政府关系、地方与中央关系。

社会转型打破了旧的利益格局，新的利益格局正在形成之中，在由此及彼的过渡期，社会处于相对不稳定状态，由此产生影响社会运行和社会生活的诸多社会矛盾和社会问题，如社会失调、社会风气扭曲、社会犯罪等，需要法律调整和引导。法律通过事前预防、事后制裁与救济，使社会保持相对平稳状态，将社会波动控制在一定范围内，把社会转型的成本降到最低。

社会转型期间，社会思想文化呈多元化发展，因而社会价值评判是多样的。价值评判多样性在激活社会思想的同时，一些消极的“金本位”、“官本位”等资本主义、封建主义和无政府主义的价值评判不利于社会的进步。这表明社会主义精神文明建设在转型期任重而道远。法律虽然不能直接干预人们的思想，但法律的引导功能是强有力的。以法律形式肯定积极社会行为，反对消极社会行为，对违法行为予以制裁，能引导社会价值评判，从而有利于社会思想文化的积极发展，保证现代化的社会主义性质。

依法治国，建设社会主义法治国家，不仅是我国社会发展的目标，也是我国法律发展的方向。建设社会主义法治国家的目标和基本精神，就是通过制备一套精良、完整、灵活、高效的法律制度和法律机制，实现对国家和对社会的有序管理。近年来，在法治建设过程中，我国在立法、司法、执法、普法以及法律监督等各个方面取得了发展。

到2001年初，全国人大及其常委会制定了三百九十多件法律和有关法律问题的决定，国务院制定了八百多件行政法规，地方人大制定了八千多件地方性法规。构成有中国特色社会主义法律体系的宪法及宪法相关法、民法商法、行政法、经济法、社会法、刑法、诉讼与非诉讼程序法等七个法律部门已经比较齐全，各个法律部门中基本的、主要的法律大多已经制定出来。因此可以说，以宪法为核心的有中国特色社会主义法律体系的框架已经基本形成。

再完善的法律体系如果没有好的执法者和好的制度去保障实施，也只能止步于法制而达不到法治。为此，几年来，最高人民法院进行了一系列改革，取得了明显成效：落实了公开审判制度，增加了审判活动的透明度；深化了庭审方式改革，完善了抗辩式审判模式，强化了法官中立地位；取消了行政化的请示审批制度，建立了符合司法规律的审判管理制度；进行了审判监督制度的改革，实行了立案、审判、监督、执行严格葬立的内部制约机制；进行了执行制度改革，进一步缓解了执行难的问题。

在行政执法方面，上至国务院，下至各级人民政府，全面推进依法行政。国务院完成了新中国成立后最大规模的一次机构改革，政府职能进一步转到了经济调节、市场监管、社会管理和公共服务上来，同时理顺了政府各部门的职能分工，提高了行政效能。另外，进一步改革和减少了行政审批，加强了政府立法工作，废除了一大批不适应市场经济和世贸组织规则的行政法规。

要使法律得到切实的执行，仅靠执法者的觉悟和本系统的监督是不够的，必须有健全的针对执法者的监督机制。作为国家最高权力机关的常设机关，全国人大常委会在搞好立法工作的同时，认真听取代表和人民群众的意见，不断改进和加强监督工作：一是对重要法律的实施情况进行检查；二是把监督工作与改进执法结合起来；三是把执法检查与督促有关机关纠正重大违法案件结合起来，增强了监督实效。

法律秩序形成的基本条件是社会主体的涉法行为，作为具体的社会关系的承担者，他们继承或承受着社会已有的价值范式。但是，每个社会主体都不是消极的承受者，他们总是在接受一定的文化、价值观的同时，形成心理意志，并导向自己的行为。人民群众是依法治国的主体，只有当人民了解了法律、掌握了法律，他们才能知法、守法，并懂得用法律来规范自己的行为。几年来，国家实施了“三五”普法规划，2001 年又启动了“四五”普法工作。站在依法治国、建设社会主义法治国家的高度，“四五”普法确定了“两个转变、两个提高”的工作目标：努力实现从提高全民法律意识向提高全民法律素质的转变，全面提高全体公民特别是各级领导干部的法律素质；实现由注重依靠行政手段管理向注重依靠运用法律手段管理的转变，提高全社会法治化水平。①

（二）社会转型为法治的发展提供了契机

（1）计划经济向市场经济的转型促进了生产力的解放，劳动者、经营管理者和生产资料等生产力要素逐步从国家计划和行政管理的束缚中解放出来，劳动者成为独立、自由选择劳动方式和生产经营的社会活动主体，各自为自身利益参加社会竞争，同时也基于对社会个体权益的关注进而关注社会事务和政治事务，从而打破了传统社会单纯以群体为本位的结构，凸显个人人格的重要地位。这与法治社会以人为本、最终保证人的自由与发展思想是一致的。

（2）计划经济向市场经济的转型是法治生成的基础。市场经济是社会发展难以跨越的经济模式，市场经济的运作品质衍生出平等自愿、等价有偿、公平自由、竞争进取的现代文化。市场经济的确立和完善产生了对法律规范的内在需求，在市场经济的文化背景和现实需要面前，有关市场主体、财产权保护、合同自由、社会保障方面的法律不断孕育并日益健全。没有市场经济也就没有法治的产生和完善。新中国成立以来，社会主义建设一直在计划经济模式下运作，与之相适应的是高度集权的政治体制，法治因缺乏前提条件和基础难以形成。随着改革开放，20 世纪 90 年代初，“建立社会主义市场经济”终于被确定为经济体制改革的根本目标，法治才有了生存和发展的土壤。

（3）社会转型伴随着人们思想观念的变化，这种思想领域的转变源自人们社会实践高涨，尤其是社会交往的空前变化。商品流通、资本流动以及便捷的网络和通信系统，粉碎了过去社会里一切有形和无形的阻隔，开放取代了封闭，社会成员之间的交往日益频繁。交往的频繁与多向性有利于破除人们思想中积陈的等级附从观念，

① 孙继斌：《我国民主法制建设的一座里程碑》，《法制日报》（网络版），2002 年 7 月 1 日。

形成平等、自主、互利、合作、竞争、信誉等法制观念。法制观念的形成，为法律顺利实现其社会功能奠定了社会思想基础。

(4) 社会转型的动力模式为法治发展创造了有利的政治环境。为了实现转型的目标，我国采取的是有意识地推动社会转型的策略，即政府在转型中发挥了有力的支撑和指导作用。党和政府是改革政策的制定者和实施者，这种改革方式阻力较小，有利于社会稳定。国家最高层关注法治，并努力促成依法治国的实现，这是法治化的有利政治条件。也正是在党和国家积极推进依法治国的进程中，我国才在立法、司法、执法、普法及法律监督等各个方面都取得了可喜的进步。

(5) 社会转型所伴随的社会对文化发展的要求，推动了教育的发展和知识地位的提升。研究表明，教育的程度、规模和水平同法律文化是成正比的。社会成员受教育程度的普遍提高，人们对高品质生活的追求、对社会发展的关注随之提高。因而，有良好的文化背景的社会成员更容易理解法律、遵守法律，从而有利于整个社会的普法工作、有利于提高法律意识。此外，法学高等教育的发展和法学研究的繁荣，为社会培养了大量法律工作者和一批法学专家，这支队伍的壮大能直接影响法治化的进程。①

四、全球化进程与中国法律发展趋势

(一) 全球化进程中的法律发展

进入 20 世纪 90 年代以来，人类迈入全球共存、互助、竞争的新时代——全球化时代。全球化是随着全球问题和全球社会交往方式的变化，而不断发展变化的历史过程。全球化，首先是指经济全球化，即世界经济由于科技革命的发生和迅猛发展而出现的一种紧密联系状态，它是人类生产力发展的必然阶段。作为世界经济不可逆转的潮流，经济全球化不仅仅停留在经济方面，它作为一种经济基础方面的因素，带来的冲击和影响是全方位的，涉及社会政治、文化诸多领域，世界各国的法律制度也不例外。在全球化氛围中，法律更加活跃、凸显，各国法律之间及其法律内部呈现出竞争、合作、冲突与和解并存的多元格局。人们在研究法律发展的问题时，法律全球化作为一个理论问题被学者们提了出来。在我国法学界，有关法律全球化的研究方兴未艾，学者对法律全球化的概念、内涵、特点等展开了深入的探讨，有的学者甚至猛

① 王国龙、杨炜：《简论当代中国社会转型及其对法治化的影响》，《广西政法管理干部学院学报》2002 年 S 1 期，第 24、25 页。

烈质疑全球化理论。对于法律全球化而言，我们认为，首先，这是一个事实命题，是全球化在法律领域不可阻挡的趋势；其次，又不能简单地作出非此即彼的两极判断，即或者认为应当舍弃一切去寻求全球的同一性，或者认为应当以自己的传统特色去抵御全球的趋同倾向。

现代科技的进步改变着人类的交往和生活方式，把全球生活连成了一个有机的整体，从而产生了社会发展的全球意识。而随着资本、商品、劳动力等经济要素的全球化流转，各国经济也在相互渗透、依存、合作竞争中形成一个整体，这就需要由共同的“法律基点”或“法律语言”来妥善解决这些争端。同时，工业化进程的加快、经济发展所产生的一系列全球问题，如环境污染、生态平衡、全球性犯罪、反恐等迫切需要一种全球协调化运作的法律运行机制。在这种情况下，法律发展的国际化趋势不可避免。全球化进程的推进有一个前提条件，即每一个民族国家的政治体系应该是一个开放的系统，相互之间存在着进行合作与交流的可能性。全球法律思维是开放的政治体系对全球公共问题而作出法律回应的产物，它一旦形成，便反过来对各个民族国家的法律发展产生影响。其中最重要的影响表现在存在一种体现人类法律文明共同属性的普适性的构成要素，比如法治、公正、人权等被各国所认同。文明本来就是借鉴、积累和升华的发展过程，任何民族的法律制度不可能在世界文明的发展路径之外产生和发展。随着全球化进程的推进，法律文化无国界将会成为不可逆转的潮流。法律国际化的趋势正反映了人类社会对法律普遍价值的信仰和对法治理想的执著追求。法律在不同的民族和不同的国度中有着不同的实现形式，那些普适性的共同构成要素的实现方式显然要打上鲜明的民族烙印，从而独具个性特征。第二次世界大战后，一大批发展中国家移植西方国家的政治制度和法律制度，导致国家和社会长期的无序与衰败就已经证明：每个民族国家的法律发展，必须探寻出一条在开放的国际社会中符合民情的发展道路。因此，全球化进程中法律发展的取向又必须是多元共存的。

法律全球化对发展中国家正在进行的法治现代化提出了挑战，传统法制显然无法应对全球化浪潮。“闭关自守”是对全球化趋势和民族振兴的漠视；“全盘西化”则是对本国国情和优秀法律文化传统的抛弃，这就要求发展中国家必须在全球化的背景中重新审视本国的法律发展。

（二）中国法律发展的趋势

中国正处于从传统法制向现代法制的转型期，对中国而言，法律的全球化意味着西方法律文化对中国法律文化所构成的强势挑战的加剧，也意味着正在进行中的中国法治现代化进程的延续和提速。在全球化背景下，大胆移植和借鉴西方法治经验，参与全球法律重构的进程，是中国法治现代化对法律全球化的积极回应。中国的法制是在中国本土进行的一场法律变革，中国本土的问题是不可能以西方的分析范式得到根本解决的。在全球法律框架与机制的形成过程中，保留和维护本土法律资源的个性特质、弘扬本土法律文化、架构“中西合璧”的法治模式是中国法律发展的必然取向。

1. 法律移植与本土化的结合

法律移植是指有意识地将一个国家或地区、民族的某种法律在另一个国家或地区、民族中推行，并使其接受，从而成为后者法律体系的有机组成部分的活动。世界法律史证明，法律文明要发展，就必须冲破原有的民族界限，参与到其他法律文明系统的发展过程中，形成相互依存、相互促进、相互包容和融合的格局。一个开放式的、交互性的法律文明系统，才是富有生命和活力的有机系统。法律移植是世界法律发展的普遍趋势，是世界各国法律文明交往与传播的有效途径。从中国法的发展进化过程来看，从近代开始对西方法进行移植，中国法律发展由此走上了一条移植外国法的不归路。从法律原则的确立到法律制度的变迁，从立法技术的改进到庭审方式的革新，从法官和律师服饰的变化到法槌在各级法院的推广使用，也都可以看出法律移植的痕迹。

我国法学界对法律移植的必要性进行了多方面的论证。其一，法律移植是发展市场经济的需要。市场经济具有同构性，尽管在不同的社会制度下市场经济会有一些不同的特点，但它运行的基本规律，如价值规律、供求规律、优胜劣汰的规律是相同的，资源配置的效率原则、公正原则、诚信原则等也是相同的。这就决定了一个国家在建构自己的市场经济法律体系的过程中，必须而且有可能吸收和采纳市场经济发达国家的立法经验。[①] 其二，法律移植有助于加快法治现代化进程。对于法律制度仍处于传统型和落后状态的国家来说，要加速法治现代化进程，必须大量移植发达国家的法律，尤其对于发达国家法律制度中反映市场经济和社会发展共同需要的客观规律、时代精神的法律概念和法律原则，要大胆吸纳，切莫把自己封闭起来，对发达国家几百年乃至上千年积累的法制文明成果置之不理，一切从头做起，或者另起炉灶，那只能在发达国家的后面爬行，只能拉大与发达国家的差距，延缓本国法治现代化的进程，以致丧失法治现代化的机会。其三，法律移植是对外开放的需要。一个国家要

① 张文显主编：《法理学》，法律出版社1997年版，第211、212页；另见刘少荣、操敬德：《市场经济法制建设与法律移植之思考》，《法商研究》，1995年第2期，第14～16页。

对外开放、走向世界，就必然要使国内法与国际社会通行的法律和惯例接轨。[1] 其四，法律移植有实验成本低、周期短、见效快的特点，有助于及时调整改革与发展所产生的新的社会关系，防止改革中出现法律滞后的现象，最大限度地参考国际惯例及各国普遍做法，避免不必要的个性差异而人为地增加交易成本。[2] 我国学者在对法律移植的必要性进行论证的同时，也认识到法律移植是一项风险性极大的活动，如果植入的法律不合乎本国国情，将会导致“橘生淮南则为橘，生于淮北则为枳”的后果，因此，大多数学者对法律移植持谨慎态度。

我国在法治现代化过程中，确实存在移植的西方法律文化与本土法律文化发生碰撞、冲突的现象。这种冲突主要表现在两个方面：第一，法律宣言性表述与操作性规定之间的冲突。当立法集团决定移植某项法律制度时，通常最简便的方法是移植法律条文，特别是宣言性的条文。但是由于立法集团对于本土法律文化的理解把握程度的限制，往往渗透本土法律文化的原有痕迹。例如，我国宪法、法院组织法都宣布了“司法机关独立行使职权”的原则，但包括法院组织法在内的一些法律所设定的一些具体制度又严重阻碍了这一原则的实现。第二，法律规定与实施之间的差距。近年来，我国在法治现代化过程中，注重了法律制度的建设，移植了大量西方法律制度，但公民的法律价值观念、法律行为模式没有跟上法律制度变化的速度，移植的法律未得到公民的接受。其结果是，形式上建立了现代法制模式，但其在社会生活中，貌似而神不似，形同虚设。法律移植是我国法律发展、进化过程的必经之路，如何成功移植已成为我国法治现代化必须解决的难题之一。

一个国家正是因为本国法律落后于他国的先进法律，才使本国法律学习先进国家的法律，以适应经济和社会发展的需要，才进行法律移植、引入外来法的。因此，在引入外国法律的过程中，要防止不合理的、落后的因素随之而入，严重影响法律发展进程。关于这一点，我国法律发展是有深刻教训的。20 世纪上半期，西方资本主义国家依然处于由封建性法律制度向近代法律制度转化时期，其法律制度包含了部分封建性的内容。中国近代对西方法律的移植时，不可避免地将其缺陷输入进来。如对国民参政的限制，对公民权利的重视不足，保护私有财产等。这些缺陷在中国宪法近代化过程中均有体现，延缓了我国法律近代化的进程。当前，我国应当坚持“去其糟粕，取其精华”的原则，如何区别西方法律之“糟粕”与“精华”，我们认为，可与“三个

---

① 孙国华主编：《法理学教程》，中国人民大学出版社 1994 年版，第 122 页；张文显主编：《法理学》，法律出版社 1997 年版，第 212 页。

② 吕志强等：《中国经济特区法律移植研究》，《法律科学》，1994 年第 6 期，第 6 页。

代表"重要思想相联系,即移植的法律必须有利于生产力的发展、有利于最广大劳动人民的利益、有利于先进文化的发展。本着这样的原则,我们可以移植世界发达国家法律体系中有利于培育、发展和完善市场经济体制的法律、法规,如物权法、期货法等;移植世界发达国家法律体系中有利于我国进行政治体制改革的法律法规,如新闻法、监督法等;移植有利于我国发展社会生产力、完善社会主义生产关系、提高人民的生活水平、促进科技和教育水平的提高、提高社会精神文明和文化素养的法律法规,如关于科技创新、文化管理等方面的立法。①

法以地方性知识为背景,法律制度的背后总是蕴藏着一定的人文类型的法律传统所凝聚的价值理性。诚如伯尔曼所指出的,法律不仅是"世俗政策的工具,而且还是生活终极目的和意义的一部分",它不仅包容了一整套规则,它还包容了"人的全部存在,包括他的梦想、他的情感、他的终极关切"。它说到底浸渍了人的个性、人格尊严以及人的价值等人文精神的关怀和崇尚。法律制度要真正发挥作用,必须要有与之相适应的精神、意识和观念,引进的外来法律制度要被植入国的人民接受并且有机融入该国法律体系,与这种制度密切相关的精神、意识和观念也必须能够为该国所接受。从这个意义上说,法律制度是法律移植的基本产品,而人文精神是必然相伴的副产品。法制的现代化也即法治化,法治的根基在于其人文的价值荷载、人文确信和信仰。中国传统的法律文化蕴涵着丰富的"人本"、"人贵"、"民本"、"爱人"思想,但它却没有促成近现代法治的诞生。究其主要原因在于,中国传统的人文精神从政治统治角度、从家族利益的角度,深切关怀的是人的情感、意志,注重人的内在德性和群体精神,而不是世俗社会中人的地位、尊严、权利。这种人文精神滋养出以人情、伦理来判断行为的正当性,以社会身份决定人的地位和权利,法律则寄生于现实政治,形成一种对政治权威的依附性,法的价值在很大程度上也局限在工具上。中国自古以来发展起来的这种法律文化传统在整体上无法创生出民主法治,现代中国走向民主法治缺乏最基本的法律文化条件。培养有利于解放人的思想、开拓奋进的法律观念和法治精神,塑造权利、平等的人文精神,树立法律至高无上的权威,构建法律信仰,对法律移植的成功、促进我国法制的转型具有重大意义。

---

① 何勤华:《法的移植与本土化》,《中国法学》2002年第3期,第4页。何勤华教授在北京大学作《法的移植与法的本土化》讲座时也间接提到。原文为:"意识形态不同的国家,除非不搞市场经济,否则就必然存在一个市场竞争的问题。而在这个市场竞争中,大家必须遵守统一的游戏规则。如果国内没有这些规则,就必须移植国外的规则。这样,法律移植就不受意识形态的约束而独立。假如说,符合市场规律的法律规则移植进来,有利于生产力的发展,有利于最广大劳动人民的利益,有利于先进文化的发展,却仍然与意识形态冲突,那么应该改变的是意识形态而不是法律规则。"

法律移植不是原封不动地套用外来法来调整现实的社会生活关系，或是照抄别国的经验和模式。中国的法治现代化是中国人在本国的历史条件下所开展的一场法制变革运动，它总有体现本民族本国度生活条件的法律精神以及作为这一精神载体的法律制度。在移植外国法律制度时，我们必须考虑本国的国情条件，把外国法治模式与我国自身的特定条件包括经济、文化、民族特性、传统等有机地结合起来。因此，在外来法本土化的过程中，我们必须从中国国情的具体实际出发，对外来法和本土法进行整合、重组、涵化，使之成为本国法律的有机组成部分。只有立足本国的实际情况，对外国法的发展经验和模式进行具体的分析，才能走出具有中国特色的法律现代化道路。

2. 传统法律的创造性转化

传统与现代性是现代化过程中一对基本矛盾。现代化首先就意味着对传统的否定，没有对传统的突破和超越就没有现代化运动。传统与现代性又具有兼容性。传统和现代性的划分并不是仅以该事物出现的时代或时间为依据，而应当以其是否能够与该社会的物质生活条件相适应、是否能够促进该社会的发展、是否代表了人类社会的发展方向为判断标准。所以，传统的东西虽然是在过去的历史中产生的，但并不意味着所有传统的东西必然伴随着历史的进程而丧失其存在的价值。同样，现代的一些东西虽然是在现实条件下产生的，但并不意味着它就一定具有现代性。传统并非已经死去的历史陈迹，它内在于现实的人们对传统的心态中，并不断被人们评判、理解、复制和重构，在现代化进程中得到继承，成为动态的流程。如哲学家李秀林先生指出："现代化首先意味着对传统的突破和否定，由此而表现了历史发展中的间断性或阶段性。但是，另一方面，充分发展了的现代性还内在地包含着对传统中积极因素的肯定和发掘，体现了历史发展中的连续性或一体性。"①

法制的现代化是建立以现代商品市场经济和民主法治为基础的法律体系，其核心内容有市场经济、私法优位主义和自由平等。而中国传统法律是以自然经济和专制政治为基础，其核心内容是自然经济、公法优位主义和纲常名教。可见，中国传统法律与现代法制之间在本质上是对立的，这势必造成传统法律与现代法制的矛盾与冲突。实现法治现代化的目标就必须从整体内容上对传统法制进行批判，克服传统法制的弊端。

文化的发展具有继承性、延续性，它不能离开也无法离开已有的文化传统。从传

① 李秀林：《中国现代化之哲学探讨》，人民出版社 1990 年版。

统文化与现代化的关系看，任何一个国家的现代化，都根植于民族的传统之中，都以传统为前提。只有把现代化的基本要求与本民族的传统文化结合起来，才能赋予现代化以自己的民族特色。当代发达国家现代化的历史经验也说明，现代化不能由一个社会外部向内部作直接的嫁接和移植，而必须扎根于民族文化的土壤之中。中国传统法律文化是中华民族在长期历史发展过程中，由于特殊的自然环境、经济形式、政治结构、意识形态的作用而形成的文化积累，它是一个复杂的两面体，一方面包含着消极和落后的因素，另一方面，作为中国传统文化孕育的产物，它在许多方面又体现了中华民族独特的气质和心理，体现了中华民族所特有的世界观、生活方式和文化的内在底蕴。有着上千年沿革演变历史的中国法律传统作为中国传统文化的组成部分，其影响并没有随着制度层面的法律体系的改革而完全沉寂消亡，它以独特的历史惯性影响着后世的制度模式、风格和习俗。可以说，现代法律是传统法律文化的延续和发展。否认法律传统的存在价值，我国的法治现代化将会失去持久而坚固的民族心理认同力量、民族精神凝聚力量和民族文化支持力量。

世界上每一个民族的文化，都是精华和糟粕的共存体，中国法律传统是一个有多维内容的复杂文化现象，蕴涵某些合理的因素，对现代法制有借鉴作用。比如，中国传统法制比较注重法律制度的道德评价，讲求法制与其他社会控制手段之间的相互协调和配合，将德治与法治紧密结合；在法制运作过程中，既强调法制的重要性，也重视执法者的自身素质修养，特别注重为政者的道德品质与典范作用；它建构了一套形式完备的官吏推荐和选拔制度，形成了体系严整的官吏监察制度；它注重法律运作的社会效果道德意义，强调社会关系的和谐与稳定，形成了社会调解与法制运行相结合的社会调控体系，并注重社会治安的综合治理等，[①]这些都应当在现代法律中得到表现和弘扬。但问题的关键在于，法律传统中这些合理因素如何融入现代的社会。如果机械地嫁接于现实社会肯定是行不通的，因为传统与现代之间存在矛盾性，更何况中国传统法律文化是在特定的历史条件下形成的，它只能随着历史条件的变化而产生变革和发展。因此，筛选、提炼是传统法律文化现代化的必由之路，特别是用合理的方式对传统法律文化进行创造性的转化，使其具有现代意义的内容。成中英先生提出的继承传统的三大原则对我们应当有所启迪，其原则是：第一，尽量解决当前面临的问题；第二，尽量维护传统的合理规范；第三，尽量涵盖未来可能发生的问题。[②]以上三大原则实际上说明，对传统法律文化的选择和继承，应当与当代法律文化的创

---

① 秦国荣：《论中国法治现代化过程中的几个重大关系》，《山东社会科学》，2000 年第 5 期，第 65 页。
② 汪太贤：《论中国法治的人文基础重构》，《中国法学》，2001 年第 4 期，第 18 页。

建和对未来法律文化的设计及追求密切结合在一起。

对传统法律文化的选择和继承，不是光复旧习，更不是对古今文化的肤浅认同，而是创造性的转化。所谓“创造性的转化”，是指在注重中国现实国情基础上对传统法律文化进行扬弃与整合，将传统法制之精华从传统法制母体上剥离，结合时代特征，实现其根本的现代性转变。例如，重和谐、重调解是中国封建法律文化的一个内容，它要求人们安于等级名分、尊卑贵贱，不打官司，牺牲个人利益以成全等级特权制度。如今，我国继承了重和谐、重调解的传统形式，但对其内容进行了改造，形成了人民调解制度。其特点是必须依照权利与义务相一致的现代法治精神进行调解，这与封建社会的调解制度有了本质差别。又如，“德治”思想，是中国古代儒家政治思想的一项重要内容，强调“举贤任能”、“立身惟正”、“教而后刑”和“克明俊德”。传统的“德治”思想打着封建社会的烙印，服务于封建统治阶级。但传统“德治”思想与现代法治存在着一定的契合性，在继承和弘扬中国古代德治思想的优良成分的基础上，我国确立了社会主义的德治观，它以社会主义道德和共产主义道德为基本内容，引导公民建立正确的世界观、价值观和人生观。

当然，中国传统法律文化中的积极因素和消极因素并不是泾渭分明的，它们往往浑然一体，相互交织，如何实现中国传统法制的创造性转变，是中国法制变革所应完成的一项庞大工程。从整体上讲，在市场经济条件下扬弃传统法律文化，应注意以下环节：首先，尊重中国传统法律文化。曾有一段时间，我国在建设现代法制过程中，基本上是“一边倒”地向西方学习，借鉴、吸收和移植西方法成为我们不假思索的选择。但是，法治现代化是无法复制和克隆的，现今中国法制建设表现出的种种危机和矛盾说明，我们的法律制度必须立足于中国本土和实际，即使在当前经济全球化、一体化迅速发展的形势下，我们在移植西方先进法制文明的同时，更应当保留和维护本土文化传统的某些特质与内核。“最具有民族性和本土特质的法律，也最具有全球性和国际化”。其次，使传统法律文化与现代商品市场经济和民主法治内涵结合起来，防止人为地使之相互排斥、脱节甚至相互对立。弘扬传统法律文化的目的在于创造，因此，厚今薄古、古为今用应是我们弘扬传统法律文化的原则。再次，使传统法律文化与西方法律文化相兼互补。正确吸收西方法律文化中的积极因素，是克服传统法律文化消极影响的有益途径，世界上一些国家特别是发达国家，已经有上百年的民主政治和市场经济的建设历史，积累了相当丰富而成熟的法制经验，形成了相当有效的法律运作机制。这些法制经验、知识与思想乃是人类文明的结晶，是人类社会的共同财富。以开放心态借鉴发达国家的先进法律文化，将有利于弥补中国传统法律文化的不足，使之获得生机和活力，从而促进中国法治现代化的发展。

附录：点评应星《"迎法下乡"与"接近正义"——对中国乡村"赤脚律师"的研究》

中国当下处于历史的转型期中，社会一直在不停地经历着巨大的变迁、变化。对于这种变迁、变化，我们可以从以下几个方面来考察，在经济层面上已逐渐地由计划经济向市场经济过渡、在政治层面上已逐渐地建立民主的政治体制、在文化层面上也逐渐地向多元文化方向发展。因此古今中西问题仍然会在特定的时空之中共生共存，这种情况在当今中国的农村之中表现得尤其突出。前些年苏力等人在对农村法治化进程进行观察之后，将农村之中的法治化归结为一种"送法下乡"的现象，苏力的结论一晃已经十多年过去了，农村的法治状况依然如此吗？应星发表在 2007 年 1 月《政法论坛》(中国政法大学学报)上的文章《"迎法下乡"与"接近正义"——对中国乡村"赤脚律师"的研究》就是对当下农村法治进程的观察和概括。

文章首先，采用结构功能主义的方法，对"赤脚律师"这一社会阶层所处的结构和功能进行观察和分析；其次，在对"赤脚律师"这一阶层观察和批判的过程中，还对代理制度在农村中的运作进行了分析，因此从基本方法的角度来看则主要利用了角色分析的方法和制度分析的方法；第三，文章还采用数理统计分析、观察、访谈的方法等。

文章第一部分，提出这样的问题，即当今农村的法治是何种状态呢？文章从两个方面出发亦即苏力笔下的作为"送法下乡"对象的农村，其现今的法治状况是什么样的？以及由于农村法律意识的增强，在农村之中"接近正义"是否成为可能呢？循着设定的问题，文章选择了具有代表性意义的公民代理在基层的司法运作情况进行观察。

文章第二部分，对所选样本的基层法律服务状况通过数理统计和分析的方法进行研究，发现基层的法律服务还不能满足农村实际的法律需求，那么，农村的法律需求是通过什么替代性方案得以满足的？文章在行文中，逐渐地将以周广立为代表的"赤脚律师"这一群体在基层司法中的作用逐渐凸显出来。

文章第三部分，对周广立近十年来的代理进行了分析，文章将周广立的代理历程概括为四个阶段，即起初阶段、争议阶段、相对自主阶段和收缩阶段。这样的划分，意在凸显农村公民代理的发展状况与政治的态度有很强的关系。

文章第四部分，分析了以周广立为代表的进行公民代理的“赤脚律师”这一群体是如何发展起来的。文章认为“赤脚律师”的形成与其个人的遭遇有很大的关系，同时文章亦认为随着“赤脚律师”的形成产生着一种扩散效应。乡村的“赤脚律师”既是一个被动的法律运用者，同时又是一个主动的法律运用者。

文章第五部分，认为基层的法律服务不能满足实际的需要，因此“赤脚律师”也就有了生存的可能性和空间，“赤脚律师”的生存和发展其实与其自身的品质有很大关系。文章认为，基层法律服务存在的缺点就是不够、不廉、不敢和不亲，而“赤脚律师”的兴起就恰好弥补了基层法律服务的缺点，即数量大、免费、胆子大和在熟人圈之中运作。“赤脚律师”的兴起和拓展主要通过熟人介绍和口碑效应等。

文章第六部分，主要从三个方面，亦即赤脚律师与法院关系及其行动策略、赤脚律师与政府的关系及其行动策略、赤脚律师与农民的关系及其行动策略进行分析，认为当下农村中法律实施的状况并没有达到理想的状态。

文章第七部分，进行了总结：第一，“赤脚律师”这一现象的兴起与农民的法律意识的提高是有很大关系的；第二，“赤脚律师”这一现象的出现使农村“接近正义”更为可能，因此“赤脚律师”在当下具有不可替代的作用；第三，“赤脚律师”是一种好的现象，因此我们在分析的过程中应该将其与“黑律师”区分开；第四，文章认为“赤脚律师”这一现象不应该是农村法治化图景的终极。

文章通过利用法律社会学的研究方法，为我们描述了一幅异于苏力、梁治平等人笔下的农村法治状况图，通过对文章的解读我们也能切切实实地感受到这种变化。但这种变化在中国广大的农村中是否具有代表性、典型性还有待进一步探讨，仅从方法的角度来看，如果文章能在更大规模上进行抽样，然后再选取样本进行分析的话，效果可能会更好一些。

论文摘要

应星，《“迎法下乡”与“接近正义”——对中国乡村“赤脚律师”的研究》，《政法论坛》（中国政法大学学报），2007 年 1 月。该文主要围绕着乡村中的“赤脚律师”的产生、生存土壤以及社会功能等方面而加以展开的研究。在职业法律服务队伍加大了法律系统与社会生活之间距离的时候，目前在中国一些乡村中存在的“赤脚律师”则构造了一座“接近正义”的桥梁。

首先交代了对农村基层司法中公民代理现象作为一个学术问题产生的由来，现代社会中其实并不仅仅是“送法下乡”这一单向的进路，而是存在“迎法下乡”与“送法下乡”互动的过程，同时乡村地区在“接近正义”的时候由于昂贵的司法成本以及基层法律服务现状无论是在人员配置还是在收费方面都存在问题，使现实中“黑律师”有存在和生存的空间。

接着对“赤脚律师”中具有代表性意义的“周广立现象”，以及与周广立有着类似经历的“赤脚律师”这一群体进行研究，他们起初接触法律都是与自身的个人经历有关系，在接触法律之后则逐渐产生了某种扩散效应。“赤脚律师”能够生存下去的原因在于他们与中国农村现行的法律服务体系中存在的如不够、不廉、不敢以及不亲是相伴相生的，因此“赤脚律师”的存在也具有多重的社会功能，如可以满足农村日益增长的法律服务的需要、免费代理、没有顾虑等。

接着借助于关系/事件这一分析框架对“赤脚律师”与法院关系及其行动策略、与政府的关系及其行动策略、与农民的关系及其行动策略进行了分析，“赤脚律师”在实际操作中也是有选择性地接案子并采用多种策略。最后经对农村的整体法律状况进行了总体性的分析。“赤脚律师”的存在，实际上反映了一种“迎法下乡”的状况，也就是说农民对法律不再敬畏，而是在开始逐渐地使用法律这一武器来维护自己的权益；由于目前农村法律服务的现状，加之“接近正义”的要求，从而使得“赤脚律师”这一群体具有不可替代的功能；文章还认为一般误将“赤脚律师”与农村中的黑律师混为一谈，其实这两者是两个不同的概念，他们的行为运作的逻辑、目的等都是不同的；以周广立为代表的“赤脚律师”自身以及环境等原因都使得这一群体的生存越来越难，因此国家、社会需要对这一群体加以合理的帮助、引导和指导，如果否定他们的法律热情、不承认他们所发挥的特有的功能对我国的法治建设是不利的。

第十章 传统与法

“法”作为一种文化，是一个连续不断的动态过程。文化既是一定社会、一定时代的产物，也是一份历史遗产，但更重要的，它又是一个连续不断的积累过程。每一代人都出生在一定的文化环境之中，并且自然地从上一代人那里继承了传统文化。同时，每一代人都根据自己的经验和需要对传统文化加以改造，在传统文化中注入新的内容，抛弃那些过时的不合需要的部分。所以法文化应该被视为一个连续体，传统与现代在这个连续体中只具有相对的意义，彼时的传统往往延续至现代，此时的现代又往往成为后时的传统。因此传统法文化和现代法文化从学理的层面上来看，并非是界限分明、二元对立的。这样，法律社会学在从社会对法律的作用的静态分析时，也特别关注已沉淀下来并成为社会文化一部分的历史传统对法律的意义。在本章中我们主要讨论：第一，在我国法治现代化进程中对传统法文化的评价；第二，我国传统法文化如以礼入法、礼法融合的礼法传统，德主刑辅，明德无讼的德治主义传统等。

一、我国法治现代化进程中对传统法文化的评价

法律的发展不是孤立的，它与社会诸多因素交织在一起发生作用，但就传统对法治现代化影响而言，有学者提出两种类型说，即内源型的法治现代化和外源型的法治现代化。

内源型的法治现代化是指在一国内部社会需要的基础上，通过自发地和自觉地对法律精神、制度和体系的渐进变革所实现的现代化。由于不存在外部压力，其动力主要来源于社会内部，因而属于主动型法治现代化模式，西欧各国和美国的法治现代化可归入此类模式。

外源型的法治现代化是指在一国内部需求不足的情况下，由于外来因素的冲击和强大压力而被迫对法律制度和体系所实行的突变性改革。一般说来，这种法治现代化根本没有或者很少在法律精神、观念或意识方面实现真正的现代化转变，因而是一种被动型法治现代化模式。中国清末和日本明治维新的变革及第三世界各欠发达国家晚近时期的法治现代化可归入此模式。

应该说，一个社会或一个民族的法律制度和法律观念是与其自然地理环境、文化传统、生活生产方式、社会结构、国家组织形式等人文社会环境相适应的。我们不能简单地说，某国的法律好或不好。将一种植根于与自身截然不同的自然人文社会环境中的法律文化移植过来，它的一个直接后果，可能就是"水土不服"。法治现代化模式的讨论必然要提出如何处理传统与现代的问题。

其实，法律文化有三个层次，即法律规范的现代化、实际制度的现代化、法理念或法观念的现代化。中国法治现代化经过清末沈家本修律、民国时期国民党制定"六法全书"之后，直至新中国成立后在中国共产党的领导下，社会主义法治现代化建设基本完成了前两个层次领域的现代化任务。相对于前两个层次的现代化所取得的成绩来说，第三个层次的现代化却是严重滞后的。培育现代法律思想、法律观念或法律意识是法治现代化的核心，同时也是最不容易、最需要时间的，因此是一个渐进的过程。

不少学者对这个问题的分析对我们是有启发的。日本著名的法学家川岛武宜先生认为，要实现法治现代化不是制定一套完备的典章制度就万事大吉，更重要的是要致力于改变意识形态，即培育现代法律意识。另外，对于外源型法治现代化的国家来说，由于该社会在未受到外来法律文化冲击之前，就已经形成了具有自身特色的被称为"传统的"法律文化，虽然随着对外来法律文化的吸收和本国社会经济文化环境的变迁，作为一个整体的传统法律文化已经不复存在，但其中的一些组成部分尤其是核心部分——法律思想、法律观念或法律意识，仍将长期影响人们的法律态度和法律行为，从而影响该国法律的运行和法律实施的效果。比如墨西哥的宪法虽然全盘照抄美国宪法，但却并没有达到预期的效果，其中一个很重要的原因就是，国民并没有形成与之相适应的宪法意识。正因为文化尤其是精神文化因素的顽强性和滞后性，所以要在一个法治现代化外源型国家里培育现代法律意识，是一个渐进的过程。在这个渐进的过程中，如何处理传统与现代之间的关系就很重要。

在对当代建设中国法治现代化目标的思考上，也涉及传统与现代的关系问题。中国法治现代化的目标是"依法治国，建设社会主义法治国家"。法治理论最早萌芽于柏拉图的《法律篇》，在该文中他提出了"服从法律的统治"思想。其弟子亚里士多德在《政治学》中发展了这一理论，完整地提出了法治的两层含义："已成立的法律获得普遍的服从，而大家所服从的法律本身又应该是制定得良好的法律"①。由亚里士多德提出的法治观念后经西赛罗、哈林顿、洛克、孟德斯鸠、戴雪、拉兹、富勒等人的进

① 亚里士多德：《政治学》，商务印书馆1965年版，第199页。

一步阐发，逐渐发展成为一个博大精深的现代法治理论。现代法治理念的核心价值观是“法律至上”、“法律被信仰”、“法律之所以被信仰，仅仅因为它是法律”，也就是滋贺秀三所说的“守法精神”。我国有学者概括了法治的十大要素即：有普遍的法律、法律为公众知晓、法律可预期、法律明确、法律无内在矛盾、法律可循、法律稳定、法律高于政府、司法威权、司法公正（夏恿，1994）。在我国古代，先秦法家也曾提出“法治”理念，但法家的法治精神与现代法治理念截然不同。现代法治理念中的“法”具有至高无上的权威，凌驾于任何政治权力之上。而法家眼中的“法”仅仅是一种治理国家、维持社会秩序的工具（法律工具主义），服从于政治权力。所以法家所提倡的“法治”与儒家提倡的“礼治”在本质上是一致的，都是“人治”。因此在我国传统法律文化中并没有现代意义上的法治理念。

那么，在缺乏法治历史传统的中国，怎样来实现“建设社会主义法治国家”这一法治现代化的目标？正因为现代法治精神原生于西方社会，所以我国在建设社会主义法治国家的过程中必须学习、借鉴甚至移植西方国家先进的法律制度和法治经验。这在我国已经基本上达成了共识。但问题是，在学习借鉴西方法律文化建构中国法治社会的过程中，如何对待中国的传统法律文化？大多数学者认为，当代中国法治建设必须立足于本国的法律传统。虽然学者们对中国传统法律文化的总体评价往往贬大于褒，否定多于肯定，但是基本上都不会赞同抛开传统法文化，完全按照西方的法治理念来建构当代中国的法治社会模式。

二、我国传统法文化的主要内容及分析

法律社会学强调传统对现代法律发展的意义，这样研究和了解传统法文化的主要内容就显得很重要。这里分析几个有代表性的观点。

1. 以礼入法、礼法融合的礼法传统

以礼入法、礼法融合是中国传统法律文化的最重要的特色之一。可以说，礼与法的结合在中国经历了三个阶段。第一个阶段为夏、商、西周的“礼治”时代，此时的“法”仅仅是作为礼治体系的一个组成部分而存在。夏、商、西周，尤其是西周的“礼”可以分为两部分。一是“礼义”，即礼的宗旨、礼的精神；二是“礼仪”或“礼制”，即礼的条文、外在规范，其中包括了法的内容。这时的“法”或“刑”构成礼治的一部分，还未从“礼”中分离出来，也就根本不存在后世的礼法之争。第二阶段是春秋至秦的“法治”时代。春秋战国至秦是礼治崩溃，法治迅速确立并发展的时代。春秋至秦统一，儒法两家之争以法家的胜利而告终。这场争论对中国古代法律发展最具有意义之

处，在于原本依附于礼治的“法”获得了独立的发展的机会。但是应该注意的是，法家的“法”并不是我们今天意义上的“法”。法家之“法”泛指制度，偏重刑罚，并且法家的法治与君主专制是相辅相成的。第三个阶段是汉中期以后礼法融合时期。汉武帝“独尊儒术”之后，儒家思想成为统治中国两千多年的唯一正统思想。儒家的礼治思想与法家的法治思想虽然在很多方面有差异，但两者都是以维持社会秩序为目的的，而且儒家并不排斥通过法治的方式来达到礼治的结果，就像西周时期法治就是礼治的题中之意一样。这些都成为礼法融合的基础。自汉时起，礼法融合的进程始终没有停止。礼法融合主要有两条途径：一是立法以儒家提倡的伦理道德为指导；二是在司法实践中引经决狱，体现礼所提倡的精神。因此，自汉以后，人们所说的“礼”多偏重于礼义，即礼的宗旨与精神，也就是传统法的精神之所在。自此，儒家的精神、法家的制度构成了中国传统法的主要内容。

礼起源于氏族社会求神祈福的祭祀习俗。《说文解字》中说：“礼，履也，所以事神致福也，从示，从丰。”原始社会的人们在历次的祭祀活动中，逐步形成了有关饮食、衣着、音乐等方面的礼仪规范，后来人们又将这些礼仪规范扩展到其他社会生活领域，成为人们共同遵守的生活规范。国家产生之后，奴隶主对这些礼仪规范加以选择、改造并赋予国家强制力，这样就变成了奴隶制社会的习惯法。传说中的“周公制礼”就是国家整理和认可的习惯法。因此，在有制定法之前，礼就是法，故有“礼法”一说(见《荀子修身》：“礼者，所以正身也，……是无法也……故学也者，礼法也”)。这种礼法是从社会生活中生长或形成起来的，所以礼的精神、礼的原则是与当时的社会结构相吻合的。“周公制礼”时期的西周社会是一个以宗法家族为本位的血缘等级社会。因此当时的“礼治”的两个最基本的原则就是“亲亲”和“尊尊”。“亲亲”维护的是血缘家族内部的父子兄弟关系，该原则要求子弟孝顺父兄，即父慈子孝、兄友弟恭，核心是“孝”；“尊尊”维护的是上下等级秩序，要求下级必须尊敬和服从上级，特别是天子或国君，不得僭越，不得犯上作乱，其核心是“忠”。先秦儒家继承了西周的礼治思想，将礼作为调整五伦(君臣、父子、夫妇、兄弟、朋友)关系的行为准则。后来汉代大儒董仲舒将礼之精神概括为“三纲”(君为臣纲、父为子纲、夫为妇纲)作为立法的指导思想。总的来看，由于当时的社会是一个等差社会(无论是家庭或家族还是奴隶制国家或封建制国家)，所以产生于该种社会中的治理手段“礼”的功能就是维系这种差异，从而达到维持社会稳定的目的。比如“礼者所以定亲疏，决嫌疑，别同异，明是非也”；礼者“序尊卑、贵贱、大小之位，而差外内、远近、新故之级者也”；“上下有义，贵贱有分，长幼有等，贫富有度，凡此八者礼之经也”；“非礼无以节事天地之神也，非礼无以辨君臣、上下、长幼之位也，非礼无以别男女、父子、兄弟之亲，婚姻疏数之交也”[1]。从中可以看出，礼所遵循的是差异性原则，即因每个人的社会地位和身份地位不同而制定不同的行为规范。因此以礼为指导原则而制定的法必然也不可能是体现一致性的规则。这在以礼入法的集大成者《唐律疏议》中有集中的体现。比如“八议”、“请”、“减”、“赎”、“官当”、“免官”制度就集中体现了法律维护官僚的特权地位，“五服”制度即根据血缘上的尊卑亲疏用不同的法律进行调整，还有在良贱之间实行同罪异罚等。

综上所述，中国传统法是在礼的指导下制定的，礼借助法的刑罚威慑力量加以推行，法是礼的外在表现形式，礼法互为表里。因为礼的最基本的精神是等差性，所以它的外在形式——法所体现的也只能是特殊性。这种特殊性与现代法治所提倡的普遍性、同一性是相悖离的。社会主义法治倡导的是“法律面前人人平等”，它要求对合法权利的保护和对违法行为的惩处援用同一法律标准，这是基于现代社会中人与人之间的平等关系而产生的一种全新的法治意识。然而，传统法律文化中的“官贵民贱”、“刑不上大夫”等特权思想仍然没有彻底消亡，从而严重阻碍了我国的法治现代化的进程。因此，对于礼法传统中所遗留下来的特权思想还需要进行批判和清除。然而，也并不是说礼法文化当中没有一点可取之处。

虽然从现代的角度来看礼法传统有很大的历史局限性，但我们也可以从中发现一些体现我们中华民族优秀传统的成分，把它们整合进现代法治社会建设之中。第一，蕴含在礼治传统之中的重视秩序的精神（传统“礼”主张各处其位，各尽其责，不得互相僭越）是我国民族传统中的可贵精神，可以成为现代市场经济建构过程中竞争有序的内在支柱，应当予以高扬。第二，“礼”的精神中有尊老爱幼、孝敬父母、夫妻互爱、讲求信义的合理成分，这对于市场经济条件下巩固和完善家庭伦理关系具有积极意义。第三，“礼”所规范的权利义务关系是双向的，而非单向的。比如它既规定了子对父要孝，同时又规定了父对子也要慈；下级对上级要忠，上级对下级也要仁；弟对兄要恭敬，兄对弟也要友爱等。这体现了“礼”的一种全面的和互相制约的秩序精神，与现代社会管理的要求也十分切入。

2. 德主刑辅，明德无讼的德治主义传统

德主刑辅的德治主义传统，从资料上看，最迟在西周时期就已经牢固地确立起了“明德慎罚”的原则。这一治国原则首先由周公明确提出，《尚书·康诰》有记载：“惟乃丕显考文王，克明德慎罚。”后世“德主刑辅”的治国理论体系的形成即导源于此。德主刑辅是古代的政策导向。从周公的“明德慎罚”，到孔子的“为政以德”，再到汉以

① 《礼记·乐记》；董仲舒：《春秋繁露》卷九，《奉本》；《管子》卷三，《五辅》；《礼记·哀公问》。

后的"德主刑辅"，是一脉相通的。德主刑辅思想反映的是在治国取向上道德和法律（刑罚）的关系问题。德与法（刑）的作用对政教来说，前者既是根本目的又是根本手段，而后者只是一种使用的工具手段而已，但是就两者的关系来说，德为主，刑为辅。德主刑辅的德治主义传统主要体现在以下几个方面：

第一，重视道德教化，反对不教而杀。在道德教化和刑罚威慑这两种治理手段之间，以儒家为代表的德治主义者强调前者。他们认为，重刑名是以力服人，以刑威人，不能得民心，只能得到压服的暂时效果；而施德教，行德政，才能得民心，求得尊卑、上下、亲疏、远近等人际关系的和谐，这更有利于国家的长治久安。孔子对这一观念表达得最为明确："道之以政，齐之以刑，民免而不无耻；道之以德，齐之以礼，有耻且格。"①《唐律疏议·序》中说得更明白："德礼为政教之本，刑罚为政教之用，犹昏晓阳秋相须而成者也。"即礼德为本，法刑为末。德治主义者不仅在教化和刑罚这两种治理手段之间更倾向于选择前者，而且，他们强调只有在教化不起作用的时候才能使用刑罚，先教后诛，反对不教而诛。比如孔子就曾经说过："不教而杀为之虐"，提倡"有教无类"②。当然，德治主义者在强调德教的第一位时，并没有完全排斥法律。比如西周统治者虽然是"秉德"治国，但也包括对老百姓适当运用刑罚。周公就曾对康王说："告汝德之说，于罚之行。"③儒家代表人物孟子更是明确提出："徒善不足以为政，徒法不能以自行。"④不过在一般情况下，德治主义者还是认为刑罚是教化的辅助手段，其作用在于促成德治。即"刑者德之辅"。另外，德治主义者对实施教化者提出了更高的品德要求。他们主张"唯仁者宜在高位"，要求君主应具备圣贤之品德。按照他们的观点，人君有"不忍人之心"，才能行"不忍人之政"⑤，而且人君的道德风范、表率作用是使庶民接受教化和推行政令法禁的重要条件。因此，只有内圣才可外王。

第二，"宽减刑罚"的慎刑主张。这一主张是儒家提倡的"仁"在立法和执法上的重要表现。"仁"的最基本含义，就是"爱人"，即重视人的生命。因而，欲施仁政则必须减轻刑罚，废除苛法酷刑。汉文帝废除枭首、宫刑等酷刑，推行刑制改革都是以"仁"为理论根据的。因此中国成为世界各文明古国中率先废除肉刑的国家。

第三，"原心论罪"、"执法原情"的司法原则。在司法过程中，法律与道德发生冲突如何处理？德治主义者认为，法律只不过是道德的文字化，法律的目的在于辅佐道

① 《论语·为政》。
② 《论语·卫灵公》、《论语·尧曰》。
③ 《尚书·康诰》。
④ 《孟子·离娄上》。
⑤ 《孟子·公孙丑上》。

德的实现，因而道德是“本”、“纲”、“体”，法律不过是“末”、“目”、“用”。当两者在某一具体案件适用上发生冲突时，应该曲法全德。“原心论罪”是指判断罪与非罪主要是看行为的动机是否符合道德，后果倒在其次。这一原则在西周时期就开始形成。《礼记·王制》载，周公定罪量刑的原则是：“凡听五刑之讼，必原父子之亲、立君臣之义以权之。”西汉董仲舒对这一原则作了进一步发挥，创造了著名的“春秋决狱”。《盐铁论》将这一原则更加具体化：“《春秋》之治狱，论心定罪。志善而违法者免，志恶而合于法者诛。”这一原则实际上是以道德来解决法律问题。

中国传统法律文化中的“德主刑辅”的德治主义传统，对于当代我国法治建设具有重要的借鉴意义。消极意义在于：“德主刑辅”思想以及泛道德主义倾向与现代法治中的“法律至上”理念发生激烈冲突。“德主刑辅”强调在处理人际关系、社会关系时以伦理道德为主要的行为标准，在司法过程中主张执法者可以超越法律以道德标准来定罪量刑，用道德来解决法律问题。这些思想必然会影响到人们在日常生活中选择行为尺度时，往往会首先或主要从传统道德角度考虑，而很少想到法。这必然会导致法律虚无主义和法律泛道德主义，道德与法律之间界限模糊，甚至道德成为法律的化身，道德取代法律，从而极大地淡化法律在人们心目中的威信。这种法律虚无主义和法律泛道德主义的思想长期积淀，直至现在仍然影响着人们对道德和法律的价值取向，依法办事的行为准则仍然处在与传统道德、人伦关系等因素的较量之中，因此成为人们法制观念淡薄的又一重要原因，这与现代法治所内含的“法律至上”的理念是格格不入的。

但我们也要关注其中包含的积极意义。第一，“德主刑辅”传统强调道德教育的规范作用有助于我们打破“法律万能主义”的神话，有利于社会的稳定。人类社会中调整社会关系的手段是多方面的，但主要是法律和道德这两种行为规范。两者如鸟之双翼、车之双轮，对维护社会秩序均发挥着重要的作用。但是近些年来由于过分强调法律的作用，出现了“法律万能主义”的思维倾向。我们说，没有法律是万万不能的，但法律也不是万能的。法律只有和道德等其他规范结合起来才更有利于维持社会秩序，治理国家既离不开法律，也离不开道德。法律主要靠“他律”，靠外在的强制力发挥作用；道德靠“自律”，靠内在的自觉来发挥作用。法律是事后处罚，具有惩戒功能；道德是泯灭于未然，具有预防功能。法律和道德各自具备不同的特点，决定了两者可以相互补充、相互配合，最大限度地发挥作用。历史证明，单纯的、孤立的德治和法治都不可能将国家治理好。虽然现代社会的法律已不是单纯的一种被动和辅助的统治手段，也不仅仅具有惩戒功能，而成为社会统治和治理的主要的和主动的方式，并且普及到了社会生活的各个方面。但是，我国传统思想中重视道德教化的作用，主张加强思想道德教育的功能，提出把引导教育放在第一位的观点，无疑有其积极的现实意义，对于我们今天那种单纯看重政治手段和法律、一味强调严明法律而忽略教化预防的观念是一种矫正，应该成为我国现代法的精神的重要内涵。第二，德治传统在强调慎刑恤民以及统治者自律方面也有可取之处。主张“先教后诛”，反对“不教而诛”，反对严刑苛法都体现了“亲民”、“爱民”的民本（人本）主义思想。虽然当时儒家主要是站在统治者的角度来提出“仁者爱人”的思想，目的也是为了能使封建统治秩序能维持得更久，但是，这种“仁者爱人”所包含的珍惜人的生命、尊重人的人格的人本主义精神却可以超越时代局限性，为任何一个时代所吸收。另外，德治传统还强调统治者本身要用道德的高标准来修炼自己，只有成为内圣才能为外王。一个好的统治者还必须是道德的楷模。这对于我们当代也有启示作用。即使在现代社会中，榜样的作用也是不容忽视的。用道德评判为政者的优劣和为政的得失正是中国传统文化的开明之处，这一传统的更新利用将有利于形成群众对干部违法和违纪行为的监督，杜绝某些干部以权谋私现象的发生。

3. 明德无讼，重视调解的法律传统

主张德治者一般视法律在道德教化没有效果的情况下，万不得已才采用的下下之策，法律本身是件“恶事”，是应当被消灭的。他们的理想是通过德治，胜残去杀，从而达到一种“无讼”的境界。孔子首先提出“无讼”的理想。他说，“听讼，吾犹人也，必也使无讼乎”[①]。后来朱熹在《论语集注》中引用他人之说对孔子的这一思想解释道：“范氏曰：听讼者，治其末，塞其流也。正其本，清其源，则无讼矣。”所以，“圣人不以听讼为难，而以使民无讼为贵”[②]。从此，明德便与无讼联系在一起，成为政治清明的表征和执政者追求的目标。因此，由明德必然会派生出无讼的要求。在复杂的现实生活中，孔子所设想的无讼的理想只能是一种空想。虽然无讼理想是无法实现的，但是息讼和减讼却是可能的。为了达到息讼或减讼的目的，一是实施道德教化，即以德化民，正风俗，端人心，使人产生以讼为耻的耻讼、厌讼心理，从而达到以德去刑的目的；二是通过调解使轻微刑事和民事诉讼案件消灭在公堂之外。因此我国的调解传统则由来已久。

在周代，官制中就已设有“调人之职，司万民之难而谐合之”，即设有专门负责调解事务的官员。此后各朝代，无论是官吏还是普通百姓都乐于用调解解决纠纷。在我国古代历史上，调解分为民间调解和诉讼调解两大类。民间调解包括乡里调解、宗

---

① 《论语·颜渊》。

② 朱熹：《论语集注》引杨氏语。

族调解和邻里亲友调解等。乡里调解，是指乡老、里正等最基层的小吏调解一乡、一里的民事纠纷和轻微刑事案件。乡里调解是历代统治者予以法律确认的调解形式，调解达成的协议对双方当事人有法律约束力，当事人不得以同样的理由和同一事实重新提起诉讼。宗族调解，是指家族成员之间发生纠纷时，族长依照家法、族规进行调解决断。官府一般承认家法族规对于调整家族内部关系的法律效力，也认可族长对于族内民事纠纷的裁决。邻里亲友调解，是指纠纷发生以后，由地邻亲友、长辈或者办事公道、德高望重的人出面说合、劝导、调停，以消除纠纷。诉讼调解又称司法调解，它是指司法机关的官吏在审理案件时，当堂对纠纷双方当事人进行调解，解决纷争。在诉讼过程中，调解劝和是司法官吏的普遍做法。传统调解制度具有以下几个特点：第一，调解所处理的案件是民事纠纷和一些轻微的刑事案件，至于十恶、强盗、杀人等重大刑事案件不适用调解；第二，调解所依据的是礼俗、家法、法律；第三，调解具有强制性，即调解并非都出于当事人的自愿，尤其是诉讼调解，它是一种强制调解，不论当事人是否愿意都要接受司法官吏的调解；第四，调解较诉讼而言，处于被广大民众和各级官吏优先考虑的地位；第五，调解机制淡化纠纷双方的权利义务关系，要求当事人忍让，通过劝和的办法折中妥协地解决私人之间的纠纷，从而达到息事宁人的目的。传统调解制度的产生有其文化和社会背景，其文化背景就是在我国传统“天人合一”的哲学观下形成的“和合文化”。“天人合一”追求的是人与自然的和谐，将之推演到人类社会生活，便是人与人之间的和谐，即人际和谐、社会和睦。孔子曾说，“礼之用，和为贵，先王之道斯为美①”。在这种以和谐为核心内容的和合文化背景下，古代中国必然会形成不同于西方的解决纠纷的解纷方式或解纷机制。在西方社会，人们往往寻求诉讼方式解决纠纷，而在古代中国，诉讼意味着对和谐的破坏、对和谐秩序的背叛，这是因为诉讼本身意味着双方当事人的矛盾冲突与对立。于是，无讼状态是古代中国社会的必然要求甚或是理想状态。然而，无讼本身并不表明社会不存在冲突和纠纷，一旦遇到纠纷，人们自然会选择既能解决纠纷又能保持和谐的解纷机制，这种解纷机制就是调解。传统调解制度的产生还有其深厚的社会基础。主要是包括自然经济和宗法制度。在以自给自足的自然经济为基础的社会是一个封闭的、非流动的、相互依赖的、强调义务的熟人社会，在这种熟人社会里，人们往往缺乏应有的独立性，权利意识极为淡薄，而且表现出求安定、求稳定的社会心理。由于诉讼观念的强弱一定程度上是同权利意识的强弱成正比的，因此，在此社会里生活的人们不太可能选择诉讼作为主要的解决纠纷的方式（刘敏，1999）。同时，由于“家族本

① 《论语·学而》。

位”的宗法社会结构及其观念的影响，民间纠纷也多诉诸家族调解，而尽量避免对簿公堂。当然，诚如有些学者(范忠信,2001)所指出的那样，人们息讼或减讼、倾向调解的原因也在于害怕诉讼。长期以来在老百姓的心目中，法就等同于刑。此外，“八字衙门朝南开，有理无钱莫进来”，“一年官司十年仇”等都是被人们广为接受的祖训。因此老百姓渐渐形成了惧法、厌法的心理。

这种无讼的价值取向以及重视调解的法律传统，对我们当今法治建设也有着正面的意义和反面的影响。

消极影响在于：第一，这种无讼的价值取向往往使人们形成以讼为耻、以讼为结怨的观念，不容易树立起现代法治所倡导的用法律来保护自己合法权益的法律意识。目前社会上出现的“私了”现象，很大程度上就是受这种息讼或厌讼思想的影响。这些不借助法律来解决纠纷，而诉诸法律以外的手段的私了现象，与现代市场经济所要求的把社会的政治、经济、科学、文化、教育以及人们日常生活的重大环节都纳入法制轨道是根本对立的，与国家的法制建设也是背道而驰的。第二，传统调解制度是以义务本位为价值取向的，这也是与现代市场经济和法治要求相悖的。传统调解制度重义轻利，企求息事宁人之效果，不利于维护当事人正当的权利和利益，扼杀人们权利意识或权利观念的生成，从而不利于现代法治的形成。第三，传统调解制度侧重于道德教化，即以礼俗、家法等为依据进行道德说教、劝和。这种重道德轻法律的传统调解制度极不利于培养人们的法律观念，同时也妨碍专门从事法律职业的律师群体的形成。

积极意义在于：第一，无讼或息讼所反映出来的“和为贵”、“中庸之道”的价值取向，对现代社会的矛盾和冲突具有一定的预防作用，可以形成社会中人与人之间相互宽容、谅解的风尚，造成和谐自然的人际关系，从而加强社会团结和稳定。第二，传统调解制度符合我国的民族社会心理，它对于促进人际关系的和谐、维护社会生活秩序发挥了不可低估的作用。在现代市场经济条件下，我们仍然需要人际关系的和谐、社会的和睦以及社会秩序的稳定有序，调解制度在这一方面仍然有其重要作用。不过我们在吸收传统调解制度的精神的同时，也需要进行一定的创造性转化。比如调解必须建立在当事人双方完全合意的基础之上；调解必须依法进行；调解应注重效率等。经过转化之后，我国已经建立起了具有中国特色的当代调解制度。如，《中华人民共和国民事诉讼法》第 9 条规定：“人民法院审理民事案件，应当根据自愿和合法的原则进行调解；调解不成的，应当及时判决。”第 16 条规定：“人民调解委员会是在基层人民政府和基层人民法院的指导下，调解民间纠纷的群众性组织。人民调解委员会依照法律规定，根据自愿原则进行调解。当事人调解达成的协议应当履行，不愿调解、调解不成的或者反悔的，可以向人民法院起诉。人民调解委员会调解民间纠纷，如有违背法律的，人民法院应当予以纠正。”

4. 重刑轻民、重义务轻权利的公法传统

重刑轻民、重义务轻权利的公法传统也是我国传统法文化的一个显著特征。一些西方学者认为中国古代几乎没有民法，只有刑法、行政法等公法。比如美国学者费正清说：“中国几乎没有保护公民的民法，法律依然主要是人民想尽可能避开的行政法规和刑法。”日本著名法学家滋贺秀三也认为：“中国所谓的法，一方面就是刑法，另一方面则是官僚统治机构的组织法。”①中国古代法律虽然不像西方学者所断言的那样“只有刑法，没有民法”，但重刑轻民的确是历史的事实。《说文解字》就说：“法，刑也。”又说：“刑，法也。”中国古代的法，从最早的《法经》一直到清末的《大清律例》，无一例外的都是刑法典。其中尽管有些朝代的法律中也有关于婚姻、家庭等民事的规定和有关行政组织、诉讼程序的内容，但都是刑法化了的，也就是用刑责来处罚非犯罪的其他违法行为。在中国人的观念里，没有刑罚，不具有惩罚性的，就不是法律。这种重刑传统与我国国家和法制的起源是有着密切联系的。中国最早的法律产生的前提是在氏族战争中取得胜利的一方所建立的“宗法制国家”。在这样的国家里，原先的氏族长成了国王，为了维护他的统治地位，迫使其他成员对他绝对服从，就制定了以暴力惩罚为内容的法，即“刑”。所以法最初的形态就是以维护公权即国家的统治权为首要任务的刑法。而在西方，最初的国家是握有政治特权的氏族贵族与政治地位低下但又财力雄厚的平民这两大集团相互妥协的结果。在这种国家里，为了协调社会各集团的利益，划分、确定和保护各阶层的权利，就形成了以权利保护为主要内容的私法体系，它们虽然也有以惩罚犯罪为内容的刑法，但并不占主要地位，而以民法为首的私法则成为其法律的核心。中国自从建立国家以来，实行的政体就是君主专制主义，因此为了保护君主和专制国家的利益不受侵害，所以就特别强调以惩恶为目的的刑法。至于私权观念则较为淡薄，私人之间的财产纠纷，被视之为“细故”，常常依据礼的规范或习俗进行调处，而缺乏必要的法律调整。以致民事法律处于零散状态，没有形成私法体系。

与重刑轻民相应的是重义务轻权利。传统社会中的法几乎等同于刑、律，都是以暴力、惩罚、强制、专政为特征，法律条文多禁止性规范，而少权利性规范，强化权威服从和履行的观念，强调个人对家庭、社会和国家的义务，而忽略和轻视人的独

① 费正清、赖肖尔：《中国：传统与变革》，江苏人民出版社1992年版，第57页；滋贺秀三：《中国法文化的考察》，《比较法研究》，1998年第3期。

立人格、自由、尊严和利益。即以义务为本位。法律规定了庶民对国家的义务，如纳税、守法、尽忠、服徭役、兵役等；也根据个人在家庭（家族）中的地位规定了卑幼在家中应尽的种种义务，比如孝亲、尊上、敬祖、守制等，这些义务都是法定的义务，必须履行，违者要受到严厉的刑法制裁。与法定的义务相比，权利就显得微不足道。比如，凡是涉及庶民的民事纠纷、经济权利等，国家均视之为细故，能调解则调解之，即使诉讼也只一审终结。对卑幼的权利，法律也同样予以漠视，无论是经济权、婚姻权都应以家长的意志为准，甚至人身权也缺乏保障。而作为社会重要构成部分的广大妇女，法律并没有赋予她们以具有完全法律行为能力的独立的法律主体地位。至于名列贱籍的奴婢阶层，他们只是权利的客体，根本就不具备独立的人格和法律地位。中国古代法律重义务轻权利的特征是与当时的社会结构特征相对应的。当时的社会是一个以家族为本位、以国家（君主）为本位的家国一体的社会。在家族内部父子、兄弟、夫妇之间，在国家官僚体系中，君臣、上下、贵贱之间都不是平等的。所以在法律上也不可能出现平等的法律主体之间的相互权利，而只有单方面的权利和义务。另外与中国古代社会的经济基础也有密切的关联。中国古代社会中商品经济始终没有得到长足的发展，人们的商品意识淡薄，贱商意识浓重。没有发达的商品经济，就不可能有像样的民法，也就不可能有健全的民事权利观念。因而，与宗法性农业经济相联系的法律规范也只能是强制性、义务性的规范多，授权性、平权性的规范少。

这种重刑轻法、重义务轻权利的公法传统不利于现代法治的建设。具体体现为：第一，法与刑相等同所带来的消极避罪观念与现代法治所要培养的积极守法精神的激烈冲突。在漫长的奴隶社会和封建社会里，刑事法律规范相对于其他法律规范来讲异常发达，因而也就强化了人们对法的恐惧与厌恶心理，老百姓对待法律就像逃避“瘟疫”一样唯恐避之不及。这种消极避罪、被动守法的心理延续至今，仍然在不同程度上影响着人们的价值取向。不少人片面认为“只要不违法犯罪，法与我无关”，而对法律采取一种避让的、无所谓的、麻木的态度。然而现代法治倡导的是“积极守法”的精神，它不仅要求全体公民具有积极捍卫法律的精神，还要求人们具有积极的权利主张精神和义务的自觉履行精神，唯有如此，社会主义法治精神才会从根本上得以弘扬，公民的法律意识才能够从根本上确立，各项法律制度的实施才会建立在广泛而深厚的群众基础之上。可见消极避罪观念与积极守法的精神是格格不入的，两者之间的冲突，已成为我国法治现代化进程中应予解决的主要矛盾之一。第二，传统的“义务本位”的法律观与现代“权利本位”法律观的冲突。在几千年“义务为本”的法律制度的压抑下，中国的老百姓长期以来缺乏“权利主体”

意识，缺乏对法定权利的积极追求和捍卫的精神，人们只有遵纪守法的法律观念，而不知法律还有赋予公民权利、保护公民权利的功能，这种观念严重妨碍了人们对法治的认识，在一定程度上影响和制约着中国法治现代化的进程。因为现代法的精神的首要因素是“权利本位”而非“义务本位”。其要义是：在整个法律体系中应以权利为起点、核心和主导。权利是目的，是第一性的因素，义务是手段，是第二性的因素，权利是义务存在的依据和意义，义务通过权利表现自己的价值。就像川岛武宜所说的那样，现代法意识中的最根本的因素是主体性意识，包括对本人权利的主张(自由)和对他人权利的尊重(平等)这两个相互关联(团结)的方面。权利本位的精神源于商品交换的本质和规律，也是市场经济条件下利益机制的必然结果，因而在大力发展社会主义市场经济的今天，主张权利本位，反对义务本位，能够从根本上弘扬人的自立意识和主体精神，认可与扩充人们活动的自由空间，而这正是现代法治的精髓之所在。

5. 权高于法、行政司法一体的人治主义传统

法自君出，权力支配法律的人治主义传统源远流长。古代中国的基本政体形态是君主专制，皇帝处于政治结构的金字塔顶峰，维护皇帝的权力、地位及个人尊严，树立皇帝的至高无上的独尊地位，乃是中国古代社会一切法律制度的圭臬。比如《唐律疏议》中规定的“十恶”中的前四恶都是侵犯皇权的罪大恶极、任何情况下都不能赦免的严重刑事犯罪行为。不仅如此，在法律与皇权之间，法律往往成为皇权的附庸而丧失独立存在的地位，法律的至高无上性被皇权的绝对神圣所代替。是谓：“有治人，无治法，……故法不能独立，类不能自行，得其人则存，失其人则亡。法者治之端也，君子者法之源也。”①历代的法典中从来没有约束皇帝权力的条款，甚至到晚清立宪，在制定的《钦定宪法大纲》中，仍然规定“皇帝权力神圣不可侵犯”。法律保障皇权神圣不可侵犯，因为传统社会中的法律本身就是出自君口的。从周朝的“礼乐征伐自天子出”，到封建时代的“圣意勿违”，“事皆决于上”，都是一脉相承的。在中国漫长的封建时代，确实出现过遵法、奉法的皇帝，如汉文帝、唐太宗，但这并不能改变法自君出的根本事实。法律是权力的附庸，一切法治秩序的兴废，都取决于君主个人的品德与才干。明末著名思想家黄宗羲说：封建国家的法律是“一家之法”，而非“天下之法”②，点出了封建法律的实质。在君权面前，法律是可以随时改变和违背的，只要理由“正当”。法律既是君主意志，由君主制定，那么君主眼下临事所作的裁决也是法律的一

① 《荀子·君道》。
② 《明夷待访录·原法》。

部分，甚至更有权威性。“前主所是著为律，后主所是疏为令。当时为是，何古之法乎！”①宋代以后，皇帝常以“出于一时之权宜”或“一时之特思”的“例”，来取代通过比较严肃正规的方式产生的刑律（此即“以例破律”），正典型地反映了君权高于法律的事实。帝王的统治要通过一系列组织机制实现，这在古代中国就形成了系统严密的官僚法制（行政组织法），促进了吏治的发达。帝王的绝对统治和吏治的发达，必然为法律世界中的人治主义提供现实的基础。人治主义传统在司法过程的运行机制上，还表现为司法与行政合一，行政长官兼理司法。在古代中国，无论在中央或地方都设有专职司法官吏。在中央，三省六部的官员可以直接参加重大案件审理，反映着行政机关对司法的全面干涉，而皇帝则拥有最高的司法审判权；在地方，专职司法官员只是辅佐行政长官审理案件，大多数情况下都是行政官吏亲自审案，并掌握决定权，使行政与司法机关合二为一。司法机关实际上成了行政机关的附庸，缺乏应有的独立性。

这种人治主义传统在我国进行现代法治建设的过程中是应该彻底清除的。但是，由于人治传统在中国大地延续了几千年，以至于新中国成立几十年后的今天，其幽灵仍不时在人们身边出现。比如，现实生活中，某些领导干部存在的“替民做主”的思想，实际上是人治思想的现代翻版。再比如，老百姓有了冤屈，不是主动依靠法律，而是希望“包公再生”、“海瑞转世”，也是人治思想的遗留。这种重人不重法，依人不依法，依言不依法的人治遗风，与法治现代化的基本要求形成了尖锐的对立，极大地妨碍着人们法治观念的培养和提高。另外，从人治主义思想出发必然会导致法律工具主义的价值观。因为法律只是权力的附庸，是为国家权力服务的。就像罗兹曼所指出的那样：中国封建统治者虽然“在很大程度上依赖法律手段，依赖刑事法典，依赖判刑和处罚，并信赖大力规范化的官方和私人行为的标准方式。尽管政府大力支持各种客观化的制度以维持行为的准则，但并没有发展出独立的司法制度，也没有出现过法律高于一切的概念。法律只是国家的工具而已，而且法律是和其他强制性工具一并由缺乏法律知识的官员去执行的”②。与西方人相信法律基本上是与人类的意愿无关，是人类理性发现的产物不一样，中国古人看待法律更多地从为王权服务的工具性和为解决纠纷的功能性来审视的，法律成为管束人们行为的外在工具。

法律工具论对中国传统社会的影响是多方面的。从法价值论的角度看，工具论

① 《汉书·杜周传》。

② 吉尔伯特·罗兹曼：《中国的现代化》，江苏人民出版社 1998 年版。

法价值观的最大历史影响是对法律专横的容忍。由于工具论法价值观对于专制统治者来说是最实用的，因此，社会统治集团最愿意理解和运用，并进而通过意识形态等一系列人为手段对之大加赞扬，最终形成传统中国人对法律工具论的普遍认同。而人们对法律工具论认同的结果是在社会生活当中不可能形成“恶法非法”的法律观念。在法律工具观念的影响下，普通民众视诉讼为畏途。在传统中国社会中，由于深受法律工具观的影响，只存在过引经注律意义上的律学，没有出现过具有独立法价值的批判法学派。法律当然是一种工具，但法律又不仅仅是一种工具。在现代中国走向法治化社会的今天，应当承认法律有超越工具性的内在特质。在一个成熟理性的现代社会当中，法律首先应被当作社会交往的普遍准则来理解。在此意义上，法律不是任何人的工具和手段，而是人类文明所凝成的基本生活规范、是人类良心的理性化体现、是社会正义所发出的绝对命令。因此，在现代法治国家中，法律不应仅仅被当作治国手段而受到尊敬，而应视为公民权利、自由、平等、公正的守护神，更应当被作为公共生活的基本准则而受到尊重和绝对信仰。

附录：点评张晓晓《民间法在民事调解案件中的体现——以烟台某基层法院案例为切入点》

众所周知，我们国家正处于一场伟大的社会转型之中，最为重要的表现就是向法治现代化过渡。但社会的转型不可能在瞬间完成，社会的转型必须在一定的时间之中予以绵延，因此传统的东西不可能立马消失，所要达到的目的也不可能在瞬间实现，所以新旧就必须在一个特定的时空之中共存，比如当下中国的市场经济与计划经济的共存、陌生人和熟人生活的共存、现代文化与传统文化的共存等。在这样一个历史的转型期，我们如何评价传统的东西则就变成了一个见仁见智的问题了。张晓晓发表在 2008 年第 6 期《山东大学学报》(哲学社会科学版〈双月刊〉)上的文章《民间法在民事调解案件中的体现——以烟台某基层法院案例为切入点》就是以民间法在当下司法过程中的作用为例来探讨传统与法的问题的。

我国的民事诉讼法是将法院调解作为一个基本的原则和诉讼程序来加以安排的，其实这也是我国诉讼制度乃至中国法治的一个颇能吸引人的特征了。但这时在进行调解的过程中以何种依据为标准就成为一个可以探讨的问题了，进行民间法研究的学者认为，民间法是可以促成调解方案顺利达成的。实际上民间法学者探讨到这一层面的问题时，另一个问题就已经凸显了出来，即在我国进行法治化的过程之中，传统的资源可能不仅不与法治化相冲突，反而有助于法治化的进一步展开。

笔者选取这篇文章进行点评是因为本文运用了法律社会学基本方法中的法律制度分析法，来分析民间法在民事调解案件中的体现。法律社会学对法律规范或制度的分析与实证法学派、哲理法学派不同，它强调把一定的法律规范放置于特定的社会现实生活中进行分析。深入研究法律规范或制度体现于其中的社会价值；与社会现实发展的要求的统一；作为法律规范客体的"社会单位"以及社会变迁；法律规范或制度现状；法律规范或制度与不同现实利益群体关系等问题。[①] 笔者试图通过对文章脉络的深入剖析，展示作者是如何运用这一方法的。

文章第一部分探讨了这样一个问题，亦即民间法在民事调解中具有什么样的作用。文章认为民间法是"非正式的法"、是"活的法"，其作为实施的社会秩序的一部分，是对事实上的权利和义务关系的确认。进而文章认为民间法具有促进司法平衡的作用，而这种"平衡"是指实现实质正义为目标的规则发现、推理和论证的过程，进而选择恰当的民间法来协助法官在调节案件中找到解决的办法，使调解过程既自愿又合法，而且能够符合公众的正义价值观，从而圆满完成司法护法和纠纷解决的职能。作者的这样一个判断是否符合当下中国司法实践的现实呢？为此，作者在第二部分对此观点进行了论证。具体而言，文章选择了一个基层法院的司法实践过程中对民间法的引荐过程以及其作用进行了描述。文章选择的观察点位于城乡接合部，同时一个高新技术区也是落户于此，因此人口构成结构比较复杂，而这种复杂的结构状况也为观察及评断民间法与现代法是否吻合的问题提供了一个绝佳的视角。文章选择了三个典型的案例来加以说明和论证，第一个案例涉及的是离婚案件；第二个案件涉及的是民间分家析产过程中所形成的法律问题；第三个案例涉及的是有关出嫁女的房产确认权的问题。文章通过对这三个案件解决过程的描述，从而反映出单纯地坚持从法律的逻辑本身出发对案件进行断定是不利于问题解决的，而在案件解决的过程中坚持制定法的立场并适当地考虑民间法的立场，或者在不违反制定法的前提下从民间法的立场出发，来解决纠纷。第三部分是结论，文章认为在法治现代化的进程中，民间法是可以在民事调解案件这个最适宜其活动的场域中作为调解的依据的，从而发挥平衡的作用，实现当事人认可的公

① 李瑜青等：《法律社会学理论与应用》，上海大学出版社 2008 年 5 月版，第 114 页。

正，最终实现社会的和谐。

经由上面对文章进行的简单描述，亦即通过文章对民间法在司法过程中所发挥的作用的阐述，我们其实是可以做进一步的推论，即在法治现代化的过程中，不仅民间法可以发挥其积极作用，而且我们的整个传统与现代化的法治目标是相互映衬的。

因此，就文章的写作目的和写作方法来看，我们会发现虽然文章是在以司法过程中的民间法的作用为说明事例的，实际上文章研究的是要在法律效果和社会效果之间谋求一种平衡。但作者只是列举了烟台基层法院的三类例子中的个案来加以说明，如果能加上具体适用民间法情况的一些分析数据，那么会使得结论更具有说服力。

论文摘要

张晓晓：《民间法在民事调解案件中的体现——以烟台某基层法院案例为切入点》，《山东大学学报》（哲学社会科学版），2008 年第 6 期。在民事诉讼过程中把法院主持的调解作为一项基本的原则和诉讼程序，是我国民事诉讼制度中一个颇具特色的重要特征。作为与国家法相对的民间法在法院调解的过程之中具有促成调解方案顺利、恰当达成等优点。文章的第一部分从抽象的理论角度论述民间法在民事调解中的作用，民间法是与国家法相对应的一个概念，民间法也可以称为民间规则，同时民间法的表现形式也是多样的，其内容涵盖了如人情、礼俗、宗法、习惯等多个领域。民间法具有促进司法衡平的功能，亦即民间法有助于法官公正地处理争议。因此，在民事争议解决的过程之中，适当地对民间法进行选择和适用，有助于追求合乎理性、民情、法律的解决方案，也是能够促进调解双方自愿达成合乎实质正义的合意。

在文章的第二部分则选择了几个具有代表性的案例进行了实证分析，即“统一”返还的纠纷、“分书”的效力纠纷以及有关出嫁女房产确认的纠纷，通过这三个案例分别对民间法存在的社会土壤以及相关的法律、司法解释进行分析。当国家法与民间法没有很好地实现互动，而是一味地依据国家法的逻辑解决问题的时候，往往并没有能实现纠纷解决的目的；而当实现国家法与民间法之间的良性互动，亦即国家法对民间法存在某种程度上的尊重和适用的时候，最终都能使纠纷得以合意的解决。

最后一部分是结语，通过对这些案例的分析，发现了社会生活之中民间法的鲜活身影；在法治现代化建设的过程中，民间法是可以在民事调解案件这个最适合其活动的场域作为调解的依据、发挥好衡平作用，从而实现当事人所认可的正义，最终实现社会的和谐。

第十一章　社会分层与法

自人类进入文明社会以来,社会分层是普遍存在的现象。不同的社会分层对法律的产生、发展以及实施会产生不同的影响。一定社会的分层,存在于这个社会的经济结构中,而这个社会的经济结构恰恰是这个社会最为深刻的现实基础。[①] 在本章中我们将研究社会分层与法律之间的繁复关系,主要探讨:第一,社会分层的内涵及其功能;第二,社会分层与法律控制;第三,转型时期中国的社会分层与法律秩序等问题。

一、社会分层的内涵及其功能

1. 社会分层的内涵

社会分层"通常指在同一阶级中,因财产状况、社会地位或谋生方式不同而区分的社会层次"。[②] 社会学家用社会分层来指存在于人类社会的个人和群体之间的不平等。[③] 社会分层现象不仅仅是社会劳动分工的表现形式,更是建立在制度、法律、规范和社会结构基础之上的比较持久的、并且已经制度化了的社会不平等关系。因此,其本质就是关于人们之间的利益或资源占有的关系。从历史发展的角度看,无论是传统社会还是现代社会,社会分层都是作为一个客观社会事实而存在的,所不同的仅仅是具体的表现形式而已。如印度的种姓制度已经至少有两千多年的历史了,在这种制度之下,印度社会被划分为四个不同的种姓制度[④];在资本主义社会以前,社会的不平等是以"等级"的形式存在的。到了19世纪,人们则广泛地使用"阶级"和"阶层"的概念来描述人们的地位和等级,这其实反映了时代的变化。但仅仅有现象的描述还是不够的,我们还应该从学理的角度指出这样的划分是依据什么样的标准来进行的。一般来说主要有两种经典的社会分层标准模式,即一元标准分类模式和多元标准分类模式。一元分类模式主要包括近代

---

① 《马克思恩格斯选集》第3卷,人民出版社1976年版。

② 李瑜青:《当代中国社会分层与和谐社会建设》载《江苏行政学院学报》,2005年第4期。

③ [英]安东尼·吉登斯:《社会学》,赵旭东等译,北京大学出版社2003年版,第357页。

④ 这四个种姓制度分别为婆罗门、刹帝利、吠舍和首陀罗。

阶级理论创始人圣西门，从语言等形成的生活方式、生活文化的差异而将社会分为贵族、资产阶级、产业者（劳动者）三个阶级[1]和马克思从生产资料占有的情况出发而对社会阶层进行的区分；多元论分类模式主要就是韦伯从财富、地位和权力的多维角度对社会阶层进行的区分，在此将对马克思和韦伯的分层标准予以引进和介绍。

（1）马克思的阶级理论标准。马克思是从阶级角度研究社会分层的，而阶级理论是建立在他关于生产方式的理论基础之上的，生产方式是指生产力和生产关系的统一体或生产力与生产关系的一种矛盾运动。马克思认为阶级的出现是在生产力发展到一定阶段而产生的。当生产力不够发达，社会总产品不能充分满足社会所有成员的需要，或社会的剩余产品还仅仅只能满足少数人的较高的需求时，社会就必然会分化为不同的阶级。统治阶级往往通过特权的方式去占有生产资料，并按照对自己有利的方式进行资源和产品的分配。

马克思还认为，阶级关系不仅仅反映社会地位等级，而且还是一种社会关系的反映。这种社会关系主要是生产关系的反映，其核心问题是占有生产资料以及由此产生的剥削和被剥削，而不是财富、劳动分工、权力等，这些仅仅是阶级关系的一个侧面、一个表象而已。另外，马克思还认为，生产方式决定分层模式，不同的生产方式有着不同的分层模式，而且由于生产力和生产关系的变化会引起生产方式的改变，从而阶级模式也就会随之发生变迁，而这种变迁是通过阶级之间一系列的活动实现的，即阶级斗争。这种斗争的结果会对社会分层模式产生本质性的影响，随着新的生产方式的建立，新的阶级模式也就应运而生了。

（2）韦伯的多维分层理论标准。与马克思强调经济因素——生产方式在社会分层中起决定性作用不同的是，韦伯认为马克思的分层理论过于狭窄和简单，认为阶级理论标准仅仅只能使用于某一领域，进而韦伯提出了多维的分层理论标准，即以财富（经济标准）、声望（社会标准）和权力（政治标准）等为依据。

在韦伯看来，任何社会都存在着三种制度或三种秩序，即经济秩序、社会秩序和政治秩序。每种秩序又各有其等级，尽管这三种秩序之间存在着千丝万缕的联系，但为了充分地理解社会分层现象，我们也必须承认每一种秩序都有自己的分配模式。韦伯的第一种分层标准是从财产、生活的外部条件和满足或挫折的主观状态等经济标准来界定阶层地位，在韦伯看来，所谓阶级就是“占有同样阶级地位的一群人”。但韦伯又认为，虽然阶级地位相同但也不一定利益就相同，在阶级的内部也可能存在竞

① ［日］青井和夫：《社会学原理》，刘振英译，华夏出版社2003年版，第111页。

争。韦伯的第二种分层标准是与法定秩序相符合，并建立在声望之上而形成的社会标准来界定阶层，对于这一阶层分类标准的研究是韦伯最为重要的贡献之一。韦伯认为所有拥有同等声望、信守同样规范的人，都可能被看成属于同一法律阶层。但声望不可能像经济财富那样可以进行客观的评判，其完全是社会判断的对象，是建立在社会共识的基础之上。韦伯的第三种分层标准是以建立在政治权力基础之上的政治标准来界定阶层的。韦伯认为在政治秩序中，权力是通过党派来体现的，政治权力一般是制度化的。政党虽然代表由阶级境况或声望境况所决定的利益，但是政治同社会阶级或法定群体并不一定就是吻合的。

当然社会分层理论发展至今，已经产生了若干种不同的理论标准，但究其根本，基本上都是对这两种经典的理论标准之中的若干要素进行的重新组合而形成的，因此，我们完全可以将现代的各种分层理论标准，视为是这两种经典理论标准的进一步延伸。

上面我们谈到了社会分层的划分标准问题，但一个社会究竟有没有形成社会分层，以及形成何种社会分层形态，就成了另外一个问题。换句话讲，我们应该以什么样的评判标准来认定这个社会已经形成了社会分层，或者说通过什么客观的、外在的现象来评定这个社会已经形成的社会分层？有学者认为我们可以从四个方面来判断，亦即阶层之间的边界、内部认同感的形成、阶层之间的流动性的减少、社会排斥以及社会阶层的再生产。[①] 具体而言，阶层之间的边界的形成往往是社会阶层结构定型化的一个重要因素，边界的形成是通过多种要素的重叠构建而成的，比如，我们可以明显区分的社会居住区的划分，以及一些无形的区分标准，如生活方式和文化习惯等；阶层内部认同感的形成，往往与阶层边界存在密切的联系，这主要表现为在阶层内部形成“我们”的意识以及对其他阶层的“他者”意识；阶层认同感的形成将导致阶层内部同质性的心态、思维方式等；阶层之间流动性的减少，则主要表现为由于阶层之间在生活方式、文化习惯、思维方式的束缚，从而导致流动的可能和机会的减少；而社会排斥与社会阶层的再生产则是阶层内部认同感的形成而导致的必然结果，同时也会使阶层的再生产变得不再困难，因为一方面生活习惯、文化习惯、思维方式的不同导致了阶层内部的重复生产变成了可能，另一方面由于资源占有的不平等，也导致了阶层再生产的重复性，恰如布尔迪厄所指出的那样，教育在阶层的再生产机制中起到了重要的作用[②]。

---

① 孙立平：《1990年代以来社会分层的三大趋势》，《天涯》，2004年第2期。

② ［法］布尔迪厄：《实践理性》，谭立德译，生活·读书·新知三联书店2007年版。

2. 社会分层：走进合理秩序还是导致无序

社会分层作为一个客观的社会事实是我们谁也无法回避的，社会分层对社会秩序产生的影响是积极的还是消极的，是一个仁者见仁、智者见智的问题。对于这个问题，我国古代也曾经有过一些素朴的思想，比如“不患寡而患不均”等，其实就是认为社会分层对社会秩序有消极影响，这些思想并没有能够形成系统的理论而仅仅是零星的表达。在西方，对于该问题的认识则形成了不同的理论派别，影响比较大的有功能理论、冲突理论以及超越两者的进化理论等。

(1) 功能理论对社会分层的理解。功能理论论者认为，既然社会上的地位差别、收入差距和贫富差距等是一种长期存在的普遍现象，那么社会分成不同的地位等级就是合理的，而且其作为社会的一个构成部分还必然会对社会产生某种功能，并能满足社会的某种需要。功能理论论者还认为在社会所必须进行的全部社会活动中，由于社会发展的需要，有些活动就要求从事者必须具备特殊的品质、才能或专业知识，而有些活动则没有什么特殊的要求从而任何人都可以胜任。同时对于不同技术水平、能力和担负不同责任的人，社会给予的劳动报酬也是不一样的，每种报酬是与其地位、贡献以及能力是成正比的，这就必然会产生差别，从而导致社会分层现象的出现。此外，功能理论论者还认为，这种分层对于整个社会的发展是有积极意义的，它能够激励人们积极向上、提高自己，从而促进社会的整体进步。在这一共识的原则之下，不同的功能理论论者具体地阐述了自己对社会分层的认识。

帕森斯强调了社会分层标准中价值观的作用，其虽然承认人们在财富、权力等方面的差异，但其认为这仅仅只是一些次要的差异，最为重要的差异则是社会地位的高低，而这种地位高低的形成则是人们根据这个人所能做到的与社会上占统治地位的价值观相一致的程度决定的。

戴维斯和莫尔则认为，任何社会中都有一些工作比另外的一些工作重要，某种社会角色需要有特别的天赋或者训练有素的人才能承担。作为承担这些特殊角色的人，为了达到这些角色的要求，就必须要承担和付出一些额外的劳动。那么社会怎样才能使他们愿意去付出、愿意去承担这些角色呢？戴维斯和莫尔认为，可以通过给这些占据社会最为关键的能人提供更多的实质性的刺激，比如高薪、权力等。因此社会分层就不仅是不可避免的，而且事实上对于社会的正常运作也是必要的。

(2) 冲突理论对社会分层的说明。在实际生活中，是否真的如功能理论认为的那样，位置高的将能够获得较高的社会地位？冲突理论对此是持否定态度的。冲突理论论者认为，在社会中财富、声望和权力的获得是因为这些东西的持有者取得了对稀缺性资源的垄断，并且为了他们的利益而不让这些资源扩散，因此权力起了决定性作用。

冲突理论与功能理论不同之处在于，冲突理论认为社会不平等并不是社会运行所必不可少的产物，它实际上是强势群体对弱势群体剥削的结果，因为强势群体决定着哪些人将占据哪些位置以及谁将得到什么样的报酬。因此，冲突理论论者完全不认同功能主义论者认为的报酬的不平等既是合理的又是必要的观点。

其实大多数当代冲突理论都从马克思的理论之中获取了灵感，为了更好地反映20世纪后期的经济、政治和社会现实，像达伦多夫①、米尔斯②等的现代冲突理论都对马克思的理论作了进一步的拓展。他们都认同马克思关于分层制度的主要观点，除了强调经济因素之外，同时还吸收了其他分层理论之中的合理因素，比如性别、年龄等。在达伦多夫看来，权威分配的不平等在社会中是普遍存在的现象。这种不平等的权威资源分配必然会导致不平等的权威和权力结构，从而产生地位不平等的群体并引起社会的分层。由于权威是任何时候、任何社会、任何一种社会组织普遍具有的一个要素，因此任何社会、组织和单位都存在着这种地位不平等的群体。也就是说，任何社会都可以看成是由两部分人组成，其中一部分是权力的拥有者，另一类则是丧失权力的被统治者。由于任何人都不愿意使自己永远居于一种受支配的地位，因而在这种结构中对立的角色之间，必然会为了自己利益或维持或争夺权威结构中的支配权，从而就会导致社会冲突。

冲突理论虽然有时也会承认某种程度上社会的不平等不可避免，因为事实上人们在才能和技术方面确实有时是有很大的差距的。但是“所有的冲突理论家都认为，最好把结构性的社会不平等理解为强者和弱者之间的不平等斗争的结果。他们都同意，除了那些想证明自己所占有的非分巨额社会需求物品是正当的人之外，谁也不会为不平等辩护，这是现代社会的特点。”③

(3) 超越的进化理论。功能理论认为社会分层是必然存在的，而且社会分工会影响社会分层的形成，同时社会分层能促进社会与个人功能的进一步发挥；而冲突

---

① 达伦多夫为德国著名的社会学家，其认为社会冲突和社会变迁是社会的常态。主要著作有：R. Dahrendorf (1959) *Class Conflict in Industrial Socity*, Standford University Press。

② 米尔斯为美国的社会学家，其主要著作有《社会学的想象力》，陈强等译，三联书店2005年版；《权力精英》，王崑等译，南京大学出版社2004年版等。

③ [美]戴维·波普诺：《社会学》，李强等译，中国人民大学出版社2003年版。

理论却认为阶层的存在虽然是普遍的，但却不是必须的，而且社会分层会影响社会秩序，以及阻碍社会与个人功能的发挥。除此之外，功能理论也认为分层是经由进化过程而改变，冲突理论却认为分层需要革命来改变。① 面对功能理论和冲突理论各执一词的见解，我们能不能寻找一种居中的解释，或者更为准确地讲，就是能不能发现一种既包含这两种理论，同时又超越这两种理论的观点呢？为此许多学者开始反思，伦斯基的思考和理论则代表了这样一种可能。伦斯基认为功能理论和冲突理论的观点都有一定的经验限度，两者应该结合起来对社会分层进行更为准确的分析。一方面，社会的利益与社会所有成员的利益确实从来没有完全协调一致过，因而冲突理论在这方面是正确的；另一方面，任何社会都需要并且也存在着部分的整合一致，都或隐或现地依照某些公认的价值观、规范在运作，因此功能理论在这方面也是正确的。伦斯基认为两者虽然都有价值，但又是不充分的，因为两者都是片面而深刻的。为此伦斯基认为，两者都有必要以大历史的眼光来看待分层，因为分层的特点是随着时间而变化的。伦斯基指出，社会分层的核心就是社会资源在社会成员中进行分配的问题，与冲突理论相反，伦斯基认为有些不平等实际上可能促进社会功能的发挥。但其又认为实际上多数社会中的分层都是大大地超过了实际社会所要求的程度，社会分层往往在它们已经变得毫无益处的情况下仍然存在。伦斯基进而又同意功能理论的观点，即同质性的没有分层的社会是不可能的。

由于伦斯基的社会分层理论是将社会分层与社会发展联系在一起进行思考的，因此，其观点也被视为进化论的观点。但伦斯基的理论也同样遭到谴责，“患有前述的诸理论的通病，即在关于分配的目的本身这一问题上没有提供清晰的答案”②。

二种分层理论的比较③

功能理论	冲突理论	进化理论
1. 分层是必然和不可避免的	1. 分层不是必然或不可避免的	1. 有些分层是必然和不可避免的，但有许多不足
2. 社会需要造成了分层制度	2. 有权势者的利益造成了分层制度	2. 社会的生存方针造成了分层制度

① 宋真照：《社会学》，台湾五南图书出版社 1996 年版。
② [法] 让·卡则纳弗：《社会学十大概念》，杨捷译，上海人民出版社 2003 年版。
③ 冯刚：《社会学》，浙江大学出版社 2004 年版。

(续　表)

功　能　理　论	冲　突　理　论	进　化　理　论
3. 分层的出现是由于需要让难得的天才充当由他们去扮演的角色	3. 分层的出现是由于群体的征服、竞争和冲突	3. 分层的出现一方面是有必要激励难得的天才，另一方面是由于竞争和冲突
4. 分层是共同的社会价值标准的一种表现	4. 分层是有权势的集团的价值、标准的一种表现	4. 分层的基础是在价值标准上有些一致之处，但它主要表现有权势者的价值标准
5. 人物和报酬是公平分配的	5. 人物和报酬是不公平分配的	5. 有些人物和报酬是公平分配的，但许多不是公平分配的
6. 分层促进社会最理想地发挥作用	6. 分层妨碍社会理想地发挥其功能	6. 有些分层促进社会最理想地发挥其功能，但有许多是妨碍其发挥功能

其实任何事物都是具有双面性的，社会分层同样也不例外，实际上功能理论和冲突理论只看到了问题的某个侧面，因而犹如盲人摸象仅仅对某一个侧面起到解释作用；但这样讲也不是说明我们就应该简单地同意调和的进化理论。一方面，我们应该看到社会阶层在社会阶层结构比较合理的时候，是有利于社会的稳定和社会发展的，比如我们广为同意的中产阶级对政治稳定、社会发展和文化传播所具有的功效；另一方面，我们也应该发现当社会分层不合理，尤其是导致这种不合理的社会分层的形成，是由于某种扭曲的政治权力、经济体制或者分配方式的时候，这种结构不够优化的社会分层肯定会导致社会的不稳定、社会冲突的发生。在对社会分层进行评判时，我们应该做的是将具体的社会分层结构嵌置于具体的历史情境之中来进行考量，进而对其作出评定。

二、社会分层与法律控制

社会分层是一种客观的而且无法避免的社会事实，因此其对于社会秩序的形成当然具有十分重要的作用。而社会秩序的形成在很大程度上要依赖规则的调控，无论是宗教的、道德的还是法律的，规则其实都力求将社会分层予以稳定化，并使可能的社会矛盾或冲突予以解决。但不同的社会分层观肯定会形成不同的规则观念。在这里笔者将讨论法律作为社会控制的手段与其他规则相比所具有的优越性；法律秩序的形成需要具备的条件以及法律规则对社会分层具有的作用。

1. 法律的社会控制

在初民社会[①]，法律并不是一开始就是作为主导的社会控制手段，社会的基本构成单位是氏族和部落，社会规范是一系列自发形成的原始习惯、原始禁忌、原始宗教规范等。以复仇为动机的暴力杀戮是初民社会人类冲突的基本形式。但是总的说来，当时的社会规范具有明显的粗糙性、原始性，规范的自觉性、理性化的程度比较低。随着国家以及国家公共政治生活的出现，初民社会的解体，人类进入了传统社会[②]。传统社会是以地缘的、身份的、个人的、熟悉的、稳定的交往和连接为特征。在社会秩序控制的主体方面，警察、法庭、监狱等以国家为核心的机构开始出现；在社会秩序控制规范方面，出现道德规范和法律规范、宗教规范和法律规范的竞争和较量的情形。

在中国传统社会，从社会规范的角度来看，代表外控的法律和代表内治的道德在相互较量的过程之中，最终以儒家的"德主刑辅"宣示着道德的胜出而告终。因此，在社会秩序控制中，家法、行规、地方习俗往往扮演着比国家法还重要的角色。这种社会控制模式的形成，在很大程度上是由于中国传统社会是一个农业社会，而在农业社会之中社会的流动性并不是很大，进而熟人社会的形成也就在情理之中了。但由于各地的情况都不太相同，因而就导致了各地风俗习惯的不同性，在规则的适用方面则就表现为规则的多元化。

在西方传统社会之中，社会秩序的控制在规范依赖方面可以笼统地概括为宗教规范和法律规范的竞争过程。教皇和世俗君主在社会管理权上的争夺，反映为教会法和世俗法之间长期此消彼长的竞争，这在伯尔曼的论述中我们可以发现端倪：法律的多元根源于基督教会政治体系和世俗政权的区分。教会宣布它不受世俗的控制，并宣布它对某些事务具有专属的司法管辖权和在另一些事务上具有并行的司法管辖权。世俗人士虽然通常受世俗法律的管辖，但在婚姻家庭关系、继承、宗教犯罪和以信仰为保证的契约关系方面以及许多其他事务上，却受基督教教会法和基督教教会法院的管辖。神职人员一般虽受教会法管辖，但关于某些类型的犯罪和某些类型的财产争议等，也要受世俗法律和世俗法院的管辖。[③] 但随着人类进入近代文明，

① 初民社会是社会科学在进行研究的过程之中，如人类学、法学等为了研究的方便而以时间为基础进行的划分，一般认为初民社会与传统社会、现代社会的区别就制度角度来看并没有固定形态的制度。

② 传统社会这一概念来源于初民社会就发生学的角度来看是一样的，一般认为传统社会与现代社会的区别在于社会控制模式的差异，在以西欧为主的西方主要以宗教为主，在以中国为代表的东方社会以道德为主。

③ ［美］伯尔曼：《法律与革命》，贺卫方等译，中国大百科全书出版社1993年版。

一场声势浩大的社会转型拉开帷幕。这一重大的社会变革在滕尼斯看来就是从乡土社会到法理社会；在涂尔干看来就是从机械团结型社会向有机团结型社会的转变；在梅因看来就是从身份社会向契约社会的转变。社会由简单到复杂，传统社会那种地缘的、身份的、个人的、熟悉的、稳定的交往和连接，被以分工的、科层的、非个人的、匿名的、偶然的、临时的交往和连接所逐步取代。相应来说，那种由家庭、邻里、伦理、舆论、传统、习惯等为依托的非正式规范支撑的控制模式，也极大地被简化和削弱了。随着传统社会结构的逐步崩溃，市民社会日渐成熟，商业经济开始日益壮大，多元利益集团开始出现。随之而来的现代社会与现代法律逐步地占据了历史的舞台。这在西方最初以英、美、法等国家的资产阶级建立起来的现代国家为标志，主要西方国家逐渐地实现法律在社会秩序控制体系中的优势地位的建构，“原来基于道德的社会控制，将被基于成文法律的社会控制所取代”。①

2. 法治秩序的条件

笔者在这里并不是一般地去讨论法治秩序的条件问题，而是要说明社会分层对法治秩序的意义。在这方面，作为美国批判法学的头面人物之一的昂格尔有着深刻而精彩的研究和论述。昂格尔认为，社会分层带来的利益集团的多元化以及法律这一独特阶层的形成，为进入法治秩序提供了不可估量和不可取代的作用。

昂格尔认为法治秩序的出现是一个比较罕见的现象，因为法治秩序的出现“必须具备一种以环境为前提，即没有一个集团在社会生活中永恒地占据支配地位，也没有一个集团被认为具有一种与生俱来的统治权力。”②具体而言，在昂格尔看来法治秩序的出现必须具备三个条件，即集团多元、自然法和超验性宗教。首先，集团的多元化意味着不可能存在一个永恒的统治集团，因此人们的各种利益诉求都可能在社会层面上予以竞争，而社会分层的出现，可以使人们打破等级制的界限从而在各种利益诉求之中流动。在西欧国家封建后期，国王、贵族、第三等级，即商人阶层的存在形成的鼎足而立，他们既斗争又合作，为了调整各种关系并维护自身的利益，就必须制定一套中立的、具有普遍性和自治性的法律。在此昂格尔实际上说出了在法治社会中法律产生的途径不再是由于采取君主自上而下的命令，而是由多元的利益集团之间通过相互的竞争、调和和让步而产生的；其次，昂格尔又认为作为“一些把规则与描述集合在一起的、普遍适用于各种社会形态的原则”③ 的自然法，对法律秩序的出现起着很关键的作用。因为自然法的出现为评价国家法和政府的行为提供了一种可供参

① [美]帕克、伯吉斯、麦肯齐：《城市社会学》，华夏出版社 1987 年版。

②③ [美]昂格尔：《现代社会中的法律》，吴玉章、周汉华译，译林出版社 2001 年版，第 72 页。

考的普遍性准则；再次，超验性宗教对法律秩序的出现也是十分关键的，因为作为指导调和不同要求的人的和谐生活而需要制定的规范的自然法，其本身的正当性是无法证明的，而超验性宗教则对其正当性予以了证明。基于此，昂格尔曾对传统中国为什么没有能够走上法治的道路进行了分析。昂格尔认为："在其他的文明形态中，我们也会发现某种导致了多元集团的产生，导致某种超验的世界观的社会变化……但这两种因素并未结合在一起，也没有通过它们彼此之间的相互作用而产生现代的法治。"[①]而这种文明如中国的古代文明。

西方走向法治道路的经验表明，在多元集团之中形成的特殊的阶层——法律职业者阶层——起到了关键性的作用。法律职业者阶层作为一个群体主要包括法官、检察官、律师和法学家。他们凭着相对独特的特殊地位以独特的方式作用于社会，这个阶层在历史上对从传统国家向现代民族国家的过渡起了关键的作用，同时在现代社会对于法律制度的目标、价值、理念等的延续和演进仍然发挥着重要作用。法律职业者阶层之所以能够在历史上发挥举足轻重的作用，不仅仅是由于他们掌握了有关法律的专门知识，更重要的是因为他们通过法学教育，以及在后来有关法律的实践之中所形成的独特工作、生活方式适应了时代的需要。比如法国在从传统国家向民族国家过渡时，法律职业者阶层就发挥了重要的作用：首先法国国王在争取扩大司法管辖权的时候，作为法律者职业阶层成员之一的法官发挥了重要的作用；在人文主义运动过程之中，法学学者又为主权者与立法权之间的相互关系作出了详细而可靠的论证，从后来的法国民法典制定中更是可以看出法律职业者阶层所起的作用，以至后来法国的许多职位都要求必须具有法律经历的人才担任，所以说"在历史上，法律人对于法兰西王国的形成整合起到了非常关键的作用"。[②] 从法国历史上法律职业者阶层所发挥的作用我们就可以发现，这种事例很多，比如古罗马五大法学家、英国历史上法律职业者阶层等。法律职业者阶层为什么能够对法治秩序的形成发挥独特的影响作用？甚至一些事关国家命运的政治问题，如一些国家的总统大选，在总统职位人选的定夺上也会发现法律职业者阶层的身影。究其根本性的原因在于：法律职业者阶层所具备的理性的思维方式，法律职业者阶层在面对日常问题、政治问题、经济问题等的时候，都会尽力从法律的普遍性和形式性的规则和程序出发，将其转换为权利和义务从而对问题加以处理。法律职业者阶层的这种思维模式决定了他们所具有的独立品格，以及对无原则的妥协和那种似是而非的处理问题方式的排斥，从而对行

---

① ［美］昂格尔：《现代社会中的法律》，吴玉章、周汉华译，译林出版社2001年版，第82～83页。
② 陈颐：《立法主权与近代国家的建构》，法律出版社2008年版，第165页。

政机关的自由裁量权始终保持着一种高度的警惕性，进而有效地杜绝了由于权力的滥用而导致的腐败引起社会动荡的可能，最终维护了法律的权威性和公正性，达到使国家进入法治秩序的目的。实际上法律职业者阶层在实际社会中所发挥的作用，不仅仅是一种看守人的职能，有时候事实上发挥着一种积极的、推动社会发展的功效。

3. 社会分层的法律整合

一个合理的社会阶层结构的存在，对社会的发展具有重要作用。如果没有合理的社会分层结构，就不可能维持社会的秩序。譬如历史上法国巴黎公社的革命，虽然当时的这些思想、观点是具有明显的先进性，但革命很快就失败了，究其原因在于当时的这些思想、观点超出了那个时代社会阶层结构所要求的；同样在我国20世纪初期形成的一些具有民主共和气象的政体，但终究没有能够力挽狂澜而陷入当时军阀的混战之中，究其根本还在于社会阶层结构与当时的上层建筑不对称而导致的。因此，合理的、优化的社会阶层结构对社会发展成果的维护显然具有无法替代的作用。但一个合理的社会阶层结构的存在，又是需要借助于法律等社会控制手段的作用。

由于社会是流动的、发展的，因此任何社会阶层结构都不可能是永久的、无限稳定的，总会随着变动和发展而发生一些变化。当社会的生产方式、生活方式发生了变化时，必然会导致原有的社会分层结构不能适应时代发展的需要，进而会形成新的社会分层结构。我们同时亦必须明白，这种新旧社会分层结构的替换，从来都不是平和的，而是通过改革乃至暴力的方式完成的，但暴力方式在历史上也不是一种常态。同时产生新的社会秩序，此时必须有一种手段来规范这种新旧替换之间的秩序，而法律正好充当了这一角色。法律这一角色作用的发挥是通过权利义务的界定，从而将社会各阶层之间的利益限制在各自的区域之内，使社会的矛盾被控制在法律所能调节的范围之内；当然哪怕是最极端的暴力革命之后，同样也会通过法律对权利义务边界的确定来维护、规范社会各阶层的。在此我们可以发现，在法律对社会秩序控制过程中隐含的深层次的理念，亦即法律的作用旨在促进社会协调、全面可持续的发展、减少社会发展的代价，从而为人的生存提供一个更好的社会秩序。

由于资源的有限性和需求的无限性这一对永恒矛盾的存在，因此法律对社会秩序的维护，在具体历史过程之中就表现为对社会各阶层利益的调整，其主要表现在以下几个方面：

（1）调整由于社会的发展，社会生产方式、生活方式所带来的社会阶层之间新旧交替所形成的利益冲突；

（2）由于同一时代社会各成员在智力、素养、体质等方面的差异，而在同时代社会成员之间所形成的社会不同阶层之间的利益冲突；

（3）由于任何群体都不可能永远是同质性的，因此，在同一社会阶层内部，即使是在社会阶层之间的矛盾有所缓和的时候也会发生矛盾，进而法律还必须对同一社会阶层内部的矛盾进行调节。

法律在对这些社会阶层问题进行调整的过程之中，主要发挥了其所具有集束性功能特征，法律的集束性功能特征，主要表现为法律立体、全面的调控方式。法律的立体调控主要从立法、执法、司法、守法等各个层面都对上面几个社会阶层问题进行调控。在立法时，法律会从各个角度来考虑社会各个阶层的利益需要，从而在法律所能容忍的限度内最大化地实现各个社会阶层的利益要求；在执法过程中，执法者一方面会严格地依法执法，另一方面又会在法律所能容忍的合理性范围内最大化地保障各个社会阶层的利益要求。法律的全面调控主要表现为法律形成了一个覆盖全社会的法律体系，比如宪法、民法、刑法、行政法、经济法等，法律一方面通过全面的法律调控体系将社会各个阶层的利益予以固定化，比如，我国实行的户籍管理制度就是典型的对农村和城市、对城市与城市之间的利益予以固化，当然这种固化是在较大社会层面意义上的；另一方面法律又通过全面的调控体系将新旧阶层、同时代的阶层之间、阶层内部的矛盾转化为法律问题加以解决，比如说通过刑法对破坏社会阶层结构、破坏社会秩序者予以惩罚；通过民法要求社会秩序的破坏者承担相应的民事责任等。

我们应该注意，法律的功能并不仅仅是对社会秩序予以维护，对社会新旧阶层、社会阶层之间、同一社会阶层内部的矛盾予以调控。法律还对社会阶层结构的优化起到不可估量的作用。法律对社会阶层结构优化的调整，主要表现在以下两个方面：

（1）法律在防止社会阶层之间差距悬殊方面发挥着巨大的作用，社会阶层之间的悬殊可以在很多方面加以表现，譬如教育、经济、社会保障等。法律在防止社会过分悬殊方面的功能主要是通过社会再分配的模式进行的，比如，社会阶层之间表现比较明显的财富差距问题，法律为了缩小各个阶层之间的贫富差距所采取的多种手段。

（2）法律在引导社会阶层之间的合理流动方面也发挥着巨大的作用。社会阶层结构形成的外在性标志之一，就是社会阶层之间的流动的固化，而法律为了使社会阶层日趋合理、优化从而必须维护社会阶层之间的合理流动。法律在社会阶层之间流动的引导方面的功能，可以通过诸多方面表现出来，比如教育考试制度、对社会下层阶层、弱势群体在流动过程中所需要的资源予以提供等。

上面我们从两个方面谈到了法律在维护社会阶层结构稳定、维护社会秩序以及促进社会阶层合理化发展方面所具有的作用，但我们也必须发现法律在体现其积极性功能的时候，稍有不当就会造成相反的局面，如阻碍社会阶层之间合理的流动等。

三、转型时期中国的社会分层与法律秩序

1. 影响社会分层的因素

社会分层不仅是社会结构的一种表征，实际上是由其背后的多种因素形成的合力而致。任何一个社会分层现象的形成，都与该社会结构所处的特殊的时空背景之下的经济、政治和文化等因素密切相关。一般而言，目前的中国是处于社会的转型时期，旧有的社会分层所形成的社会结构已经在慢慢瓦解，新的社会分层则在逐渐地形成之中，但迄今为止仍然没有形成稳定的状态。笔者在本节中，将着重探讨当下转型时期的中国，有哪些因素在促进和制约着旧有的社会结构的瓦解和新的社会结构的形成。

首先从经济因素上来分析问题，第一，由计划经济向市场经济的过渡所带来的在社会分层上的变化。在计划经济时代，社会分层主要表现为，以行政权力对社会各种资源进行分配而形成的以"身份先定"为特征的社会分层现象。所谓"身份先定"就是指当时社会成员在行政权力支配下，被某种先定的制度固定其地位，各种职业的作用也被先行规定，人们一般不能加以更改或变化①。由于"先定身份"的作用，在改革以前的中国社会中人们之间存在着等级。其中干部的经济地位和社会地位最高，工人的经济地位与社会地位低于干部，但高于农民。这样一种以行政权力支配的"先定身份"的社会分层，具有较高程度的封闭性和凝固性。随着市场经济的发展，情况就悄悄地发生了变化。市场经济的运行是建立在市场主体相互之间的利益关系的基础之上，原有的资源分配方式逐渐地被打破了，社会资源的分配不再仅是由行政权力完全支配或占主导地位，而是逐渐地让位于以经济为主的形式平等性的分层方式②，这时行政权力以一种独特的方式存在着，其主要功能在于维护社会运行的公平和正义。第二，随着由以农业经济为主转向以工业经济为主所带来的社会分层的变化，当然这里的工业经济为主是广义的，当下同时还有着向知识经济过渡的趋势。我们知道，在不同的经济结构之下，所需要的劳动结构是不一样的。当我国的经济在由农业经济向工业经济过渡的时候，主要表现为农村劳动力在大量地向城市转移，即一种"城市化"现象，而"城市化"的发展必然会导致旧有的农村结构和城市结构发生改变，突出地表现为城市经济总量和人口的膨胀等因素而催生的新阶层的形成和发展，比如我们谈论得比较多的农民工这一阶层，实际上就是在城市化过程之中形成的一个具有

①② 李瑜青：《中国社会分层研究上的若干理论问题》，《上海大学学报（人文社会科学版）》，2003 年第 1 期。

过渡性质的社会阶层。

政治因素也是影响社会阶层结构形成、变化的重要因素之一，在计划经济时代中，行政权在社会资源分配中处于全能的、垄断的地位，从而使当时的中国形成了一个比较独特的社会分层现象，即“身份先定”的阶层模式。实际上，这种行政权就是一种政治因素。鉴于政治因素包含内容的广泛性，因此在此主要将其限定于对政治因素之中的制度因素进行讨论。在1949年新中国成立初期，由于建国理念等方面存在的偏差，从而出现了以牺牲和忽视一部分人的利益去照顾另一部分人的利益的现象。城乡二元结构制度壁垒就是这样一种利益安排的产物。城乡二元结构是通过一系列的制度设计，如户籍制度、粮食供应制度、教育制度、就业制度、医疗制度、婚姻生育制度等，将中国的农村和城市、城市居民和农村居民置于截然不同的两种境地，进而导致了社会阶层的流动性的消失。但随着市场经济的发展，上面这些制度已经在逐渐地消失，比如粮食供应制度等，但仍然还是有许多制约性制度存在着，比如户籍制度、教育制度、医疗制度等，这将是一个过程。

文化因素也是影响社会分层形成和变化的重要因素之一。在这方面布尔迪厄有着深刻的见解，其认为：“学校机构的发展的各个阶段与国家科层发展的各个阶段是一致的。”[①]我们知道，一个社会阶层的形成除了其在经济地位上的大抵相等外，制度性因素也是重要的，但更为重要的是，该社会阶层所持有的几乎相同的理念、知识结构和对社会问题等几乎一致的看法，而这种同质性的理念、知识结构以及对社会等问题几乎一致的看法存在于文化再生产的过程中，反过来又会生产出同样的知识来，进而生产出来的知识又会为该社会阶层提供合法性证明，这种证明对于该社会阶层的固定化是发挥着巨大的作用的。

上面从经济、政治和文化三个角度谈论了在社会阶层结构形成和发展的过程中，这些因素所可能发挥的促进和制约作用，但我们也应该注意的是：第一，在实际的社会阶层形成和变化过程之中，或许并不仅仅是这三种因素在起作用，甚至有更多的因素在起作用，如传统、国际因素等，更有可能是多种因素的复合交叉而形成的合力在发挥着作用；第二，我们在上面分析到的有限的三种因素对社会阶层结构形成和变化所具有的促进和制约作用，但在实际的社会生活之中，社会阶层结构的形成和变化或许并不就是以这些因素为唯一凭证的，有时可能会处于非常态的状态之中。

2. 当代中国社会分层的现状和特点

通过上面的分析可以了解影响社会分层的因素很多，有经济的、政治的以及文化

① 布尔迪厄：《实践理性》，生活·读书·新知三联书店2007年版，第27页。

的等，其实更多时候是多种因素的共同作用而形成的。当今的中国处于社会的转型时期，而且迄今为止的发展表明这一转型的结束时间仍然不确定，因此这就导致了社会分层也存在着很大的不稳定性。考虑到目前中国在经济体制上正在逐渐地由计划经济向市场经济过渡，在经济主体上也逐渐地由国有经济和集体经济向多种所有制经济模式发展，目前民营经济、外资经济在中国已经有了很大的发展，在一些领域甚至已经占据了主要的地位；在政治领域，户籍制度在逐渐地松动，人口流动也比以前更加频繁了，因此以户籍制度为基础构建起来的城乡二元结构在逐渐地消失，同时国家在社会保障、教育制度以及医疗卫生制度等方面也在逐渐地改革，从而在逐渐地打破计划经济时代以行政手段为主导的“身份先定”而形成的社会阶层结构，并逐渐地为以经济为主的形式、以平等性为基础的社会阶层结构所替代；在文化教育方面，由于九年制义务教育在全国范围内的推行以及一些区域实行的高中制的教育制度，大学教育的理念也逐步由精英的培养模式向大众化的培养模式转变，因此在文化层面上也对中国当下社会分层产生很重大的影响。

通观上述可知，影响社会分层的因素在逐步的演变之中，当下的中国社会分层具有以下几个特点：

首先，社会分层并没有完全定型，仍然处于不稳定时期，比如，有学者就认为当下中国存在这几个社会阶层：工人、农民、边缘化群体、处于不发达状态的中等收入群体、绝对获利群体①；再比如，有学者就当下的社会分为：农民、工人、流动民工、私有企业主、知识分子、官员和当代新买办几种阶层②。其实还有更多的学者进行阶层划分，除了所依据的标准不一样外，最主要的还在于研究对象的不稳定所导致的。

其次，影响社会分层的因素很多，还可以从横向来看，有市场经济中的经济因素、民主政治的参与程度以及文化状况等多种因素；从纵向上来看，在当今中国不仅有市场经济时期的影响社会分层的行政因素，在制度层面上也仍然存在着一些落后于时代要求但又由于利益群体的从中作梗而不能解决的问题，如户籍制度，尤其是以上海、北京为代表的户口管理制度；在文化层面上由计划经济时代遗留下来的问题仍然存在，比如高考就是建立在户籍之上的以地域划分为标准的报名制度，实际上就是一种影响社会阶层形成的文化因素。所以说，当今影响社会分层的因素与以往相比是更多也更复杂。

再次，持有标准的多样性，从不同的角度出发，就能产生不同的社会分层的结

---

① 卢斌在：《当代中国社会各利益群体分析》，中国经济出版社 2006 年版，第 55～68 页。

② 杨继绳：《中国当代社会各阶层分析》，甘肃人民出版社 2006 年版。

论。比如一个农民进入城市工作之后，从身份的角度看仍然是农民，但从经济的角度看有可能就是私营企业主或者划归为其他社会阶层，因此当下社会阶层之间极强的流动性以及导致的社会分层的不稳定，是我们应该持有多种分层标准的客观原因。

3. 法律的社会控制及其反思

由于当下中国社会分层存在如上的这些特点，以社会分层作为基础的社会结构也是不稳定的，社会阶层也在不断地重新分化和组合，在社会发展的过程之中形成不同阶层的不同的利益表达或要求，因此我们必须要从法律的层面上重视这些不同的利益或要求并且作出恰当的回应。

我们在对社会分层的社会功能进行研究的过程中发现，存在功能理论、冲突理论和进化理论，三种不同的理论投射到法律理念的层面上，就是在制定和执行法律的过程中应该坚持什么样的社会分层理念、要分析法律对因社会分层而形成的不同利益诉求所导致的社会冲突采用什么手段。在传统的社会中，主要通过法律来对社会进行控制，从而形成一种法律之下的秩序，对于社会中由于不同的利益诉求而引起的社会冲突，法律往往采取的是一种消极的手段，主要是以打压为主；但进入现代社会之后，视社会不同分层利益诉求而最终导致的社会冲突为一种“减压阀”，从而有利于社会更为稳定的发展，因此法律在理念上也有所变化，对于社会冲突采取了一种积极的手段，即以一种积极的方法去引导社会冲突，从而将社会冲突控制在社会可以消化的层面之中。

研究说明，我国在计划经济时代采取的是一种以行政权作为社会资源划分的唯一手段，因此形成了社会分层的“身份先定”特点。在这种社会状态之中，法律需要的是一种整体划一的调控，因而对社会不同阶层之间的利益诉求而引发的社会冲突通常采用一种打压的手段。但随着市场经济的发展，社会利益要求的多样化，而我们的法律调控手段仍然是以打压为主，因而就显得很不适应社会的要求。笔者认为应该从以下几个方面加以改进：首先，更加注重程序上的参与性，在各种法律制定的过程之中应该倾听更多的社会阶层的声音，从而使不同社会阶层的利益诉求能够得到合理的平衡；其次，在执法的过程之中，要积极地了解和化解由于不同社会阶层不同的利益诉求而引起的社会冲突；再次，在守法的过程中，社会各阶层应该在法律程序中去主张自己的利益，而不应该在法治轨道之外去进行不符合法律要求的利益诉求表达；最后，在司法的过程中，司法机关应该站在中立的角度去平衡不同社会阶层之间的利益，而不应该站在某一特殊的阶层角度作出貌似公平的判断等。

附录：点评李瑜青《中国社会分层研究上的若干理论问题》

如果以改革开放作为中国走向世界、融入世界的标志的话，那么中国在这条道路上已经走过了30年了。毫无疑问，在这30年中，中国无论是在经济、政治还是在社会、文化等方面已经发生了翻天覆地的变化。对于这种变化我们可以直观地感受到的就是我们身边发生的一些事情，如社会群体的种类发生了巨大的变化，即我们国家的社会分层发生了巨大的变化，这种变化不仅仅体现在社会分层的表象上，更为重要的是体现在作为社会分层的实质依据发生了变化，因此透过对社会分层现象和依据的研究，我们可以探微到新中国成立60年以来前后30年的不同变化和进步。李瑜青在2003年1月《上海大学学报》(社会科学版)上的文章《中国社会分层研究上的若干理论问题》，就是在做这方面的研究和努力，透过文章我们可以隐约地感知改革开放给国家的各个方面所带来的巨大变化。

文章在研究的过程中，使用了制度分析的方法和结构主义的分析方法。一方面就整体制度对社会分层的形成、影响进行研究，从而挖掘出社会分层这一社会现象之后更为深层次的原因，比如在计划经济时代的干部与非干部的划分、农村户口与城市户口这一现象背后，实际根源则在于行政权在资源分配上的垄断性所导致；另一方面通过将社会分层这一社会结构嵌置于社会整体之中进行分析，从而使我们知晓社会分层这一现象的形成、发展以及变化等不仅仅也不可能是一个单独的现象，其更是与整体性的、大的制度环境，如经济的、政治的、文化的等因素勾连在一起的。此外，不得不提的就是文章在论证的过程中，借用了大量的数据来说明问题，进而使文章在某些问题上更具有说服力，这其实也反映了法律社会学在通过社会研究法律问题的过程中所具有的穿透力。

文章分为三个基本的部分，亦即社会分层与分层变化、当代中国社会职业分层研究的视角和社会发展主导趋势与社会基层变迁。文章在社会分层与分层变化这一部分中认为，中国作为社会主义国家，其经济体制经历由计划经济向市场经济的转变，社会分层在这两个不同时期的不同表现。在计划经济体制下，社会分层表现为以行政权来分配社会资源，并形成某种“先定身份”作为社会分层的基本特点，这种社会分层是通过一系列的制度，如户籍制度、劳动人事制度等；而在市场经济的环境之下，由于市场经济体制的运行是以社会主体之间的利益关系为基础的，因此虽然行政权在某些领域还在发挥着一些作用,但作为社会整体的分层现象已经开始转向以契约等形式作为基础的理据了。因此文章认为,在市场经济的发展过程之中,社会分层上的"先定身份"的模式已经被突破了。

文章的第二部分主要是围绕当代中国社会职业分层研究的视角这一问题而展开的,认为社会分层的研究从职业入手进行分析的时候是有着其自身的视角的,但在研究的过程中又不能狭隘地只看到职业的表层现象,而是应该看到不同职业之中包含更多的其他方面,如政治学的、经济学的等,否则研究就只能停留在表面上,而没有能够将其与整个社会制度联系起来、没有能够看到事物的本质之所在。文章认为在社会主义初级阶段以及市场经济发展时期,不能仅从生产资料所有制的角度进行考量社会分层,而应该多视角、多维度地展开分析,如社会成员需求的层次性、利益地位的差异性、生产力发展的不平衡等。同时文章认为,我们在确立了独特的研究视角之后,还应该看到当代中国社会分层所表现出来的一些特点,如社会分层由在计划经济时代的凝固性和决定性向市场经济条件下的平等性和流动性转变、各阶层的知识化发展趋势以及各阶层之间的利益不存在根本性的制度障碍等。

文章在第三部分对社会发展主导趋势和阶层的变迁进行了研究,认为社会主义市场经济体系的建立,反映了我国现代化发展在经济方面的要求。而经济体系的变化,经由如企业产权制度的改革、国民经济所有制结构比重的调整等从而带来了经济结构的变迁,因而也促进了中国社会阶层的变化。因此,中国现代化发展在经济层面上所带来的变化进而对社会产生的影响,使得社会中不同的阶层处于不同的生存状态;文章同时认为我们不能仅看到某些主导的阶层在社会现代化中发挥了主导的作用之后,就作出否定其他阶层在现代化过程中的作用,这种论断的理由在于:其一,阶层变迁是社会所有制结构、产业结构调整而带来的变化,而非某些阶层的引导或发展起来的;其二,我们不能仅仅因为某些社会阶层中出现了较大的分化,就作出这些阶层不再发挥作用的结论;其三,现代化发展的主导阶层问题是一个涉及面极广的整体性问题。

论文摘要

李瑜青:《中国社会分层研究上的若干理论问题》,《上海大学学报》(社会科学版),2003年1月。该文主要从中国经济体制转型这一大的背景出发,探讨了经济转型对社会分层带来的影响,并进一步从职业分工的理论角度讨论了当代社会分层与现代化运动之间的相互关系。

文章的第一部分围绕着"社会进步与分层变化"这一时代命题展开,文章认为对问题进行分析时不能就事论事,而应该深入到社会运行最为基础的经济体制。社会分层并不是改革开放之后才出现的新鲜事物,而是在改革开放之前就出现了;改革开放之后,社会分层呈现出一些新的变化,这就是在计划经济时代社会分层表现为以行政权来分配社会资源,并形成了某种"身份先定"作为社会分层的基础和特点;改革开始之后,在市场经济的过程中逐渐地形成了市场利益主体主要以契约来实现资源分配,公共权力则变成社会机制公正运行的保护者并作为社会分层的基础和特点。

文章第二部分探讨当代中国社会职业分层研究视角的问题。社会分层从职业入手是有其自身的视角的,但从职业入手并不是要否定阶级分析方法的意义和工人阶级的领导地位。社会主义初级阶段的历史时期以及市场经济的发展,人民内部的利益关系呈现非常复杂的状况,因此单纯地从生产资料所有制的角度并不能看清全部,因此从职业入手可以看到生存的多维性、需求的多层次性、利益地位的差异性等。文章认为从职业分工的角度会发现,当今社会分层具有一些重要意义的特征,如随着户籍制度、档案制度的松绑,各阶层成员之间的流动性增强,随着科学化、理性化的发展在社会分层中则表现为各阶层向知识化的发展,以及由于我国的根本政治制度的原因,进而社会各阶层间的利益调整并不存在根本性的制度障碍。

"社会发展主导趋势与阶层变迁"则是文章第三部分的主题,中国社会发展的主要趋势应该要将其置于现代化历史运动这一世界文明的主潮流之中来加以理解。中国社会发展以及阶层的变迁,并不能简单地理解为是某些阶层的引导或发展起来的,虽然某些社会阶层在现代化发展过程中出现较大的分化,但并不能否定这些阶层在社会发展中的作用,以及现代社会发展的主导阶层实际上已经涉及现代化过程中政治、经济的发展方向了,中国社会发展以及阶层的变迁,从根本上来说是由经济体制和经济结构的变化所导致的,而这一变化表现为产权制度的改革、国有经济在整个国民经济中比重的调整以及三大产业之间比例的调整等。

第十二章 法律整合功能的社会学分析

法律以社会为基础，它通过权利义务的配置和落实来规范人的行为，调整人们之间的利益关系，实现社会整合。因此，法律的社会整合是法律社会学所涉及的重要问题。本章中我们将主要讨论：第一，社会整合、法律社会整合的概念；第二，法律社会整合诸方式；第三，当代中国法制建设与社会整合。

一、社会整合、法律社会整合的概念

1. 社会整合的概念

社会整合的概念有不同的理解，从国内外有关文献来看，主要有以下几种：

其一，社会整合是指社会要素之间的整合。如丁伟民和陈雪认为，“社会整合是指通过各种方式，将社会结构不同的构成要素、互动关系及其功能结合为一个有机整体。从而提高整个人类社会一体化程度的过程”。[①] 黄勇认为，“社会整合，是指一个社会的不同因素、不同部分结合为一个统一而协调的整体的过程及其结果，也就是社会一体化过程”。[②] 何绍辉认为，“社会整合是指社会通过各种方式或媒介将社会系统中的各种要素、各个部分和各个环节结合成为一个相互协调、有机配合的统一整体，增强社会凝聚力和社会整合力的一个过程。”[③]在帕森斯那里，社会整合可以理解为社会体系的各部分构成的统一关系。

其二，社会整合是指社会主体之间的整合。苏国勋在《社会整合与社会和谐——从社会学角度看》一文中指出，由于“整合”概念在社会学中直接与社会秩序相关，它是达到社会均衡、稳定的必要手段。整合，即协调整体各组成部分的功能以达到整体均衡、谐调一致。“从社会学角度立论，所谓社会整合(social integration)，是指基于成

① 丁伟民：《试析社会整合的理论支持》，载《生产力研究》，2003 年第 6 期；陈雪：《论社会整合的基础》，载《茂名学院学报》，2006 年第 5 期。

② 黄勇：《社会整合的战略意义及其模式创新》，载《怀化学院学报》，2003 年第 1 期。

③ 何绍辉：《社会整合的危机》，载《黑河学刊》，2006 年第 4 期。

员广泛认同形成社会秩序的过程及其功能机制。”[1]如前所述，在洛克伍德看来，社会整合是指“行动者之间和谐的或冲突的关系”，而“社会系统各部分”之间兼容或不兼容（矛盾）的关系则是系统整合。

其三，社会整合是社会要素与社会主体的整合。徐明政、逄锦科在《制度建设：社会整合的关键》一文中提出，“社会整合，就是通过多种方式，在协调和保证各群体利益的基础上，使社会各个部分结合起来，构成一个社会共同体”。[2]

但通常把社会整合看作是社会一体化的过程或目标。尽管不少学者将社会整合与系统整合区分使用，但一般认为：社会整合，是指社会不同的因素、部分结合成为一个协调统一的社会整体的过程，亦称社会一体化[3]。本文所使用的社会整合概念，也在通常意义上理解和使用，但同时特别注重社会主体之间的整合。具体来说，社会整合是指通过对社会利益和社会关系的协调与调整，促使社会个体或社会群体结合为社会共同体的过程[4]。从形式上而言，社会整合主要有经济整合、政治整合、文化整合和规范整合等内容。

2. 法律社会整合的概念

在西方法学和社会学界，有关法律的社会整合问题研究的代表性人物有迪尔凯姆、庞德、卢埃林、卢曼等，“他们每一位都赞同法律是一个整合机制的观念，认为法律是对付诸如摩擦、紧张等威胁社会基本凝聚力的种种因素的手段”[5]。

法律的社会整合，即法律整合，是指运用法律制度来实现社会整合的一种方式。法律是一种制度化的行为规范体系，它是由国家制定或认可并由国家强制力保障实施的行为规范，它规定人们的权利和义务，指明人们在一定条件下的行为模式，明确人们行为的法律后果，调节人们之间的利益关系，实现有效的社会整合，从而把社会分化、社会矛盾和社会冲突控制在一定的范围内，建立和维护社会秩序，为社会共同体的存续和发展提供制度保障。

根据以上分析，我们可以这样界定法律社会整合的概念：所谓法律社会整合，简称法律整合，是指通过法律制度及其权利义务来规范人们的行为，调整人们之间的利益关系的社会整合。

法律社会整合这一概念包括以下含义：

---

① 苏国勋：《社会整合与社会和谐——从社会学角度看》，维普资讯（http：//www.cqvip.com）。
② 徐明政、逄锦科：《制度建设：社会整合的关键》，载《前沿》，2006 年第 7 期。
③ 郑杭生：《社会学概论新修》，中国人民大学出版社 2003 年版。
④ 杨伟文：《当代中国社会整合分析》，载《新东方》，2000 年 11 月号。
⑤ ［英］罗杰·科特威尔：《法律社会学导论》，潘大松、刘丽君等译，华夏出版社 1989 年第 1 版。

其一，法律社会整合的对象是人们的行为。社会的分化是多方面的、多维度的，涉及个人和社会生活的方方面面，既有宗教信仰、心理情感、道德体验、文化归属等内在方面的差异，也有生活方式、行为模式等外在方面的区别。但法律在进行社会整合时，其直接作用的对象是人的行为。马克思曾指出："对于法律来说，除了我的行为，我是根本不存在的，我根本不是法律的对象。我的行为就是我同法律打交道的唯一领域。"①尽管法律在发挥作用时要影响到人们的主观世界，但法律并不直接针对人的主观世界设范立制，法律不是心理的阀门、情感的调节器、思想的航标、信仰的灯塔，法律只不过是行为的标准、准则。

其二，法律社会整合的基本手段是人们的权利和义务。法律在规范人的行为时，并不是对行为的各个方面都全面加以规定，有些行为因素，例如目的、手段通常就为法律所忽略，但法律必须规定人的行为取向。法律规定人们行为取向的基本方式是权利和义务的设定。权利表明法律为人们设定了"可为"的行为模式，意味着法允许人们自主决定、自我选择，人们具有行为意志自由；义务表明法律为人们设定了"应为"或"勿为"的行为模式，意味着法要求人们必须为一定行为或禁止人们为一定行为，人们的行为意志受到束缚。法正是通过权利和义务为人们的行为划定了界限。当人们滥用权利或不履行义务时，就超越了法律的界限，因而应当承担一定的法律责任，受到法律追究。

其三，法律社会整合的实质内容是人们的利益关系。法律社会整合的实质是一种利益的协调、调配。法律权利和义务，从它们的内容和基础来看，实质上是人们的利益。权利意味着利益的享有、取得、享用、转移等，不同的权利对应着不同的利益，政治权利对应着政治利益，经济权利对应着经济或物质利益，人身权利对应着人身利益等。义务则意味着利益的负担、付出，这种付出或负担可以是物质上的，也可以是精神上的。法律正是通过权利与义务的关系来调整人们纷繁复杂的利益关系，以"定分止争"，实现社会整合。

二、法律社会整合诸方式

关于法律社会整合的方式，代表性的理论有迪尔凯姆的法律社会"团结"理论和庞德的法律利益"折中"理论等。笔者认为，法律社会整合的方式可以从纵横两方面来考察。

① 《马克思恩格斯全集》(第1卷)，人民出版社1956年版。

1. 法律社会整合方式的纵向表现

法律社会整合与社会利益关系及其矛盾有着密切的关系。马克思指出,“这个世界之所以充满危险,是因为世界……是许许多多利益的天下”,[①]“人们奋斗所争取的一切,都同他们的利益有关”。[②]利益是社会的产物,社会利益关系是由一定社会生产方式决定并受其影响的。当社会产生了不同的利益集团,客观上就需要设立整合不同利益集团之间关系的组织形式,以维系社会的稳定和发展。国家通过法律对社会利益关系进行调整,总是要体现它所代表的那个统治阶级的利益和意志的。因此,法律社会整合的实质在于,统治阶级运用国家权力及其职能,以维护统治阶级的利益为核心,调整和协调社会的各种利益关系及其矛盾,以保持社会的稳态运行和发展。

法律社会整合从纵向考察,即法律通过对人们利益关系作不同方式的处理进行整合,主要表现为:

(1) 定性筛选方式。法是适应利益调节需要而产生的,法的发展变化根源于利益要求的变化和发展。但法律既并不创造和发明利益,也不确认和保障所有的利益。法律总是根据一定的价值标准来筛选利益,选择某些利益加以承认和保护,同时拒绝承认和保护另一些利益。法律如何筛选利益,受一定的社会价值观的制导,并归根到底不能超越一定社会的经济、文化结构。

(2) 平衡协调方式。利益之间会发生矛盾和冲突,比较重大的利益冲突有私人利益与公共利益、短期利益与长期利益、整体利益与局部利益、多数人利益与少数人利益等。微观的利益冲突则随时随地发生,如行人的交通利益与机动车驾驶员的交通利益之间的冲突、相邻利益的冲突等。法律对各种利益关系作出适当的安排,平衡利益冲突,协调利益矛盾。

(3) 分配传承方式。现实生活中存在利益分配问题,包括利益的初次分配和再分配。法律为合法利益的分配提供原则和规则,具有利益分配功能的法律很多,常见的有劳动法、税法、合伙法、企业法等。继承法是专门承担(物质)利益传承功能的法律。具有利益分配传承功能的法律受到各种社会因素的影响。

(4) 保障补偿方式。当合法的利益受到妨碍或遭到不法侵害后,可以通过法律来弥补和保障,从而得到利益的实现。以法律强制手段惩罚违法、犯罪行为,能够恢复保障利益的正义秩序,同时也可预防正常的利益关系遭受破坏。同时,对于弱者或者弱势群体,法律可以通过建立补偿机制,以保障他们的最低限度的利益,体现和维

①② 《马克思恩格斯全集》(第1卷),人民出版社1965年版。

护社会公平，缓和社会的矛盾和冲突。

(5) 催生促长方式。法律虽然不能创造利益，但在一定条件下，法律因其纲领性、超前性，可以促使人们自觉追求新的利益，引导利益关系朝着预定的方向发展，从而促使新生利益的形成和发展。“立法者虽然不能创造社会关系，但是可以为新的社会关系的产生提供或创造条件。不能因为强调法的客观性，而忽略了法可以超前于社会现实的特点。如果法律只是消极被动地反映社会生活是不能尽到应有职能的，换言之，法的作用潜力还没有被充分挖掘出来”。①

2. 法律社会整合方式的横向表现

法律社会整合方式从横向考察，它涉及人们在社会的经济、政治、文化等不同领域的地位和利益关系，因此，可以相应地分为经济方式、政治方式、公共方式等。

(1) 经济方式的法律整合。经济功能法律整合是指法律表现为对经济行为和经济关系所产生的影响。主要表现在：

第一，确认和调整一定的经济关系。法律产生和发展的一个根本动因是人们经济利益上的分化。当人们的经济利益关系分化到一定程度且习惯不足以调整时，以法律调整手段的整合方式就应运而生了。法律通过产权制度、契约制度、各种责任制度、诉讼制度等，明确人们各种利益的法律性质，划分合法利益与非法利益的界限，为经济利益的取得、分配、传承、转让等提供规则，从而调节社会经济关系，使人们各种纷繁复杂的利益关系有序化。

第二，规范经济行为，调节经济生活。

人有自利的本性，对经济利益的追逐极大地激发了人们的创造力，然而，这种逐利行为如果不加约束，则会对社会正常的存续和发展带来严重的祸害。法律对人们的经济行为加以规范，建立和维护基本的社会经济生活秩序。

经济方式法律整合随着社会经济的发展越来越强化、越来越深化、越来越细化。自然经济条件下经济方式的法律整合比不上商品经济条件下的法律整合，简单商品经济条件的经济方式的法律整合比不上市场经济条件的法律整合。

发展和完善社会主义市场经济需要法律的整合，没有法律的整合就没有市场经济。首先，市场经济的主体地位需要法律的确认；其次，各级各类市场的建立和开放需要法律的整合；再次，市场经济的经济运行需要法律的规范；第四，市场经济的国家干预需要法律；最后，与市场经济相匹配的社会保障制度的建立和完善同样离不开法律的保障。

---

① 张文显：《法理学》，法律出版社 1997 年第 1 版。

(2) 政治方式的法律整合。政治方式的法律整合是指法律对政治行为和政治关系产生的影响。主要表现在：

第一，调整政治关系。政治关系是一种围绕国家权力而发生或衍生的社会关系，包括中央与地方的权力关系，立法权、行政权、司法权、军事权之间的关系，公民的政治参与等内容。这些权力关系都需要由一定的法律整合机制加以协调。在不同的国家，协调的方式可能互有差异，因而形成不同的国家结构形式和不同的政权组织形式以及不同的公民政治参与机制。

第二，规范政治行为。政治行为是围绕着政治权力的获得和运用、政治权利的获得和实现而展开的社会活动，它包括政治斗争、政治统治、政治管理和政治参与、政治协商等多种形式。[①] 各种政治行为或直接或间接地、或多或少地受到法律的规范，以实现社会整合。

当代中国正在大力加强民主和法制建设，推进依法治国方略的实施，我国公民的政治权利意识越来越强，政治参与热情越来越高，但我国的政治和法律制度还不完善，现实社会中存在着严重的权力腐败现象。为此，必须进一步加强法制建设，充分发挥法律在政治领域的整合功能。

(3) 公共方式的法律整合。公共方式的法律整合，是指法律对社会公共事务和公益事业所具有的管理能力，主要表现在：

第一，维护人类生存的基本自然条件。保护和合理开发自然资源，保护自然环境，防止环境污染，是法律整合的公共环境功能的一个重要方面。近代以来，由于科技和生产力的迅猛发展，人口数量的不断增长，环境和自然资源的污染和破坏日益严重，并成为一个全球性问题，关于自然资源和环境法将逐渐成为一个独立的法律部门。

第二，管理和促进各项公共事业的发展，维护和改善人类基本生产、生活条件。科技、教育、文化、体育、医疗、卫生、道路、交通等公共事业是造福社会，对全体社会成员都能带来利益的事业。法律在这些领域的整合功能，关键是要使广大的社会成员真正能从中得到实惠。

第三，预防社会冲突，解决社会问题，保全社会结构。任何社会都有社会问题，也有社会冲突。社会问题如果不及时解决，社会冲突如果得不到有效控制，就有可能引发大的社会动荡，危及社会结构。法律在预防社会冲突，解决社会问题上具有重要的作用。

---

① 赵震江：《法律社会学》，北京大学出版社 1998 年版。

三、当代中国法制建设与社会整合

1. 法律建设在实现社会整合中的地位和作用

社会整合的实质是利益整合，利益整合是社会整合的基点。社会整合是以制度为保障的社会关系的调整。

首先，由于制度的内在属性及其作用，决定了制度建设尤其法律制度是社会整合的关键。

美国著名制度经济学家诺斯指出："制度是一个社会的游戏规则，更规范地说它们是为决定人们的相互关系而人为设定的一些制约。制度构造了人们在政治、社会或经济方面发生交换的激励结构，制度变迁则决定了社会演进的方式，因此，它是理解历史变迁的关键。"①可见制度建设对人类社会发展的重要性。在社会整合过程中，制度起着根本性的支撑作用，它贯穿于社会生活的方方面面，是各种原则、思想转化为人们具体行为的载体。失去了制度的依托，社会整合就失去了保障，以利益为需求的人与人之间的社会关系就走向无序状态。另外，制度蕴含的价值导向，不断引导着社会向前发展。因此，任何社会进行有效整合，只有在制度的支撑下，通过制度建设整个社会才能不断健康有序地发展。

其次，制度建设尤其是法制是实现国家长治久安的根本。加强制度建设，提倡制度创新是我们党在总结历史经验中得出的基本结论。忽视制度创新与制度建设，国家的长治久安和社会和谐有序就难以维系。邓小平同志在总结我们党和国家建设的历史经验教训时曾精辟地指出："我们过去发生的各种错误，固然与某些领导人的思想、作风有关，但是组织制度、工作制度方面的问题更重要。这些方面的制度好可以使坏人无法任意横行，制度不好可以使好人无法充分做好事，甚至会走向反面。"他又说："这种制度问题，关系到党和国家是否改变颜色。"②历史的经验是弥足珍贵的，只有以制度、体制、机制为依托的社会发展才是靠得住的发展；也只有通过科学的制度、体制、机制为保障的社会整合，才能真正实现国家的长治久安。

由于制度在社会整合中的根本作用，因此必须加强制度建设。制度建设是创造稀缺制度的活动。稀缺制度就是制度的稀少或制度的欠缺。没有哪个国

① ［美］道格拉斯·C·诺斯：《制度、制度变迁与经济绩效》，上海：生活·读书·新知三联书店1994年版。
② 《邓小平文选》（第二卷），人民出版社1994年版，第333页。

家、哪个领域的制度最初就是完整的体系，每一个国家、每一个领域的制度体系是逐渐安排和逐步完善的。当一个国家或一个领域的制度体系出现稀缺时，也就是制度的需求与供给发生供不应求时，这个国家和这个领域将会出现混乱，失去秩序，于是这个国家和这个领域的组织者为了维护正常的秩序便会积极主动地寻找符合大众需求的、填补空缺和弥补制度缺陷的制度模型。当制度稀缺达到一定程度时，人民大众会自觉或自发地创造新型制度，以此提供给人们更好的制度保障。

2. 当代中国社会整合的法律机制

当代中国正在大力加强民主和法制建设，推进依法治国方略的实施。社会主义法治建设最根本的是要把坚持党的领导、人民当家做主和依法治国有机统一起来。人民当家做主是社会主义的本质要求，党的领导是实现人民当家做主的根本保证，这都是社会主义事业的基本内容和根本特征。在社会整合的过程中，推进党的社会整合功能的制度化，以制度来保障和实现人民正当的、合理的利益表达，都必须紧紧依靠这些内容来开展。

中国社会的制度规范体系随着社会转型也处于新旧交替的转变过程中。改革开放后，国家试图通过诸如加强立法的手段来使社会的运行规范化，无法可依的现象得到很大的改变，但有法不依的现象却相当普遍，而且带来了更为严重的社会后果。这种规范化的努力之所以没有收到预期的效果的原因主要在于：制度规范的外在性，没有长期互动的社会基础，或者尚未实体化为一种制度建制；有形式的规范而缺乏相应的组织机构、程序和沟通渠道，或者由于缺乏文化支援和民间力量的支持，与人们的日常生活领域的价值观念相冲突，而难以在社会中发挥充分的约束力。解决这些这些问题的唯一途径还是制度创新。制度创新是制度经济学中的一个概念，指在竞争的环境中创造出新的经济行为规则或“游戏规则”，以减少交易费用、提高经济效益。制度创新不仅是向社会提供一整套行为规范框架，更重要的是通过这套框架向社会提供一个明晰的行为目标、价值目的。

我国现代化过程在总体上是一个由上而下、有组织的政府领导行为，现代化建设过程中保持社会的正常交往规范秩序，更有赖于政府经过创新的有效制度供给。“这种有效制度供给在实践中，应在技术上避免明显的制度漏洞、制度真空、制度抵牾，避免新旧制度过渡的激进性”。[①]

在社会转型的现代化进程中，只有对剧烈分化的社会适时地进行整合，催生出新

① 宫志刚：《社会转型时期的社会整合与犯罪控制》，载《江苏警官学院学报》，2003年第2期。

的社会整合体系，建立起新的价值精神，走制度创新之路，社会才能在转型中保持秩序、保持稳定。在现阶段，要努力树立现代治国理念，建立完善以下法律制度和机制，实现社会整合：

(1) 重视国民待遇，推进平等关怀。中国公民的不公正待遇比较突出。这主要体现在农民工身上。农民工在多个方面受歧视，主要有：

● 就业歧视，以务工证、暂住证等手段抑制外来农民的就业数量，实行进城农民配额限制；通过对农民工进行资格认证、行业限制等阻碍农民工就业。如《武汉市使用外来劳动力管理规定》，将行业分为可使用、控制使用、禁止使用外来劳动力三类进行管理。武汉市规定，党政机关的公勤人员不能用农民工。

● 工资歧视，同工不同酬，同工不同权，被克扣、拖欠工资。

● 教育歧视，农民工自身和他们的子女不能享有同等的城镇居民及其子女的教育机会和资源。农民工子女上学须缴纳高额的赞助费、借读费等，农民工自己办的子弟学校又因办学不规范等原因受到教育局的禁令乃至撤散。对农民工的上述歧视，是国民待遇意识淡薄的表现。这样的歧视完全抹杀了农民工在中国现代化进程中的作用和付出的代价，使同是公民身份的农民工，不仅享受不到同等的待遇，而且还被不公正地对待。另外，如此长期下去，积聚起来的不公正感会增强农民工的不满情绪，这样的不满情绪会延续到下一代。在城市生活的农民工后代，大多受不到良好的教育，对这样的不公正待遇会被一些微小的事件激发，酿成公共危机事件。所以，必须重视国民待调，特别是农民工的福利待遇。

(2) 凝聚价值共识，弘扬公平正义。社会的杂乱来自社会价值观的杂乱，因此社会整合的核心最主要的是要对混乱的和倾覆的价值体系进行整合、重塑。问题的关键是建立一个什么样的价值体系，这是一个颇有难度的课题。因为，新价值重塑本身需要一个过程，社会在价值重塑的同时，很难迅速确立起一个为人们普遍接受且自觉践履的新价值体系。这种价值重塑的直接结果之一就可能是价值要求的多元化。而现代化和市场经济导致个性意识的觉醒，个体地位的存在使这种可能变为现实。当然多元化本身并不一定是消极的，问题在于如果是一种纯粹的多元而不能形成一元共识，那么多元就蜕变为杂多，形成杂乱的局面。无论有多大困难，我们都要面对这样一个现实，转型过程中的社会必须被整合有序，新的生活方式需要有新的生活秩序、新的价值精神。

我国社会利益关系发生了重大变化。利益关系的调整和重组，带来了社会成员价值观的矛盾与冲突和心理的不平衡，对社会的稳定和发展有不利的影响。

整合价值认同、增强公平意识、正义意识等等，成为保持社会稳定发展的精神动力。[①]

(3) 规范和拓展群众的利益表达渠道，建立健全党和政府与不同利益群体联系的制度化机制[②]，利益表达既是公民个人或一定利益集团向党和政府提出自己的愿望和要求的正当行为，也是党和政府制定法律、公共政策作出科学化、民主化决策的前提和基础。通常情况下，有利益的分化就必然有利益的表达。在一个产生了深刻分化的社会中，各种利益诉求的表达是一种常规性的社会政治现象。在现代社会，如何构建多元畅通的利益表达渠道，将这些利益主体及其诉求吸纳到现行体制框架内，就成为对政治体系包容性与整合能力的一种考量。我国现阶段正处于深刻的社会转型期，无论是从利益表达主体还是从利益表达客体来看，都存在着若干不适应、不顺畅甚至无序的问题，以致出现一些非制度化、非程序化、非合法化的行为，由此造成的社会震荡与政治疏离是执政党失掉民心、丧失执政地位的最大危险。因此，在利益主体多元化的体制下，积极拓展不同群体的利益表达渠道和政治参与途径，建立畅通的利益表达和政治参与机制，引导群众以理性合法的形式表达利益要求，实现利益表达和党群沟通的制度化、有序化，进一步密切党和政府同各阶层群众的联系，也就成了党和政府强化利益整合功能的时代主题之一。按照党委领导、政府负责、社会协同、公众参与的原则，建构起以中国共产党为核心、紧密度不同的利益表达组织体系。建立政府指导下的公民组织，使冲突的发生被允许在合法、有序的范围内。具体来说：

● 改革和完善人大、政协的利益表达和综合功能。我国的人民代表大会制度和共产党领导的多党合作和政治协商制度，既是人民群众表达利益诉求的基本政治渠道，又是民众实现政治参与的制度化途径。这两项制度的改革和发展，对于充分发挥现有政治体系的利益表达和综合功能十分重要。比如，在人大代表和政协委员的结构比例上，要适当增加与提高工农群众代表和委员的名额比例，注意引导和吸收广大知识分子、民营企业家参政议政，坚决禁止变相以财产规模确定政治参与资格甚至贿选的现象。各级人大和政协要专门为农民、下岗工人、贫困线以下的城乡弱势群体成员设立一定比例的代表和委员名额，以疏通社会弱势群体表达利益要求的渠道。

● 健全基层民主自治制度，积极推进基层民主建设。要完善基层政权、基层群众性自治组织、企事业单位的民主管理制度，坚持和完善政务公开、厂务公开、村务公开

---

① 朱前星：《浅析转型期的中国社会整合》，《理论前沿》，2006 年第 17 期，第 42 页。

② 徐明政、逄锦科：《制度建设：社会整合的关键》，《前沿》，2006 年第 7 期，第 35～36 页；朱前星：《浅析转型期的中国社会整合》，《理论前沿》，2006 年第 17 期，第 42 页；花勇：《建立社会整合机制应对突发公共事件——法国骚乱的几点启示》，《江苏省社会主义学院学报》，2006 年第 4 期，第 61 页。

等办事公开制度，拓宽民主参与的渠道，努力营造民主参与的氛围，引导群众依法表达自身的利益要求，保证基层群众依法行使选举权、知情权、参与权和监督权等民主权利。

● 完善社会协商对话制度，促进各级国家机关及其领导与民众之间通过各种形式，定期或不定期地就重大问题、重要决策、重要情况进行平等对话和民主协商，开辟新的利益表达和民主参政渠道。

● 对各群众组织，党在加强对其领导的同时，应根据社会结构的新变化，引导、支持其转变工作方式、淡化行政色彩，增强社会性和群众性，更好地发挥表达群众利益、化解群众矛盾的作用和党群沟通的桥梁纽带作用。对于最缺乏利益表达渠道的农民，也应有相应的组织以制度化的方式表达其利益。

● 要加强对民间社团的联系和引导。民间社团具有显著的社会广泛性和利益代表性，应充分发挥其利益表达的作用。但民间自治性也可能使各种民间社团成为违法犯罪活动的依托，因此，应加强党和民间社团的沟通联络，加强引导和控制，保证其健康发展，成为党群联系的重要渠道。政府借助群众组织和民间社团，将不同的利益需求整合进自己的政策中。在这一过程，政府可以通过谈判、协议、调查、咨询、听证会等各种形式，聚集各组织代表，提供充分自由的平台让大家在法律的范围内互相交流和沟通，确立目标实现的优先次序，将体制外的冲突和非预期的冲突化为体制内、预期的冲突。减少冲突的偶然性和失控性，增大冲突的防范性和控制性，培养民众对制度的认同感和彼此的合作、宽容、妥协的精神。同时，在政府各部门之间引入竞争性机制，提高行政部门的效率、效能和回应性。

（4）建立健全利益分配和保障机制。社会主义最大的优越性就是共同富裕，这是体现社会主义本质的一个方面。如果搞两极分化，民族矛盾、区域间矛盾、阶层矛盾都会发展。相应中央和地方的矛盾也会发展，稳定就可能成问题。面对目前日益复杂的利益关系格局，强化利益整合功能，就必须坚持社会成员普遍受益和对利益受损者进行补偿的原则，妥善协调各方面的利益关系，正确反映和兼顾不同阶层、不同方面群众的利益，保证他们共享改革发展成果。以效率优先、兼顾公平为导向，建立健全人民群众内部的利益分配、平衡和补偿机制。在初次分配时，要健全市场格局，辅以必要的行政手段，以效率为前提，贯彻按劳分配和按生产要素分配相结合的原则，让激励性和效率性收入分配到位，保证社会充满生机与活力。在再次分配时，要注重公平。通过国家的干预和调节，保证社会全体成员共享社会发展成果。

进一步完善社会主义初级阶段的分配和保障制度，具体来说，主要包括以下几个方面：第一，完善按劳分配为主体、多种分配方式并存的分配制度。要确立劳动、资本、技术和管理等生产要素按贡献参与分配的原则，让一切生产要素都发挥作用，参与社会财富的合理分配。此外，要制定合理的税收政策，调节社会利益分配。第二，完善公民利益保障制度和机制。要健全社会保障体系，使每个人“都能够依靠法律和制度来维护自己的正当权益”。尤其是要对弱势群体提供有效的利益保障，使他们能够享有公平权利，获得正当权益。第三，加强收入分配中的宏观调控和利益监控。要运用法律、经济等手段，区别不同性质的收入，采取相应的政策措施，保护合理收入，取缔非法收入，整顿不合理收入，调节过高收入。通过对分配秩序的严格规范，克服收入分配领域的混乱现象，最大限度地引导、保护和发挥最大多数人民群众参与改革开放和现代化建设的积极性。第四，完善社会各阶层利益整合机制。经济体制改革必然涉及社会利益的重新分化和组合。在改革过程中，一部分人更多地承担了改革的成本，而另一部分人则直接受益；一些人凭着有利条件先富了起来，也有部分人仍处于贫困之中。这使得部分人产生一种相对被剥夺感，产生不平衡心理。如果不能对社会各部分利益进行平衡整合，则会导致各利益群体之间相互不满和抵触，甚至敌对仇视，最后演变成为各自利益而相互倾轧，造成严重的社会分化，这就是社会不和谐的根源。因而，要加强对社会各阶层利益的平衡整合，加强不同利益群体之间的相互沟通，共同寻求利益的结合点，整合各方利益，协调各种不同利益群体的关系。

（5）完善利益发展机制。完善社会利益发展机制。我国要加快经济社会发展，需要进一步完善社会利益发展机制，激发社会创造活力。①

● 创造开放、公平的竞争环境。开放、公平的竞争环境应具备：完善的市场平等进入机制的条件。社会阶层之间市场相互开放，平等进入，依法实现就业、投资自主化、多样化，实现机会均等；有维护公开、公平竞争的法律制度和机制，为每个人提供公平的发展、竞争和创造机会，使每个人各尽所能，各得其所。

● 在社会各利益主体、各阶层之间形成利益增进的良性互动机制，即某些人或某个阶层的利益增进并不侵吞和危害他人利益，反过来会为其他人增进利益创造机会，形成互惠互利的格局。完善社会利益发展机制，从根本上健全社会主义市场经济体制，让一切经济活动都在法律规范下有序进行，使全社会形成一个有机的利益发展整体。

（6）完善预警机制，提高政府应对公共事件能力。就转型期的中国来说，政府提供公共物品逐渐增多，公民社会生活政治化加快，人们政治意识和政治敏感度增强；再加上通信技术的发展和通信产品的普及，一件简单的事件可能转瞬之间成为冲突

① 陈雪：《论社会整合的基础》，《茂名学院学报》，2006年第5期，第8页。

的诱发性因素。如果缺乏完备的、高灵敏度的预警系统，及时察觉前兆，分析实情，启动预备方案，事态的发展将会无法控制。所以，建立一套从中央到地方的完备统一的预警系统是十分必要的。这样，可以及时捕捉和分析社会转型的动荡性因素，及时疏导冲突情绪的聚集，采取有效措施防范大规模暴乱发生的可能性，遏制促发冲突的刺激性因素。并且骚乱地区与相邻地区建立信息互动和共同配合机制，及时互享资源，灵活地采取应急联动方案。国务院颁布的应急预案对此作了详细的规定，包括预测与预警、应急处置、恢复与重建、信息发布四项运行程序。为处理公共事件提供了规范和依据以及评判的标准。

国务院于2006年1月8日颁布了《国家突发公共事件总体应急预案》，确立了以人为本、为首的六大工作原则，总体预案开宗明义，编制目的是“提高政府保障公共安全和处置突发公共事件的能力，最大限度地预防和减少突发公共事件及其造成的损害，保障公众的生命财产安全，维护国家安全和社会稳定，促进经济社会全面协调、可持续发展”。总体预案详细明确地规定了公共危机的等级，处理办法，处理主体，失责追究等。另外，部分地方政府在此之前，已颁布了地方性的应急预案。这个比较系统的应急预案体系初步建立起来了，接下来需要培训公共危机预警人员，预演公共危机预案，修订和完善应急预案。

（7）建立健全惩治和预防腐败的机制。社会转型过程中制度和体制的不完善和管理上的疏漏，给非法收入提供了滋生的土壤。特别存在着权钱交易、以权谋私等严重腐败问题。权钱交易的腐败现象不仅严重侵蚀了党和政府的肌体健康，也直接剥夺了人民群众的实际利益。它是引发、激化社会矛盾和冲突的重要原因。因此，铲除权力腐败现象是实现利益整合的重要环节。反腐败必须加强教育，发展民主，强化监督，建立健全一个与社会主义市场经济体制相适应的、惩治和预防腐败的科学机制。

● 健全监督机制，加强廉政建设。执政党的干部都握有大小不等的权力，在社会转型时期，新旧体制、机制的交替，市场经济条件下某些消极社会现象的滋生，以及法律法规不够完备等原因，会使少数干部见利忘义，利用职权牟取私利，侵吞国有资产，有的贪污受贿，数额巨大；有的搞权钱交易，大量聚敛私人财富；为了以权谋私，有的干部买官卖官，有的称霸一方，欺压群众，引起民愤。这一切，都在相当程度上引发和激化人民内部的利益矛盾。因此，党必须加强对党员干部的教育和监督，党越是长期执政，反腐倡廉的任务越是永远不会完结。要坚持标本兼治，综合治理，惩防并举，注重预防，建立健全与社会主义市场经济体制相适应的教育与监督并重的惩治和预防腐败体系。注重制度建设，综合运用法律手段惩治腐败，对任何腐败分子都必须彻底查处，严惩不贷，只有这样，才能取信于民，使执政党在整合社会矛盾中发挥更大的作用。

● 强化党内民主，完善党内民主制度，遏制权力高度集中造成的既得利益集团的形成。在制度上要遏制吏治腐败，根本性的是民主。在我国，党是建设社会主义民主政治的领导力量，担负着发展社会主义民主的历史责任。领导民主政治的党，自身也应是民主的。民主政治所要求的一系列原则，首先应当在党的活动中体现出来。自身缺乏民主的党，往往意味着党员和党员所在的人民群众的利益、愿望、要求得不到恰当的表达，往往意味着各种信息在执政党内无法得到传递和沟通。在这种情况下，不但完成民主政治的任务很难，而且也容易导致权力集中愈演愈烈，最终形成与人民利益相悖的既得利益集团。因此，党内民主不但对自身的活力，而且对推动和带动社会民主，增强整合社会的向心力，都具有非同寻常的意义。发展党内民主的形式和途径是多种多样的，是多层次的。但总体上说，应该凝结成一定的制度，从制度上保证和发展党内民主。在制度建设中，最重要的是要确立一套保障各级党组织和普通党员各项民主权利实现的刚性制度，确实保障党员的民主权利。离开了这一条，其他制度的建设也必将逊色，治理和遏制腐败也无从谈起。

3. 法律社会整合实现的保障

法律社会整合属于规范整合范畴。从社会学角度考察，社会规范有两种模式来维持其在社会生活中的存在：内在维持模式和外在维持模式。通过规范的社会化，社会成员学习和掌握社会规范，将规范内化于自己的意识，在日常社会生活中自觉或不自觉地遵守规范，这是社会规范的内在维持模式。社会规范的外在维持模式是指通过外在的压力或强制力迫使社会成员遵守社会规范的情况。

法律社会整合功能的实现有其社会根源。美国法学家博登海默认为："一个法律制度功效的首要保证必须是它能为社会所接受，强制性的制裁只能作为次要的辅助性的保证。一个合理的令人满意的法律制度将得到社会大多数成员的遵守，因为它服务于他们的利益、为他们所尊重，或至少不会在他们心中激起敌视或仇恨的情感。强制只能用来针对少数不合作的人；在任何正常并运转有效的国家中，必须运用制裁手段加以对待的违法者的人数远远少于遵纪守法的公民。"①

法律的社会整合功能的实现虽然离不开国家强制力的保证，但主要应当依靠社会成员的自觉守法，只有这样，法律整合功能的实现才是最优化的、最经济的。在法律整合运作机制正常的情况下，社会关系主体自觉自律地遵守法律，人们依法行使法律权利或者履行法律义务，国家强制力引而不发，它只是作为一种潜在的力量对人们

① ［美］博登海默：《法理学——法哲学及其方法》，华夏出版社 1987 年版，第 335 页。

产生影响。而当法律整合运作机制失常，诸如有人滥用权利、有人不履行义务或有违法犯罪行为发生，国家强制力才会引发出来，有关国家机关或组织就会运用国家的强制力量，保障法律实现。

影响法律的社会整合功能实现的外在因素主要有：政治体制、经济状况、价值观念、宗教信仰、道德风尚、组织化类型与程度等等。就当代中国法律的社会整合功能实现来讲，其障碍因素主要是法律信仰和法律权威意识的缺乏。法律职业者的总体素质问题。法律体系不健全，执法、司法体制不完善等，因此中国法治建设还任重而道远。

附录：点评董磊明、陈柏峰、聂良波《结构混乱与迎法下乡：河南宋村法律实践的解读》

一个社会是靠什么来维持其基本的社会秩序的？对于该问题，已有许多见仁见智的回答，如涂尔干从社会分工的角度引申出不同的社会维系纽带，即共同的感情和社会分工；如庞德认为社会维系的手段主要有宗教的、道德的和法律的，庞德的这种看法在某种程度上已经成为一种普遍的看法；一般认为，一个社会维持秩序的手段是能反映其所处的社会的性质和发展阶段的，以法律作为维持社会秩序的手段是人类发展迄今为止在众多的治理手段中最为文明的一种，但我们亦会发现法律在整合社会秩序过程之中所具有的这种优越性，并不是一开始就为人们所知晓的，而是在辗转反复之中才逐渐地显现出来的，同时法律这一手段的地位逐渐地由边缘向中心发展，也是与社会的发展密不可分的。董磊明等人发表在《中国社会科学》2008 年第 5 期的文章《结构混乱与迎法下乡：河南宋村法律实践的解读》就可以看作是对这一过程的说明。

文章使用了功能主义的分析方法，在具体的叙述脉络中逐渐地展现法律在农村中对社会秩序的整合作用；同时文章在以宋村为研究样本的时候，实际上亦使用了比较分析的基本方法，进而通过访谈法、观察法等具体的方法，构成文章的方法体系。

文章的第一部分，以内生权威与村庄秩序为题提出了这样一个问题，即在内生权威已经不能维持村庄秩序的时候，村庄的秩序应该何去何从？文章在行文之中以时间为主线构建起了三种类型的村庄秩序的维系方法：第一，1990 年中期以前村庄秩序的维系，基本上都是以族内权威人物为主的秩序维系类型，虽然在该类型之中存在“强”与“弱”的关系，但基本上能维持在一定的“度”内；第二，1990 年中期至 2000 年之前，由于族内权威人物的退出，因此村庄干部作为村庄秩序维系的主体的类型，在文章看来这两种类型村庄秩序大致都是很好的；第三，2000 年之后，由于村庄混混介入村庄秩序的维系之中，从而导致了村庄秩序恶化的类型。因此，这种变态秩序状态必然要向常态秩序状态过渡，而这中间就产生了国家的力量如何介入的问题。

文章的第二部分，认为乡村社会和国家法律之间具有亲和性。文章选取了对几个典型的纠纷解决过程的描述来证明该论断。比如文章对智障寡妇黑妮继承事件过程和结果的阐释、李保打架事件的处理的论述、李国起事件的处理方式，从而文章展示了国家法律在各种因素的作用之下，已经逐渐地深入进乡村的社会结构和治理之中，从而也在逐渐地影响并变成乡村社会秩序维系的手段。

文章的第三部分，通过构建类型的方法对不同时代的法律实践的场景进行比较。如对费孝通先生笔下的乡村、苏力和梁治平等人笔下的乡村以及当下宋村的实际等进行比较，从而指出由于如电视、社会流动等因素的影响，乡村社会实际在发生一场深刻的变革；而在这场转型之中，随之而来的就是社会秩序维系手段的变化。因此，国家法律所具有的社会整合功能的优越性也在逐渐地展现出来。

在第四部分，文章以“语言混乱还是结构混乱”为题，对乡村之中这场深刻的社会变迁所带来的乡村秩序和乡村秩序维系手段的变化进行了描述。文章一方面在构建类型，另一方面指出费孝通、苏力等人笔下的乡村已经不是当下乡村实际景象了，当下的乡村表现出来的就是语言的混乱和结构的混乱局面。因此，文章认为，对这两种现象的出现就法律层面来说，已经表明当下的乡村不再是“送法下乡”的对象了，而是在一定程度上已经变成了“迎法下乡”的主体了。

在文章的最后一部分，再次分析了由于乡村所发生的社会变迁而产生的迎法下乡的社会现象。文章在此将乡村的社会变迁嵌置在整个社会的变迁之中，从而指出外部的变迁对乡村变迁所具有的挑战作用，以及乡村社会经由调整而出现的回应和适用。

文章通过类型的构建从而对发生在宋村的社会变迁进行的描述和论证，以及在这种变迁背后所带来的乡村治理手段的变化，因此仅从文章所使用的方法的角度来看，方法的使用是很恰当的。但我们同时发现，这种实地研究的研究方法也有其局限性，即文章在选择以宋村为代表和研究对象的时候，有没有考虑宋村的情况在全国有没有普遍的代表性的问题。因此，仅从方法的角度来看，如果文章能结合其他的方法如统计调查的方法，那么可能会解决该问题，从而使文章更具有说服力。

论文摘要

董磊明、陈柏峰、聂良波：《结构混乱与迎法下乡：河南宋村法律实践的解读》，《中国社会科学》，2008年第5期。该文主要是对农村中出现的结构混乱而非仅仅是语言混乱而出现的一些新变化进行了研究，文章认为，今天农民的价值观念、行为模式和连接方式都发生了质的变化，为此需要我们认真地予以对待。

文章的第一部分围绕着"内生权威与村庄秩序"这一主题而展开，1990年中期以前，族内的纠纷主要由族里的权威人物来加以解决，而族与族之间的纠纷则主要由村干部加以解决；1990年末期之后这些族内的权威则逐渐地淡出，村组干部的作用进一步增强；但近些年之后则出现了三种力量，即村组织、国家法律和乡村混混。文章的第二部分，通过以智障寡妇黄黑妮的继承案、冯某喝醉酒骑车撞人案以及李国起被李国方"修理"案的分析表明，在宋村人们在行事的过程之中已经越来越多地以国家法律为规则，村落中的地方性规范与现代国家法已经日趋相同，这种现象不仅仅在宋村已经普遍出现，而且在全国很多地方都是大量地存在的。文章的第三部分则对这种新的现象的发生机理进行分析，认为现代农村已经不再是费孝通笔下的"乡土社会"了，随着市场经济的发展，人与人之间的关系已经逐渐地摆脱"血亲情意"和"人情面子"的束缚而走向理性化、利益算计的关系了；同时由于家庭经济结构的变化、人的思维和观念的变化、国家权力逐步地从农村地区撤出等缘故，进而促使村庄之中的人际关系逐渐疏远、社会非亲密化以及公共权威式微等。文章的第四部分：农村地区发生的这一重大变化究竟是语言混乱带来的还是其他因素导致的？文章认为无论是费孝通笔下的"乡土社会"的变化，还是新中国成立之后所进行的改革，其实都没有能真正促使农村地区的改变，最多是导致了语言的混乱；而真正带来变化的、真正导致农村地区的结构发生变化的则是改革开放之后，是在市场经济的逐步推进过程中实现的。因此，在结构混乱的背景之下，农村地区已经不再是简单地送法下乡了，而是在某种程度上由于自身的需要从而积极、主动地"迎法下乡"了。结论："迎法下乡"应该迎的是体现公正、形成秩序的一种国家权威力量，同时对于这一现象的理解应该将其嵌置于中国百年来所形成的现代化进程之中加以理解。

第十三章 法律实效

在本章中，主要讨论：第一，法律实效所涉及的相关概念、模式；第二，法律实效获得的根据；第三，社会转型时期法律实效的获得及评价等。

一、法律实效概述

从字面意义上讲，法律实效指的是“法律的实际有效性”，与它相对应的状态是法律在“理论上的有效性”。但是在理论上或逻辑上有效力的法律并不一定能够在生活中获得实际效果。法律实效的获得是法律合法性的重要来源和评价基准。

1. 法及法律

对“法”和“法律”的界定非常多，具体实践中往往根据研究的需要选择更恰当的定义。在马克思主义经典著作中，“法”与“法律”有时通用，有时也作类似西方的“自然法”与“人定法”的区分，如早期马克思曾提出过，“法”是“自由的无意识的自然规律”，而“法律”则是“法的表现”。但“法”及“法律”这两个词汇并不能分别表述法的应然与实然这两个范畴，[1]因此本文也对两者不作区分，但很明显的是“法”的内涵较“法律”更广。

法律内涵的界定应当坚持这样几个标准：其一是制定主体，必须是国家立法机关（包括授权立法机关）；其二是规范的内容，必须以一定的权利义务为主导的规范；其三是规范的形式，具有严格的规范的逻辑结构外在表现形式；其四是制定的程序，必须严格按照国家规定的制定程序实现。在此将法律界定为“由国家立法机关按照法定程序制定的，以权利义务为核心的法律规范的总称”，因此民间的规范、国家的政策、行政命令等都被排除在定义之外。作此界定，与本文讨论的主旨即“法律实效”问题相关，因为只有当法律文本与社会实践存在落差，或者是国家希望通过法律变革社会的时候，讨论“法律实效”问题才更迫切，而当法律已经内化为人们行动的指南，成为人们日常生活惯行时，法律就是生活本身，法律实效问题进入不了人们的视野。

① 李瑜青主编：《法理学》，科学出版社 2008 年版，第 12～13 页。

2. 法律效力模式

法律效力是指法律及其部分派生文件、文书所具有的，以国家强制力为保证的，在所适用的时间、空间范围内，赋予有关主体行使其权力或职权的作用力以及约束有关主体履行其义务或职责的作用力之总和。① 它包括应然效力和实然效力两个层面，法律实效主要是从“实然效力”的层次进行讨论的。

就法的效力而言，存在着诸多的研究模式。如张根大强调“实然—应然”的模式②；郑永流则强调“伦理意义—规范意义—社会意义”三元模式③；张文显则强调“伦理意义—规范意义—社会意义—心理意义”的四元模式④。这些模式各自吸纳了不同法学流派关于法律效力主张当中合理的一面，各个法学流派对法律效力的观点如下：

法律实证主义者的法律效力是在“规范意义”上而言的。凯尔森认为，法律效力不能到现实中去寻找，而应到一个规范所赖以产生的其他规范中去找。即一个效力来源于另一个较高的规范，最终法律规范的效力来自一个基本规范，基本规范之所以有效力是因为它是被预设为有效力的。在改良的实证主义者哈特的分析中，效力问题看起来是制度内部的问题。承认规则较其他第二性规则更重要，它是“最终规则”，具有超越其他规则的“最高性”，而且它是法律制度的基础性程序，没有进一步的规则来决定承认标准。当然由于“承认规则”的内涵模糊，可以将很多社会伦理、道德因素纳入进来，哈特的解说具有综合理论的色彩，更具有解释力，它基于规则却实现了对凯尔森理论的超越。

自然法学派认为法律效力是“伦理意义”上的，把法的效力来源归结于某种外在的正义或道德准则，因此法的效力的一个主要方面就是它与公认的道德的联系。而道德权威的树立是自然法学派借助上帝和神灵的力量来衬托的。从价值判断上说，法律要具有效力就必须是正义的或符合道德的，恶法不具效力。

社会法学派认为法律效力是“社会意义”上的，是指法律对社会成员行为的实际拘束力。这种观点使得我们将进行探讨的视角，从法律规则体系本身转移到法的现实效果上，它也是一种外在的评判，即从规则的社会效果来评价法律的效力，扩大了法律效力的关注范围。

现实主义法学派奥里维克鲁纳和罗斯等人认为，法律效力是“心理意义”上的，

① 李瑜青：《法理学》，科学出版社 2008 年版。
② 张根大：《论法律效力》，《法学研究》，1998 年第 2 期。
③ 郑永流：《法治四章》，中国政法大学出版社 2002 年版。
④ 张文显：《二十世纪西方法哲学思潮研究》，法律出版社 1996 年版。

它来源于法对人们施加的心理影响和人们接受的心理态度。他们的逻辑思路是：法对人产生影响从而人接受法，人对法的接受使得法律有效。①

各个学派都对法律效力的问题提出主张，法律效力问题之所以重要，是因为一旦一条规则被确认为是“有效力”的，它就牵涉一系列后果。在一个生效的法律制度内，一条有效力的规则就是这样的规则：法官将会并且也应当在适当的案件中适用它，而且对于法律主体而言，它产生了其应该受到服从这一假定。如果说一条法律规范是有效的，就意味着这条法律规范所指向的那些人具有约束力，当受到抵抗时则有国家强制力保证，因而法律效力或者说有效性问题是一个植根于法律过程之中的问题。过去的理论研究中人们主要关注应然的法律效力问题，对法律实效着墨不多，但随着法律与社会的分离，法律作为工具使用的情形普遍存在的时候，对法律实效进行研究就有了特殊的意义。

3. 法律实效界定及意义

通常，一个法律规范，只有具备了“应当的效力”(即由权力机关依照宪法和上位法，符合立法程序制定并颁布法律)才能够实施，才有可能产生实然法律效力。简言之，应然的法律效力是在法律被合法地制定出来时所具有的拘束力，而实然的法律效力则是指被制定出来的法律得到人们的遵守，在实践中得到良好的施行。前文述及，广义上的法律效力包括应然的法律效力和实然的法律效力(即法律实效)，而法律实效正是在法律是否得到良好的遵守和施行的意义上来进行讨论的。法律效力具有应然和实然的双重性，讨论法律实效问题只是将其从法律效力问题当中分析出来，而并不否认法律包含价值、形式和事实等多个方面。自然法学派认为，法律只有符合正义才有效力，分析法学派认为，法律只有依法定程序制定才有效力，这两派的法律效力都是指应然法律效力，包括应然法律效力的价值和形式两个方面。社会法学派认为，法律只有在实际生活中起作用时才有效力，这是实然的法律效力。② 三者的结合才更能说明问题，不过并不妨碍我们重点讨论其中的某一方面。

讨论法律实效问题的重要意义还在于，法治过程中有两次飞跃，分别是法律应然效力的产生和法律实效的获得。③ 获得实效主要是指法律的实施达成了立法目的，法律规范开始影响和决定着人们的行为选择以及行为结果。实效问题涉及的是法律规范适用的那些人是否真正遵守这些规范的问题。对法律有效性(主要指应然效力)

---

① 姚建宗：《法律效力论纲》，《法商研究》，1996年第4期。

② 张根大：《论法律效力》，《法学研究》，1998年第2期。

③ 倪正茂：《过程论与法治国家建设》，《民主与科学》，2008年第6期。

的探求，则是试图确定一项法律规范是否应当被遵守，亦即私人或政府官员是否应当遵守它。然而在法律的一些部门中，经常也会发生法律的有效性与实效之间的冲突，如在成文法国家，一部被国家立法机关依照宪法和上位法律按照法定程序制定出来的法律，却有可能无法在实际生活中起到社会行为有效标准的作用。

一项法律规定的有效性必须同其在社会秩序中的实效区分开来，用哈里·W·琼斯(Harry W. Jones)的话来说，“只有当构成社会的人——无论是官员还是大多数私人公民——的实际行为与宪法规定、制定法规定或判例法规定所指定或认可的标准相一致时，这些规定才在该社会中具有实效”。换句话说，只有当“人们的行为就像法律规范规定的那种行为，规范实际上被适用和服从”的时候，①法律实效就产生了。法的有效性(应然效力)是法的实效的前提，法的实效是法的有效性(应然效力)的显现，社会的法治就是前者不断转化为后者的过程。只有首先存在着指引、调整人们行为的法律规范，存在着人们行为应当遵循、服从的法律规范，才能以这些规范为基准去要求人们的行为合法，才能以此为基准讨论考察人们行为的合规范性。从另外的意义上讲，法的实效还是法律规范存续合理性的一个标尺，只有取得实效的法律规范，才是具有存续合理性的法律规范。②

从法律实效的角度研究法律，可以帮助我们在更广泛的空间和时间观察法律，进而更充分地发挥法律的社会调控功能。瞿同祖指出，研究法律离不开条文的分析，这是研究的根据。但仅仅研究条文是不够的，我们应该注意法律的实效问题。条文的规定是一回事，法律的实施又是一回事……社会现实与法律条文之间，往往存在着一定的差距。我们应该知道法律在社会上的实施情况，是否有效，推行的程度如何，对人民的生活有什么影响等。③ 只有寻找到由法律有效性(应然效力)向法律实效转变的若干关节点，才有助于实现法的有效性向法的实效、法的理想向法的现实的转变，从而实现法治。

二、法律实效获得的根据

社会学家威廉·M. 埃文在研究了美国种族关系法的实施情况后，列举了以下 7 个条件，认为符合这些条件法律就能够获得实际效力。其一，制定新法的机构必须具

① [奥]凯尔森：《法与国家的一般理论》，中国大百科全书出版社 1996 年版。
② 刘焯：《法的效力与法的实效新探》，《法商研究》，1998 年第 1 期。
③ 瞿同祖：《瞿同祖法学论著集》，中国政法大学出版社 2004 年版，第 9 页。

有权威性；其二，表述新法的基本原理必须与已经形成的文化和法律原则保持一致和延续；其三，必须确定实际的服从法律的典范，即强调法律的目的必须是实际的而非空想的；其四，充分利用时间因素，合理划定从法律制定到生效的时间界限，“时间”能够提供一种延宕的方法；其五，执法机关的行为必须受到法律约束；其六，积极鼓励与消极处罚同样重要；其七，规定对受害人必须的保护措施如程序性规定，有利于受害人维护权益。① 这种界定是从法律实践和法律效力的经验主义研究中导出的，实际上法律仅仅是受许多社会势力影响的复杂的社会整体的一个方面，诸多“通过法律改革社会”的工程之所以失败，就是没有认清法律仅是一系列政策手段中的一种措施，它不能也无法自己发挥作用。法律实效的取得也应该关注到社会整体的状况，首先从法律体系内部着手。

法律效力包括价值、形式和事实等多个方面，法律实效获得的根据也需要从这些方面去寻找，即立法要具有价值合理性、形式合理性；法的实施过程中要考虑到生活事实与法律事实的辩证关系，在价值和事实之间流连往复，法律本身要契合社会的需要，通过法律变革社会也需要采取合理可行的手段等。具体来说，可以从以下几个方面进行理解：

1. 立法的合理性

立法的合理性即立法要具有合目的性、合规律性。法律本身是否反映了事物关系的法的规定性，是否表达了主体的需要，在规定设计上是否具有可操作性等都客观上影响法律实效的大小。首先，从客观方面来看，法的实效首先受制于法律规范的技术性因素。如法律规范科学性程度、协调性程度、稳定性程度。这些因素都具备的话，法取得实效的理由就较充分，可能性就较大。其次，法的实效受制于法律规范的现实基础，法律规范的具体要求、规定和指引，必须尊重本国国情、紧贴社会现实。若法律规范只关注国外先进做法，漠视人们业已经形成的习惯、心理和传统，则法的实效的可能性程度就较低。具体而言，要从“目的控制”和“把握现实”两个角度来认识理解立法的合理性问题。

其一是目的控制。立法的合目的性支持着立法的权威性，构成了法律自身合法性的首要条件和先决条件，不合人类生活目的的立法，是注定无法取得实效的，立法的合目的性是法律实效的绝对必要条件，但仅有这一必要条件，尚不足以完整地决定法律实效的产生。

其二是立法的合规律性。法律追求的法治实践的现实有效性，与法典内容是否

① ［英］罗杰·科特威尔：《法律社会学导论》，潘大松、刘丽君等译，华夏出版社 1989 年版，第 67～72 页。

符合各种客观规律直接相关。法典内容的合规律性应当随该法所调整的对象性关系的不同而不同，如经济立法应尽可能合乎市场经济规律，科技立法应尽可能符合科技发展规律，家事立法要符合人类伦理生活的规律等。要达到合规律性，需要立法者对立法规律和社会现实有完整的把握。

其三是考虑到法律的心理接受机制。法的实效受制于行为主体的价值观、道德观和法律观，当法律规范确认和追求的价值目标同主体的价值观、道德观和法律观相一致时，它就能得到主体的积极肯定评价，得到主体的热情支持和拥护，法的要求就容易成为主体的自觉行为，从而使法取得实效。

2. 法律职业群体素质的提升

"徒善不足以为政，徒法不足以自行"，当法治战胜人治，从而确立规则的主导地位后，"人"的因素依然受到重视，此时的"人"已经不是凌驾于法律之上的人，而是遵行法律的人。作为法律专业人士的法律职业者，是法律制度的载体，是弥合法律制度和社会生活之间的距离、实现法律对社会生活关系的有效调整的中介。[①]

在法官法、律师法、检察官法出台前后，对法律职业共同体的讨论很多，大多赞同建立此类共同体，但近十年的努力过去，似乎没有见到太多的成效，涉讼信访仍然居高不下，老百姓请律师打官司仍然很难，法律实施效果并不见有所改善……这可能意味着，法律职业共同体的建构问题不仅是理念或观念问题，还涉及法律的实施和司法的权威，不过在中国目前的情况下，至少从提升法律专业人士的执业水准来看，"法律职业群体"的提法还是有意义的。按照通常的说法，职业法律家具备三项条件，一是坚决维护人权和公民合法权益，奉行为公众服务的宗旨，其活动有别于追逐私利的营业；二是在深厚学识的基础上娴熟于专业技术；三是形成某种具有资格认定、纪律惩戒、身份保障等制度的自治团体，以区别于一般职业。在提升法律职业群体素质方面，法律实务界做了不少工作，也的确让法官、检察官的学历水平上升不少。但作为法律职业者，最基础的素质还是思维方式。

具体而言，法律职业者的思考方式特征有三：一为一切依法办事的卫道精神；二为兼听则明的平衡感的把握；三为以三段论推理为基础，通过缜密的思维把规范与事实、特殊与普遍、过去与未来织补得天衣无缝。它要求对决定进行诸如判决理由那样的正当化处理以保证言之成理、持之有据、富于说服力。[②] 在这个意义上，法律职业者的法律思维方式训练是最为基础的工作，只有精熟法理人情，独立的职业法律家群

① 张薇薇：《法治背后的人治：职业法律家阶层存在条件探析》，《北大法律评论》，2001 年第 1 期。
② 季卫东：《法律职业的定位：日本改造权力结构的实践》，《中国社会科学》，1994 年第 2 期。

体才能真正衔接民间的私人性选择与国家的制度性选择，作为操纵杠杆和安全阀，对经济及社会的发展起作用。

3. 司法的现实主义路径

大陆法系国家的法院只是法律的施行者，其司法活动不能违背和超越立法，甚至有学者提出“法治反对解释”，但法律本身的特点特别是语言特征使得解释不可避免，如果一字一句均按照法律条文来判决案件，司法也就没有存在的空间，因为一台类似自动售货机的装置就可以完成任务。作为成文法国家，司法中的解释不仅是必要的，法官还应该具有政治家的眼光和执政者的手腕，将社会生活与法律条文之间的缝隙消弭为无痕，才算完成其任务。在这个意义上，法官是“娴习典籍的变革者”。①

在现代化过程中，国家观念和个人观念会同时得到加强，从而形成政治上的紧张，在个人层次上表现为激情与理性的冲突，在国家层次上表现为伦理性与权力性的对立。为了克服紧张，需要某种中介物，对于个人来说媒介物是责任，对于国家来说媒介物则是技术。把理想与现实结合起来的技术只有在根据“平衡感觉”进行操作的条件下才能发挥作用。这种平衡感觉的形成，则有赖于对政治责任与法律技术的双重熟练把握。

司法的基本使命，就是把应然的法律规定运用到实然的法律事实当中，就是通过司法而取得法律实效。司法是法律实效的中介和条件；司法中针对个案的法律实效，是最终的法律实效；司法通过其创造性功能拓展法律实效；司法还矫正着法律通往实效之路上的问题。而法律实效是司法的直接目的，是衡量法律效能的参照；法律实效的状况也决定和呼唤着司法体制的改革。② 只有采取在现实与规则之间往来穿梭的方法，才能够真正“通过法律改变社会”，才能够认识法律的能与不能。

法律实效的获得还需要了解普通人的行动逻辑，了解普通人对于法律的观感及他们将案件提交到法院之后如何采取策略性行动。因为司法除了立法者、司法者应该还有相对人的参与和启动，司法过程才能够开始和顺利进行。即使立法、司法程序都非常完备并良好运行，司法者具有很高的素质，也仍然不能够忘记法律与社会生活之间不能完全分开，两者相互建构，渗透在法律与社会之间的还有普通人的日常逻辑，还有重峦叠嶂的组织系统，因而不能够对法律改造社会寄予过高的期望。③

---

① ［德］弗朗茨·维亚克尔：《近代私法史：以德意志的发展为观察重点》，陈爱娥、黄建辉译，上海：生活·读书·新知三联书店2006年版。

② 谢晖：《论法律实效》，《学习与探索》，2005年第1期。

③ ［法］克罗齐耶：《法令不能改变社会》，张月译，格致出版社2008年版。

三、社会转型时期法律实效的获得及评价

国家法实效的获取不仅表征着客观的状况，而且对于国家法律的象征性结构以及象征性的实践都有深远的意义，因为国家法律不仅仅是文字符号的结构化，更重要的它乃是国家权力机关制定出来用以治理国家的工具，此时国家法律已经从符号本身意义向符号结构的象征性意义过渡了，这种过渡在经过法律的实施这种象征性的实践，而使国家法所形塑的社会结构不断地再生产出来。在社会发展平稳、变化不大的时期，法律能够通过其原则、一般条款、转介条款等更好地适应社会事实，而在转型期，不仅法律条文本身变化很快，社会生活也是日日有所不同，在法律规则与生活事实这两者均变动迅速的情况下，如何求得平衡是一个大问题，也是法律实效难以获得的症结所在。

1. 社会转型时期法律实效的获得

与一般情况下的法律实效获得相比较，转型期的法律实效问题具有特殊性。由于立法要求稳定性，转型期法律要获得实效，一方面要求立法具有相应的转介条款，另一方面要求司法具有灵活性，能够考虑到社会变迁的因素，使法律能够适合社会的需要成为疏泄不满的渠道，而非成为必须绕道才得以避开的“暗礁”。具体而言：

其一需要立法中有相当的灵活性条款，以吸收其他社会规则进入法律体系，建立与其他规范的合理关系。如《中华人民共和国合同法》就规定在某些情况下，缔约当事人可以援引当地习惯作为合同依据。以往立法实践中漠视习惯和不给习惯法以空间的做法无疑不具有正当性；相反，立法需要做好与其他社会规范的衔接，并尽力促进非正式社会规范的生成与良性运作。正如罗伯特·C. 埃里克森所言：“法律制定者如果对那些促进非正式合作的社会条件缺乏眼力，他们就可能造就一个法律更多但秩序更少的世界。”[①]

其二是司法的重要责任。法律获得实效除了主体自觉的守法行为、行政机关的执法行为之外，最终和最严格的途径就是司法。它是使法律从书本上的规则变成行动中的逻辑的过程，司法必须满足开放、独立、能动三项要求，才能使法律与社会发展同步。经过三十余年的发展，我国的社会主义法律体系已经基本完备，规制生产、生

① ［美］罗伯特·C. 埃里克森：《无需法律的秩序——邻人如何解决纠纷》，苏力译，中国政法大学出版社 2003 年版，第 354 页。

活的各个基本法律框架已经具备，现在的迫切任务是如何施行法律的问题。由于社会变迁迅速、立法技术和利益争执颇多，这些已有的立法彼此之间存在抵牾，立法不符合实情的状况多有发生。而在建设“法治国家”的大背景下，法律的立、改、废往往费时颇多，作为与社会纠纷直接打交道的法院，就应该发挥更大的作用，通过自身的实践来弥合法律事实与生活事实之间的鸿沟，因此某种意义上的“司法能动主义”是可以接受的。[①] 这要求法官要非常熟悉国家法律、政策，更要了解社会现实，对生活保持极高的感受力，才能创造性地适用法律。

2. 社会转型期法律实效的评估

法律属于广义上的社会政策，立法是通过国家力量分配资源的一种行为，是有组织、有计划、持续不断地致力于解决社会问题或改善社会环境的努力，对这些希图变革社会的政策项目进行后果评价或预先进行效果评价，应该是政策制定者较为关注的事情。评估的主要目的，是为对创造、延续或改善负有责任的或与之有利益关联的人或组织，提供有关社会项目绩效的发现。[②] 法律实效的评估属于广义上项目评估的一个组成部分。

所谓法律评估，是以法律实效为实证基础，而对法律制定后的效力期待与法律实效的关系比例所作的定量和定性的分析和评判。之所以关注法律实效问题，就在于法律所宣称的目的在实践中经常发生偏移，使得“法治国家”所承诺的价值得不到体现，进而可能有损法律、国家权威的力量，使人们追问“合法性”的问题。法学家对法律实效评估的兴趣完全是学术意义上的，他们希望了解法律是如何运作的，并力求对以后的立法、司法工作提供指导；而在执法机构（如政府机构）工作的人，则摸索着如何管理大量的人力和资金，特别需要使工作有条不紊地进行，并由此细化立法所确定的法律边界、行政、项目和计划的责任，他们需要评估给执行工作提供帮助。在司法机构工作的人则需要了解一项立法所可能带来的诉讼爆炸效应，并提前提出应对措施，特别是当最高法院出台相关司法解释的时候，更应该了解到此项措施所产生的广泛影响。立法机构也需要关注法律实效的状况，有时候甚至需要在一项法律出台之前就进行相关评估，以避免产生“意想不到的负面后果”。[③]

在不同时期，为了获得某些期望的结果，法律制定者、资助机构、规划者、项目管

---

① 侯猛：《最高法院规制经济的功能——再评“中福实业公司担保案”》，《法学》，2004 年第 12 期；赵晓力：《通过合同的治理——80 年代以来中国基层法院对农村承包合同的处理》，《中国社会科学》，2000 年第 3 期。

② ［美］彼得·罗西、霍华德·弗里曼、马克·李普希：《项目评估方法与技术》（第 6 版），邱泽奇译，华夏出版社 2002 年版，第 4 页。

③ 如侵权行为法当中有关医疗事故举证责任的规定。

理者、纳税人或项目对象，都需要区分值得做和不值得做的项目，启动新项目和修订既有的项目。为了做到这一点，他们就需要获得这样一些问题的答案：

问题的特质和范围是什么？问题出在哪里？影响到谁？如何影响？

什么样的问题或结果能够说明新的、扩展的或修订的社会项目的必要性？

对问题产生明显改善作用的可行的干预是什么？

干预涉及的人口数以多少为宜？

特定的干预影响了其设定的目标吗？

干预活动实施得好吗？提供了原定的服务吗？

项目的成本是多少？

与绩效和收益比较，项目的成本是否恰当？①

评估在具体实践过程中就是使用社会研究方法进行收集项目绩效的资料，并对资料进行分析和解释。在获得资料方面，社会科学的方法能够提供诸多指导，但并不意味着现有的方法就没有改进的余地。问题的重要性在于，应该采用什么样的标准，对不同类型的立法，要采用不同取向的评估框架。另外非常关键的因素是评估的政治背景，政治考量的介入主要通过以下三种方式：其一，要求进行评估的法律和政策，都是政治决策的产物。这些项目和政策的设计、界定争论、实施和资助，都在政治过程中完成，并受到多方的压力，这就使得政治问题非常重要；其二，由于评估是为了满足决策的要求，所以评估报告可进入决策领域。在政治过程中，项目结果的评估性证据要有更加足够的竞争力；其三，评估本身就具有政治意蕴。就评估本身的特点而言，它使得针对某些项目的问题变成了政治陈述，并使其他项目无法对其提出挑战，也使得项目目标和战略的合法性、渐进改革的战略用途甚至社会科学家在政策和项目形成中的角色，都变成了政治性问题。评估者只有洞悉系统中其他社会行动者的动机和利益、评估者的角色、完成评估的机会和障碍以及应用评估结果的限制和可能途径，才能使得评估变成创造性的、战略性的和有用的活动。② 对法律效果评估而言，政治性的因素更是非常重要的因素。

由于法律实效评估关注法律施行的效果，它属于"影响评估"的范围，是评价在一定社会环境中的项目产生了哪些预先设想的对环境的改进。但法律实效评估有两个前提：其一，这项法律制定的目标必须充分明确，以便能确定预期结果的可靠测量值；其二，法律要得到充分的实施，以使关键要素传递给适当的对象，只有当干预实施

①② [美]彼得·罗西、霍华德·弗里曼、马克·李普希：《项目评估方法与技术》(第6版)，邱泽奇译，华夏出版社2002年版。

问题被解决了、干预已经到位足够长时间，才能对干预的影响进行评估。

附录：点评李瑜青等《劳资关系指标与上海民营企业的现状——以上海普陀区民营企业入手的研究》

一个社会是不是一旦构建起完善的法律体系后，该社会就能迈进法治社会？法治社会的构建，从根本上来说在于已制定的法律在社会中能否得到普遍遵守和执行，从而在全社会形成一种以法律为准绳的气象。因此，一部法律制定并颁布后，其有没有得到遵守和执行就成为我们必须加以认真研究的问题了，实际上对该问题的研究亦即是对法律实效进行的研究。我国在新的劳动合同法颁布后，显然该问题的研究对新劳动合同法评估和改进是有意义的。李瑜青等人发表在《工会理论研究》2008年第6期上的文章《劳资关系指标与上海民营企业的现状——以上海普陀区民营企业入手的研究》一文在这方面作出了自己的努力并提出了自己的看法。

在文章中，作者运用制度分析的基本方法，对劳动合同法这部法律在社会中实际的运行状况进行研究，文章通过建立一个评价法律实际效果的指标体系，并通过利用问卷调查法、访谈法和数理统计方法等得出了文章的结论。

文章的第一部分，首先交代了作为研究对象——普陀区民营企业——这一样本是如何选定的，法律社会学在研究过程中对样本的选择的问题上，其基本要求就是样本必须具有代表性，普陀区的民营企业在上海区域之中具有代表性，因为不但普陀区的民营企业数量超过了半数，而且民营企业的种类也繁多；其次文章交代了在研究过程中使用了问卷调查法和访谈法。运用问卷调查法有利于形成客观的数据，并且有利于做统计，但缺点就是问卷调查法有时候并不能将事件的整个面貌予以考虑，同时也会导致一些统计的偏差等，因此又通过访谈法加以弥补；最后文章交代了评价指标体系的构建问题，文章设计了总分为100分的十个指标，即劳动合同指标、工资报酬指标、社会保险指标、劳动保护与劳动安全指标、民营管理指标、职工文化和技能指标、权益实现指标、企业投资环境指标、企业发展指标和企业有序管理指标，并且在这些指标之下再设定比较细的子指标，从而通过对指标的权重进行分析得出文章的结论。

文章的第二部分，通过问卷调查和数理统计，并对各项指标进行分析后认为，普陀区的民营企业劳资关系与现状的总得分为64.79。这说明,新劳动合同法在当下社会民营企业或乃至整个企业界的实际效果是不太理想的,因此仍然存在很大的改进空间。文章进一步又对一些指标数据得出的基本过程进行了分析,如劳动合同指标、工资报酬指标、劳动保护与劳动安全指标、企业有序管理指标是如何定出来的,从而希冀通过对这些指标得出过程的分析,以此来证明文章结论的可靠性和客观性。在此,我们以劳动合同指标制定的过程为分析的对象。在劳动合同指标总分20分之下,文章又进一步将其分为三个子指标体系:劳动合同签订率指标为10分、劳动合同内容的全面性和合法性指标为8分,劳动合同签订的程序合法性指标为2分;然后运用问卷调查法得出的数据来计算该子指标的分数,比如在劳动合同签订率总分为10分的指标中,数理统计之后发现合同签订率为72.3%,那么该指标最后得分则为10×72.3%=7.23,其他的指标最后得分也以此方法而类推出来。从而通过这种建立指标体系以及逐项打分的方法,文章最后得出了自己的结论。

在此我们会发现这种通过建立指标体系的方法,来对法律在社会中的实际运行效果进行评估,应该是具有较强的客观性和可靠性的,因此该研究方法也为我们以后进行相关研究提供了一种可资借鉴的方法和途径;但我们也发现,就是通过建立指标体系进行研究的过程中,有一个问题是没有办法说明的,即这些指标,如劳动合同签订率为20分,是依据什么理由定的等,因此如果本文在方法论上能增加其他的研究方法来对该问题进行说明,那么肯定就更有说服力。

第四篇

法律职业角色探讨

第十四章 法官角色与社会学分析

法律职业共同体的存在是法治社会的基本前提。对于法律职业共同体的范围，学界虽有不同理解，但对于法官、检察官、律师是典型的法律职业并作为法律职业共同体的核心是没有疑义的。本章研究法官这个职业，将法官视为占据一定社会地位并扮演一个法律角色的人，这个法律角色在从事审判活动被人们称之为“法官”时，有着国家法律规定的应然角色。法官从事审判活动并不是孤立的，他是在社会的大背景下进行的，法官既是“社会人”，又是“自然人”。法官的每一种角色都受制于该角色的规范要求，因而产生了多种角色期待，当多种角色期待不能协调于一个角色时，就产生了角色冲突。我们在这里要讨论的主要问题是：第一，角色分析方法与法官角色研究的方法；第二，法官的应然角色与实然角色；第三，现阶段中国法官的角色冲突分析；第四，法官角色与法官的职业化。

一、角色分析方法与法官角色研究的方法

角色是个人与社会的结合点，也是社会结构的最小单位。角色(role)一词原为戏剧影视中的一个专用名词，指演戏的人化妆打扮后成为所扮演的戏剧影视中的人物。自20世纪20—30年代起，一些学者开始在社会化理论研究中运用了这个概念，使“角色”成为社会学理论的一个基本概念。人类学家拉尔夫·林顿认为，地位是权利义务的一种直接的集合，而角色则是体现着地位的动态方面，即角色是围绕着地位而产生的权利与义务和行为规范、行为模式，是人们对处在一定地位上的人的行为期待。当地位所代表的权利与义务发生效果时即为角色扮演。角色是由社会文化塑造的，角色表演是根据文化所规定的剧本进行的。心理学家米德则把注意力从行为期待转到角色的扮演过程，强调角色扮演过程中的个人创造性。他认为角色是在互动中形成的，角色表演没有一个先定的剧本，文化为角色表演确定大致的范围。社会学家戈夫曼认为，社会是一个大舞台，而社会中的人都在这个大舞台中扮演着具有丰富创造性的各种角色，因此，任何角色都具有社会性，是社会角色。此外，社会学家帕森斯、默顿、科塞等人都从社会学的角度对角色进行了研究。

（一）社会学中的角色概念

（1）社会角色是社会地位的外在表现。社会地位是人在社会关系体系中所处的位置。当一个自然人处于一定的社会关系中的一定社会地位时，他（她）必然会扮演相应的社会角色。社会地位是社会角色的内在根据，社会角色是社会地位的外在的、动态的表现形式。

（2）社会角色是角色要求的行为规范和行为期待的总和。所有的社会角色都有角色规范所要求的权利、义务，即该角色应该具有的行为规范；同时社会也会希望角色遵守行为规范，这种希望在社会学上称为角色期望。

（3）社会角色是人的多种属性和社会关系的反映。在社会生活中，任何一个人都扮演着多种社会角色。以一个女性法官为例，在家中她要承担妻子、母亲的角色；在法院里她可能同时扮演着法官、审判长、党小组组长、女法官联谊会成员等多种角色；在社会公共场合，她或许要扮演汽车上的乘客、商店里的顾客以及公园里的游客等角色；在国家政治生活中，她要扮演选举人与被选举人等角色，如此众多的社会角色是这位女法官的多重社会归属的反映。同时，人的多种社会角色是其多种社会关系的反映，如这位女法官在法院里要同当事人、律师、检察官、法院领导等多种角色打交道，这样一组互相依存的角色是法院所存在的多种社会关系的反映。

（4）社会角色是构成社会群体和社会组织的基础。社会群体或社会组织是人们通过一定的社会联系而结成的社会共同体，而社会角色是构成社会共同体的基础，例如：由夫、妻、父、母、子、女等角色构成的血缘群体，我们称之为家庭；由法官、书记员、审判长、法院院长、后勤人员等角色相互联系构成的社会组织，我们称之为法院。

（二）社会角色的不同类型

（1）根据人们获得角色的方式，可以将社会角色划分为先赋角色和自致角色。先赋角色指建立在血缘、遗传等先天的或生理基础上的社会角色，如一个人一出生就被赋予性别、种族、民族、家庭中的排行等角色；自致角色指通过个人的后天努力而获得的社会角色，如一个人通过努力学习与钻研，从助教、讲师、副教授晋升为教授。

（2）根据角色所追求的目标，可以将社会角色划分为功利性角色和表现性角色。功利性角色指以追求实际利益为目标的社会角色，如从事生产、经营活动的商人，是以盈利为目标的社会角色；表现性角色主要是指以社会制度与秩序、社会行为规范、价值观念、思想道德等为目的的社会角色，如教书育人的教师。

（3）根据角色规范化的程度，可以将社会角色划分为规定性角色和开放性角色。法官就是属于规定性角色，其角色的权利与义务有明确的规定，当人们扮演法官的角色时，其行为要受到严格的限制。例如，一位法官在审理刑事案件时，定罪量刑必须要以《中华人民共和国刑法》以及有关的司法解释为标准，而不能徇情枉法。与之相对应，开放性角色是指其角色的权利和义务没有明确的规定，人们可以根据自己对角色的理解和社会对角色的期待扮演角色。例如妻子这个角色，她可以做全职太太，倾注全力相夫教子；也可以在追求自己事业的同时，兼顾家庭，人们在扮演这类角色时，有较大的选择余地。

（三）社会角色扮演的三个阶段

(1) 角色期待指社会对某一角色的行为模式的期望和要求。人们在承担了某一社会角色时，首先遇到的就是社会对这一角色的期待，当某个人担当法官的角色时，他（她）会感到人们对他（她）在审理案件时主张正义的期待以及《中华人民共和国法官法》等有关的法律规范对他（她）的要求。角色期待作为一种社会观念，它能影响一个人的角色行为。

(2) 角色认知指角色扮演者对其角色规范和角色要求的认识和理解。角色期待是一种社会观念，属于外在的力量；角色认知是一种个人内心的观念，是一种内在的力量。人们扮演某种角色虽然受到社会期望的影响，但更受制于他们对角色的认识和理解。同样是扮演法官的角色，由于扮演者的家庭出身、教育背景、个人经历、价值观念以及所处社会环境的不同，因而形成了对法官这个社会角色不同的理解，直接导致了不同的角色表现。

(3) 角色表现是角色扮演的实际过程。角色认知是个人心中的观念，角色表现则是个人的社会行为。从理论上说，人们的角色认知与角色行为应当是一致的，但在现实生活中，角色期待与角色表现往往有差距，因为角色表现除了受角色认知的指导，还受到角色表现当时主观与客观多方面因素的制约，使人们不能完全按照角色认知的指引去行为。这也解释了为什么现阶段我国法官在判案时“人情案”屡禁不止。

（四）角色失调

社会学的角色理论将角色期待与角色表现的差距称之为“角色差距”。社会角色的扮演过程中不仅会产生“角色差距”的现象，还会出现“角色失调”的现象。根据角色理论，常见的“角色失调”有以下几种：

(1) 角色冲突。它指个人在其角色扮演的过程中在角色之间或角色内部发生了对立，妨碍了其中某个角色扮演的顺利进行，则置身于其中的个人就处于“角色冲突”的状态。角色冲突可分为两大类：角色内的冲突与角色间的冲突。角色内的冲突指一个人承担了多种角色后，在其自身内部发生了冲突，它又可分为以下两种情况：

第一，当一个人所承担的多种社会角色同时对他（她）提出要求，使他（她）难以胜任所引起的在时间和精力上的紧张感，社会学称之为“角色紧张”。以一位女性法官为例，她可能既是一位法官又是一位妻子，当她同时进行这两重角色的扮演时，对立的角色要求可能同时置于她身上，由此产生的压力使置身于其中的这位女法官处于"角色紧张"的状态。例如，正在开庭时，她的丈夫生了急病，需要她的照顾与安慰。

第二，当一个人所承担的多种社会角色的规范相互矛盾时，也会发生角色冲突。例如当家庭发生"婆媳之争"时，作为儿子，其角色规范要求他维护母亲的尊严；作为丈夫，其角色规范又要求他维护妻子的利益，这种左右为难的现象也是角色内的冲突。

角色间的冲突指在不同角色承担者之间的冲突。它通常是由角色期望的差别、角色认知的不同、角色利益上的对立以及偏离角色规范等原因引起的。例如，夫妻之间的冲突，丈夫认为妻子的主要精力应当放在家务上，妻子则有不同看法，她希望将主要精力投入到工作中，这两种不同的角色理解可能引起激烈的角色冲突。

(2) 角色不清。它是指社会大众或角色扮演者对于某一角色的行为规范认识不清楚。由于社会的变迁，一些社会角色的行为规范超出了过去人们习以为常的范围；或者出现了一些崭新的角色，社会还没有来得及对其角色规范定位。例如对于什么是好妻子的标准，过去大家认为，贤妻良母是好妻子。现在事业型的"女能人"同时又能帮助丈夫事业的也可说是好妻子。

(3) 角色中断。它指担任某一角色的人，由于主观或客观的原因不能将该角色扮演到底而出现中途中断。出现角色中断可能有两个原因：一是人们在承担前一角色时没有为后一阶段所要承担的角色做好准备，如在职职工突然"下岗"，对"下岗"后的新角色没有准备，因此无法在短期内适应新角色；二是角色前一阶段的行为规范与后一阶段所要求的行为规范直接冲突，如进入另一社会化群体的移民，由于客观情况的变化，不能继续担任原来的角色。

(4) 角色失败。这是一种最严重的角色失调现象，指角色扮演者无法继续扮演其角色因而放弃该角色。它可分两种情况：一是角色承担者不得不中途放弃该角色的扮演，如夫妻闹矛盾导致离婚，双方都放弃了扮演夫或妻的角色；二是指角色扮演者虽然还处在某个角色的位置上，但实践证明其角色扮演已经失败，如经常出车祸的司机。

要避免角色失调，就要进行角色调适，学会运用角色分析方法。角色分析方法的主要内容是对角色期待、角色认知、角色表现这三个变量之间的相互关系进行研究。其中，角色期待是来自行为主体外部对行为主体的主观预期；角色认知是行为主体本身的观念因素，两者共同作用形成了角色表现，即行为主体最终的角色定位。角色一旦形成，如果角色期待和角色认知两个变量的一个或两个发生变化，那么行为主体的角色定位也随之发生量的调整乃至质的改变。

法官角色研究的方法，是将法官作为一个社会角色进行分析，这种研究方法相对于法学的传统研究方法来说，其特点在于将影响法官这个主体的客观场域①与法官主体在司法裁判中的具体行为选择有机地衔接起来。法官所拥有的多重角色期待和角色认知，整合了法官这个行为主体对影响其裁判行为的一些客观因素的主观认识，通过法官的角色定位将其反映出来，并最终导致法官主体的选择行为的发生，这种选择行为是体现在司法裁判中的。身份认同是一个重要概念，它通过行为主体将主观因素与客观表现联结起来。行为主体——法官的身份认同是对自己在社会中所扮演角色的一种认知，围绕这种认知的形成与影响，在社会学视野中产生了角色分析这一带有社会学与心理学色彩的研究方法。

法官角色研究的方法把法官的认同具体化为角色这个概念，超越了传统法学研究法官的现状、职权与职责、考核与任免、待遇与保障等单纯从法官制度层面研究的法学视角，从主观层面上考察法官的自我认知对司法裁判行为的影响。从这个意义上讲，角色分析完全可以成为研究法官问题的又一研究方法。

对中国法官研究来说，运用角色分析方法，有助于对现阶段法官的复杂属性进行比较清晰的定位，从而追溯到法官在进行司法裁判时许多违反法律准则行为的根源。我们可以从分析法官的角色定位如何形成入手，依次考察我国法官为何会存在角色冲突，以及法官在司法裁判的实践中处理角色冲突的行为选择。就角色冲突的问题而言，现阶段中国法官的角色冲突分析，也可以帮助我们加深对角色理论本身的理解。当然，任何理论对问题的解释能力都不可能是全面的，尝试将主观认知与客观场域相结合，对权力机构、文化、社会生活等客观因素进行开放性、动态性分析，加强理论对我国法官在司法裁判中出现的一些特殊现象的解释能力。

二、法官的应然角色与实然角色

综观各国法治发展和法律职业共同体形成，可以发现法官并不是一个新兴的职业，它萌发于崇尚自然理性和朴素法治精神的古希腊时代，但现代意义上的法官职业

① 法国社会学家布尔迪厄使用场域概念，指在各种位置之间存在的客观关系的一个网络。这些位置的存在和它们对占据特定位置的行动者或制度所产生的决定性影响都是客观决定的。场域概念形象地概括了现代社会的基本特征。在这种高度分化的社会里，社会世界是由大量具有相对自主性的社会小世界构成的，这些社会小世界就是具有自身逻辑和必要性的客观关系的空间，即场域。杨善华：《当代社会学理论》，北京大学出版社 1999 年版，第 280～281 页。

阶层则形成于西方资产阶级革命以后，它的形成必须有充分的社会条件，它是随着市场经济与民主政治的发展，以及个人平等的市民社会的成型和发达而产生的质的飞跃。资产阶级革命的胜利，使启蒙思想家"三权分立"的民主宪政从理论变为了现实的制度。为了对立法权和行政权进行制衡，西方各国大多确立了体系完备的审判制度，规定了比较严格的法官培养遴选制度与职业保障制度，使法官拥有前所未有的权威与地位，成为维系国家与社会的中间力量，也是政府与人民之间的第三种力量。

在中国，"法官"一词最早出现于战国时期的法家著作《商君书·定分》[①]中。以后就以法官作为司法官员的民间通称。历代司法官员的称谓多种多样，如古代的廷尉、御史、大理、判官、司理、司法等，近代旧中国从清末至国民党政府时期，称为"推事"。新中国成立后对法院审判人员一直使用"审判员"的名称。直到1995年2月28日《中华人民共和国法官法》颁布，才正式使用法官的称谓。法官法明确规定了法官是"依法独立行使国家审判权的审判人员，包括最高人民法院、地方各级人民法院和军事法院等专门人民法院的院长、副院长、审判委员会委员、庭长、副庭长、审判员和助理审判员"。

法官制度是司法制度的一部分，它是统治阶级为保证各种诉讼活动正常进行而制定的制度。由于不同的政治制度、经济制度和历史文化等因素的影响，各国对法官制度的体制以及在国家权力结构中的地位有着不同的规定，从而形成了不同的法官制度。我国是人民民主专政的国家，法官制度属于人民民主专政的法官制度。在我国，法官行使的是国家的审判权，维护司法公正是其根本任务，在法律职业共同体中法官处于主导性的地位，这是由法官在诉讼中的角色地位决定的。法官在诉讼中始终处于裁判的地位，其判决或裁定具有有效性与终局性，因此，法官在法治社会被尊崇为正义的化身，法官行为具有天然的合法性和正义性。法官的应然角色也就是法官的角色功能，从社会的角度看，法官的应然角色应当是社会正义最后一道防线的守卫者，具体说来，它应当包括以下内容：

(1) 执行法律。法官的角色就是完成法律的实践理性，法官是以诉讼这种特殊方式来完成其角色任务的。马克思曾经指出，"要应用法律就需要法官。如果法律可以自动运用，那么法官就是多余的了。"[②]法律是社会控制的重要手段之一，将纸面上的法律条文转化为现实中的法律必须依靠执法者的法律实践，而法官在执法者中始

---

① 《辞源》第三册，商务印书馆1981年12月版，第1749页。该书说："天子置三法官，殿中一法官，御史置一法官及吏，丞相置一法官。诸侯郡县，皆各为置一法官及吏。"法官掌管法令，"吏民(欲)知法令者，皆问法官。"

② 《马克思恩格斯全集》第1卷，人民出版社1956年版，第76页。

终起着主导性的作用。法官的角色功能之一就是执行法律。

（2）解决纠纷。现实社会存在着各种矛盾与冲突，人们可以采取和解、调解、仲裁、诉讼等多种方式解决矛盾与冲突，其中，诉讼是法官裁决的最终的结局方式。国家把解决社会各种矛盾与冲突的权力即国家审判权授予法院，通过法官的裁判实现该权力的运用。法官的裁判因为有了国家强制力保证执行而具有其他解决矛盾与冲突的方式所不具有的权威性。法官的角色功能之二就是解决纠纷。

（3）实现社会正义。正义是法律的最终价值，是人类社会的崇高理想，不同时期、不同阶级、不同集团、不同人对于正义有着不同的理解，形成各种观点，但在每个时期，人们都在追求属于当时社会历史条件下的正义。当人们的权益受到侵害时，也就是产生了不公正，受害人能够寻求的最后一处伸张正义的地方就是法院，人们诉诸法院，请求法官公正裁判，使法定的权利得以充分的实现，从而实现公正，法官的裁判也将对社会产生深刻的影响。法官的角色功能之三就是实现社会正义。这里指的社会正义并不等于司法正义。司法正义与社会正义可能存在某种程度的重合，但社会正义是一个较为宽泛的概念，既可以是形式上的，也可以是实质上的；既可以是程序上的，也可以是实体上的；既可以是理性化的，也可以是非理性化的；还可以是以上各种表现形式的结合。而司法正义更多地体现为形式上的、程序上的和理性化的正义，虽然它也可能隐含着对实质正义、实体正义的追求和实现，但两者并不能画等号。此外，司法也不能实现所有的社会正义，鉴于我国法院在国家政治权力结构中地位的边缘化现实以及司法权能的被动性、法官角色的中立性和司法范畴的有限性等特征，法院功能的发挥是有限的。其他救济途径如民间调节、仲裁裁决、行政裁决、自主协商等都是实现社会正义的方式，因此，并不是所有社会正义的实现都必须以司法裁判为终结。但是，“司法是社会正义的最后一道防线，而法官是正义的化身，是正义的守护神”。这句话至少在一定意义上说明了法官对于实现正义的重要性。

作为一种职业，法官并不代表个人，而是超脱于各种社会关系只具有行使国家审判权的功能，国家的法律是裁判的唯一标尺。法官是社会中的一个独特职业，法官与检察官、律师不一样，与立法人员、行政人员也不一样，这种区别不仅表现在处理事务的领域方面，更体现在思维方式、行使职权的方式、语言风格、知识结构与职业伦理中。法官首先要掌握系统的法律知识，准确地理解和运用各种制度语言，具有一定知识理性，然后，法官要将这些知识、制度语言具体地适用于每一个案件，妥帖地处理好因为利益冲突而导致的社会秩序不稳定问题，使法律的维护功能得以实现，因此，法官职业有其内在的本质要求。从法官职业本身的角度看，它的应然角色应当包括以下内容：

(1) 具有独特的职业思维。职业思维是区分不同职业的重要标志，法官与其他行业人员的最大区别在于他们内在的法律思维，具有自身的特点。从形式上看，法官职业思维依据法律逻辑关系，结合证据事实，通过庭审按照逻辑三段论的推理方法，合理地推导出法律结论，让当事人信服法官的裁决是理性的，符合法律规则的；从内容上看，法官思维是以成文法律规定为基本依据，来分析当事人应当享有什么样的权利和承担什么样的义务，违反后应当承担什么样的法律责任；从技术上看，法官思维必须以法律职业术语为其基本的思维要素，也即法官是运用专业术语对法律问题进行观察、思考和判断的，通过正确运用法言法语，来逐步引导人们按照法律来思考自己的问题。

(2) 具有强烈的中立职业意识。法官是按照法律定纷止争、给予利益冲突者以公断的仲裁者，他所扮演的角色应该是对法律设定的公平正义的追求者和维护者。这种角色的定位使法官意识到自己只能处于中立地位，这是最基础、最根本的职业意识。不中立就谈不上公正，中立是司法公正的要求也是司法公正的表现，是法官获得权威的重要保障，也是法官获得社会公众信任的基础。这种中立表现在法官与案件当事人没有利害关系。法官始终以中立的语言、立场和方式驾驭庭审，在案件的各方当事人之间保持不偏不倚的态度。在职业活动中，法官只是法律的使者和化身，只有法律的存在和法律赋予他的人格。他始终以一个正义的守护者的面貌出现，具有超凡的职业意识和无私的敬业精神。

(3) 具有法律工作经验。根据《中华人民共和国法官法》的规定，法官必须是高等院校法律专业毕业，或者高等院校非法律专业毕业具有法律专业知识，工作满一定期限的人。“满一定期限”应当是指从事法律工作满一定期限。法官的职业经验是一种专门的法律职业技能，包括法律解释技能、法律推理技能、法律程序技能、证据运用技能、法庭辩论技能、法律文书制作技能等，这种技能必须经过法律教育和法律实践经验的长期训练才能形成。

(4) 具有高尚的职业道德。司法公正与法官的良知密不可分，而法官的良知与法官的职业道德又息息相关。作为法律公正和社会正义的代言人和公断者，职业法官应当是具有高尚职业道德和个人修养，职业行为公正负责，个人行为严谨自律，并以此为特征受到社会普遍认可和尊敬，从而获得社会声誉、威望和尊严的社会阶层。

(5) 具有独特的职业地位。最高人民法院在加强法官职业化建设意见中明确了职业法官应具备独特的职业地位。这种独特的职业地位，就应当是法官自身的独立。“法官是司法独立的核心内涵，是司法独立的最终落脚点。”[1]而“司法独立又是司法公正的首要要求”。[2]法官独立对于司法公正有着举足轻重的作用。因此许多国家宪法都规定法官应当独立行使审判权。如德国宪法规定“法官是独立的，只服从法律”。日本宪法规定“所有法官依良心独立行使审判权，只受宪法及法律约束”。我国宪法虽然明确规定“人民法院依照法律规定独立行使审判权，不受行政机关、社会团体和个人的干涉”；但这一原则确定的是法院的独立审判，而不是法官的独立审判。该规定有其现实的合理性，然而其弊端亦显而易见。法官无彻底独立作出判决的权力，审判长、庭长、院长有权控制、指挥审判和审批案件，甚至改变合议庭意见。特别是审判委员会作为法院内部的最高审判机构，不审而判，直接违反了言词诉讼原则和亲历性原则，出了错案无法追究个人责任。法官遇有问题需要层层请示、逐级请示等。因此，我国在法律职业共同体的建设中，应逐步让法官独立地依照其在庭审中查明的事实、按照法律规定自主地宣告其判决，依法自由行使裁量权。

法官在人们的期望中应当是公正廉洁、明断是非的角色形象，这一点，无论是在西方国家还是在东方国家都是一样的。司法公正要从理念变为社会现实，法官是这一过程中最关键的因素。法官在法治社会中被尊崇为正义的化身，这种尊崇在中国的现实中被实践证明只不过是一种理想模式，因此，上述描述的只是法官的应然角色。我们面临的问题是如何使理想转变为现实，防止理想的路径设计在不适宜的环境下走形，所以，我们应当深入探讨法官角色在实然中具体和现实的表现。从实然的角度看，法官只是从事一定社会分工、履行一定社会职责的社会成员，在社会生活的舞台上扮演着特定的社会角色。社会角色是由一定的社会地位所决定的、符合一定社会期望的行为模式，它总是与一定的角色规范和角色期待相联系的。法官的社会属性和社会关系所具有的复杂性，决定了它将接受多种不同的角色规范和角色期待的调节，这样法官就在现实社会中扮演着多种角色。这就有可能导致角色冲突的发生。

司法审判绝不是法官对法律简单地、机械地适用，而是在人际关系的活动过程中实现的，社会生活的各种关系和矛盾将在裁审中直接体现。法官作为社会主体的一分子，要应对社会各方面的制约和干预，综合考虑各种因素作出裁判。

[1][2] 毕玉谦：《中国司法审判论坛》，法律出版社 2001 年版，第 65、18 页。

三、现阶段中国法官的角色冲突分析

现阶段中国法官至少处于四种角色规范中，笔者将其归纳为"法律人"的角色规范、"权力人"的角色规范、"文化人"的角色规范与"自然人"的角色规范。

根据《中华人民共和国法官法》第 2 条的规定，"法官是依法行使国家审判权的审判人员"；第 5 条规定法官的职责："（一）依法参加合议庭或者独任审判案件；（二）法律规定的其他职责。"作为代表国家依法行使司法审判权的专职人员，法官应该严格依照法律履行职责。法官的第一种角色期待来自于法律，法官行为所依据的角色规范是法律，社会公众或法律职业团体将对照法律的标准对其裁判行为进行评价。其具体要求是：依照实体法和程序法的有关规定作出裁判；以实现法律公正作为最高价值取向；维护法律行为体系的统一性和权威性。法官在第一种角色中扮演着"法律人"的角色，这是法官的职业角色。

中国的国家权力是按照一定的原则组织和运作的，并形成一定的权力机构，法官所行使的司法权是其中的一个重要组成部分。司法权的位置决定其所能拥有的权能，司法权的运行体制决定了其内部的具体分工和权责。国家权力尤其是司法权的实际分配和运行状况是影响法官审判的重要因素，法官的第二种角色期待来自权力机构，该权力机构可分为"外部权力机构"和"内部权力机构"。"外部权力机构"指司法权在国家权力体系中的地位，它涉及司法权与其他权力之间的关系；"内部权力机构"指法官在法院系统中的地位，它涉及审判权与其他权力如本法院审判委员会、院长、庭长、上级法院之间的关系。作为权力体系中的一员，法官所遵循的角色规范主要是国家权力的组织原则，国家权力原则在多数情况下是以法律的形式表现出来的，但它们是一种宣言性立法，往往不被法官直接用来裁判案件。法官相应的角色期待受制于国家权力系统内部，其具体要求是：在国家权力分配的范围内行事，并对其上位权力主体负责；法官在作出裁判时不仅要接受本法院审判委员会、院长、庭长的决定或指示，还要接受上级法院的法律监督。基于这种角色期待所产生的评价往往会直接影响法官的奖惩与升迁等。法官在第二种角色中扮演着"权力人"的角色。

法官是生活在特定的社会结构中的，现阶段中国特定的文化是影响法官裁判行为的重要因素。法官总是在一定的文化背景下行使裁判权，一方面，传统的文化观念、伦理价值积淀为法官的价值观和法律意识，影响他的裁判行为；另一方面，法官的裁判过程和结果要接受现实社会的评判，符合当时社会主导文化价值取向的裁判才会获得广泛的社会支持，法官的裁判行为才有存在的合理性，因此，法官的第三种角色期待来自文化。这种角色期待的具体要求是：尊重社会文化传统和价值观念；参照有关的习俗、伦理实现具体案件裁判的正义；裁判结果要与社会公众普遍的文化价值相一致。这种社会文化传统的舆论导向与压力是中国法官在裁判过程中考虑的重要因素。法官在第三种角色中扮演着“文化人”的角色。

法官是生活在社会中的一群自然人，有着与常人相同的生活需要，如工资保障、职业稳定、柴米油盐、子女读书就业等；他们也有血缘、婚姻等构成的亲情关系，法官的第四种角色期待来自于社会生活，法官所遵循的角色规范是生存与家庭需要对他的要求，这种角色期待的具体要求是：妥善处理好与生存需要有关的人际关系；在遇到“人情案”时，他们不愿因为秉公执法落得众叛亲离的下场。这些正常的生活需要与家族利益，也是法官在裁判时不得不考虑的因素。法官在第四种角色中扮演着“自然人”的角色。

如前所述，法官的应然角色应当是社会正义最后一道防线的守卫者，要实现社会正义，有两个基本点：一是当事人必须有公平的机会提出证据，也能为自己的主张作充分的辩解；二是法官作出的裁判必须建立在案件的客观事实和有关的法律规定基础上。“以事实为根据，以法律为准绳”是我国法官判案的座右铭。但是将法官置于社会大系统的动态运行中考察，就会发现法官并不是纯粹的法律意义的裁判者，在行使裁判权时，除了受制于法律规范，与法官的自然属性和社会属性相关的其他角色规范也同时对他施加影响，法官的多重角色期待使其裁判行为受到多重外在约束。可以说，现阶段中国法官的任何裁判结果，都是多重角色规范较量的结果，与案件有关的法律适用只是裁判的一个重要参考标准而已，也就是说，裁判结果往往不能达到法律的要求。这样讲的确让人对当前我国的司法公正产生疑惑，但“依权不依法”、“人情大于法”的多发现象，确实反映了我国目前司法现状的一个特点。事实上，正是由于我国法官处于法律、权力机构、文化和社会生活的不同“场域”中所带来的多重角色的期待，造成了他们的角色冲突，以致最终的裁判结果不同程度地背离了有关的法律规定。以下就当前我国法官的多重角色期待是如何造成了他们的角色冲突的作一分析。

（一）法官的“权力人”角色与法官的“法律人”角色可能发生冲突

从体制上看，我国实行的是人民法院独立审判，而不是法官独立审判，对外是以人民法院法院整体的名义独立。最高人民法院在《人民法院五年改革纲要》中明确规定：“强化合议庭和法官职责，推行审判长和独任审判制度。”随着审判方式改革的推进和五年改革纲要的实施，法官审判地位的独立性在司法实践中已经有所体现，目前，最高法院及全国许多法院都在实行主审法官制和审判长选任制，并且赋予主审法官和审判长更大的权力。例如,一般的案件由审判长或主审法官自行决定,自行签发裁判文书,不再经过庭长、院长的审批。但是法院管理的行政化模式仍然存在,法官在判案时仍然受到各方面的约束。

从法院的外部看,法院的财政由地方各级行政机关控制,法院本身没有独立的财权,法院的办公设施、办案经费、法官的工资福利往往取决于地方政府给予的经费;法官的人事权由地方权力机关掌管,根据《中华人民共和国法官法》的规定,法官的任免途径有两种:院长由同级人民代表大会选举产生,副院长、审判委员会、庭长、副庭长和审判员由本院院长提名,同级人大常委会任免;助理审判员由本院院长任命。现实中,地方各级党委的组织部门和地方政府的人事部门还拥有对法院主要领导的推荐权和指派权。

从法院的内部看,法官行使审判权要受内部组织的制约,每家法院都设立一个审判委员会,集体讨论决定重大、疑难、复杂案件的裁判,很多案件必须经审判委员会讨论决定,产生法官只审理事实,如何适用法律由审判委员会决定的"只审不判"的现象;或者产生先经审判委员会对案件的定性和适用法律提出决定性意见后,再由法官开庭审理和宣告的"先定后审"的现象。在审判管理上实行的是"下级服从上级"的行政层级制,下一审级的法院经常向上一审级的法院"请示"如何判案,上一审级的法院也常常对下一审级的法院正在审理的案件下达如何裁判的"指示",造成案件未审先定,使上下级法院关系行政化。

正是目前的体制使法官受制于地方行政权力,决定了法官在审判过程中难于做到独立依法裁判,当地方政府官员提出与有关法律规定相冲突的非法要求时,处于权力结构中的法官与处于法律世界中的法官就发生了冲突,法官的"权力人"角色与法官的"法律人"角色冲突的结果,往往使法官不能无视地方权力机构的意志,而作出背离有关法律规定的裁判,造成大量"人情案"与"关系案"的产生。

(二)法官的"文化人"角色与法官的"法律人"角色可能发生冲突

我国的文化特征是"天人合一"的人情人治文化,主导我国两千多年的儒家文化的精神就是"和谐"与"中庸",我国没有严格依照事实和法律作出裁决的法治传统,却有"无讼"、"息讼"与"厌讼"的文化主张。处于这样的文化背景中,法官在判案时就必须考虑属于文化范畴的道德、习俗等因素,因为道德与习俗往往比法律规定更能得到社会的认可。因此,当它们与判案有关的法律规定相悖时,法官的"文化人"角色与法官的"法律人"角色发生冲突,法官一般不会无视道德与习俗的存在,有可能作出与判案有关的法律规定相违背的裁判,以求得到社会文化的支持。

（三）法官的"自然人"角色与法官的"法律人"角色可能发生冲突

法官是生活在社会中的一群自然人，他们也有七情六欲、亲戚朋友以及生存的物质需要，他们生活在这些血缘、婚姻等构成的人情网、关系网中。我国有着"家族利益高于一切"古训，当亲情关系与严格依法裁判冲突时，也就是法官的"自然人"角色与法官的"法律人"角色发生冲突，法官必然会陷入一个秉公执法还是照顾亲情关系的两难境地，作为一个自然人，他也需要亲情的温暖，在裁判时，经过权衡利弊后，他是完全有可能放弃法律的原则而顺从亲情关系的要求。在目前我国法官物质待遇还比较低的情况下，当法官为经济所困，也有可能拿手中的审判权力与当事人进行交换，这样司法腐败就产生了。

综上所述，作为职业法官，他的基本角色规范应当是与裁判案件有关的法律规范相一致，但在遭受来自权力结构规范、文化规范与社会生活规范的角色冲突后，有关的法律规范就成为法官判案时考虑的主要因素而非唯一因素，有时甚至连主要因素也排不上。法官的角色冲突是导致我国司法不公的主要原因之一，笔者认为，探究造成法官角色冲突的根源，揭示我国法官制度中存在的矛盾与问题也是很有必要的。因为这有助于我们从制度构建上补缺，达到从根本上解决问题的目的。

从宏观的角度看，中国大量的法律包括今日法官制度的改革，都是从异质文化的国度中借鉴与移植而来的，它们必然会与我国既有的国家权力机构的设置与运作以及我国的传统文化相抵触，我国社会正处于发展市场经济的转型期，法官制度的各种配套制度与保障制度还不完备，多重角色期待使我国法官在审判过程中常常发生激烈的角色冲突。这些冲突的根源主要有以下几个方面：

（1）在现有的权力结构体系中，司法权与其他主体权力边界不清或权力关系不合理，致使法官不能独立地判案。其具体表现为：

第一，法官判案与执政党的权力关系。如何协调执政党在中国社会的领导核心地位与法治社会中"法律至上"地位两者的关系。目前是执政党居于司法机关之上，当地方党组织特别是个别党的干部对法官判案有不当干预时，法官无力抵御。第二，法官判案与包括各级人大在内的立法机构的权力关系。由于法官的任免权来自于人大，司法在体制内的主要评价也来自于人大，人大对一年一度的司法工作报告进行审议通过以及不定期地对司法机构工作会议进行评议，此外，人大还有对个案的监督权，在司法与人大的关系上，司法处于弱势地位，典型表现是：有些人大代表为其所在单位、地方的利益甚至自己进行所谓的"个案监督"。在这种格局下，如果不考虑监督与被监督、制约与被制约双方权力的相对平衡，司法所必要的独立性就不能实现，法官判案时对人大包括其部分成员要求的无原则迁就甚而刻意逢迎不可避免。第三，法官判案与政府的权力关系。法官的编制、工资和办案经费等由同级政府决定和管辖，有的司法机关甚至被视为地方政府的局级部门，有的地方实权领导出于维护地方利益的考虑，对法官判案横加干预，使法官偏离法律的轨道而屈从于掌权者的意志。第四，法院内部的权力关系。对法官裁判权的配置无视审判机关的特点，按照行政体制的权力运作方式进行安排，形成了普通法官、庭长、副院长、院长的裁判等级体系，我国法官法以法官所任职务、德才表现、业务水平、审判工作实绩和工作年限为据将法官确定为十二级，并根据部、局、处、科、股等不同级别来确定法官的政治待遇和裁判水平。

司法权与其他主体权力的不恰当定位，行政权对司法权的侵犯，构成具有实际效力的权力运作规范，在很大程度上制约和影响法官的裁判活动。它使得法官在审理涉及地方党委、政府及有关行政部门、行政官员的案件时，经常会有一些法律因素之外的考虑。一旦所提要求与法律背离，法官又抵制不了来自某些政府领导的压力，他便会丧失法律的原则。

（2）传统法律文化与现代司法理念的冲突在法官的裁判活动中留下痕迹。

中国建设法治社会不仅要具备相对完善的符合现代法治要求的法律运行机制，还要培育和生成与之相适应的现代司法理念。当传统法律文化与现代司法理念发生冲突时，传统的价值观念往往在法官的裁判活动中起作用。我国传统思想强调“民本”和顺应“民心”、“民意”，有些法官就把民愤作为重要的酌定因素和支持其判决正当性的依据。我国传统法律文化主张“和为贵”，“无讼”思想在传统法律文化中根深蒂固，部分法官在裁判民事、经济案件时就偏爱以说服同意为特征的调解方式。传统法律文化追求“法本原情”、“礼顺人情”的境界，一些法官在裁判过程中就把情理、习俗作为参照因素，甚至放弃对法律规范的恪守。这些现象反映了法律规定与传统观念发生冲突时，法官有可能对传统作出妥协。当然，传统法律文化也不是一无是处，建设现代司法理念的实质，是立足于我国固有的法律文化传统，“取其精华，去其糟粕”，继承体现中华民族积极向上精神的传统法律文化；同时，也注重移植西方法治的精神。

（3）经济层面因素的制约致使法官的法官职业保障制度不完善，当遇到升迁、物质诱惑时，职业角色就可能让位于自然人角色。

经济发展总体水平相对落后，限制了国家完善法官职业保障制度的力度；区域经济发展的不平衡，造成法官职业待遇和职业素质的区域不平衡。现阶段我国法官没有自己独立的待遇体系，而是参照行政机关公务员的待遇体系享受待遇，甚至在某些待遇上低于同级政府公务员。法官的工资是按国家规定的公务员的统一标准支付的，法官的福利、补贴等又取决于地方政府所给经费的多寡。长期以来，我国实行法院财政与地方财政一体化，法官的待遇完全是当地经济发展水平的反映，造成了法官职业薪金的区域差异，有些地方的中、基层法院的法官还不能按期领到足额的工资。高薪可以养廉，也可以吸引人才。法官职业保障制度的不完善，在法官裁判案件时，遇到升迁、物质诱惑时，职业角色就可能让位于自然人角色。正如有的学者指出的："也只有当法官不为生活所操心时，才能为正义而操心。"[①]因为连生存都没有保障的人，是无法抵御升迁、物质的诱惑，做到严格司法，独立公正的。

法官职业保障制度主要包括职务保障制度和物质保障制度，法官职务保障制度是指法官一经选举、任命，不得随意被免职、转职，只有依法定条件和程序，才能对法官予以弹劾、撤职、调离或令其退休的制度。该制度的核心是法官的终身制。该制度的功能在于解除法官的后顾之忧，使其不受调职、撤职等威胁，毫无干扰地依法行使职权，保证裁判公正。

我国法官法第 8 条就法官身份保障作出规定，非因法定事由、法定程序，法官不被免职或辞退、降职、辞退或者处分。此规定强调了法官职务的相对稳定性。但由于法官法规定的法官被免职或辞退的事由较为宽泛，使得法官的身份在实际中得不到保障。法官法第 13 条规定，"法官有下列情形之一的，应当提请免除其职务：（一）丧失中华人民共和国国籍的；（二）调出本法院的；（三）职务变动不需要保留原职务的；（四）经考核确定为不称职的；（五）因健康原因长期不能履行职务的；（六）退休的；（七）辞职或者被辞退的；（八）因违纪、违法犯罪不能继续任职的；因其他原因需要免职的。"其中，"因其他原因需要免职的"规定过于宽泛，在实践中很容易被任意解释。"经考核确定为不称职的"也是法官被免职的原因，这在其他国家的身份保障制度中都不曾有过的，这一规定在目前我国法官队伍的整体素质不高的情况下是必要的，但从长远看，因随着法官选任的严格化和整体素质的提高而逐步取消。法官法第 40 条规定，"法官有下列情形之一的，予以辞退：（一）在年度考核中，连续两年确定为不称职的；（二）不胜任现职工作，又不接受另行安排的；（三）因审判机构调整或者缩减编制员额需要调整工作，本人拒绝合理安排的；（四）旷工或者无正当理由逾假不归连续超过十五天，或者一年内累计超过三十天的；（五）不履行法官义务，经教育仍不改正的。"上述规定虽可使管理者强化对法官的管理，但就像套在法官头上的"紧箍咒"，使法官有随时被辞退之虞。

放眼世界，许多国家都重视建立、健全法官的物质保障制度，为法官司法创造良

① 徐国栋：《民法基本原则解释》，中国政法大学出版社 1996 年版，第 218 页。

好的物质条件。物质保障制度主要有：高薪制；优厚的退休金制；薪金不得减少制度等。我国法官法第12章专门就法官的工资、保险、福利作了规定。明确了法官的定期增资制度。法官经考核确定为优秀、称职的，可以按照规定晋升工资；有特殊贡献的，可以按照规定提前晋升工资；法官还可以享受国家规定的审判津贴、地区津贴、其他津贴以及保险和福利待遇。法官法第43条规定，法官退休后享受国家规定的养老保险金和其他待遇。为法官任职期间和退休后的生活保障提供了法律依据。但是，从我国的整体情况看，仍然存在以下问题：

第一，法官的工资太低。我国法官没有自己的工资体系，而是参照实行国家公务员的工资体系，法官的工资相当于或略低于同一级别公务员的工资。法官的工资低，其职业特点又使其不可能从其他正当途径获得收入，使得法官队伍不稳定，人才流失，也不可能吸引优秀人才进入法官队伍。更糟糕的是，有的法官因此铤而走险，收受贿赂，导致司法腐败，降低法院法官的威信。

第二，法官在任职期间的工资时常面临降低或减少的危险。国外在对法官进行惩罚时，不允许降低或减少其薪金。按照我国法官法第34条的规定，法官在受撤职处分时，要降低工资和等级。《国家公务员暂行条例》规定，国家公务员包括法官在受警告以外的行政处分时，不得晋升工资档次。降低工资和不得加薪虽然可以起到一定的震慑作用，但不可能从根本上杜绝法官违纪违法行为的发生，因为受贿金额远大于其工资额。

第三，虽然《中华人民共和国法官法》和《国家公务员暂行条例》都规定，法官退休后，享受国家规定的养老保险金和其他各项待遇，但由于我国养老保险制度不完善，使得法官退休后享受的仍是退休工资及其他各项补贴，其整体收入有所下降，很难保障其退休后的生活。个别法官为了使自己退休后生活有保障，存在退休后捞一把的思想，导致晚节不保。

完善我国物质保障制度的核心是建立法官高薪制。目前制约高薪制出台的因素还很多，诸如法官人数庞大；法官整体素质不高，因此，建立高薪制要循序渐进，逐步改进。

四、法官角色与法官的职业化

法官职业化是法治社会的一个基本特征，是司法文明发展的必然结果。法官职业化，即法官以行使国家审判权为专门职业，并具备独特的职业意识、职业技能、职业道德和职业地位。法官所从事的司法裁判职业是专业化程度极高的工作，法官角色有别于法律职业共同体中的检察官、律师等其他角色，具有职业本身要求的特殊性。法官职业化建设就是要根据审判工作规律和法官职业特点，培养法官的职业素养，提高法官的整体素质。

法官职业化建设也是中国社会现实的必然选择。

(1) 市场经济的发展，在生产力层面对作为司法裁判的主体法官提出了职业化要求，要求其成为具有相对中立地位的法律职业共同体，以承担协调社会关系的重任。市场经济是公平自由竞争的经济，市场经济的发展，要求市场经济的参与者应该具有平等、自由的地位，否则竞争就无从进行。即使行政部门、国有企业等参与市场交易，也应与其他个人、私营企业等非共有制经济主体一样具有平等的地位。经济关系的这种变化，必然要求行政部门将过去从法院分享的那部分司法裁判权归还给法院，使法院在国家权力架构中具有相对中立的地位，以发挥定纷止争和调解社会关系的作用。正是在这个意义上，产生了现代意义的法官职业化，即当法官不再以长官身份而以中立的裁判者面目出现在经济关系中时，人们才会对其权威的正当性信服。因此，要在国家权力架构内进行法官职业化建设，使具备中立的价值理念、深厚的法律专业素养、崇高的道德水平和高超的审判技巧且又富于睿智的法律精英构成值得社会信赖的群体。这样的法官群体，才能获得社会的尊崇并具有高尚的权威，才可能以令人信服的地位和威信担当起协调社会关系的重任。

(2) 社会结构的日益多元化，社会分工的日益精细化、专业化，提出了建立法律职业共同体的要求，使法官职业化成为必然。社会主义市场经济体制的建立和发展，使我国社会各阶层结构越来越呈现出多元化的特点，社会分工和经济成分的多样化，必然导致利益的多元化、组织形式的多样化，原先大众化的法官群体在纷繁复杂的权利、利益冲突和博大的法律关系面前是无能为力的；复杂多变的现实生活对法律的适用提出了更高的要求，法官应当具有渊博的知识、高超的技巧和丰富的社会经验，这些只有建立职业化的法官制度才能满足现代社会对法治的要求。

(3) 社会主义民主政治的发展，使法官职业化成为必然。依法治国作为党治理国家的基本方略，要求实现社会主义民主政治的制度化、规范化和程序化。从立法来说，党的领导方式和执政方式必须法制化、规范化和程序化。立法的民主化是实行民主法制的最基本要求。从执法来说，任何国家行为都应该规范化、制度化，不允许有超越宪法和法律的特权。无论是党的组织和党员个人，还是国家机关，都要遵循宪法和法律的规定。对司法机关而言，就是要按照公正司法和严格执法的要求，完善司法机关的机构设置、职权划分和管理制度，从制度上保证司法机关依法独立公正地行使检察权和审判权。由于历史的原因，中国司法体制至今仍然具有鲜明的行政化和依附性特点。法院地域化、部门化的问题仍然非常突出；法院由于经费的原因形成对政府的严重依附；法官成为一个大众化职业，实行公务员制使得大量非法律职业人士成为法官；法院的管理行政化；一些地方立法机关对法院的监督，经常演化为对具体案件审判方式和审判结果的干预。无论是法院还是法官，在从事司法裁判活动时都必须在证据采纳、事实认定以及法律适用等方面保持独立自主性，不受来自司法机构以外或内部的任何压力或影响。法官的职业化十分重要，司法裁判活动强调法官的独立自主性，独立的法官如果不是司法裁判领域的专家，就有可能造成人为的司法不公，而且，只有形成裁判者的职业化，才有可能在法官中形成特有的职业传统，而这种职业传统又会成为一种强大的力量，确保法官阶层具有抵御外界干预的力量。司法的独立、法官的职业化是当代民主政治的必然要求，也是社会主义法制建设的基本内容。具体来说，法官的职业化应当从以下几个方面进行。

（一）法官独立裁判制度的设立

法官裁判从宏观的角度看，是为了维护宪法原则和保持国家权力结构平衡；从微观的角度看，表现为正义价值取向的思维判断过程，这就要求法官具有独立的身份、自由的意志。我国的司法现状是，法官在裁判中受到诸多法律之外因素的影响，如果他（她）不受制于压力而只服从法律，就有可能危及他（她）的利益和地位。作为处于复杂社会结构中的人，法官也不能免俗，他（她）不得不考虑这些现实问题，这就会影响他（她）的公正裁判。因此，必须设定一些制度，能够使法官独立，能够超脱于政治关系、经济关系、私人情感等各种法外因素，这样才能使法官脱离局部力量的左右而公正裁判，以确保法的统一与权威。法官独立及有关的制度设计可考虑如下进行：

(1) 确立法院独立的司法行政管理权。这主要是法院财政的独立预算与拨付体系和法官遴选的自主权。

(2) 确定执政党的运作与法院运作的具体界限。党组织主要是地方党委不应直接影响具体案件的审判工作，政法委的设置使得非法院部门通过政法委控制法院的可能性大增，权力的合理分工徒有其表，加大了审判公正的难度，从长远看不利于我们党提出的依法治国目标的实现，可考虑予以撤销。

(3) 改革审判委员会，真正实现法官独立。对于司法实践中存在的重大疑难案件，可考虑通过以下途径解决：规范法官管理，将审判庭人员分为主审法官、助理法官和书记官，以业务精湛、德才兼备的标准确定主审法官，让主审法官负责审理和判决。在主审法官制度的基础上，改革现行诉讼法对审判组织的限制性规定，对重大疑难案件实行“扩充式合议庭”审判，即由主审法官或主审法官与专业陪审员（如相关领域的专家、学者等）组成9人以下的合议庭审理，以多数原则作出判决。

（4）提升法官任命权限的层次，将其统一收归最高权力机关和国家元首行使，排除地方的不正当干扰，促使法官独立公正地裁审。可考虑对我国法官的任命权限进行如下改革：最高人民法院院长即首席大法官由国家主席提名，全国人大批准后由国家主席任命；最高人民法院除院长以外的法官、高级人民法院法官，由最高人民法院院长提名，全国人大批准后由国家主席任命；中、基层人民法院法官由最高人民法院院长授权高级人民法院院长，依国家司法考试和司法见习成绩提名，全国人大批准后由国家主席任命。

（二）法官特殊职业制度的建立

法官是一个特殊职业，建立与完善一系列保障制度，有助于法官廉洁自律，杜绝腐败现象，为法官抵制各种诱惑创造条件，具体的制度设计有：

（1）确立法官职业保障制度。第一，法官职业身份保障。法官应该有任期制和终身制相结合的职务保障，任何法官一经任命，非因法定理由并经法定程序，不得强行予以免职、调离或使之退休。第二，法官职业物质保障。法官的适当高薪制，法官待遇相对优于其他国家公务人员待遇；法官职业待遇的级别平衡，法官级别应该主要是业务素质和荣誉的象征，不同级别法官待遇有所差别但须有合理限度；法官职业待遇的区域平衡：只有保持同级别法官的待遇大体一致，才能抑制司法人才流动的过度功利性，实现法官素质的区域平衡，维护全国范围内法律适用效果的统一，促进司法公正的可持续发展。法院独立的财政预算与拨付体系为这一措施的实施提供了可能。第三，确立和保证法官的豁免权。只要法官秉承法律审判，其言论与行为不受追究。

（2）明确法官的职业约束机制，确立法官的兼业禁止原则，即法官在任期间不得从事任何牟利经营和担任政治职务；确立法官职业道德规范，其内容由最高人民法院予以具体化。

（3）规范法官的继续教育制度和职业考核制度，前者以开放形式定期进行，后者以德（人格品质）、知（理论素养）、才（审判实绩）为主要内容，法官的晋升与奖励必须以参加继续教育和考核合格为直接根据。

（三）法官职业准入制度的确立

法官职业准入制度的确立是法官职业化建设的关键，鉴于法官职业的同质性，我国必须在确立统一的法官职业准入制度的基础上，才能提高法官的基本素质。具体内容有：

（1）提升法官资格的学历底线，确立法官职业的大学法学教育前置原则。法官只能在大学法律专业毕业生中初步选任，未受大学法律教育者不能进入法官职业培养程序，不得授予法官资格。

(2) 大学法学教育必须是本科以上教育。未获法学学士学位者(含本科以下学历者和虽受本科教育但未获法学学士学位者)不能进入法官职业培养程序，不得授予法官资格。

现行的统一司法考试，对于提高法官的整体素质起到了非常重要的作用，但也存在只是考分测试没有实际能力测试的弊端，因此，对于通过司法考试授予了法官资格的人，还要加强法官的职业培训，注重实际能力的培养。此外，还可以考虑我国部分法官从检察官和律师中产生，如果一个法官既有检察官的控诉经历，又有律师的辩护经历，这个法官在裁判案件时考虑问题的角度就会更加全面。

(四) 一体化司法官培训机制的建立

一体化司法官培训机制的建立是我国法官职业化的核心内容。在法律职业共同体诸职业的教育背景或文化素养相近似的前提下，要使法律职业共同体内部各职业处于相同高度，最终形成我国的法律职业共同体，必须依赖于统一的司法官培训机制的建立。目前，我国国家法官学院的主要任务是培养在职法官，对法官资格的把关和职前素质的培养作用甚微，应当合理界定法官的职前学历教育、职业专门教育和职业继续教育，建立统一独立的法官专门培养制度和法官继续教育制度，使我国法官的培养制度与继续教育制度规范化。在我国法官素质培养的全过程中，各个阶段的责任主体与职能必须予以明确：法官职前学历教育由大学法学院负责，职业专门培养则由职业培养机构负责(律师执业经历作为一种形式同时并存)，而法官的继续教育则作为上述职业培养机构的职能之一由该机构负责。具体的制度设计如下：

(1) 在目前统一的国家司法考试制度的基础上，设立国家司法学院(将国家法官学院吸收进去)，统一负责初级法官(包括检察官)的培养和在职法官(包括检察官)的定期培训。国家司法学院由司法部统一管理，其教师构成以教授、资深法官、资深检察官和资深律师为主体。

(2) 统一的国家司法考试制度下司法学员的招考和见习培养。国家司法学院只能培养面向基层和中级法院的初任法官。在司法部内设立司法考试委员会，专门负责从获得大学法学学士以上学位者中招收司法学员。法学学士以上学位获得者取得法官资格必须经过两次严格的司法考试。通过司法考试委员会主持的第一次司法考试者可取得司法学员资格，并将接受为期两年的培养，该培养以提高法律实务能力为重点。两年培养结束后，由司法考试委员会主持进行第二次考试，通过者即取得助理法官(检察官)资格。具有法学学士学位并拥有5年以上执业经历的律师可直接参加第二次司法考试，通过者即取得助理法官(检察官)资格，再经过五年工作取得法官

(检察官)资格。

(3) 统一的国家司法考试制度下法官的继续教育。在国家司法学院内设立法官(检察官)继续教育中心,专司在职培训。国家司法学院的在职培训对法官是定期的。基层和中、高级法院法官取得法官资格若干年内(前者如3年,后者如5年)必须接受国家司法学院的培训。培训采取针对性和适应性原则,以法律训练为主兼有其他内容,社会人文、经济科技乃至伦理道德等都应纳入其范畴,为法官职业素质的培养打下坚实的基础。同时还要建立司法学员与在职培训法官之间定期的交流制度,以求双方职业素质的共同提高。另外,定期组织具有针对性和开放性的法律实务发展研讨会,让法官、检察官、律师和各领域专家参加,进行交流,从而实现造就理论素养与实务能力俱佳的高素质法官的目标。

附录:点评秦策《法官角色冲突的社会学分析——对司法不公现象的理性思考》

本文很好地运用了法律社会学的角色分析方法来分析法官职业角色。社会角色是由一定的社会地位所决定的、符合一定社会期望的行为模式,它总是与一定的角色规范和角色期待相联系的。角色分析法通过法律角色产生、结构、关系、功能以及权利义务、行为模式的分析,来说明一系列的法律现象[①]。文章从四个方面展开。

作者首先提出这样一个问题:法官在司法审判过程中到底在什么因素影响下去适用法律并作出判决?

传统法学认为法官依照法律规定和客观事实作出公正的判决,而作者则从法律社会学的角度认为,这一过程不是法律规范简单和机械适用,而是在人际关系的活动过程中实现的。作者认为,法官的社会属性和社会关系所具有的复杂性,决定了他将接受多种不同的角色期待和角色规范的调节。社会群体或机构正是通过一定的行为规范和行为期待对法官施加压力,进而影响其审判活动和结果。

文章第一部分主要介绍法官的多重角色期待辨析。作为社会人的法官分别担当三种角色:(1)"法律世界中的法官":在这里法官行为所依据的角色规范是法律。

① 李瑜青等:《法律社会学理论与应用》,上海大学出版社2008年版,第114页。

法官应依照实体法和程序法的有关规定裁决纠纷；依照法律的要求确定冲突主体的权利义务和分配正义，维护法律体系的统一性和权威性。(2)“权力结构中的法官”：在这里角色期待来自于国家权力系统内部。国家权力尤其是司法权的实际分配和运行状况，将会成为影响法官审判的重要因素，而权力布局重心的差异亦会在法官的审判活动中有所反映。(3)“社会文化中的法官”：在这里角色期待来自特定的社会文化氛围。法官是在一定的文化氛围内行使其司法职能的。一方面，传统的文化观念、伦理价值积淀为法官的价值观和个性心理支配其行为；另一方面，法官的审判过程及其结果又不得不接受各种价值观念的评判，只有符合社会主导价值观念的裁判行为和判决，才能具有较高的社会接受度。

文章的第二部分是分析法官角色内部互动过程。三种不同的内部角色："法律世界中的法官"、"权力结构中的法官"和"社会文化中的法官"，分别遵循着法律、权力的组织原则和文化价值规范这三种角色规范。三种角色规范在内容上和指向上的一致，有助于法官角色行为的协调与统一，而它们之间的不一致或背离则会导致法官的角色冲突，既然在实际的审判过程中存在三种角色的差异和冲突，作者就通过对三种不同角色运作的具体分析，得出了法官解决其角色冲突过程的三项特点：(1)选择占主导地位的角色规范，是法官解决其角色冲突的基本方式。(2)司法独立与否决定了法官有无能力抵制权力对法律适用过程的侵入。(3)法律精神与文化规范及其观念的相吻合，有助于法官消弭其角色冲突；而两者之间的背离程度越大，法官角色冲突解决的难度也就越大，直至导致司法的失败。

文章的第三部分分析了法治现代化进程中法官角色的冲突。为什么会出现角色的冲突呢？除了角色规范的不一致产生审判过程中角色冲突之外，作者还将这一问题纳入现代化的历史背景中进行考察。区分了早发型现代化国家和后发型现代化国家就法律规范、权力的组织原则和文化规范三者对法官角色的影响性的不同，作者就在此种比较的基础上对当代中国法治现代化下法官角色的实际运用、对角色期待的选择总结出三个特点。(1)规范适用的多元化是当代中国法官角色冲突的重要根源；(2)行政权对司法权的掣肘大大降低了法官在审判过程中的独立思考能力；(3)传统法律文化与现代市场经济法律制度的冲突在法官的审判活动中留下了痕迹。

文章的第四部分论述了法官司法建立良好的规范环境。在综合上述的阐释后，作者认为在中国当前的司法体制下，社会现实中的各种规范(包括法律的和非法律的)都会对法官产生或强或弱的外在约束和压力。审判过程中法官的角色冲突正是这些外在约束和压力的不一致所致，作者认为只有在完善的规范环境中有严格执法的愿望、对法律正义的基本信念和公正廉明的社会良知,才能为法官司法建立良好的环境。

传统法学分析方法只是严格地依照规范分析,法官依照法律规定和客观事实作出公正的判决,强调法官运用的是三段论的推理逻辑。而本文作者在分析法官职业时运用了法律社会学的角色分析方法,视角新颖,可以让我们更加清晰地看到法官在作出判决的过程中受到了哪些因素的影响,让我们将法官放入社会背景下综合考虑其作出判决的依据,除了法律的三段论推理在判决的得出中起作用,权力和文化因素也在判决结果的得出中发挥作用,这一方法的运用,将书本上抽象的法律规则执行者转化成鲜活的拥有角色期待的个体,让我们更生动地了解法官的判决过程。本文在微观上对于我们更好地理解法官职业有实际的价值和意义,在宏观上对我们把握司法体系的运作有积极的作用。文章通过角色期待和冲突的分析,对现代中国法官司法建设提出了有效的解决方案。

文章的不足:更多的是在作者自己的逻辑推理中得出的结论,如果能结合实际的调查和访谈法,就会让读者清晰地理解三种不同的角色期待对法官在作出判决的过程中是如何起作用的。作者阐述结论的部分观点略显单薄,而在对角色的冲突分析提出具体避免冲突的方案时,作者只是一笔带过,得出总括性的结论即为法官司法建立良好的环境,使文章的结束显得有些仓促。

论文摘要

秦策:《法官角色冲突的社会学分析——对司法不公现象的理性思考》载于《南京师范大学学报(社会科学版)》1999 年第 2 期。从法律社会学的角度来看,法官在审理案件的过程之中绝不是法律规范的机械适用者,而是受到了多重角色期待的约束。

古典主义树立法官的形象仅仅是一种理想化模式,其只具有应然性而不具有实然性。在实然层面上,法官只是从事一定社会分工、履行一定社会职责的成员,在社会生活的舞台上扮演特定的角色。

法官在案件审理过程中具有多重的角色期待,存在三种角色期待来源:法律世界、权力结构和社会文化。法官作为代表国家依法行使司法审判权的专职人员,法官与法律有着一种天然的联系;但法官不仅仅是生活在法律的世界之中,他还是国家权力中的一员。因此法官的第二种角色期待则来源于“国家的权力结构”，因为国家权力总是按照一定的原则组织和运作的，并形成一定的权力结构，而法官所行使的司法权仅仅是权力结构中的一部分；由于法官总是生活在特定时空的共同体之中，因此特定的文化氛围也会对法官提出相应的角色期待。

这三种角色内部是一个互动过程，“权力结构中的法官”有可能与“法律世界中的法官角色”发生冲突，而这在行政权侵犯司法权的时候表现得尤为明显；“社会文化中的法官”有可能与“法律世界中的法官”发生冲突。当发生冲突的时候，对冲突的解决具有这样一些特点，即选择占主导地位的角色规范是法官解决冲突的基本方法、司法独立与否决定了法官有无能力抵制权力对法律适用过程的侵犯、法律精神与文化规范及其观念的相吻合有助于消弭法官的角色冲突，而两者的背离程度越大，法官角色冲突解决的难度也就越大，甚至可能会导致司法的失败。

法官角色的冲突实际上是与我国作为法治后发型的建设有关的，由于我国的大量法律是经由借鉴和移植而形成的，因此这必然会在施行的过程中与传统文化观念以及既有的权力运作方式发生抵牾。因此，就中国法治现代化过程中法官角色出现的传统现象，如规范适用的多元化是当代法官角色冲突的重要根源、行政权对司法权的掣肘大大降低了法官在审判过程中独立思考的能力、传统法律文化与现代市场经济法律制度之间的冲突在法官的审判过程中也留下了痕迹，因此应该要为法官司法建立一个良好的规范环境。

第十五章　检察官的角色与职权

检察官是专门行使刑事公诉权等职权的职业法律人员，是法律职业共同体的重要成员。本章运用角色分析和比较分析的方法，主要探讨：第一，检察官的角色定位和职业特点，第二，检察官的职权配置及其优化，第三，检察官的任职条件和职业保障等问题。

一、检察官的角色定位和职业特点

1. 检察官的角色定位

检察官是国家检察制度的一个重要因素，是检察机关的组织成员，是行使国家检察权的人员，是法律职业者。在我国，检察官是专门履行国家法律监督职能的人员。

我国检察官法把检察官定义为："依法行使国家检察权的检察人员"，其范围包括最高人民检察院、地方各级人民检察院和军事检察院等专门人民检察院的检察长、副检察长、检察委员会委员、检察员和助理检察员。

检察官职业的定位，是指检察官职业的性质和地位。这可以从国家和社会两个方面进行考察。从社会方面来讲，检察官作为一种社会职业是社会发展的产物，是经济、政治和文化发展到一定阶段的结果，是社会从传统走向现代的法制表现，是法治现代化的必然要求；从国家方面来看，检察官作为一种国家官职，它在整个国家公职人员中的性质和地位如何，这是检察官职业定位的关键。

国家官职体系中的检察官职业定位问题，理论上的界说和制度上的规定并不想当然地具有一致性。在制度层面上，由于各国的政体和司法体制不同，因而检察官职业的定位不尽相同。西方国家传统上一般把它放在立法、司法（审判）、行政"三权分立"的体制下来认识和对待。在三权分立的政体形式下，检察权不是一项独立的、基本的国家权力，它不是附属于行政权，就是附属于司法权，因此，关于检察官的职业定位就在行政官与司法官（法官）之间选择，主要形成了检察官属行政官、准司法官两种不同的对待。[①] 在英、美等国家，宪法将检察机关归入行政机关系列，检察官以普通

① 龙宗智：《试论检察官的定位》，《人民检察》，1999年第7期，第6页。

行政人员对待，对检察官的管理大体上采取行政管理模式；而在大陆法系国家，检察机关属于司法机关，检察官拥有广泛的职权，为了保证检察官独立、公正行使职权，这些国家大多对检察官进行职业化的管理。在检察官定位为行政官的国家，检察机关被定性为行政机关，检察官是行政机关的公务员，检察官必须服从和尊重主管首长和上级检察机关的命令。而在检察官定位为准司法官的国家，检察机关属于司法机关的序列，检察官派驻法院内工作，检察官被认为是“站着的法官”，检察官属于准司法官或等同法官。

学理上对检察官职业定位的种类比体制上的更多，有行政官说、特殊行政官说、准司法官说、司法官说以及司法和行政双重属性说等不同界说，一般又以检察官兼具司法和行政双重属性为通说。[①] 检察官的司法性主要体现在独立判断和决定以及以适用法律为目的；其行政性主要体现在上下领导关系和检察侦查以追求破案为目的。

我国检察官职业的定位是什么？这个问题，理论上也有不同的说法，诸如司法官说、法律监督官说、司法兼行政双重属性说等。我们认为，对我国检察官的定位应当立足于我国的政体和现行法律规定。1982年《中华人民共和国宪法》规定“人民检察院是国家的法律监督机关”，从而确立了检察机关的宪法地位和性质，也为当代中国检察官的角色定位提供了根本法的依据。在我国人民代表大会制度下，当代中国的检察机关独立于行政机关和审判机关，是国家法律监督机关，检察机关行使的检察权实质上是一种法律监督权。基于此，我国检察官作为国家检察机关工作人员，具有独立性，既不是行政官，也不是审判官，而是护法官，即法律监督官员，是专门维护法律统一和正确实施的官员。

在我国，根据检察官所行使的检察权的具体权能不同，检察官在具体的职务活动中有几种不同的角色。在自侦案件中，行使侦查权的检察官是侦查员；在刑事公诉案件中，行使相应职权的检察官是国家的公诉人；检察官在民事、行政案件中，或者以公益人的身份提起诉讼，或者以监督者的身份出现，对认为确有错误的已生效民事、行政案件向人民法院提出抗诉。护法官是包含以上各种具体角色的角色丛。

从国际上看，无论体制上对检察官职业如何定位，检察官担负的主要职能是刑事公诉，检察官是公诉人这是毫无疑义的。当我们把检察官定位为护法官时，最大的疑问是公诉人也是护法官吗？虽然指控犯罪是检察官在刑事诉讼中的基本职能，但公诉人这一角色却并非是检察官的本质内涵。因为创设检察官制度的目的，并不是为补救国家指控力量的不足，而是为防止集权式司法的滥权。因此，在我们看来，公诉

① 龙宗智：《试论检察官的定位》，《人民检察》，1999年第7期，第8页。

实质也是法律监督的一种形式，它通过对被告人犯罪行为的控诉，使犯罪这种严重违法行为得到法院的认定并受到追究，从而维护法律秩序，公诉人实际上是护法官的一重角色。权力制衡是现代法治国家的基本原则。资产阶级革命胜利后，近代法治由理念转为实践。法治的主旨是在国家政治结构中贯彻权力制衡的原则，以法律限定权力、以权利对抗权力，以权力制约权利。传统纠问式诉讼因控审不分、司法擅断而导致刑讯泛滥，冤狱丛生，个人权利被牺牲殆尽，社会利益也得不到有效保护。法治原则在刑事诉讼领域的贯彻，即破除集权专制的纠问式诉讼模式，代之以体现诉讼分权制衡原则的控辩模式，使检察官与法官之间形成监督制约的关系，从而在制度上保障刑事司法的公正性和客观性。[①] 此外，检察官担负的侦查职能也是监督职能吗？如果是，那么公安侦查是不是？从理论上讲，对刑事案件的侦查本身确有法律监督的性质——发现和确定犯罪嫌疑人及其犯罪事实。总而言之，护法官对检察官的各种具体角色具有统摄性、兼容性。

在我国，检察官是专门担负保障法律实施的国家官员。这一职业定位意味着：首先，检察官是国家官员，是行使一定国家权力的人，是执行国家公务的人员，这一身份使得检察官有别于公民；其次，检察官是司法官员，是行使检察权处理法律案件的人，这一身份使得检察官有别于行政官员、立法官员；再次，检察官是法律监督官，检察官为维护法律实施，以积极的行动方式（如侦查和提起诉讼）适用法律，是法律监督者，这一身份使得检察官不同于法官，法官是以消极的方式（不告不理）运用法律裁决纠纷的人，是裁判官。

当前，我国司法体制改革已成为热点话题，关于我国检察官职业定位问题，人们提出了各种不同的见解。有人主张把检察机关并入行政机关序列，把检察院定位为政府法律部门，把检察官定位"政府律师"或"政府法律代表"[②]，是一种特殊的政府公务员。此种主张从根本上突破了我国现有的政治体制和检察体制，但没有考虑巩固和完善我国人民代表大会制度的需要，未必有利于检察事业的发展。因为我们所要建构的法治是社会主义法治，而人民代表大会制度是我国的根本政治制度。因此，我们必须在人民代表大会制度的基础上来改革和完善我国的检察制度。我们主张应进一步强化检察官是护法官的角色定位，改革完善检察官法律监督职能的制度建设，完善、优化检察官监督职权合理配置。

---

① 桂万先：《当代中国检察官的角色》，《国家检察官学院学报》，2007年第5期，第66页。

② 孙谦、樊崇义、杨金华主编：《司法改革报告——检察改革·检察理论与检察实践专家对话录》，法律出版社2002年7月版，第23页。

实践中，检察官在行使检察职能时往往忽略了对法治精神的关注，一味偏重指控职能，重公诉而轻监督，重打击而轻保护。这既反映了检察官对自身职业角色定位认识的偏差，也会使得社会公众对检察官的法律监督者角色认识不清，从而影响检察机关护法保民、维护法治秩序功能的发挥。有鉴于此，当代检察官需走出单纯指控的思想误区，从守护法律的职能出发，强化法律监督，着力解决行政执法和司法不公的问题，保障社会实现公平正义以维护人民群众根本利益的使命归依，坚持打击与保护并重、打击与预防并重，努力实现社会长治久安，创造和谐、稳定的社会局面。

2. 检察官的职业特点

检察官是法律职业者。所谓法律职业者是一群精通法律专门知识并实际运用法律的人，包括法官、检察官、律师。检察官的职业，与非法律职业和其他法律职业比较，有自己的特点：检察官是以积极的方式行使职权，以维护法律实施和保护公益的国家法律官员。具体来讲，检察官职业具有以下特点：

(1) 法律性。从职业知识和技能角度看，检察官职业具有法律性。检察官职业的法律性，其含义主要不在于法律对检察官职业的规范，而在于检察官职业“工作”内容本身的法律性。在法治国家，任何一种职业都或多或少、或直接或间接地受到法律的规范，完全超越于法律之外的职业是不存在的。检察官作为一种独立的、专门化的职业，从其产生之日起，就是以特定的方式运作法律为天职。

检察官的根本职能是维护法律的正确实施。作为检察官，为切实履行自己的职责，必须精通法律、能运用法律专业知识和技能准确判明行为的法律性质，一旦发现违法犯罪，应当在其职权范围内，及时采取相应的行动，控诉违法犯罪行为，以使违法犯罪得到制止、受到制裁。

检察官是国家的职业法律工作者，属于法律人。检察官获取职业收入的主要资本，是自己所掌握的法律专业知识和技能。离开了法律专业知识和技能，检察官无以立足。判断检察官素质的根本或主要标准是其法律专业知识和技能。

(2) 主动性与被动性。从职业行为的启动方式上看，检察官职业既具有主动性又具有被动性。检察官职权的发动是主动的，还是被动的？这个问题不能简单回答，应做具体分析。有些论者以检察属于司法范畴，故而将司法（实指审判）的被动性简单地套用于检察官的职业行为。我们认为检察官职权启动方式应视其具体权限不同而分别论定。检察官行使的刑事起诉权具有被动性。就国家机关运用权力实施法律而言，无论是检察机关或是审判机关，它们在适用法律时，都是基于案件或法律纠纷的存在，即法律在实施过程中遇到了障碍，发生了违法犯罪行为或遇到了法律纠纷，需要“定纷止争”或排除障碍，因而由检察机关和审判机关来运用法律、实施法律，在此意义上，检察官的刑事起诉职权和法官的审判职权启动都有被动性。检察官和法官作为分别具体行使检察权和审判权的人，不会主动运用权力来组织法律的实施，这与行政执法官有所不同。行政机关作为法律的执行机关，它必须积极组织法律的实施，故行政官职权具有显著的主动性。

检察官担负的刑事自侦权、民行起诉权等职权的行使具有主动性。在我国，由于检察官担负护法的职能，因而必须主动地（而不能消极地运用检察权力）去发现违法行为，侦破某些刑事案件，乃至提起民行诉讼，唯有如此，才能有效实现法律监督的功能。护法官这一角色定位，要求检察官必须以积极的、主动的方式来行使职权，侦破特定的犯罪案件，提起和支持公诉，甚至对特定的民事、行政案件提起诉讼，以维护法律秩序，保护人权，实现正义。

当然，涉及具体的自然人、法人和其他组织民事权益的案件，鉴于尊重当事人自己的自主权和处分权，以不主动介入为原则，即由私人自行起诉或撤诉。但涉及国家利益和社会公共利益的民事案件，在具体的权利人不确定的情况下，检察官应当可以公益人的身份提起民事、行政诉讼。

（3）客观性。从职业行为操守上看，检察官职业具有客观性。根据客观性原则要求，检察官在办理案件时，为了发现案件的真实情况，不应站在当事人的立场，而应坚持客观公正的原则，不偏不倚地全面搜集证据、审查案件和进行诉讼。自检察制度诞生以来，随着社会发展和法制文明的进步，客观公正是公众对检察官的基本要求。

检察官的客观义务理论，最先由大陆法系国家提出。德国学者研究认为，检察官并非居于被告人对立之一方当事人的地位，其处理案件应站在客观公正的立场，系世界上最有客观立场的官员。检察官的客观立场应当表现在诉讼的整个过程。检察官不应该只追求有罪判决，相反，他应该努力发现真实，对在其手中的证据资料要做客观检讨评价。在侦查有罪证据的同时，必须一并侦查无罪的证据。倘认为被告人无罪时或不能证明被告人有罪时，应该终止侦查。设如此情形发生在审判阶段时，检察官应主张被告人无罪；设如发现被告有罪的判决有违背正义或不妥时，检察官应为被告人利益提起上诉或申请再审。不仅在理论上应该如此，在实务上更须如此。

对检察官客观义务要求，已得到世界各国的认可。当今世界，不论社会制度如何，检察权的行使必须坚持客观公正原则。客观性已经成为检察官作用的一项国际准则。联合国通过的《关于检察官作用的准则》[①]就规定了检察官的客观性义务。具

① 本文所引联合国《关于检察官作用的准则》的内容，均转引自张智辉、杨诚主编：《检察官作用与准则比较研究》，中国检察出版社2002年版。

体有：不歧视任何人；按客观标准行事；保证公共利益；必要时中止追诉；依法保护犯罪嫌疑人的合法利益；酌处中的客观公正性。

在我国一些学者认为检察官是刑事诉讼的一方当事人，无需对法官的审判活动进行监督，更无需保护辩护方的利益。在检察实务中，许多检察官不知客观义务这一基础理论，往往只注意搜集证明犯罪嫌疑人有罪、罪重的证据，而忽视搜集犯罪嫌疑人无罪、罪轻的证据。凡此种种，都是对检察官角色地位的误解，此是检察环节造成冤案、错案的理论根源。

有的人认为，任何案件的办理过程都应该强调客观公正。检察官办案要讲客观公正，警察、法官同样应该客观公正地对待每一个案件和案件当事人。为什么唯独强调检察官的客观性义务？我认为，警察的任务是破案，所以警察关注的重点是发现犯罪嫌疑人及其犯罪证据，当然也要讲客观，只是在理论上不作为突出问题来对待；法官的任务是断案，是根据检察官的指控作出被告人是否有罪的判断，前提是检察官向其提出的指控是否客观全面，居中裁判是法官的定位；检察官既要防止为了破案而片面地搜集证据，也要保证提供给法官的证据是真实的、全面的。特别是在公诉阶段，检察官的中立性不及法官的居中裁判，容易产生与其角色定位的冲突，因而，检察官的客观性义务在协调检察官的角色中具有不可替代的作用。[①]

按照我国法律的规定，检察官在运用检察权时应强调几点：客观全面地搜集、审查和运用证据；平等公正地保护案件当事人的利益；既要追究犯罪，又要保护人权；全面听取当事人意见，特别是辩护律师的意见，客观冷静地对待法院的判决结果，尤其是不能把检察官混同于一般当事人而片面追求胜诉的结果。

（4）公益性。从职业目标价值取向看，检察官职业具有公益性。检察官职业的价值取向是公益的。检察官从公益角度出发，处理检察业务。公益即公共利益，是指“作为有机体的公众所共同享有的权益、福利和价值”，其“构成要素一般包括公共秩序、公共道德、公共财产、公共安全和普遍人权等”，“在我国公共利益的概念包括国家利益、社会利益和具有普遍意义的公民个人利益”[②]。

检察官以公益代表的身份参与诉讼活动。在刑事诉讼中，检察官担当公诉人的身份充分表明了其职业价值取向。检察官担任公诉人，代表的是国家和社会整体利益，这明显不同于一般公众和被害人作为控诉人的鲜明特征。有的国家规定，涉及国家利益和社会利益的民事、行政案件，在具体的权利人不确定的情况下，检察官应当

① 桂万先：《当代中国检察官的角色》，《国家检察官学院学报》，2007年第5期，第62页。

② 张建伟：《公益原则与检察官的公正意识》，《人民检察》，1997年第2期，第10页。

以公益人代表的身份提起诉讼。

综上所述，检察官、法官、律师、法学家，都是从事法律职业的人，学界通常把他们归为同一“职业共同体”，这表明他们之间在某些方面具有同质性，但他们之间在角色定位和职业特点上又有重要区别。检察官和法官是“官”，律师和法学家是“民”。检察官在违法犯罪行为发生后，可积极地活动，发现违法犯罪，侦破某些刑事案件，提起诉讼；法官在违法犯罪案件发生后，不会主动介入，只有在有人控诉或告诉后，法官才会行动起来。检察官在诉讼中是公益代表，而法官在诉讼中是中立的。法官在诉讼中虽然运用的是国家权力，但法官并不代表国家利益。由于法官是中立的，所以法官能够成为“国家与人民利益争端的裁判人”①。

二、检察官的职权配置及其优化

1. 检察官职权配置的比较分析

检察官的职权是国家检察权的具体化。检察官的职权范围取决于检察权的性质。各国检察官一般都有刑事起诉权、支持公诉权。但由于各国检察权的性质不尽相同，因而各国法律赋予检察官的职权大小也不尽相同。从历史沿革的角度看，刑事起诉是检察制度的初始功能，刑事起诉权是检察官固有的核心权能。在此基础上，各国赋予检察权以其不尽相同的权能，因而各国检察官的职权大小也不尽相同。刑事起诉权以外的其他各项权能都是扩张的添附权能。例如，美国检察官有与刑事被告人进行辩诉交易的权力，对一些民事案件有起诉权；英国检察官有所有与刑事犯罪有关的事务向警察机关提出建议权；德国的检察官有指挥侦查权；我国检察官有诉讼监督权。联合国《关于检察官作用的准则》规定，检察官有起诉权、不起诉权、对贪污腐化案件的侦查权、监督权、自由裁量权等。

(1) 刑事诉讼方面的职权。依法追究犯罪是检察官的主要任务，检察官的职权贯穿刑事诉讼的全过程。就刑事案件来说，各国检察官职权的具体内容有：

① 立案决定权。很多国家规定检察官有对某些犯罪事实是否作为刑事案件进行侦查的决定权。根据我国刑事诉讼法规定，贪污贿赂犯罪，国家工作人员的渎职犯罪，国家工作人员利用职权实施的非法拘禁、刑讯逼供、报复陷害、非法搜查侵犯公民人身权利的犯罪以及侵犯公民民主权利的犯罪，由人民检察院立案侦查。

---

① 郑钟炎、程竹松：《论公务员的角色定位和职业属性》，《上海大学学报(社会科学版)》，2004 年第 2 期，第 68 页。

② 侦查权。各国法律都赋予检察官一定范围的侦查权。有的国家的检察官对所有的刑事案件都有侦查权，有的国家的检察官只对部分特定的案件拥有侦查权。例如美国，检察官直接立案侦查的案件主要是一些特别重大的贪污、行贿、受贿、警察腐败、白领犯罪等案件。[①] 联合国《关于检察官作用的准则》规定，检察官应当注意对公务人员所犯的罪行，特别是贪污腐化、滥用权力严重侵犯人权的，要依照法律或惯例对这种罪行进行调查。我国的检察官对自己直接受理的刑事案件有权侦查。

③ 指挥侦查权。大陆法系国家的检察官拥有指挥警察搜集证据和进行专门调查活动的权力。例如法国《刑事诉讼法典》第 41 条第 1 款规定：共和国检察官自己或使他人采取一切追查违法犯罪的活动。为此，他有权指挥所在法院辖区范围内的司法警官或司法警察的一切活动。在我国，检察官或检察机关没有指挥警察进行侦查的权力。

④ 决定或批准逮捕权。许多国家为了使控辩双方在侦察阶段保持对等地位，将决定或批准逮捕权赋予法官行使，检察官不享有决定或批准权，但我国检察官依法享有此项权力。

⑤ 豁免权。英美法系国家的检察官拥有为了获得某种重要证据而免除证人因作证可能被定罪的权力。大陆法系国家检察官一般不拥有此项权力。

⑥ 起诉权。各国检察官都有刑事起诉权，但各国检察官行使刑事起诉权的范围有所区别。有的国家实行国家追诉主义，一切刑事案件都必须由检察官或检察机关代表国家提起公诉，否则，法院不予受理，日本、法国即属此类。有的国家规定，检察官只对大部分刑事案件行使起诉权，小部分案件由被害人或其他机构行使起诉权，英国、美国、德国属此类。我国的检察官依法对绝大部分犯罪案件行使起诉权，部分轻微犯罪案件由被害人自诉。

⑦ 不起诉权。各国检察官依法都有不起诉权。联合国《关于检察官作用的准则》对检察官的不起诉权也作了规定。我国刑事诉讼法赋予检察机关较大的不起诉权，包括法定不起诉、裁量不起诉和证据不足不起诉三个方面的内容。

⑧ 辩诉交易权。美国等少数国家赋予检察官辩诉交易权，即检察官拥有与被告进行协商谈判，以撤销、降格指控或要求法官从轻判处刑罚等为条件，换取被告人"有罪答辩"的权力。大陆法系国家一般不承认检察官有辩诉交易权。我国法律也没有赋予检察官或检察机关辩诉交易权。

⑨ 支持公诉权。各国法律都规定，检察官或检察机关提起公诉后，有权出席或

---

① 郭成伟、宋英辉主编：《当代司法体制研究》，中国政法大学出版社 2002 年版，第 193 页。

指派人员出席法庭审判，证明自己的控诉主张的权力。我国刑事诉讼法规定，检察机关提起公诉后，应当指派检察官出席法庭支持公诉。检察官支持公诉主要包括宣读起诉书，出示有关证据，讯问被告人，询问证人、被害人，与被告人及其辩护人进行辩论等活动。

⑩ 公诉变更权。各国法律都不同程度地规定检察官或检察机关提起公诉后，当案件事实发生变化时，享有变更、撤回或追加控诉主张的权力。我国的检察机关也享有公诉变更权。

⑪ 抗诉或上诉权。检察官或检察机关认为法院的刑事判决有错误，有的国家规定检察官或检察机关有上诉权，有的国家规定检察官或检察机关有抗诉权。我国法律规定检察机关对刑事判决有广泛的抗诉权。

（2）其他方面的职权

检察官或检察机关除上述刑事诉讼方面的职权外，还有一些其他方面的职权，具体有：

① 民事和行政案件的起诉权。对婚姻无效、雇佣劳动等提起民事和行政诉讼。我国检察机关对民事和行政案件没有起诉权。

② 建议权。检察官或检察机关发现有人违法但未构成犯罪的，可以建议其所在单位给予处分。

③ 纠正权。检察官或检察机关发现警察、法官和有关机关存在违法行为时，有权要求其纠正。

④ 民事和行政案件的上诉或抗诉权。有些国家的法律规定，检察官或检察机关对一定民事和行政案件有上诉权。例如，美国联邦检察官对涉及联邦利益的民行案件，在对法院的判决不服时，有权提出上诉。德国的检察机关对法院的判决享有广泛的上诉权。我国检察机关享有广泛的抗诉权。检察机关对已经生效的民事和行政判决或裁定认为确有错误时，有权按照审判监督程序提出抗诉。

2. 我国检察官的职权配置的优化

我国的政权组织形式是在人民代表大会之下“一府两院”，分别行使行政权、司法权、法律监督权。由此，我国检察制度突破了大陆法系国家主流的“双重属性说”这一模糊不清的界定，《中华人民共和国宪法》明确将检察机关定位为行使法律监督权的法律监督机关。从现行法律规定来看，我国检察机关的法律监督主要有国家工作人员职务犯罪监督、刑事司法监督和民事行政司法监督，具体权能包括侦查权、批准逮捕权、侦查监督权、公诉权、审判监督权、对刑事案件判决裁定的执行监督权等，这些权能共同构成了检察机关法律监督的完整体系。

我国检察机关是国家法律监督机关，我国检察机关的法律监督有自身的特点，即对法律实施的监督，但无权监督宪法的实施，我国宪法实施的监督权由全国人民代表大会及其常务委员会行使，因此，检察机关也无权监督各种立法行为。鉴于检察机关是我国的法律监督机关，因此有必要赋予检察机关和检察官对行政立法、地方立法的合宪性、合法性进行监督的权力，搭建检察机关对行政立法、地方立法的监督与全国人民代表大会及其常务委员会对宪法实施监督的桥梁，以进一步完善我国的法律监督体制，构建配套完善的针对立法行为的法律监督机制。

就我国检察机关或检察官的现行职权配置来说，现行的有关法律规定也不够完善，与更全面、充分、有效发挥检察监督职能的理想目标之间存在差距。检察机关作为国家法律监督机关，它对民事和行政案件的监督主要体现在对已经生效的判决、裁定提出抗诉上。这种抗诉从一定意义上讲是被动的——检察机关根据有关当事人的申请后进行审查，认为符合抗诉条件，若没有当事人的申请，检察机关不会主动进行抗诉；同时这种抗诉也是事后的——当事人向人民法院起诉，人民法院已经作出了生效的裁判。这在一定程度上制约了检察机关或检察官法律监督职能的发挥，有必要建立和完善检察官参与民事和行政诉讼的法律机制，赋予检察机关或检察官在一定条件下的提起民事和行政诉讼的权力。

在我国建立健全的民事、行政检察制度，尤其是民事、行政公诉制度，是社会主义制度的本质要求，有充分的法理依据和现实基础。检察官或检察机关提起民事和行政诉讼从根本上讲是为了国家、社会公共利益和公民重大利益，其范围可包括以下几类案件：第一，侵害国家经济利益的案件，如蚕食鲸吞国有资产案、破坏国家经济秩序的垄断案、欺骗政府案等；第二，侵犯社会公众合法权益的赔偿案，如环境污染案件、因产品缺陷给众多消费者造成人身侵害或财产损害的案件、因食品卫生不合格给公众身体健康造成重大损害的案件等；第三，涉及公民重大利益的案件。这些案件对社会有相当的影响力，受害人因故不敢或不愿提起诉讼，如果放任不管，可能造成严重的后果，如重大的离婚案件、继承案件等。

三、检察官的任职条件和职业保障

1. 检察官的任职条件

检察官的任职条件也称检察官的资格，是国家以法律形式确定的人们担任检察官职务或从事检察官职业所必须具备的条件。

检察官是国家专业法律工作者。检察官行使的是国家权力，代表的是国家和社会利益，检察官作为国家公诉人，在法庭上可能要接受辩护律师的挑战，在我国，检察官是国家法律的守护者。鉴于此，检察官必须具备较高的素质。只有这样，才能发挥检察制度在依法治国和保障人权中的重要作用。

选任高素质的人作为检察官已经成为一项国际通行的准则。1990 年经联合国大会批准的《关于检察官作用的准则》规定："获选担任检察官者，均应为受过适当的培训并具备适当资格、为人正直而有能力的人"。该准则对检察官任职条件的要求主要包括道德品质、专业知识和实践能力三方面。这是对检察官任职资格的最基本要求，对各国尤其是发展中国家确定检察官的具体任职资格具有指导意义。

英美法系国家，由于判例法的传统，遵循从个别案件中抽象出规则后再运用到个案的办案模式，所以一般要求检察官具有律师资格。在美国，检察官的任职条件为：法学院毕业；通过州律师资格考试，取得律师资格；任律师职务两年以上，并加入任何一个州的律师协会。在英国，检察官必须有执业律师资格。

大陆法系国家对检察官的任职资格要求也非常严格。在法国，检察官必须具有法学学士学位，经司法考试合格，在司法研习中心接受 3 年实际训练和学习。具有法学博士学位的，免除司法考试，研习期为 1 年。对在国家司法研习中心研修学习和训练期满并有志于从事检察工作的，经研习生审查委员会审查合格后，才可以任命为助理检察官。助理检察官工作 1 至 4 年后，可凭工作业绩晋升为检察官。在德国，担任检察官，必须在大学修完 3 年以上的法律课程，通过 2 次严格的考试。大学法律毕业生可参加第一次考试，合格后要接受 2 年半的法律实务训练。品行良好并完成 2 年半的法律实务训练的，可参加第二次考试，合格者可被任命为见习检察官。见习检察官经 1 年试用期满并经州司法行政长官审查合格，可被任命为候补检察官。要获得终身检察官任职资格，候补检察官必须任职 5 年左右才能获得。德国大学法学教授可被直接任命为检察官，不必经过考试和见习。

我国对检察官任职资格的要求，随着国家民主和法制的发展而逐步规范化、专业化。建国后很长的一段时间内，我国对检察官的任职资格在法律上没有明确系统的规定。在实际工作中对检察官基本上按照一般党政干部的管理模式进行管理。直到 1995 年 2 月 28 日第八届全国人大常委会第 12 次会议通过的《中华人民共和国检察官法》，第一次以法律的形式明确规定了检察官的任职条件。该法第 10 条规定，担任检察官必须具备以下条件：(1) 具有中华人民共和国国籍；(2) 年满 23 周岁；(3) 拥护中华人民共和国宪法；(4) 有良好的政治、业务素质和良好的品行；(5) 身体健康；(6) 高等院校法律专业或高等院校非法律专业毕业具有法律专业知识，工作满 2 年的；或者获得法律专业学士学位，工作满 1 年的；获得法律专业硕士学位获得法律专业博士学位的，可以不受上述工作年限的限制。第11条还规定，下列人员不得担任检察官：(1) 曾因犯罪受过刑事处罚的；(2) 曾被开除公职的。

随着"依法治国，建设社会主义法治国家"战略目标的确立和法治国家建设的推进，1995年颁行的检察官法因其对检察官的文化水平和法律专业知识，特别是实际经验和能力的要求相对宽松，已不适应我国法治建设的实际需要，为此，2001年6月30日九届全国人大常委会第22次会议通过了《关于修改〈中华人民共和国检察官法〉的决定》。该决定对检察官的法律专业知识、法律实际工作经验、检察官的任职资格考试作了新的更高的规定。要求：在学历上，原则要求检察官系高等院校法律专业本科毕业或者高等院校非法律专业本科毕业但具有法律专业知识；在法律实际工作经验上，要求必须从事法律工作满2年(具有法律专业硕士学位、博士学位或者非法律专业硕士学位、博士学位具有法律知识者，从事法律工作满1年)，其中担任省、自治区、直辖市人民检察院、最高人民检察院检察官，应当从事法律工作满3年(具有法律专业硕士学位、博士学位或者非法律专业硕士学位、博士学位具有法律知识者，从事法律工作满2年)；在检察官资格取得上，国家对初任检察官、法官和取得律师资格实行统一司法考试制度。对实际出任检察官者，采用严格考核的办法，按照德才兼备的标准，从通过国家统一司法资格考试取得资格、并且具备检察官条件的人员中择优提出人选。

修改后的检察官法对检察官任职条件的规定，对逐步建立一支高素质的检察官队伍无疑将起到重要的作用。但就我国检察官队伍的现状来看，现有检察官队伍中有相当数量的人在学历和法律专业知识上与检察官法的要求不相适应，存在较大的差距。据有关统计表明，截至2001年底，全国检察官队伍中，具有本科以上学历的接近30%，而青海省在21%左右。[①] 所以对这部分人的培训的任务相当繁重，对此，必须予以充分重视并采取切实的措施予以解决。有人提出，我国的检察官队伍建设应朝着"学者化"、"专家化"方向发展。[②] 我们认为这种看法尽管其动机是好的，但明显不切实际，切实的提法应当是"专业化"、"职业化"。

2. 检察官的职业保障

检察官职业保障是检察官职业制度的重要支柱。健全的职业保障可以使检察官毫无后顾之忧地履行职责，独立、公正、严格地执行法律。为了使检察官能切实履行

---

① 杨新京：《青海检察干部学历结构与检察官法的距离》，《国家检察官学院学报》，2002年第6期，第106页。

② 李春喜、王小霞：《论检察官精英化及检察官制度改革》，《国家检察官学院学报》，2000年第3期，第87～88页。

其职责,充分行使其职权,必须建立检察官保障制度。

长期以来,我国检察人员一直沿用统一的党政干部管理制度,检察官没有特殊的职业保障机制。《中华人民共和国检察官法》就检察官职业保障机制作出了一些原则性的规定,但检察官职业保障机制并不是检察机关内部所能独立解决的问题,其有效地解决还有赖于整个国家的人事制度、财政制度的整体推进。要实现检察官职业化,就必须千方百计地破除各种障碍,在国家政治体制的大框架下,尽可能建立一套与检察官职业化相适应的保障体系。只有这样,检察官职业化建设才能稳妥、持久地不断发展。

联合国《关于检察官作用的准则》指出:各国应确保检察官能够在没有任何恐吓、阻碍、侵扰、不正当干预或不合理地承担民事、刑事或其他责任的情况下履行其职责;如果检察官及其家属的安全因其履行检察职能而受到威胁时,有关当局应向他们提供人身安全保护;各国应以法律、法规或条例形式对检察官的服务条件、充足的报酬、在适当条件下的任期、退休金及退休年龄作出规范。从这一检察官的国际准则中,我们可以看出,有关检察官保障制度的内容主要有身份保障、人身保障、经济保障等。

(1) 检察官的身份保障。检察官的身份保障是指检察官一经任职以后,非因法定事由和法定程序,不得被随意罢免、撤职、调离、停职、降职、辞退等职务保障规定。实行检察官身份保障制度,目的在于避免检察官受到撤职、调离、停职、降职等职务上的威胁,能够独立地履行法律所赋予的各项职权,保障司法公正。各国对检察官的身份保障都有相应的规定,日本的规定比较有代表性。根据日本检察厅法第25条规定,检察官任职后,除非具有法律规定的下列情形,任何人不得无故对检察官作出停职、免职、撤职等决定:第一,已到法定的退休年龄;第二,因身心发生故障,工作缺乏效率及其他原因不适宜执行职务,由合格审查会议决定任免的;第三,因检察厅废止或其他原因而成为冗员的;第四,受惩罚处分的。[①]

我国已经建立了比较完善的检察官身份保障制度。根据我国检察官法的规定,检察官非因法定事由、非经法定程序,不被免职、降职、辞退或处分;同时检察官法对检察官的免职和辞退事由作了限制性规定。检察官免职的事由有:丧失中华人民共和国国籍的;调出本检察院的;职务变动不需要保留原职务的;经考核确定为不称职的;因健康原因长期不能履行职务的;退休的;辞职或被辞退的;因违纪或违法犯罪不能继续任职的(检察官法第14条)。检察官辞退的情形有:在年度考核中,连续两年

① 陈健民主编:《检察院组织法比较研究》,中国检察出版社1999年1月第1版,第137页。

确定为不称职的；不胜任现职工作，又不接受另行安排的；因检察机构调整或者缩减编制员额，需要调整工作，本人拒绝合理安排的；旷工或者无正当理由逾期不归连续超过15天，或者一年内累计超过30天的；不履行检察官义务，经教育仍不改正的（检察官法第43条）。

长期以来，地方检察院的人事权分属各级地方有关部门掌握，检察院缺乏进人用人等方面的自主权。这种以"地方管理为主，系统管理为辅"的管理模式，虽然在巩固基层政权、维护一方稳定上起过积极作用。但在市场经济深入发展、依法治国方略载入宪法的今天，其弊端已显而易见。因为检察官管理地方化，必然导致司法权力地方化，这是产生地方保护主义的根源。其结果是人民检察院对地方党委政府存在着严重的人身依附关系。譬如进人提拔等问题，该进的进不去，不符合《中华人民共和国检察官法》条件的进了检察院；该提的人没有提，不符合《中华人民共和国检察官法》条件的提了上去，导致检察官整体素质不高，依法独立办案难以实现。检察官在行使检察权的过程中，不得不看地方领导的眼色行事，依人而不依法，在处理一些与当地有利害关系的案件时，不得不违心地保护地方利益，严肃执法成了一句空话。按照法律的规定，检察机关独立行使检察权。可由于检察官是地方上选调，经费由地方保障，因此检察院查案要看地方的脸色，保护地方的利益。为避免司法权力地方化，实现司法独立，应采取适当的措施，改革现行的检察官管理体制。

（2）检察官的人身保障。检察官的人身保障是指检察官的人身、财产和住所安全受法律保护。从社会学意义上看，检察官也是社会生活中的自然人，他们也是有血有肉、七情六欲俱全的普通人。这构成了检察官的个性自然本质。作为特定社会法律秩序的维护者，检察官理应不畏强暴、排除干扰、秉公执法、独立行使职权、履行检察职责。然而，作为普通社会成员的检察官，其行为必然受到来自社会诸多方面，有时甚至是权威方面的因素的影响，如果社会不为检察官执法提供必要的保障措施，以抵御外界不当因素的侵扰，检察官行为的独立性难以保障，司法独立原则便无从实现。从某种意义上讲，司法独立要从理论形态转化为现实形态，建立检察官任职保障制度是非常必要的。[①]

由于履行职责的需要，许多国家对检察官的人身权给予特别保护。在葡萄牙，检察官享有下列人身特权：使用、持有和自由出示防卫武器，获得弹药，无需征求同意和通知，通过共和国总检察长向司法部门申请武器；只需出示身份证件，就可以进入火车站、码头和机场，并且可以自由通行；在巡视区内履行职务时，可以自由进入娱乐

① 陈文兴：《我国检察官任职保障的现状与对策》，《安徽警官职业学院学报》，2002年第4期，第1页。

场所，免费乘坐水陆公共交通工具；如果确因安全需要，可请求其居住地区的警察局对其本人、家属及财产给予特别保护。[①] 在蒙古，检察机关法也规定了检察官的人身方面的特权：除现行作案和确凿证据外，不经总统批准，禁止拘禁、逮捕国家总检察长、副总检察长，不得搜查其住宅、办公室以及人身；未经国家总检察长批准，不得拘禁、逮捕检察官，不得搜查其住宅、办公室以及人身；检察官为了避免直接危害其生命、健康和财产，有权使用专门的自卫武器。[②]

在我国，检察官法只是原则性地规定检察官的人身、财产和住所受法律保护。检察官法的规定与宪法对公民人身权保护的规定并无不同，检察院组织法也没有规定检察官的人身权利受法律的特别保护。鉴于检察工作的性质，结合我国的实际情况，我们有必要借鉴国外的某些有益经验，建立和健全我国检察官的人身权保障制度。

(3) 检察官的经济保障。检察官的经济保障，是指国家制定的保证检察官获得较充足的经济收入和较丰厚福利待遇的制度。检察官的经济收入，从西方发达国家的规定来看，有的国家检察官属于行政官系列，检察官的工资待遇要高于一般的行政官员，但却低于法官；有的国家检察官等同法官，检察官与法官的工资水平一致，起点远远高于一般公务员。检察官的福利待遇，各国的规定也不相一致。

在我国，检察官的经济收入和物质待遇也有一定的保障。检察官法专设了“工资保险福利”一章，规定检察官的工资制度和工资标准，根据检察工作的特点，由国家规定；检察官实行定期增资制度，经考核确定为优秀的，可以按照规定晋升工资；有特殊贡献的，可以按照规定提前晋升工资；检察官享受国家规定的检察津贴、地区津贴以及保险和福利待遇。目前，我国没有制定专门的检察官工资制度和保险制度，实践中，检察官的工资待遇参照公务员的有关法律法规办理。目前，我国各级检察院的检察官工资参照行政级别，收入偏低，检察院是“清水衙门”。各种非工资收入对清贫的检察官来说是很大的诱惑。

我们认为，检察官相对于行政人员来讲，他的工作不是简单的法律操作，而是一项复杂的技术性劳动，对社会有特殊意义。检察官的工资高于行政人员也是理所当然的。参照世界大多数国家检察官工资高于公务员的通例，我国检察官工资应当从优。鉴于此，我国应结合检察官职业的特点，按照检察官法的规定，尽快建立检察官工资待遇的专门法规。现阶段，在我国实行检察官“高薪制”未必可行，但随着检察官的任职条件的提高，特别是为了适应建设法治国家的需要，我国应当提高检察官的工

① 张智辉、杨诚主编：《检察官作用与准则比较研究》，中国检察出版社 2002 年版，第 408 页。

② 程荣斌主编：《检察制度的理论与实践》，中国人民大学出版社 1990 年第 1 版，第 37 页。

资待遇,使检察官的工资待遇高于相应级别的国家公务员。这样,有助于吸纳和留住优秀法律人才,提高检察官的整体素质;有利于保证检察官依法公正行使职权,减少司法腐败现象,树立司法权威。

此外,应保障检察院的经费,“财政状况与检察官待遇存在制约关系”①。有些地方检察院的全年财政拨款还不够半年的开销,一些地方甚至连检察人员的工资也经常不能到位。在这种财政体制下工作、生活着的检察人员,除非不食人间烟火,否则,腐败现象难以禁绝。检察院经费短缺带来较多的负面效应,诸如检察院及检察官形象因利益驱动而受损;在利益驱动下,极易导致不廉洁等腐败行为的发生,个别干警对于收入低下感到不平衡,不惜以身试法,收取当事人的钱财等。人民检察院的经费保障,是检察工作顺利进行的必要的基本物质条件。建立与人民检察院事业发展相适应的经费保障机制,是深化人民检察院改革的客观要求,也是推进检察事业发展过程中亟待解决的现实问题。

党的“十六大”报告在“推进司法体制改革”部分强调指出:社会主义司法制度必须保障在全社会实现公平和正义。按照公正司法和严格执法的要求,完善司法机关的机构设置、职权划分和管理制度,进一步健全权责明确、相互配合、相互制约、高效运行的司法体制。从制度上保证审判机关和检察机关依法独立公正地行使审判权和检察权。要改革司法机关的工作机制和人财物管理体制,逐步实现司法审判和检察同司法行政事务相分离,建设一支政治坚定、业务精通、作风优良、执法公正的司法队伍。这些重要决策,为检察改革,特别是检察官管理体制改革指明了方向,为我国检察官职业制度建设提供了有力的政策支持。

附录:点评桂万先《当代中国检察官的角色》

社会角色是由一定的社会地位所决定的、符合一定社会期望的行为模式,它总是与一定的角色规范和角色期待相联系。角色分析法通过法律角色产生、结构、关系、功能,以及权利义务、行为模式来分析说明一系列的法律现象。② 本文通过运用法律社会学的基本方法即法律角色分析方法来分析检察官的角色期待和角色冲突,并结

① 陈文兴:《我国检察官任职保障的现状与对策》,《安徽警官职业学院学报》,2002 年第 4 期,第 3 页。
② 李瑜青等:《法律社会学理论与应用》,上海大学出版社 2008 年版,第 114 页。

合当代中国的具体情况得出我国的检察官应该是三种角色一体的法律检察官。

文章首先提出检察官的职能到底是什么？作者从检察官制度的本源入手，试图进一步弄清楚检察官的角色定位。文章分为四个部分，前三个部分分别对检察官的三种角色进行分析，第四部分分析当代中国检察官的角色期待和定位。

文章的第一部分是从刑事司法的发展史的角度进行的分析。诉讼模式的发展经历了从弹劾式到纠问式再到控辩式的路径，指控与审判职能经历了从分离到合一再到分离往复变化的历程。作者从这一制度沿革的角度分析检察官在刑事诉讼中的角色，将产生这一角色期待、定位的社会制度结构和历史展现出来逐一分析，在分析产生行为模式的制度结构之后，控审分离与国家追诉主义的结合产生了新的国家机构—检察官体制。在控辩式诉讼中，法官由积极的犯罪追诉者转而成为消极被动的裁判者，指控犯罪的职能主要由检察官承担。从而得出结论：检察官在刑事诉讼中的本位性角色是指控官。

文章的第二部分，从法治国家的基本原则即权力制衡角度入手，分析检察官设立的根本目的是为防止集权式司法的滥权。作者认为现代检察官存在的价值和基础就是维护法治。法治的基本要求是整个国家以及社会生活必须依法而治，检察官的根本任务也即守护法律，保障法律的统一正确实施。在这个部分，作者通过分析法治的要求和分析检察官设立的目的和功能，得出检察官在法治国家中的本质性角色是护法官。

文章第三部分，从检察官守护法律的根本目的入手，使客观的法意贯穿于整个刑事诉讼程序，进而实现刑事诉讼保障人权的价值。通过追诉罪犯，实现对民众权利的维护；通过对裁判入口的把关，保障无辜者不受刑事追究；在刑事诉讼中担负客观义务，保障被告人的合法权利。检察官在刑事诉讼中恪守客观义务，维护被告人权益最直接的表现是坚持无罪推定原则，在证据不足时请求法官对被告作无罪判决。通过对检察官的权利和义务的分析，对司法运行体系中的行为模式的分析，作者认为检察官在司法运行中的使命性角色是保民官。

文章第四部分，作者从纵向对我国检察官制起源与发展历程进行分析，同时从横向对当代中国检察官制与大陆法系国家的相通和不同之处进行分析，认为我国检察官在职能设计上和对法治功能的实现和完善方面，当代中国检察官的角色应该是三位一体的法律监督者。

传统法学分析方法只是对检察官的职能进行分析和说明，而本文运用法律社会学的角色分析法进行分析，使我们看到法律社会学更注重分析制度背后的深层原因和结构，更关注产生制度的原因。法律社会学更多的是从制度产生的社会根源入手探讨，从制度设计的功能和行为模式进行分析，从而说明并展现检察官制度存在的根源和制度设计的价值和目的。这样的分析解决了传统分析方法不能解决的问题，即制度设计背后的力量运作。将制度纳入其产生的社会背景中去进行分析，一层一层地剥离开制度背后的原因，让我们能清晰把握检察官制度存在的基础和本原，以及由此产生的角色期待和角色定位。在微观上深刻探讨了检察官的职能和作用，在宏观上全面认识司法制度和法治国家的建设的重要性。

文章运用角色分析法的不足是单纯运用这一方法，更多的是在作者自己预设结论下结合历史材料进行逻辑推理得出的结论，如果能结合实际的调查和访谈法，那么，让读者理解三种不同的角色期待在实际中的作用，会更具有说服力。

论文摘要

桂万先：《当代中国检察官的角色》载于《国家检察官学院学报》2007 年 10 月。现代检察官制度是构建于欧洲资产阶级革命之后，在分权制衡原则和法治的理念的支配下，检察官分担了指控犯罪的职责、站定于守护法律的立场以及担负着保障民权的使命。

我国的检察官应该是集指控官、护法官和保民官三种角色于一身的法律监督官。就指控官而言，这应该是检察官在刑事诉讼中的本位性角色。从刑事司法发展历史来看，诉讼模式经历了从弹劾式到纠问式再到控辩式的发展过程。随着社会的发展，国家制度观念日益增强，国家发现犯罪不仅仅是对个人权利的侵犯，更是对国家的侵害，因此诉讼模式也逐渐地由弹劾式向纠问式发展。在由于纠问式的内在缺陷即控审一体主义，从而导致了诉讼权利并不能得到有效的保障，因此在控审分离和国家追诉主义的基础上产生了新的国家机构——检察官。检察官同时又是护法官，这是由其在法治国家中的本质性角色所决定的。文章认为法治原则在刑事诉讼领域的贯彻，使检察官与法官之间形成了监督制约的关系，从而在制度上保障了刑事司法的公正性和客观性。这一制度设计主要通过两个方面来实现的，即指挥、监督侦查，保障检察行为的合法性和制约、监督审判，保障审判程序和实体的公正。由于检察官在司法运行中使命性的角色的原因，因此检察官还扮演着保民官的角色。

作为法治国家栋梁的检察官，其守法的根本目的，乃在于使客观的法意贯穿于整个刑事诉讼的过程之中，进而实现诉讼保障人权的目的。这主要表现在，通过追诉犯罪，实现对民众权益的维护；通过对裁判入口的把关，从而保障无辜者不受刑事追究；在刑事诉讼中承担客观义务，保障被告人的合法权利，在此过程中最直接的表现就是坚持无罪推定的原则。我国当代的检察官应该是三位一体的法律监督者，其在刑事诉讼中的根本任务就是控制警察侦查、监督法官裁判，确保侦查和审判活动的合法性，这一切归根结底都是为了保障公民合法权利的目的。但当前，我国检察职能并没有能够实现其应有的法治功能，客观上表现为社会失调现象还在不同程度上的存在，离和谐社会的要求还有很大的差距。因此，当代检察官需走出单纯指控的思想误区，从守护法律的职能出发，强化法律监督，着力解决行政执法和司法不公的问题，保障社会实现公平正义。

第十六章　诉讼使命与律师的职业角色

律师在为法治社会的建设中承担着特殊的社会使命。在本章中，笔者将运用法律社会学角色分析方法讨论：第一，社会变迁带来律师角色的发展；第二，律师角色的职业与身份分析；第三，律师角色的社会定位；第四，律师角色的社会功能；第五，律师角色的本质特征等问题。

一、社会变迁带来律师角色的发展

中国的律师制度是从西方引进的。律师角色在不同的社会制度中有着不同的发展，律师角色的演变过程是我国社会从人治走向法治的标志之一。

1. 讼师——中国传统社会制度和法律文化的象征

我国早在奴隶制社会就出现了被称为“讼师”的专门为保护当事人利益而帮助当事人写诉状打官司的人。① 讼师掌握一定的法律知识、了解司法诉讼的基本程序，并据以帮助他人书写制作诉状、指点打官司的门径和方法，从而或多或少收取一定的报酬。在不同的年代，对于讼师有着不同的称呼。在《吕氏春秋・离谓》中称讼师为“诈伪之民”；《唐律疏议》中称“教令人”和“为人作辞牒状者”；在宋朝讼师被称为“珥笔之民”、“佣笔之人”、“茶食人”、“健讼之民”；到了明朝，将讼师称为 “讼棍”、“状师”和“顽民”。②

讼师的产生和中国当时的人治社会有着密切的联系。传统的中国社会的基本政治体制就是专制王权，皇权是国家的最高权力。“普天之下，莫非王土，率土之滨，莫非王臣”③，法律只能充当皇权的附庸角色。在这样的专制社会中，法治思想注定无法生存，即使当时的“法家”提出过任法而治的法制思想，但这种思想仍然是为统治阶级服务的。从法律层面看，义务本位、整体本位与追求和谐无讼的境界是中国传统人治社会的具体表现形式。在人治社会中，统治阶级为了更好地巩固自身的统

①② 张雅斐：《中国古代讼师文化现象简述》，《商情(财经研究)》，2008 年第 4 期。

③ 《诗经・小雅・北山》。

治，他们的法宝就是愚民。实施愚民术的一个方面，便是官方对司法诉讼的垄断和封闭，不允许任何人以任何方式介入其中并发挥某种作用。讼师就是在这样的背景下产生的。

讼师的行为从某种意义上来说与现代的律师有些相似，但由于我国古代人治思想盛行，对于判案根本没有客观的依据，当事人有罪无罪最终还是取决于皇帝的圣旨，讼师虽然精通律法，但当时的律法是可以随时改变的，因此讼师无法在诉讼中起到重要的作用。再加上中国古代的诉讼结构一直采取职权主义，被告人的权利受到藐视，不享有诉讼主体的资格、不允许其享有辩护权、不让讼师参与诉讼，因此，中国古代的讼师没有合法的地位，不能直接参与诉讼，也缺乏基本的运作机制和统一的行规，因而不能与现代意义上的律师相提并论。同时，在一个追求"无讼"境界的社会中，讼师会受到来自百姓和统治者的双重打击。在古代中国人看来，以给讼者出谋划策为职业的人是最可恶的，他的形象是一些没讼找讼、有讼则火上加油的猥琐小人，是读书人中的败类，所以必须加以惩治。清人王辉祖《学治臆说》云："讼师地棍唆讼害民，两者不去，善政无以及人，必须惩治之。"正如美国学者德尔克波德所说：讼师"明显被视为社会稳定的敌人"，因为他们破坏了人际的"和谐关系"。[①] 正因如此，所以古人常劝人"不可听讼师棍党教唆"，以至于"在乡土社会里，一说起'讼师'，大家就会联想到'挑拨是非'之类的恶行"。其次，由于讼师的存在，官方对司法诉讼的垄断就受到了威胁。讼师必然为官方所嫉恨，是以必欲置之死地而后快。各级地方官们在上层的授意和世俗舆论的纵容之下，更是时刻以惩治讼师为职责，打击起来不遗余力。古代常常会发生这种情况：案件尚未审理，审官先查明当事人背后的讼师，问其唆讼之罪。讼师的生存环境，几乎与罪犯无异。古代法律有"教唆词讼"罪，"凡教唆词讼及为人作词增减情罪诬告人者，与犯人同罪"。可见，当时对于讼师的定罪是相当严厉的。

2. 律师角色与法治社会

中国的社会历史表明，在人治社会中是无法产生现代意义上的律师的。律师的产生需要必要的土壤和环境，法治社会是律师角色产生的土壤。法治是和人治相对立的治国方式，要区分人治与法治，我们就要看当法律与当权者的个人意志发生冲突时，是个人意志凌驾于法律之上，还是法律权威高于个人意志。

法治社会的产生是市场经济、民主政治、理性思想等外部条件，和立法、执法、司

① 张晋藩：《中国法律的传统与近代转型》，法律出版社 1997 年版。

法、法律意识等内部条件的综合产物。[①] 律师角色的产生与法治社会的各因素紧密不可分离。市场经济是律师角色产生的经济条件，民主政治是律师角色产生的政治条件、理性思想是律师角色产生的思想条件。

在法治社会中，法律是由国家制定或认可并依靠国家强制力保证实施的，法治社会的法律是建立在尊重和保障人权的基础之上，具有极大的权威性、稳定性、连续性和一致性，它能公正地调整社会的各种利益关系，平等地保护和促进一切正当利益，同时它也能有效地制约国家权力，防止国家权力的失控与异变。在法治社会，法律至上，在所有行为规范中，法律具有最高效力；在社会冲突的解决中，以司法手段最为有效；司法机关在解决冲突时，只服从法律，而不受法律之外的权力的干涉，不为社会舆论所左右，不为个人情绪所动摇，更不为某种私利所扭曲，实行法律面前人人平等的原则，任何人都平等地享有法律权利、承担法律义务，任何人的法律权利都受到法律的平等保护，任何人的违法行为都平等地受到法律追究。[②] 在法治社会，在这种以法律规范指导一切社会生活的社会，律师角色能够发挥出其应有的作用。律师是法律专家，精通法律，具有法律服务的能力和条件，能够切实满足社会主体对法律内容的了解以及正确行使法律权利和维护自身合法权利的需要。

3. 新中国与律师角色的发展

中国律师制度的产生和发展经历了从产生到消亡再到恢复的曲折历程。

在清朝末年，随着帝国主义的入侵，外来的法律文化也相继地涌入中国，由于外来法律文化的影响，1902 年，光绪皇帝颁布诏书，指派沈家本、伍廷芳为修律大臣，聘请各国精通法律的专家担任顾问，一同修订中国律例。1906 年《大清刑事民事诉讼法》修订完成，其中“律师”专门列了一节。但是由于辛亥革命的爆发，清政府被推翻，这部法律没有得到实施。其后在北洋政府时期、国民党政府时期，也有有关律师的立法，但这一时期中国仍处在半殖民地、半封建社会，人们生活贫困，自然经济在社会生活中占主导地位，没有产生现代律师的经济基础，同时当时的法律规定不健全，虽然当时制定了一些法律，但这些法律没有和人们的生活紧密相连，缺乏实用性，不具备产生律师的法治基础。因此，中国在相当长的历史时期虽然引进了西方社会的律师制度，但更多的是形式上的。就其实质意义而言，律师制度应与民权相结合，不仅在于强调私权平等，而且强调私权与国家公权的相互制约。但中国社会律师制度建立

---

① 李寿荣：《论法治的条件——从古今中国法律环境的比较探讨法治社会》，《重庆交通大学学报（社科版）》，2008 年第 10 期。

② 谢佑平：《律师职业与法治的辨思》，《中国律师》，2003 年第 11 期。

之初，不仅社会缺乏自由平等的风气，而且专制特权仍然是社会生活的主导力量。

新中国成立以后，中国的律师制度有了一定的发展。当时的主要特点是仿效苏联的模式，把律师纳入国家公职的范围，统一领导、统一工作。但在相当长的一段时期，由于当时特殊的政治气候，政治运动不断，律师制度所内涵的现代精神并没有被融于社会生活，反而在后来被看作是资产阶级的社会制度受到批判，也有众多律师成为“右派”，丧失了“政治生命”甚至人身自由，律师制度也因此而夭折。中国律师制度真正意义上的发展是中国共产党十一届三中全会之后，使社会主义民主得到发扬，社会主义法制得到加强。依法治国，建设社会主义法治国家的实践，使得国家的很多法律法规中对于律师的内容都有所规定，使律师制度得以恢复。1980 年 3 月，邓小平指出：“律师队伍需要扩大，不搞这个法制不行”，“中国要有几十万律师”。在党中央的关心和倡导下，律师制度的建设得到快速发展。1980 年 8 月 26 日，通过了《中华人民共和国律师暂行条例》，这个条例对于我国律师的性质、职责、权利、任务、资格条件及工作机构都作了规定。1986 年 7 月，在北京召开了第一次全国律师代表大会，成立了中华全国律师协会。同时，在《中华人民共和国律师暂行条例》的基础上，1996 年 5 月 15 日，经第八届全国人民代表大会常务委员会第十九次会议审议并通过，颁布了我国第一部律师法，即《中华人民共和国律师法》，这部法律的实施是新中国律师制度发展的一个重要的里程碑。在中国共产党第十五次全国代表大会上，江泽民总书记提出了“依法治国，建设社会主义法治国家”的战略决策后，中国的法治建设得到了迅猛的发展。为了更好地适应社会的法治化的发展，2001 年 12 月 29 日，在第九届全国人民代表大会常务委员会第二十五次会议上通过了《关于修改〈中华人民共和国律师法〉的决定》。2007 年 10 月 28 日修订通过了《中华人民共和国律师法》，2008 年 6 月 1 日起实施。随着国家对于律师队伍建设的重视，全国的律师事务所、律师人数呈不断上升的趋势（见表 1）。

表 1　1995—2007 年律师事务所和律师人数统计

类别＼年份	1995	1996	1997	1998	1999	2000	2001	2002	2003	2004	2005	2006	2007
律师事务所	7 263	8 265	8 441	8 946	9 144	9 541	10 225	10 873	11 593	11 823	12 988	13 096	13 593
律师人数	90 602	100 198	98 902	101 220	111 433	117 260	122 585	136 684	142 534	145 196	153 846	164 516	143 967

资料来源：《中国法律年鉴》1999 年、2000 年、2001 年、2002 年、2003 年、2004 年、2005 年、2006 年、2007 年、2008 年版。

从律师队伍的发展过程中我们可以看到，律师角色是法治社会的产物。中国的实践，同样也印证了这个世界性的规则。

二、律师角色的职业与身份分析

律师角色的产生，首先脱胎于法治社会的形成和发展，这在前面已有分析。律师通过开展法律服务表现其职业特点，由于职业本身的要求，使律师在社会中具有某种特殊身份。

从职业上说，律师服务大致包括两部分，即诉讼业务和非诉讼业务。

所谓诉讼业务，有学者从概念上下了较为清晰的定义，即指社会主体在其合法权利受到侵害或与他人利益发生冲突时，由国家设定的审判机关通过行使审判权保护其合法权利的方式①，也就是我们通常所说的打官司。律师的诉讼业务包括刑事、民事和经济、行政诉讼三大类。就刑事诉讼而言，可概括为刑事辩护与刑事诉讼代理两类，刑事诉讼代理又包括刑事自诉案代理、刑事附带民事诉讼案代理和公诉案受害人与其近亲属的代理及申诉代理。民事诉讼与经济诉讼可分为三类，即民事诉讼中当事人的代理，经济诉讼中当事人的代理，民事特别程序、督促程序、公示催告程序、破产还债程序申请人代理和执行程序代理及申诉代理。行政诉讼代理包括出庭代理和申诉代理。

所谓非诉讼业务，包括有争讼的非诉讼代理和无争讼的非讼代理两大类。律师的非诉讼业务范围相当广泛，“就社会的各个领域，如租赁房屋、买卖住室、订立遗嘱、处理财产、设立公司、银行信贷、国家贸易、文化教育等，都有律师活动”。由于考虑到问题的典型性，笔者在兼顾全面的前提下，将研究重点放在最能反映律师角色特点的诉讼业务上。

有学者认为，律师职业既包含服务之道，又包含治国之道。服务之道是它作为职业本身；治国之道则表现了他的工作，体现了社会的依法治国的本质。② 这样，律师相对于其他人要具有某种优势，这种优势使律师具有某些特殊身份。

首先，律师角色具有专业的法律知识。受过一定的法学教育，有相当的法学知识。在美国，对于律师的从业资格也有严格的规定。美国法律规定，申请律师资格的人前提条件是受过至少三到四年的人文社会科学高等教育，这样的人实质上已经获

---

① 谢佑平、陈运雄：《律师在法律秩序建构中的作用》，《现代法学》，1998 年第 1 期。

② 江平：《新世纪中国律师的使命》，载《中国律师》，2001 年第 1 期，第 18～21 页。

得了足够的人文科学知识。在文科大学成绩合格后才能进入法学院学习，只有具有法学院学历，才能有条件成为律师。根据美国律师协会的规定，参加资格考试之前，应当从法学院毕业并获得 J. D 学位。自学、函授学习或在律师事务所受过训练，年龄、经历等都不能取代法学院受教育的学历。[①] 在《中华人民共和国律师法》中，对于律师资格的取得也有相应的规定，其中第 5 条规定：申请律师执业，应当具备下列条件：(1) 拥护中华人民共和国宪法；(2) 通过国家统一司法考试；(3) 在律师事务所实习满一年；(4) 品行良好。实行国家统一司法考试前取得的律师资格凭证，在申请律师执业时，与国家统一司法考试合格证书具有同等效力。第 8 条又规定：具有高等院校本科以上学历，在法律服务人员紧缺领域从事专业工作满 15 年，具有高级职称或者同等专业水平并具有相应的专业法律知识的人员，申请专职律师执业的，经国务院司法行政部门考核合格，准予执业。具体办法由国务院规定。上述种种规定，使得律师在法律专业知识方面具有明显的优势。

其次，律师角色具有辩论的口才。我们通常说，律师是靠"嘴巴"吃饭的职业，这是因为作为当事人的代理人或辩护人进行诉讼是律师工作的重要组成部分。法治社会的诉讼采用辩论制的形式，双方当事人通过举证、质证使法官作出正确的判决。在这样的诉讼体制下，同样的事实，如果由不同的人来阐述，可能会产生不同的结果，尤其是在事实并非很清楚、证据并非很充分的情况下，法庭辩论就更为重要了。律师在法庭辩论方面具有一定的经验，能够抓住案件的关键进行辩论，同时也能够抓住对方叙述中的漏洞加以驳斥。在诉讼中，"当事人要竭尽全力发挥自己的全部才干，说服审判官将判决引向有利于自己的方向，且又不能遭到审判官的批驳。因此，在这种情况下，作为当事人的一种手段，就是委托律师作为自己的代理人，以补充自己能力的不足"。[②] 律师高超的辩才使其在诉讼中取得优势。

再次，律师角色具有一定的特殊权利。早在古罗马时期就有这样的记录："皇帝赋予某些卓越的法学家对法律的官方解答权，特许这些法学家的解答可以被引证而应用于其他类似诉讼事件。"[③] 在英国，不同的律师享有不同的特权，英国的律师分为出庭律师和事务律师。出庭律师或高级律师(barrister)是指专事在刑事法院、高等法院或上诉法院出庭辩护者。他们受案不与当事人直接接触，只接受事务律师的延请，在法庭享有某些特权。事务律师或初级律师为承办一般法律事务(如代书、咨询)，并

---

① 青锋：《美国律师制度》，中国法制出版社 1995 年版，第 43 页。
② 河谷弘之：《律师职业》，康树华译，法律出版社 1987 年版，第 50 页。
③ 查士丁尼：《法学总论：法学阶梯》，张企泰译，商务印书馆 1996 年版，第 11 页。

只能在治安法院或郡法院等下等法院出庭辩护者，其业务范围较出庭律师广泛，并可直接与当事人接触，但其地位较出庭律师低。[①] 在我国，律师享有双重的权利，一种权利是法律赋予当事人的，如果当事人委托律师为其代理、辩护或者处理非诉讼法律事务，律师也就自然地获得了这种权利，比如犯罪嫌疑人对于控诉方的指控有辩驳的权利，那么替犯罪嫌疑人辩护的律师也就享有了这种权利，这类权利是在一般的法律中予以规定的。律师的另一类权利是律师特有的，其他的公民不能享有的，这些权利在《中华人民共和国刑事诉讼法》、《中华人民共和国民事诉讼法》、《中华人民共和国行政诉讼法》和《中华人民共和国律师法》中都有所规定。律师特有的权利包括：有权查阅与本案有关的案卷和材料；有权调查取证；有权会见在押的犯罪嫌疑人、被告人并与之通信；有权获得出庭准备的时间；在一定的情况下有权拒绝辩护；有权在法庭审理中发问、举证、质证和辩论；有权代委托人上诉、申诉；有权获取本案的各种诉讼文书副本等。法律之所以赋予律师这些特权，是从维护当事人的合法权益、强化被告一方的诉讼能力以及强调控、辩双方的诉讼地位出发的。我国在法治化的建设过程中，法庭的审问方式正从纠问制向辩论制过渡，在辩论制的诉讼中，举证、质证是相当重要的环节，现在诉讼实际上打的就是"证据"，客观事实并非法律事实，只有有证据相印证的事实才是法官审判时能够采信的。因此，律师调查取证，律师和被告人或犯罪嫌疑人进行会谈、通信以获取相应的证据或证据的线索，律师获取各种相关的诉讼文件副本，从而对案件有进一步了解，找出对方的漏洞，以获取有利的证据等，都是掌握胜诉的关键环节。法律赋予律师这些特权，是实现司法公正、创造法治环境的必要手段，这些特权即转化为律师的优势。

最后，律师角色受到一定的特殊保护。各国法律对于律师的执业活动都有一定的规定，使律师的行为受法律的保护。1990 年 9 月 7 日通过的《第八届联合国预防犯罪和罪犯待遇大会关于律师作用的基本原则》中规定：各国政府确保律师能够履行其所有职责而不受恫吓、妨碍或不适应的干涉；能够在国内以及国外旅行并自由地同其委托人进行磋商；不会由于其按照公认的专业职责、准则和道德规范所采取的任何行动而受到威胁或受到起诉，或受到行政、经济或其他制裁。律师如因履行其职责而其安全受到威胁时，应得到当局给予的充分保护。不得由于律师履行其职责而将其等同于其委托人的诉因。律师对于其书面或口头辩护时发表的有关言论或作为职责任务出现于某一法院、法庭或其他法律或行政当局之前所发表的有关言论，应享有民

① 陈光中：《律师学教程》，中国政法大学出版社 1988 年版，第 312 页。

事和刑事豁免权。[①]《中华人民共和国律师法》第 3 条规定："律师依法执业受法律保护，任何组织和个人不得侵害律师的合法权益。"第 36 条又规定："律师担任诉讼代理人或者辩护人的，其辩论或者辩护的权利依法受到保障。"第 37 条还规定："律师在执业活动中的人身权利不受侵犯。"这些保护措施使得律师在从事业务活动中，自身利益得到保障。这种职业性的特殊保护，也是律师角色的优势之一。

三、律师角色的社会定位

律师作为一种社会角色，它与其他的社会角色之间有着千丝万缕的联系，律师应处理好和其他社会角色之间的关系。

1. 律师角色与委托人的关系

律师与委托人的关系是律师在社会中最主要的角色。律师作为委托人法律上的代理人，维护委托人的权益是其最基本的职责。律师与委托人的法律关系也是最复杂的。律师与委托人的关系主要包括代理的基本要求、代理范围、案件保密、收费方式、利益冲突、转委托等。

2. 律师角色与第三人的关系

律师在提供法律服务的过程中不可避免地要与委托人之外的第三人发生关系。律师应当全力维护本委托人的利益，但是同时也要考虑委托人之外的第三人的合法权利。律师在代理活动中经常和对方当事人及其委托律师进行接触，如同对方谈判、向对方调查取证、与对方和解等。

3. 律师角色与司法人员的关系

律师在执业中要经常同法官、检察官等司法人员进行接触，如向法庭和仲裁庭提交证据材料、在法庭上同公诉人辩论、向法庭和有关的司法人员申请采取必要的法律行动等。

4. 律师角色与同行之间的关系

律师行业既是充满激烈竞争的行业，又是需要相互协作的行业。律师之间相互交流服务信息，相互学习，进行公平竞争和共同协作。

5. 律师角色与律师事务所的关系

律师事务所是律师活动的载体。律师事务所拥有对律师和律师事务所的管理权。律师不能以个人名义独立地承办法律事务，而要通过律师事务所统一接受委托

① 茅彭年、李必达主编：《中国律师制度研究资料汇编》，法律出版社 1992 年版，第 439 页。

才能承办法律事务。因律师的过错给委托人造成损失的，也应当由律师事务所负责赔偿。同时，在律师事务所内，律师的地位并不完全一样，有的律师是合伙人，有的是聘用律师，有的是专职律师，有的是兼职律师，他们和律师事务所之间的权利义务也是各不相同的。

6. 律师角色与管理机构的关系

从世界范围看，对律师的管理机构主要包括法院、司法行政机关和律师协会。当然主要是律师协会。在我国，司法行政机关和律师协会对律师进行管理。县级以上人民政府设有司法行政机关，负责管理本行政区域的司法行政事务，对律师工作进行管理是其重要的职责之一。国家司法部主管全国的律师工作，司法部律师公正指导司为管理律师的专门职能部门。律师协会在我国是管理律师职业的自律性组织，而且律师协会有不同的层级，有全国性的律师协会，也有地方性的律师协会。

四、律师角色的社会功能

由于律师角色具有优势，律师角色在社会中也就有了它特有的社会功能。笔者认为，在一个法治的国家，律师角色的社会功能主要表现在以下一些方面：

1. 律师角色在维护当事人合法权益中的功能

国家设立律师制度是为社会提供法律帮助的渠道和机制。律师通过专业的法律服务为当事人提供咨询、代理等活动，全面维护委托人的合法权益。这是律师的最基本的职能。每个公民、法人都有自己合法的权利，即法定权利。对于权利，从古至今，很多人对其进行了论述。特别是在文艺复兴时期，当时的人文主义者对权利进行了更加彻底、全面的论述，进一步肯定了对自由意志和对欲望、权利的追求。格劳秀斯认为，自然法赋予人永恒不变的自然权利，自然权利是正当理性的命令，他们认定的自然权利主要是财产权、遵守契约权以及行使个人权利的自由。洛克明确主张平等、生命、自由和财产是个人的自然权利，而且，根据《圣经》所言“流人血的，他的血也必被人所流”，洛克提出人有报复、反抗和惩罚的权利，他说：“为了约束所有的人不侵犯他人的权利，不互相伤害，使大家都遵守旨在维护和平和保卫全人类的自然法，自然法便在那种状态下交给每一个人去执行，使每个人都有权惩罚违反自然法的人，以制止违反自然法为度。”①公民、法人的法定权利不容侵犯。在法治型的社会中，法律至上，在所有行为规范中，法律具有最高效力，因此，一旦

① 洛克：《政府论》，叶启芳、瞿菊农译，商务印书馆1996年版，第7页。

权利受到侵犯，以司法手段最为有效。当事人可以通过诉讼等方式来维护自身的权利。但是当事人对于诉讼等方式并不一定很了解，即使对法律有所了解，但当事人的权利可以分为法律中的权利和未表现在法律中的权利，这两种权利是紧密联系在一起的。如果当事人只了解法律中规定的权利，而对未表现在法律中的权利不熟悉，也会影响法律中权利的实现，律师对于当事人权利保护的范围很清楚，保护的意识也很强烈，这时当事人就需要律师的帮助。同时，权利保护有很多的方式，对于当事人来说他们在选择的时候有时也会感到茫然，不知道选哪一种方式比较好，在这种情况下，当事人也需要得到律师的帮助，因为律师可以在当事人权利实现的多种方式中寻求最符合法律要求和当事人自身利益的选择。我国律师法第28条规定：律师可以接受民事案件、行政案件当事人的委托，担任代理人，参加诉讼；接受刑事案件犯罪嫌疑人的委托，为其提供法律咨询，代理申诉、控告，为被逮捕的犯罪嫌疑人申请取保候审，接受犯罪嫌疑人、被告人的委托或者人民法院的指定，担任辩护人；接受自诉案件自诉人、公诉案件被害人或者其近亲属的委托，担任代理人，参加诉讼；接受委托，代理各类诉讼案件的申诉；接受委托，参加调解、仲裁活动。司法实践证明，律师角色在维护当事人合法权益、维护当事人利益方面的社会功能是显而易见的。

2. 律师角色在完善立法和维护法律正确实施中的功能

由于工作的原因，律师工作需要深入群众、深入社会的每一个领域，了解法律的书面规定与实际操作中存在的问题，律师所具有的这些经验对完善立法是十分重要的。“律师不仅拥有作为知识的关于各种法律的信息，而且养成了从法律角度进行思考的能力。通过这种能力，律师能够把眼前的具体案件与实体法程序法规范恰当地联系起来。因为存在的法律法规并不是内容明确毫无歧义，也不是完全无变化的静止的规范，有时候还可能出现法规不完整、不健全的情况，所以律师把具体案件与法律法规联系起来的工作总带有创造的、动态的性质。”① 由于律师工作的创造性和动态性，使律师职业者能够在立法过程中发挥其应有的作用。律师在执业过程中一方面作为当事人的代理人，帮助当事人获得其合法的权益，同时作为法律专业人员，律师在执业的过程中要对法律负责、对国家负责。律师如果不能有效地把维护国家法律的正确实施与维护当事人的合法权益有机结合起来，律师的执业就会偏离正确的方向。②

① 谷口安平：《程序的正义与诉讼》，王亚新、刘荣军译，中国政法大学出版社1996年版，第78页。
② 陈宜、李本森：《律师职业行为规则论》，北京大学出版社2006年12月版，第3页。

3. 律师角色在避免纠纷产生中的功能

这主要体现在非诉讼业务中。当今发达国家，律师在非诉讼领域的业务量占律师总业务的80%以上，律师的业务活动范围已延伸到社会生活的各个角落和各个领域。我国律师法第28条规定：律师可以接受自然人、法人或者其他组织的委托，担任法律顾问；接受委托，提供非诉讼法律服务；解答有关法律的询问、代写诉讼文书和有关法律事务的其他文书。随着市场经济的发展，经济案件尤其是合同纠纷的数量不断上升，合同纠纷产生的原因之一是合同签订时没有进行必要的专业的审核。由于签订合同的双方当事人并不一定精通法律，或者对于法律条款有所了解，或者对其实际运用一知半解，使合同从表面看似乎已很完善，但实际上却存在一些漏洞，当双方的交易出现问题时，被对方有机可乘。为了避免这种纠纷的产生，最好的办法就是在合同签订时，由律师对合同内容进行认真审核，对可能产生的问题加以弥补，将纠纷防患于未然。当然，避免合同纠纷产生，只是律师角色在这方面的社会功能之一，解答有关法律问题的咨询、代写文书、担任法律顾问等都能起到避免纠纷产生的作用。

4. 律师角色在维护国家利益中的功能

这主要体现在律师的涉外诉讼业务中。随着"地球村"的形成，世界各国的联系和交往日益密切，我们的国家不再是"闭关锁国"，而是一个开放的国家。我国和世界很多国家建立了外交关系，有着经济往来，随着我国加入WTO，这一特征更加明显。国家间的交往，势必会带来一系列法律上的纠纷。在解决我国同其他国家的纠纷的过程中，律师也起到了一定的作用，他们通过自己扎实的法律功底，加上一片爱国的热忱，为国家挽回了损失，赢得了利益。如上海段和段律师事务所曾经承办过美国劳工部委托办理中国劳工的工资赔偿费、上海玩具进出口公司的弹弓案、中国抽纱上海进出口公司1.35亿美元索赔案、上海家纺等企业起诉美国第一国民银行D/P案等涉外大案，这些案件都是以我国法人和自然人的胜诉告终，既维护了当事人的合法利益，又为国家挽回了巨额的损失，赢得了国际声誉。

5. 律师角色在维护公平和正义中的功能

现代社会的进步与发展离不开公平和正义的理念以及相关的制度建设，"法律面前人人平等"，这句话是人们耳熟能详的，但是真要做到这一点并非易事。在我国，虽然人们的生活水平普遍有所提高，但仍存在着贫富分化的情况。有些人连最起码的温饱都不能解决，即使自己的权利受到侵犯，也没钱打官司，为自己讨个公道。这种情况的产生使社会的安定受到了挑战，也使我国的法治建设受到了阻碍。要解决这一问题，就要实行法律援助。所谓法律援助就是为因经济困难等原因打不起官司的公民提供帮助，律师可以说是法律援助中的主力军。《律师业务收费管理办法》第12

条规定的应当酌情减免收费的特殊情况有：因公受损害请求赔偿的(责任事故除外)；请求赡养、抚养、扶养而经济确有困难的；请求劳动保险金、抚恤金、救济金的；不涉及财产关系的简单咨询；确属生活困难无法负担律师费用并能够提供证明的；其他特殊情况需要减免收费的。我国律师法第42条对于法律援助也有相应的规定：律师、律师事务所应当按照国家规定履行法律援助义务，为受援人提供符合标准的法律服务，维护受援人的合法权益。特殊情况减免收费以及法律援助等制度的实行，使公民的基本权利得到切实的保障，使社会中的弱势群体也能够能到律师专业性的帮助，为公平和正义结果的产生铺平了道路，保证了社会的稳定和法治的建设。

五、律师角色的本质特征

在对律师角色的本质分析上，学术界有不同的看法。其一，律师在本质上是自由职业者。依据这种观点，认为律师是独立于国家权力的为公民提供法律服务的自由职业者。他们通过自己的职业行为来保护公民的权利，防止任何人包括国家任意侵犯公民个人合法的利益或尊严，这种角色定位所依据的主要是个人主义的价值观，认为人的价值是社会所有价值的基础，它是至上的，国家利益或社会利益都不能以牺牲个人利益为代价。其二，律师本质上是国家法律工作者。依据这个观点，认为律师和法官、检察官在社会角色上是相同的，把维护国家的法制和社会的公共利益作为自己的社会职责。在20世纪90年代以前我国这种观点相当盛行，这在当时的律师制度中也反映出来，即律师不仅具有国家工作人员的身份，还由国家统一提供工资和各项福利待遇。律师的职责也主要是维护国家法制和社会公益的公共职责。其三，律师本质上是社会的法律工作者。依据这种观点，认为前两种观点，即无论律师是国家的法律工作者或是遵从于当事人利益的自由职业者，都有某种合理性，但片面强调就陷入了片面性，应当把两者有机地结合起来。其实，追求当事人的合法利益和维护国家法制尊严两者是一致的。①

笔者赞成第三种观点，但认为对律师角色的本质的分析，应与律师的诉讼使命联系起来进行分析。从我国律师制度的发展可以看到，律师由原先单纯的“国家法律工作者”向“社会的法律工作者”进行转变。我国业已形成公职律师和非公职律师的分流，非公职律师已成为律师的主体，其执业形式是通过合伙或合作等途径设立自律性

---

① 陈卫东：《律师社会角色定位与我国律师职业道德体系的建构》，《司法公正与律师辩护》，中国检察出版社2002年5月版。

律师事务所。律师管理体制也开始实现由司法行政机关单纯的行政管理，向司法行政管理与律师协会管理相结合的模式转变。这种变化可以说是现代民主法治社会发展的合理性反映，现代的法治社会以尊奉民权为基础。律师是专门从事法律服务的职业，按照现代法治社会国家和社会的二元构造，它以民间的法律力量来维护私权并有利于对抗公权的滥用。律师作为社会的法律工作者的角色定位，符合法治社会发展的要求。

律师角色的本质主要通过诉讼活动表现的。这就涉及律师诉讼的使命问题。使命在我国的文字中有很多解释，使命可以指命令、差遣，使者所奉的命令，奉命出使的人，任务、责任等。① 笔者认为，在本文中使命应解释为任务、责任比较合适。对于律师的诉讼使命，不同学者有过分析。有学者指出："律师的使命，绝不只是为了实现法律。他在法律不完备或者法律内容上存在不利于国民的时候，律师还应该要求制定或修改法律，特别是对于违反宪法的法律，律师应该提出该法无效的主张。"②有学者认为律师的使命之一是要唤起公民的法律意识来维护人权、宪政、法治，维护社会正义。③ 有学者指出：律师很重要的使命是维护整个人类社会的秩序，维护整个人类的稳定。④律师的法律使命是为权力而斗争，为法律的实现而斗争，制约权力、牵制权力，也就是要维护社会价值体系，拓展社会空间。同时律师还具有一定的历史使命。⑤这些分析都是有根据的，但没有抓住律师诉讼使命的本质。

笔者认为诉讼业务相比于律师的非诉讼业务，更能体现出律师角色区别于其他角色的特点，同时律师在实现其诉讼使命中所出现的问题和面临的困惑也比较突出。但诉讼业务有其自身的灵魂，可以说司法公正是诉讼的灵魂。律师角色的意义在于促进司法公正这一诉讼灵魂的生成与充分发育。这才是律师角色诉讼使命的本质所在，也是其职业的本质所在。这在刑事司法的运作中可以看得很清楚。一般在控辩式的诉讼中，公诉方面警察从事侦查取证，由检察机关进行公诉，检察机关和警察机构共同构成了强大的控方组合，控方是代表国家机构的力量使国家刑罚权得以发挥或实现。检控方作为诉讼一方其制度已日趋成熟，它有着不可比拟的优势力量。但要实现司法公正，与控方相对立的辩护方，也应有稳定的制度保障。而律师制度的完善可以说起到了保障辩护方权益的作用，使得控辩双方的力量得到平衡。因为一般说律师是作为民间法律力量出现的。被告人涉案后可能被剥夺人身的自由，他也可

① 《汉语大词典简编》上，汉语大词典出版社 1998 年 10 月版。

② 河谷弘之：《律师职业》，康树华译，法律出版社 1987 年版，第 98 页。

③④⑤ 陈瑞华：《律师的使命》，见陈兴良：《法治的使命》，法律出版社 2001 年 12 月版。

能缺乏法律的专业知识,处于很不利的诉讼地位。因此,被告人可以借助律师的帮助,律师在被指控的案情中以被告人的代理者的身份进行法律分析,就可能使得被告人的合法权益受到保护,也正是在这个意义上,我们看到现代国家多把律师帮助权作为被告人的一项重要权利规定写进法律乃至宪法中。可以说,没有律师作为辩护方的参与,控辩或庭审就失去了存在的基础,司法公正这个诉讼的灵魂也不存在了。

对律师角色和诉讼使命的分析不仅仅是一个理论问题,更重要的是一个现实问题。为此,笔者进行了一次调研,此次调研共涉及两个部分:一部分是个别访谈,问题涉及现今与律师行业相关的热门话题;另一部分是问卷抽样调查。经过调研,笔者发现了一些值得我们关注的问题。

1. 律师角色的社会认同及其现实情况

律师的社会地位的高低影响到公众对于律师的认同感,律师的社会地位高,公众对于律师会更加尊重,律师的独立性也就更强。谈到律师的社会地位,我们不免会联想到美国的律师制度。美国是世界上律师制度发展水准最高的国家,美国的律师被冠以"鲨鱼"的绰号,这说明美国的律师无论从数量、能量还是在社会影响上,都已经达到了相当高的程度。在美国,法官是一种社会地位很高的职业,而美国法律规定只有具有律师资格且在律师界表现突出的人,才有可能成为法官,这既是对法官职业地位的推崇,也是对律师社会地位的一种肯定。笔者曾经看到对于我国律师发展目标的论述:中国律师在10～15年的中期目标:一是国务院组成人员至少有5名成员具有律师从业经历;二是全国人大常委会组成人选中应该有10%的成员是律师;三是中国律师总数要达到50万名;四是中国有20家人数超过200名的律师事务所;五是律师行业的生产总值达GDP的1%;六是中国有20家律师事务所,每年年收入超过1亿元人民币;七是在世界20个主要城市设立50家境外律师事务所;八是中国律师的年人均收入20万元人民币。①

在本次调研中,我们就律师的社会地位进行了数据统计和访谈总结,其主要内容有:当被问及"您认为法律工作者这种职业在现今社会中的地位如何"时,有53.9%的人认为地位较高。但被问及"律师的地位"时,只有14.06%的人认为地位较高。这说明律师的社会地位在法律工作者群体中并不是很高。在与律师A的交谈中,笔者同样发现了这个问题。律师A认为无论是普通老百姓,还是法律工作者对于律师这一职业的看法都不是很好。有人将律师与为银行抢劫犯开车的司机作比较,他们认为司机将罪犯载离犯罪现场,从而确保罪犯逃脱惩罚。而律师运用自己的法律知识,

① 陈兴良主编:《法治的使命》,法律出版社2001年12月版。

钻法律的空子，帮助已经被抓获的罪犯逃脱正义的惩罚。从法律角度来看，律师与司机也许是不同的；但从道德角度来看，两者又有何不同呢？而作为国家法律工作者的检察官，认为他们有一种维护国家利益的自豪感和道德上的优越性，认为律师是在为个人谋私，是在经营，是在赚取诉讼费，所以在道德上就低他一等。

公民法律意识的提高，是律师诉讼使命实现的前提条件。如果人们遇到任何事情都通过私人的途径或者非法的途径解决，而不愿意通过法律诉讼的途径来解决，那么律师这一职业也就没有存在的意义了，更谈不上律师诉讼使命的实现了。从律师代理各类案件进行诉讼的情况统计表（见表2）中，可以看到这方面的进步。

但人们在对律师角色的认可上也存在某些问题。这可以从法院受理案件的总数与律师作为代理人进行诉讼的总数的差额中体现出来。如2001年全国法院受理各类案件总数是5 936 368件，律师代理案件1 453 250件；2002年全国法院受理各类案件总数是5 665 966件，律师代理案件1 527 748件。[①] 从这两年的数据中可以发现，每年都有400万件左右的案件是没有律师代理的，这其中当然会有很多原因，比如当事人本身就懂法，或者案件简单不需要代理人，不需要请律师帮助，但不可否认，公民对于律师的认同感还是存在着一定的距离。

2. 与律师角色相关的法律、法规和规章制度的完善及其现实的执行情况

律师要很好地实现他们的诉讼使命，需要有一系列配套的完备的法律规定。在一个依法治国的社会中，法律具有最高的权威，衡量人们的行为是否合法，唯一的依据就是法律。因此，法律的具体规定对于律师的诉讼起着至关重要的作用。这里所说的法律是指和律师实现诉讼使命相关的法律、法规和规章，包括规定律师制度的律师法等法律，也包括和律师诉讼有关的各类实体法和诉讼法，如刑法、刑事诉讼法、民法、民事诉讼法等法律。改革开放后，国家对于立法相当地重视，各领域的新的法律层出不穷，对于旧的法律也进行了修改，使其更加符合时代的需求，符合人民大众的利益，使其成为真正的"良法"。

有的律师认为，律师在执业过程中面临着律师、检察官和法官地位不平等的问题。检察官既是国家监督机关，又是刑事案件的公诉人，就像在运动场上既当运动员又当裁判员一样，你当一个法官之上的法官，又当一个原告，怎么能公正地处理案件呢？检察官对刑事案件提出公诉，案件涉及检察官本身的利益，直接影响到检察官的升迁荣辱。近年北京市实行主诉检察官制度，若在法庭上由于检察官的原因导致法院作出无罪判决，只要捉出一例，这个检察官就将被撤职。这就意味着检察官必须追

① 《中国法律年鉴》，2002年、2003年版。

表 2　1995—2007 年律师代理各类案件进行诉讼的情况统计

类别＼年份	1995	1996	1997	1998	1999	2000	2001	2002	2003	2004	2005	2006	2007
民事诉讼代理	316 250	353 840	454 273	526 633	592 455	640 610	667 232	767 628	781 452	853 897	965 956	1 027 117	1 247 877
经济诉讼代理	324 909	360 224	403 337	414 229	426 358	438 672	402 669	381 146	405 133	357 326	371 793	377 999	495 824
刑事辩护	204 382	245 877	275 188	296 668	309 767	317 108	339 549	335 267	324 454	332 688	351 229	341 619	495 824
行政诉讼代理	18 043	19 360	29 618	35 865	39 006	41 785	43 800	43 707	48 115	50 778	50 389	56 657	56 342
共　计	863 584	979 301	1 162 416	1 273 395	1 367 586	1 438 175	1 453 250	1 527 748	1 559 154	1 594 689	173 967	1 803 392	2 295 867

资料来源：《中国法律年鉴》1999 年、2000 年、2001 年、2002 年、2003 年、2004 年、2005 年、2006 年、2007 年、2008 年版。

求有罪判决,因为这是他成功的标志。由于检察官在国家监督机关,缺少中立性和超然性,给律师的辩护工作带来很大的阻碍,有时也会使律师的人身受到伤害。律师希望在相关的法律规定中给予他们在这方面的特殊的保护。有不少接受刑事案件的律师反映,他们在担任犯罪嫌疑人的辩护人的过程中,"三难"(会见难、阅卷难、调查取证难)现象无法避免,虽然这些内容在法律上都有规定,但由于法律规定得比较抽象,在实际的执行过程中仍然存在一定的问题。

3. 律师角色自身素质的完善及其现实情况

律师的诉讼使命是维护司法公正、维护当事人的合法利益,寻求有利于当事人的最好的结果,这是无可厚非的,但律师必须要以合法的方式、用自己的法律知识和辩论口才来维护当事人的利益。有学者在谈到律师的职业道德时认为:"一方面,对于当事人合法合理的要求,律师一定要支持和维护,而不能以任何借口损害当事人的合法权益;另一方面,又不能因为受当事人的委托、聘请而一味地满足当事人的非法要求,甚至曲解法律来迎合当事人的私利。在向社会主体阐释法律权利、协助其行使法律权利和救治法律权利过程中,律师不能成为某些社会主体追求法外特权、滥用权利的'参谋'或'顾问',律师也必须与当事人一起,严格遵守法律权利所确定的界域,通过尊重他人权利的途径,实现自身的权利。"①

同时,我国社会已经从计划经济转变为市场经济,市场经济是一种商品经济,"吃大锅饭"的时代已经一去不复返了,人们都要靠着自己的才能去立足于这个社会。市场经济给了人们很多的机遇,同时市场经济也使人们的价值观、利益观发生了改变。在计划经济中,不管你的学识多高、能力多强,拿到的工资没有很大的差别。在市场经济中情况就完全不一样了,人们之间的贫富差距不断拉开,金钱在社会上的作用越来越大,可以说没有钱是寸步难行的。市场经济将"利益"关系推至市场主体,每一个人都或多或少地受到利益的驱动。市场经济就是受物质利益驱动的经济。在市场经济中,一方面产生了自愿、平等、等价有偿的契约关系,同时易产生一切向"钱"看的价值观。"天下熙熙,皆为利趋;天下攘攘,皆为利往"。马克思也曾经说过:"把人和社会连接起来的唯一纽带是需要和私人利益,是对他们财产和利己主义的保护。""人们奋斗所争取的一切,都同他们的利益有关。"律师作为潜在的或实际利益冲突中正义的捍卫者和冲突的调停人,在其为解决冲突奔忙的执业行为过程中,他本身也在经历着正义与自我利益的冲突选择、道德价值与实际利益价值获取的内心冲突。

对于律师的职业道德,笔者想借用《上海律师》杂志 2001 年第 6 期上的一份社会

① 谢佑平:《社会秩序律师执业——律师角色的社会定位》,法律出版社 1998 年版。

调查来加以说明。这篇调查报告是通过对上海市第一、第二中级人民法院的部分法官开座谈会和个别访谈而得到的结论。笔者认为，从法官这里来了解律师的职业道德情况应该是比较真实和客观的。律师进行诉讼，除了当事人之外，法官和律师的接触频率是最高的。在本次调查中，法官们一致认为，本市律师队伍总体上是好的，素质是高的，上海律师在维护司法公正、维护当事人的合法权益、维护社会稳定以及促进上海社会和经济发展等方面都发挥了积极的作用。但是律师在职业道德方面还存在着一些不足，这主要表现在：有的律师开庭迟到；有的律师出庭时衣冠不整，不遵守法庭纪律；有的律师接受指定案件的辩护或代理后，很不认真，只是在"混庭"；有的律师不是从案件的具体情况出发、不是从维护当事人的合法权益出发，而是不分青红皂白，提出不可能兑现的要求，误导当事人；当诉讼请求得不到法官支持时，就宣称是因为司法腐败；有些敏感的案件，法官从有利审理出发向律师介绍了全部情况，希望得到律师的配合，可是有的承办律师违反职业操守，不注意保密，造成被动。[①]

在笔者所进行的社会调研中，发现律师的职业道德也存在一些问题。目前上海市已有近 15 万名律师，在这些律师中，不乏经验丰富、法律知识扎实、人品好的律师，但也存在着一些不具备律师素质的人员。他们不讲律师的职业道德，唯利是图。有的律师热衷于办关系案、人情案，律师对法官行贿的事件屡有发生；有的律师办案乱收费或收了费不认真办案；有的律师私自接收案件或收取额外报酬。在律师执业行为规范方面，有的律师不讲政治，片面追求经济效益，忽视社会效益；有的律师为了接到案件，搞不负责任的承诺。这些问题虽发生在少数律师身上，但它严重影响了律师队伍的整体形象，因此，律师的职业道德、职业素质有待提高。同时，在问卷调查中，当被问及"您在诉讼中有无因为和法官的关系而获得胜诉的情况"时，有 105 名律师回答"有"。这说明律师在打官司时"关系"是何等的重要。当被问及"您在诉讼中有无看到过司法腐败的情况"时，有 86 位律师回答是肯定的。律师的角色和该角色在其诉讼使命的实现之间仍然充满着矛盾。

附录：点评徐舜岐、孙文胜《律师功能研究》

本文很好地运用了法律社会学功能主义方法研究分析律师制度。法律被看作是

① 赵辉、彭旨平：《律师要讲政治精业务守规范》，《上海律师》，2001 年第 6 期。

社会生活的一种手段，它不仅起着社会调整器的作用，还在于是创造新型社会的工具。法律的社会功能不是孤立发生的，它与社会诸如道德规范、宗教规范、社会习俗等共同在发生作用。因此我们有必要从社会整体的视野上去评价法律的社会功能。法律对一个社会而言不仅具有显功能，也存在潜功能；不仅有正功能，也存在负功能。① 文章分为四个部分：

第一部分介绍律师功能的概念及特征。在这一段中，作者论述了功能的概念，分析了律师功能的特征，即社会性、潜在性、广泛性。律师的功能体现在对维持社会结构所做的贡献中，通过律师社会地位或担负的作用来研究律师的功能。律师功能是基于律师属性的内部结构所决定的某些潜在的能力，潜在性就是典型的功能主义分析法的运用，将律师功能的研究放置在社会背景和结构中进行分析，这彰显了法律社会学方法与传统方法的区别。

第二部分分析律师功能的内容。作者将对律师功能的内容分析和社会其他的子系统联系起来，将律师的功能和政治、市场经济与权利主体的互动联系起来，让我们看到律师的功能不是单独的，而是和社会上相关的子系统相互作用的。作者将律师功能的内容归结为三大类：第一，服务政治的功能。在这部分中作者主要谈了三个观点：律师促进民主制度的设立与完善，制定和完善法律制度，保证法律的正确实施。在这部分观点的论证时，作者结合了律师实际工作情况的变化发展来说明其对政治的作用，结合律师自身的特点与法律的实际运作过程中可能出现的问题和解决问题的途径来说明律师对法律完善和正确实施的作用。第二，服务市场经济的功能。在这部分中作者谈了律师的两项功能：预防和保障、调节和沟通。作者从市场经济自身的特性与律师职业的特性结合进行分析，从而在市场经济运作和律师职业互动的过程中，得出以上两项功能。第三，维护权利的功能。作者结合法律自身的抽象性和权利实现的制度保障性特点，认为在权利本位的社会，律师的功能在于：协助权利主体了解并正确行使权利，协助当事人在诉讼中救济或维护权利。

第三部分分析对律师功能的评估。首先谈到律师功能的局限性，在分析局限性时，作者是从公众作为主体对律师功能的认知、律师制度本身的结构限制、深层社会结构的因素来进行分析的，尤其是在分析社会深层结构的部分典型地运用了法律社会学的方法，将制度背后的社会结构的制约因素发掘出来。其次作者分析律师的反功能。法律社会学功能主义方法中将功能分为正功能和反功能。作者将与律师直接相关的当事人和社会作为分析的切入点，从律师职业的特性入手分析三者利益一致

① 李瑜青等：《法律社会学理论与应用》，上海大学出版社2008年5月版，第113页。

和冲突的状况，从而得出律师的反功能是对当事人和社会起到的消极作用。

第四部分作者对实现我国律师的应有功能提出了几点建议。分别是严格律师执业资格制度，建立律师诉讼业务垄断制度，提高律师的政治地位，加强对律师合法权益的保障，加大律师作用的宣传力度。从对这五项建议的阐述过程中，我们可以看出这是立足于前三部分对律师功能分析的基础之上的。

通过上面对文章脉络和框架的分析，我们可以看出在分析律师职业时作者采用了不同于传统法学分析方法的路径，而是运用了法律社会学的功能主义分析方法。从本文功能主义分析方法的运用中我们看到法律社会学更注重分析制度和其他社会系统相互作用之间的关系。从本文对律师功能研究的分析可以看出，法律社会学的研究不同于传统法学，不是单纯地对既存法律制度作规范层面的分析，而是将对法律制度的分析纳入社会背景中相互起作用的系统中，在相互的关系中更深刻地把握制度存在的目的和意义。因而解决了传统分析方法分析律师不能解决的问题：分析律师存在的负功能和潜功能，对律师功能的分析从律师制度存在的社会系统之间相互作用寻求切入，这样的分析在一个动态实践的背景下完成，对我们了解律师制度提供了更加丰富和广阔的背景素材，让我们在社会的各个子系统的互动中更好地把握了律师制度的功能。

文章在运用功能主义方法分析的时候，更多的是从律师制度自身的特点出发进行阐释和说明，这个视角作为在分析功能时的一个主要的依据，应该更注重从律师和其相关系统的互动分析，从而更能凸显结论的说服力。

论文摘要

徐舜岐、孙文胜：《律师功能研究》载于《天津市政法管理干部学院学报》2006 年第 3 期。该文主要对律师的功能、律师功能的特征以及其局限性进行了研究。律师不仅仅是一种团体或职业，同时也是一种制度。国家之所以创设律师制度，原因就在于其在一定方面满足了社会的需要，具有特定的社会功能。文章又认为目前对律师所具有的广泛的功能并没有完全认识清楚，同时对于律师功能的界定也是不太明确的，因此对律师功能的概念、特征等的研究所具有的意义在此也就凸显出来了。

所谓律师功能就是指国家创设的律师制度以及律师的活动对社会产生的积极作

用。律师功能具有如下的一些特征，如律师功能是律师对社会所产生的作用，因此其具有社会性；律师功能又是律师对社会可能产生的积极作用，因而具有潜在性；同时律师功能也不是单一的，其已经渗透到国家、社会与人们生活的多个方面，因此其又具有广泛性。在对律师功能的概念进行界定和对特征进行描述之后，律师功能的内容概括起来讲，它具有三个大的方面的功能，即服务政治的功能、服务市场经济的功能以及维护权利的功能。具体而言，服务政治的功能主要包括促进民主制度的设立和完善、制定和完善法律制度的功能以及保证法律正确实施的功能；服务市场经济的功能，则主要包括如对市场经济中的风险予以预防和保障的功能，由于市场经济本质上是一种契约经济，因此律师制度具有调解和沟通的功能；维护权利的功能则主要涵括了协助权利主体了解并正确行使权利的功能、协助当事人在诉讼中纠集并维护权利的功能。

律师功能是一种客观存在，但由于受到种种因素的制约，因此导致了律师功能也并不是绝对的，而是具有一定的制约性。律师功能的制约性首先反映在每一个社会主体身上，同时文章认为影响律师功能制约性的社会因素除了公众对律师的认知程度之外，社会结构状况更是深层次的因素。律师功能的局限性其实不仅仅受到外界因素的制约，其也受到自身结构状况的限制的。

律师法律制度还存在反功能问题，律师的反功能就是指律师对社会产生的不利影响，如对当事人的消极作用、对社会的消极作用等。因此，文章认为实现律师的功能是一项复杂的社会运作过程，涉及社会的方方面面，所以是不可能一蹴而就的。因此，需要耐心细致地做好以下几个方面的工作：严格律师的执业资格制度、建立律师诉讼业务垄断制度、提高律师的政治地位、加强对律师的合法权益保护的力度、加大律师作用的宣传力度等。

第十七章 多元化纠纷解决体系下的调解人

法社会学分析问题的角度与传统法学的不同，它不仅从法律规则本身来寻找解决纠纷的答案，更强调从法与社会的关系角度切入研究法律规范作用于社会关系的动态过程和实际效果。纠纷的发生按法社会学观点来看不仅是个人之间的行为，也是一种社会现象，它的发生和解决都与经济、文化等其他社会现象存在着密切的关系。非诉讼纠纷解决机制在解决社会纠纷中具有重要的意义。在本章中我们主要讨论：第一，多元化纠纷解决的内涵和非诉讼纠纷解决机制的种类；第二，调解人的传统与特点分析；第三，调解人在当代的发展等问题。

一、多元化纠纷解决的内涵和非诉讼纠纷解决机制的种类

1. 多元化纠纷解决的内涵分析

当代中国处于社会转型期，原有利益格局被打破，现有利益格局正在重构，社会结构错动、社会问题增多、纠纷呈现多样化，如“三跨”纠纷，即跨地区、跨行业、跨单位纠纷；如“三劳”纠纷，即劳动、劳务、劳资纠纷；“三大”纠纷，即土地、山林、水利所有权或者使用权纠纷等。涉及商品经营、货币流通、信托信贷、房地产开发、小区建设、企业破产、兼并、改造、股份、转包、拍卖、优化组合、合伙经营、土地承包、买卖、租赁、劳资供应、集资提留、计划生育等纠纷也不断出现。

建构纠纷解决的机制是社会治理的基础工程。但在法治推进过程中，存在司法中心主义的思维模式，即主张将一切纠纷都交由法院通过司法程序解决。而多元化纠纷解决机制观点的提出，则是人们主张一个社会中多样的纠纷解决方式(包括诉讼和非诉讼两大类型)应以其特定的功能相互协调，共同存在，并构成满足社会主体多种需求的纠纷解决的程序体系和动态调整系统。

2. 非诉讼纠纷解决机制的意义

诉讼与非诉讼纠纷解决机制的有机结合形成一个完备体系，是当下中国法制系统的一个显著特点，法治的可持续发展要求将有限的社会资源以一种最优的方式进行配置，使纠纷的解决无论从质上还是从量上都达到最优。我们不可能把所有的纠

纷都寄托于诉讼这个司法程序,更何况大部分纠纷还不能通过司法程序得以解决,那么在多元化的纠纷解决体系中,非诉讼纠纷解决机制的重要性就体现了出来。以下是对非诉讼纠纷解决机制在多元化纠纷解决体系中重要地位的具体分析。

(1) 非诉讼纠纷解决机制的核心思想是中国传统文化的基础。任何国家特定的传统文化都不同程度地影响着本民族的心理,并且或多或少地体现在人们的行为方式上。从一定意义上讲,我国传统文化的基础可以概括为:在"天人合一"哲学观下形成的"和合文化",其基本观点是:人与天的关系是宇宙间最基本的关系,人与天是一体的,人应当顺应自然的客观规律,达到与自然的统一和谐;将这种"天人合一"所代表的人与自然的和谐规则推行到人类的社会生活,则表现为人与人之间的关系和谐,"无讼"是社会的理想状态。① 而非诉讼纠纷解决机制就是通过柔韧灵活的解决方式化解纠纷,真正通过"无讼"的方式使双方当事人达成和解,促进社会的和谐发展。

(2) 非诉讼纠纷解决机制是缓解法院压力,提高诉讼效率,降低纠纷解决成本的一种手段。随着市场经济体制的逐步建立,我国社会结构变化加剧,各种新型社会关系不断产生,民事经济纠纷大量出现,即使远未达到"诉讼爆炸"的程度,法院也已经初步感受到了诉讼的压力。如果社会纠纷都希望通过诉讼来加以解决,那么其结果必然是法院积案如山,不堪重负,从而导致诉讼延迟、诉讼成本过高以及投入司法的资源无法与诉讼量的增长速度相适应等问题。如果以增加法官人数来解决这些问题,那么随着诉讼的增加,将引起法官、律师社会需求的上升,并进而涉及法学教育,扩大法学院的规模,增加法学教授和学生的数量,从而导致整个司法机制的过于庞大和整体质量的下降。更令人担忧的是,近几年来中央和地方采取的多种改革措施对于司法公正也并未起到明显的功效,裁判质量低下,此外还有执行不力的危机等。所以,如果我们过度刺激诉讼而又无法提供高效的诉讼机制,及时、正确地处理纠纷,反而会使人民群众有更多的怨言,使司法权威受到更大的损害。发展非诉讼纠纷解决机制,可以使案件合理分流,缓解法院的压力,降低纠纷解决成本,使法院能够集中精力处理疑难复杂案件,保证裁判质量,提高诉讼效率,提升法院权威。②

(3) 非诉讼纠纷解决机制是减少群众上访、把纠纷化解在基层的一个工具。导致当前各地群众越级上访增多的一个重要原因,就是乡镇(街道)基层政府对当地的

---

① 瞿琨:《非诉讼纠纷解决机制的价值再分析与发展路径探讨——兼论社区调解制度的完善》,《上海大学学报》(社会科学版),第14卷第2期(2007年3月),第331页。

② 宋菲:《诉讼外纠纷解决机制研究》,《中州大学学报》,第21卷第4期(2004年10月),第25页。

矛盾纠纷处理乏力，甚至个别地方出现群众“告状无门”的现象，使群众不得不到上一级政府上访，寻求解决。非诉讼纠纷解决机制能及时了解和掌握可能引发社会纠纷的苗头，做到早发现、早处理，以便把社会纠纷消除在萌芽状态。特别是通过在乡镇（街道）设立纠纷解决服务中心的方式，对矛盾纠纷实行“统一受理、集中梳理、归口管理、依法办理、限期处理”，使群众的意见有地方反映、社会纠纷有地方受理、困难有人帮助解决。同时还可以利用纠纷解决服务中心做好教育疏导工作，引导群众正确认识和处理各种利益关系，从而把社会纠纷最大限度地化解在基层，及时解决纠纷，减少群众越级上访。

（4）非诉讼纠纷解决机制是公民选择权的一把“保护伞”。权利的设定，是为了赋予公民更大的自由，而不是为了剥夺他们的选择权和自主权。在社会主体处分自己的合法权利时，只要不违反公共利益、不违反公序良俗、不侵犯他人合法权利，其自主的选择权和处分权必须得到充分尊重和保护。非诉讼纠纷解决机制可以赋予当事人自主选择权，实现当事人的意思自治。非诉讼解决纠纷方式在程序上呈现出非正式性的特点，强调纠纷解决过程和结果的非对抗性，可以充分发挥社会主体和当事人的自主性，为他们提供更多的可供选择的纠纷解决方式，以满足不同的需求和价值取向，更好地解决各类纠纷。

（5）非诉讼纠纷解决机制是解决现代型纠纷、实现社会稳定的一种必然趋势。我国建立社会主义市场经济体制后，作为非国家权力支配的生活空间随着国家权力的退缩而得以复苏。然而随着国家权力的逐渐退出一定的社会领域，由此产生的权力空白缺乏有效制度的填补，多种利益主体开始了新社会背景下的逐鹿中原。多元化利益带来的冲突以及制度未有效确立而导致的混乱与无序，产生了许多新型的现代型纠纷，如土地承包权纠纷、国有企业职工下岗纠纷、消费纠纷、医疗纠纷等，由于法律和诉讼程序本身的局限性，不可能及时妥善地解决这些纠纷，不利于对当事人的行为进行预防性引导、避免冲突的发生。对抗式的诉讼程序妨碍了争执的和平解决，加剧了当事人之间的矛盾和紧张关系。对于争议发生后，彼此必须继续打交道的当事人之间的争议如雇主与雇员、房主与房客、夫与妻、邻里关系等对抗式的诉讼并不是最佳的选择。非诉讼纠纷解决机制可以柔韧灵活、妥善地处理纠纷，建立起社会冲突的缓冲机制，不仅有利于化解纠纷，而且有利于新规范、新秩序的形成。此外，复杂的社会结构本身也需要用多元化的纠纷解决方法加以调整，以适应不同主体的不同需求。①

① 宋菲：《诉讼外纠纷解决机制研究》，《中州大学学报》，第21卷第4期（2004年10月），第25页。

3. 非诉讼纠纷解决机制的种类

目前,非诉讼纠纷解决机制已经初步形成了一个体系,它的基本方式有调解与仲裁。

首先分析调解体系。调解制度是我国具有悠久历史传统、富有民族特色的"本土资源"①,它发展至今已经形成了一个包括社区调解制度在内的调解体系,笔者综合学者们②的研究,认为这个调解体系应当包括传统调解(又称民间调解)、人民调解(包括社区调解等)、社会调解(包括律师调解等)、行政调解(包括公安行政调解等)、劳动争议调解、仲裁调解、法院附设的人民调解、诉讼调解(又称法院调解)等调解形式。这个体系中的调解种类主要是以调解主体作为标准来划分的,这是因为调解主体在调解过程中起着主导作用,并决定了调解的性质。③ 以下分别给它们一个明确的定义:

(1) 传统调解,它指在我国清末之前长期存在的由族长、乡邻、朋友或者德高望重的人以个人的身份主持,依据在长期的生产和生活中形成的习惯、礼俗、乡规民约以及自己的经验、知识、道德对人们之间发生的民事纠纷和轻微刑事案件进行的"排难解纷、止纷息争"的化解行为。它是人民调解的基础。④

(2) 人民调解,它指在建国初期正式确立的,根据《中华人民共和国人民调解委员会组织条例》的有关规定,在农村村委会、城市居委会、(乡镇)街道司法所、企事业单位、区域性、行业性组织中设立的人民调解委员会以及联合调解委员会的主持下,以国家法律、法规、规章、政策以及社会主义道德为依据,对民间纠纷当事人进行说服教育、规劝疏导,促使纠纷各方当事人互谅互让、平等协商、解决纠纷的一种非诉讼纠纷解决机制。人民调解受基层人民政府和基层人民法院的指导。⑤ 根据有关规定,人民调解是免费的,⑥它的范围比较广泛,具有多种形式,以下列举若干形式:

● 农村村民委员会、城市居民委员会下设的人民调解委员会的调解。前者指农村的村人民调解委员会和村民调解小组对民间纠纷进行的调解;后者指城市的居民(社区)人民调解委员会和调解小组对社区纠纷进行的调解,它是社区调解的一个组

① "中国的法治之路必须注重利用中国本土的资源,注重中国法律文化的传统和实际。"该观点被学界称为"本土资源论",苏力:《法治及其本土资源》,中国政法大学出版社 2004 年版,第 6 页。

② 彭星东:《论调解的分类》,《湖南省政法管理干部学院学报》,2000 年第 6 期;邱星美、王秋兰:《调解法学》,厦门大学出版社 2008 年版,第 141 页。

③ 也有一些学者认为,调解应当依据本身的性质划分为诉讼调解、人民调解以及行政调解三大类。

④ 笔者根据本研究需要所作的界定。

⑤ 彭星东:《论调解的分类》,《湖南省政法管理干部学院学报》,2000 年第 6 期;邱星美、王秋兰:《调解法学》,厦门大学出版社 2008 年版,第 164~165 页。

⑥ 《人民调解委员会组织条例》第 11 条规定:"人民调解委员会调解民间纠纷不收费。"

成部分。

● 乡镇、街道设立的人民调解委员会的调解。在乡镇、街道一级设立人民调解委员会是为了调解村民、居民人民调解委员会不能解决的民间纠纷，如本研究中的街道司法所的调解，它对于居民委员会不能解决的社区纠纷进行处理。它也是社区调解的一个组成部分。

● 企事业单位根据需要设立的人民调解委员会的调解。这是指在企事业单位中设立的人民调解委员会，对于劳动者之间、劳动者与家庭成员之间以及劳动者家庭成员相互之间发生的纠纷进行的调解。

● 区域性、行业性的人民调解委员会的调解。这是指在特定行政区域，特定的生产、生活地区建立的人民调解委员会，对个人之间、个人与组织之间以及组织与组织之间的纠纷进行的调解。

从广泛的意义来理解，笔者所居住的城市S市的新型调解机构——调解工作室进行的调解以及街道司法所进行的调解也应当属于人民调解，而本研究对象（社区调解制度的研究内容）主要包括居委调委会、街道司法所以及调解工作室的调解，因此，社区调解属于人民调解的范畴。

（3）社会调解。这是指在法律上不具有调解义务的国家机关、企事业单位、社会团体以及公民个人的主持下，根据当事人双方的自愿选择，依据法律法规、社会道德以及交易习惯，运用说服、疏导等方式，促使双方当事人达成解决民事纠纷协议的活动。① 以下列举若干形式：

● 律师调解。它指接受纠纷当事人的委托，由律师事务所指派律师居中主持，对平等主体之间发生的民事纠纷和轻微刑事案件，对公民、法人、其他组织之间以及他们相互之间发生的民事经济纠纷依法进行劝导，促成双方当事人在互相谅解的基础上达成协议、解决纠纷的一项活动。它是近年来出现的一项独立的律师业务。与人民调解制度不同，它是律师为当事人提供的一项有偿法律服务，但法律援助除外。②

● 公证调解。它指公证机构根据当事人的申请，就经过公证证明的事项在履行过程中发生的纠纷，对当事人双方进行劝说以及双方当事人据此相互谅解达成协议的活动。公证机构作为中介机构、服务机构，不仅享有对法律行为、有法律意义的事实和文书的真实性、合法性的证明权，而且还有权对公证事项继续提供法律帮助。公

① 邱星美、王秋兰：《调解法学》，厦门大学出版社2008年版，第130页；常怡：《中国调解制度》，重庆出版社1990年版，第51页。

② 邱星美、王秋兰：《调解法学》，厦门大学出版社2008年版，第131页；彭星东：《论调解的分类》，《湖南省政法管理干部学院学报》，2000年第6期。

证调解不是诉讼的前置程序，也不是公证机关的法律义务。[1]

● 行业协会调解。它指行业纠纷双方在行业协会的主持下，通过行业协会的专业优势促进当事人的沟通协调，并最终促进纠纷双方达成和解协议的纠纷解决过程。[2]

(4) 行政调解。它指国家行政机关主持，在其行使行政管理职权范围内，对特定民事纠纷、轻微刑事纠纷以及部分行政争议，以国家政策、法律法规以及公序良俗为依据，以当事人自愿为前提，通过劝说、调停、斡旋等方法促使当事人友好协商、达成协议、消除纠纷的一种调解机制。它是由具有调解权的行政机关依法行使职权的一种方式。[3] 以下列举若干形式：

● 公安行政调解。它指在公安机关主持下，以双方当事人自愿为原则，通过公安机关的疏导、斡旋，促成争议当事人互谅互让达成协议的活动。主要包括治安行政调解和交通行政调解。治安行政调解，指公安机关依法对因民间纠纷引起的情节轻微的违反治安管理行为和部分民事争议行为的调解处理，[4] 它是近年来出现的新调解种类；交通行政调解，指在交通主管机关主持下，通过交通主管机关运用说服、疏导的方式，促使交通事故损害赔偿纠纷的双方当事人自愿协商，达成协议的活动。[5]

● 合同争议行政调解。它指在合同管理机关（即工商行政管理部门和业务主管部门）的主持下，依法劝导双方当事人协商，解决合同争议的一种方式。

(5) 劳动争议调解。它指劳动争议处理机构以中间人的身份，依照法律法规和政策的规定，对有关劳动纠纷进行斡旋，促使争议双方当事人相互谅解、达成合意的一种争议解决方式。可分为人事争议调解和劳动争议调解，人事争议调解，指行政机关、事业单位内部人事争议调解委员会的调解和人事争议仲裁委员会调解；劳动争议调解，指企业劳动争议调解。[6]

(6) 仲裁调解。它指仲裁程序启动后，根据仲裁当事人的请求或者仲裁员征得当事人的同意，仲裁员对平等主体之间发生的合同纠纷和其他财产性权益争议进行调解，促使仲裁当事人在自愿协商、互谅互让的基础上达成协议，从而解决纠纷的一种制度。它是仲裁程序的重要组成部分。主要有劳动争议仲裁调解、人事争议仲裁调解以及民商事仲裁调解。[7]

(7) 法院附设的人民调解。它指经当事人同意，由设立在法院里的调解机构中

---

①②⑤ 邱星美、王秋兰：《调解法学》，厦门大学出版社 2008 年版，第 141、142 页；第 143 页；第 207 页；彭星东：《论调解的分类》，《湖南省政法管理干部学院学报》，2000 年第 6 期。

③ 彭星东：《论调解的分类》，《湖南省政法管理干部学院学报》，2000 年第 6 期。

④ 徐芳：《治安调解方法探析》，《武汉公安干部学院学报》，2006 年第 2 期。

⑥⑦ 邱星美、王秋兰：《调解法学》，厦门大学出版社 2008 年版，第 213 页；第 178 页。

的调解人，对已经起诉到法院的、适合调解的案件，如家庭纠纷等案件进行调解。它是近年来出现的一项特殊类型的调解，由于该调解形式兼有人民调解和诉讼调解的特征，笔者暂且将其单独列为一种调解方式。①

（8）诉讼调解。它指法院在审理民事案件、刑事自诉案件和行政诉讼中的赔偿诉讼时，由法官主持，促使双方当事人就他们之间发生的民事权益争议，通过自愿协商达成协议，解决纠纷。它是民事诉讼的一项重要诉讼制度，也是法院依法行使审判权的一种结案方式，属于诉讼内的调解。②

下图是笔者综合自己的相关研究与其他学者的研究所得出的调解体系图。

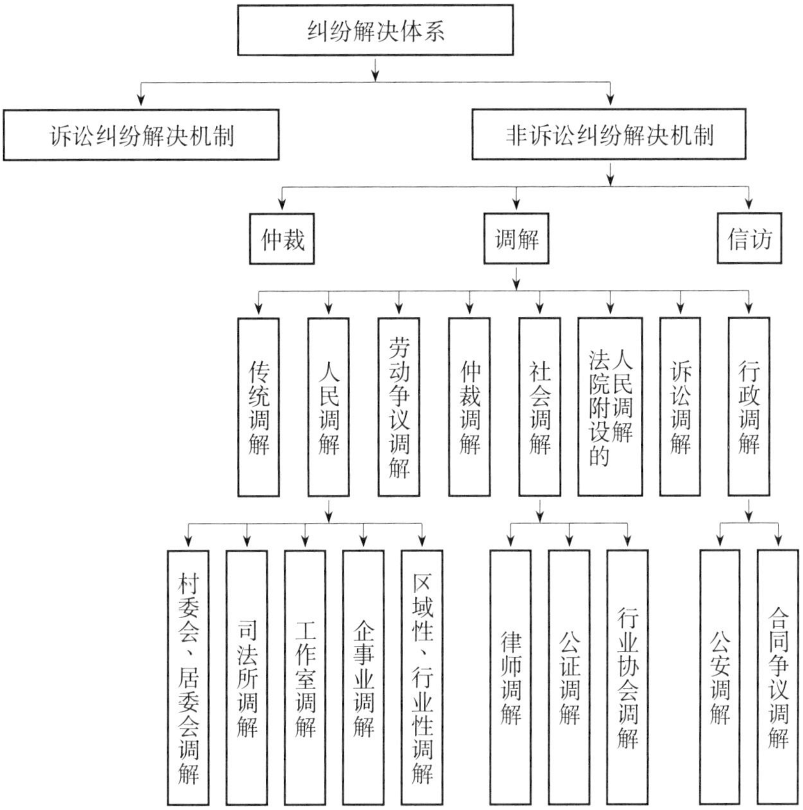

调解体系图

---

① 李浩：《委托调解若干问题研究——对四个基层人民法院委托调解的初步考察》，《法商研究》，2008 年第 25 卷第 1 期。

② 邱星美、王秋兰：《调解法学》，厦门大学出版社 2008 年版，第 111 页；王怀安：《中国民事诉讼法教程》，人民法院出版社 1992 年版，第 178 页。

分析完调解体系，接着再来分析仲裁，仲裁也是非诉讼纠纷解决的一种方式，我国主要有劳动争议仲裁与民商事仲裁两种形态。此外，在消费者纠纷中也可以采用仲裁的方式。关于仲裁的性质，有学者认为，根据《中华人民共和国仲裁法》的规定，仲裁机构的设立、仲裁程序的选择、仲裁所采用的规则等都体现了民间性；而仲裁的程序和裁决的效力具有司法性质，所以它具有"民间司法"① 的双重性质。也有学者认为，仲裁一方面具有法律赋予的裁决的权威性和终局性，这反映了司法的特点；另一方面，仲裁的程序具有便利、不公开等优点，在纠纷解决的方式上，是介于司法诉讼程序与传统的调解之间，并且吸收了调解的程序优势。②

属于非诉讼纠纷解决机制体系的还有：

（1）行政方式解决纠纷。如行政仲裁、行政复议等行政方式，涉及的纠纷比较广泛，有消费者纠纷、医疗纠纷、价格争议纠纷、环境污染纠纷、土地和林木权属纠纷、城市建设中房屋拆迁纠纷等。

（2）一些专门性纠纷的解决。如知识产权纠纷的解决。有学者认为，广义的上信访也是一种非诉讼纠纷解决机制。③

社区调解制度是我国主要的一种非诉讼纠纷解决机制，具有极为特殊的重要地位与价值。它是千千万万个民间纠纷进入法院诉讼程序前的一个基础解决机制，作为基层自治的一个组成部分，它的运作模式顺应了我国的传统文化，较好地体现了"本土资源"的优势。近年来，S市政府在社区调解制度的建设上创出了特色。2000年，在全国率先成立了第一个由法院、检察院、公安、妇联、房地产、民政、劳动、工会、团委等16个相关部门组成的省市级"人民调解工作指导委员会"。2001年，在全国首创了"首席人民调解员"④ 制度。2003年，在全国创建了第一家"调解工作室"⑤ 的新型调解机构。这些创新机制为研究社区调解制度提供了模板。

二、调解人的传统与特点分析

1. 传统调人⑥ 的历史考察

① 熊先觉：《中国司法制度新论》，中国法制出版社1999年版，第232页。

②③ 范愉：《非诉讼纠纷解决机制研究》，中国人民大学出版社2000年版，第487、356页。

④ "首席人民调解员"制度指人民调解组织通过规范的程序，在社区内选聘具有较好法律知识和较高威望的调解员担任首席人民调解员的制度。

⑤ "调解工作室"指由社区政府与调解工作室的负责人签订调解服务合同，以货币购买工作室的调解服务。S市C区J街道"L调解工作室"是全国第一家民办非企业性质的调解机构。

⑥ 以下按照历史的称呼，以"调人"代替调解人的称呼。

据史料记载,①在三千多年前的西周时期,国家专设司法官"调人"、"胥吏"的官职,其重要职责就是"掌司万民之难,而谐合之"。②也就是说,我国早在周代就开始调解息讼,设有专门的调人调解民间纠纷。秦汉时期,县以下的基层组织有乡,作为乡的负责人,设有秩、啬夫和"三老",即农老、工老、商老,他们是最基层的小吏,掌管道德"教化",同时兼有调解民间争讼的司法功能,即"掌诉讼",③他们调解的都是乡里的民事纠纷和轻微刑事案件。汉朝时期的调解已经发展成为处理民事纠纷的一项诉讼制度。

唐代沿袭秦汉制度,城市设坊,坊置"坊正",农村设"里正"、"乡长",乡里民间纠纷、讼事,先由坊正、村正、里正调解;调解未果,就要上诉到县衙。许多官员由于善用调解处理民事纠纷而获得"良吏"、"循吏"的美誉。④ 循吏者,是"奉职循理",能"养之以仁,使之以义,教之以礼,随其所便而处之,因其所欲而与之,从其所好而劝之。如父母之爱子,如兄之爱弟,闻其饥寒为之哀,见其穷苦为之悲,故人敬而悦之,爱而亲之"。⑤ 凡是奉公守法,断狱平恕,亲人爱民的官吏就是循吏、良吏。当时的循吏、良吏包括行政官吏、军事官吏以及司法官吏的各级官吏,由于专职的司法官吏不多,司法官吏往往由行政官吏、军事官吏兼任,其中"断狱平恕"、调处纠纷是其职能之一,他们是道德教化者,纠纷调和者,目的在于调停息讼。宋代将调解解决纠纷的方式称为"和对",重视"调人"对于纠纷的解决,主要基于两个原因:一是由于以孔子为代表的儒家"无讼"思想的影响;二是"和对"可以避免当事人因诉讼支付费用以及耽误农业耕作。⑥

元朝时期,乡里设社,社长负有调解职责。明朝沿袭和发展了历代的调解制度,并将民间调解行为上升为法律规范。根据《大明律》的规定,明朝在乡各州县专门设置了调解民间纠纷的处所"申明亭",以110户为一里,里置"里长"、"耆老",里中制定"乡约",违反乡约的事,由里长、耆老主持调解,同时宣教礼义道德。清初,设"里老"之职,后改为保甲制度,十家为牌,牌设"牌头";十牌为甲,甲设"甲长";十甲为保,保设"保正",牌头、甲头、保正,负责治安、户籍、课税和调解民间纠纷。在清朝,宗族调人、乡里调人、行会调人已经逐步形成了稳定的人群。

---

① 《周礼·司徒》。
② 《周礼·地官》。
③ 《汉书·卷一九》。
④ 张晋藩:《中国司法制度史》,人民法院出版社2004年版,第24页。
⑤ 《隋书·循吏传》。
⑥ 杨荣馨:《民事诉讼原理》,法律出版社2003年版,第497页。

总的来说，我国自有调解以来，出现了宗族调人、邻里调人、乡里调人以及司法调解人等，他们组成了我国传统调解人的队伍，其中调解家族成员之间纠纷的宗族调解人，在漫长的封建社会中起到了非常重要的作用，因为“宗法观念是在共同血缘关系的基础上形成的精神信条。家族法规是族内成员必须遵守的行为规则的法制化，它是族长、家长用来调解、裁判族内民事纠纷的法律依据，族长和家长实质上是行使族内审判权的‘法官’。官府既承认家法族规对于调整家族内部关系的法律效力，也认可族长对于族内民事纠纷的裁决。尤其是明清时期，州、县官经常批令族长去调解族内民事纠纷”。①

2. 传统调人的特点

(1) 传统调人往往是家族中的长辈或地方上具有威望的人。中国传统社会在向现代文明社会的发展过程中与血缘关系是密不可分的，这是东方文明区别于西方文明的特点。家族作为当时社会中最基本的生活单位，其中的长辈具有绝对权威，这种绝对权威由于长期占据统治地位的儒家文化的传播得到不断强化。在家族中，晚辈不能责备长辈，否则就是“不孝”的行为；而长辈责骂晚辈即使有错也是理所当然的，这种“长幼有序”伦理关系的反映即是在法律制度上的体现。中国的传统文化强调“忠”、“义”和“孝”。“忠”是对皇帝的忠诚，皇帝是一国大家族中地位最高的人，从百姓到大臣所有的人都要绝对服从他；“义”指对他人的关系上要有理有节；“孝”是对长辈的尊重。我国当时自然经济的特点使得绝大部分的纠纷是发生在家族区域中，因此，纠纷的解决也大多是在家族里由长辈，如族长作为调解人处理的。如果家族与家族之间发生了矛盾和纠纷，如农耕过程中的用水、渠道等发生的冲突，这时，出面的调人往往是发生冲突的家族所公认的在当地有威望的人，如县太爷、地方上有势力的人、走南闯北、见多识广的生意人等，他们所具有的威望是说服纠纷当事人，他们是化解纠纷的基础。

(2) 传统调人运用的调解工具主要是道德习惯等儒家经典。中国传统社会尽管存在着丰富的法律资源，但这些法律资源在民间并不普适；由于“重刑轻民”传统的影响，传统社会中的法律资源也主要是关于刑事犯罪的内容而少有民事纠纷的内容，因此，传统调人不能从国家法中获取调解的依据，只能从民间长期存在的、人们普遍认可的道德、习惯、礼俗以及儒家经典中汲取养料。这些道德、习惯有着长时间的形成和传播过程。对于传统调人来说，有的是前人对他们的教育，如私塾中灌输的孔孟礼教；有的是祖先们给予传统调人的家训；还有的是老百姓在日常生活中形成的约定俗

① 张晋藩：《中国古代民事诉讼制度通论》，《法制与社会发展》，1996 年第 3 期。

成的是非观念等。这些道德、习惯等都会成为传统调人在调解纠纷过程中运用的工具，同时纠纷当事人与调人一样也深受这些道德、习惯等的影响，因此，当遇有纠纷时，传统调人利用长辈的身份或者个人的威望，赋予这些道德、习惯以权威性的压力，说服纠纷当事人，从而使纠纷得到化解。

（3）传统调人的调解行动具有被动性。与一些学者对于传统调解的研究观点不同，笔者认为：传统调人是为了达到建构“无讼”社会的目标而进行调解行动，这种调解具有被动性的特点。当下中国在推动法治建设实现和谐社会的过程中，都强调把矛盾和纠纷消灭在萌芽状态，即强调解决纠纷的主动性，如社区调解人的一项工作就是：定期排查社区的矛盾苗头，发现问题，“主动灭火”，尽力做到让纠纷不出社区，就是要“主动”解决纠纷。这种“主动性”的出现实际上是为了适应中国社会进入商品经济时代的需要，商品经济的一个重要特点就是社会中各种要素的流动性加大，不同的社会主体都在社会舞台上追求利益的最大化，各种矛盾和纠纷层出不穷，社区调解作为重要的解决社会基层矛盾纠纷的有效方式，就不能像“姜太公钓鱼——愿者上钩”那样被动和消极，否则社会就会处于失控的状态。社区调解人只有主动积极地发现矛盾和纠纷的隐患，在第一时间里赶到现场，才能尽快有效地解决纠纷，这也是社区调解不同于法院审判的比较优势之一。但在传统调人的时代，社会条件有所不同，当时的中国社会是以自然经济为基础的，与商品经济相比，自然经济具有相对封闭的经济形式，人们的交流沟通比较少、流动性比较小，大部分人世世代代都耕耘居住在先辈留下来的土地上，他们自给自足、自得其乐，矛盾和纠纷并不是普遍的现象，因此，当时没有专门的调解机构和职业化的调解人；与此相适应，当时的调人也不需要主动处理纠纷。当家族中、邻里之间发生纠纷时，当事人可以商量确定处理这个纠纷的调人，调人是被请来判断是非、解决矛盾的，这种调人介入纠纷的解决则具有被动性。

3. 传统调人的历史合理性

（1）传统社会的人际特点促成调解。我国传统农耕社会的特点使得人们一代又一代地扎根在黄土地上，血缘纽带因地缘的因素更加密不可分。当人们发生纠纷时，血缘性使得人们不好意思撕破这张与生俱来的人情网，更不愿意撕破这张网而把自己置于家族之外；地缘性使得人们为了生存也尽量与邻里维系良好的关系。血缘与地缘交织形成了我国传统社会中人们差序格局[①]特点的熟人网络，使人们压制张扬

① 费孝通在解释中国人的社会关系时，将中国人的社会关系比喻为以己为中心投入水中石子所形成的波纹，愈推愈远，也愈推愈薄。他认为，中国人的社会关系是特殊的，不同于西方团体格局的社会关系，并把中国社会结构的这个特点归纳为“差序格局”。费孝通：《乡土中国·生育制度》，北京大学出版社1998年版，第24～30页。

权利的愿望，选择调解的方式，最终达成互相让步的协议来化解矛盾，这使得传统调解人有了用武之地。

(2) 传统调人的自身特点有利于调解。在纠纷当事人看来，传统调人都是生于此、长于此，熟悉知晓当地风俗习惯、人情世故的“自己人”，传统调人大多是居住在几步之遥的乡邻，无论白天黑夜，调人都会对乡里的风吹草动加以留意，他们“无处不在”、“无时不在”。此外，区域内的道德与文化又具有趋同性，传统调人在调解时只需把握运用主流道德文化就能够解决纠纷。

(3) 传统思想与法律意识使人们忌讼厌讼。“君子喻于义，小人喻于利。”[①]传统思想认为，诉讼是个人追逐利益的行为，与儒家提倡的道德自律、个人修养是矛盾的，如儒家思想的代表人孔子提出了著名的“无讼”观点，“听讼，吾犹人也。必也使无讼乎！”[②]“无讼”的直接含义是没有或者说不需要争讼(诉讼)，引申为一个社会没有纷争和犯罪而不需要法律或虽有法律而搁置不用。[③] “无讼”是中国传统社会实现大同世界的最基本的标志，也是中国传统法律文化的价值取向，中国传统社会自汉代开始确立了儒家思想作为正统的法律思想，进一步推动了厌讼传统的发展。“刁民妄滋，兴讼成习”，这种划分人品的方式使人们产生了普遍的畏讼、厌讼心理，选择息事宁人的调解，绕开诉讼是当时人们的明智之举。

传统社会中“礼”大行其道，有效地维护了民间秩序，有关的民事立法就显得多余；而长期发达的小农经济又无需商品经济的民商事法律，因此，中国传统社会有着比较完备的刑事法律，传统社会的法律发展史也可称得上是一部刑法史。法律是镇压反对统治者的工具，“法者，刑也”，[④]审判的主要职能是为了刑事处罚，是传统社会人们的共识，这种狭隘的法律意识使人们排斥官府诉讼，求助于具有亲近感的传统调人，接受他们运用熟识的乡规民约化解纠纷。

(4) 司法形式的限制使人们远离诉讼。“无讼”思想逐渐发展成为司法原则，并体现在法律条文中。从秦朝到明清，历朝都没有对诉讼体制进行完善，而是通过制定各种法律条文阻碍当事人行使诉权，人为地制造不讼或少讼。如《唐律疏议・斗讼》规定，诉讼当事人不可越级起诉，否则，当事人和受案人都要被罚。同时还规定，囚犯除了可告发狱官虐待等事情外，不可举报其他事；80 岁以上的老人、10 岁以下的儿童

① 《论语・里仁》。
② 《论语・颜渊》。
③ 张中秋：《中西法律文化比较研究》，南京大学出版社 1999 年版，第 321 页。
④ 《说文》。

以及重病者除了可告举谋反等重大犯罪外，其他的也不可起诉。[①] 另外还规定禁止一些有利于诉讼的行为，如《唐律疏议·斗讼》规定，起诉人指控的事实必须真实，不可有疑；帮助他人拟具起诉状，不可与所告事有出入；不可帮助卑者控告尊亲等；否则就要受到制裁。[②]《明律·刑律》、《大清律例·刑律》设立"教唆词讼"罪，打击教唆他人进行诉讼。[③] 这些规定使得百姓一旦发生纠纷，只能寻求族长或亲友的调解。

孔子和孟子在"父为子隐，子为父隐"[④]的伦理基础上，主张亲属之间要互相隐瞒犯罪，不可告发，排除了亲属之间诉讼的应用。汉代把"亲亲相隐"作为一项司法制度，规定亲属间不可互相控告。[⑤] 唐律进一步完善了这项规定，如《唐律疏议·名例》规定了相隐的范围，[⑥]还规定了不适用相隐的犯罪，即"谋反、谋大逆、谋叛"三罪。

此外，从唐朝起规定限制民事案件的受理时间，受理案件要在官方指定的日、月里进行，如唐律"务限"的规定，人们只能在每年的10月1日以后至3月30日之间的农闲时节提起诉讼。[⑦] 清朝规定"农忙止讼"，即每年4月初到7月30日，禁止人们因户婚、田土、钱债之类的"细故"起诉。[⑧] 即使在允许起诉的月内，人们也不是每天都可起诉。清朝各地州县官府都规定了定期的"放告日"。[⑨] 这些繁琐的规定和限制，促使纠纷当事人远离诉讼。

（5）诉讼费用使人们打不起官司。传统社会交通不便，诉讼往往需要跋山涉水，旅费、庭审期间的生活费等诉讼费用对于农耕社会中广大的务农百姓来说是重大的经济负担。为了诉讼人们要离开土地，这样就只能坐吃山空，诉讼就成了"荒废本业、

---

① 《唐律疏议·斗讼》"越诉"条："诸越诉及受者，各笞四十"；"囚不得告举他事"条："诸被囚禁，不得举他事。其为狱官酷已者，听之。即年80岁以上、10岁以下及笃疾者，听告谋反、逆、叛、子孙不孝及同居之内为人侵犯者，余并不得告。"

② 《唐律疏议·斗讼》"告人罪须明注年月"条：控告他人"指陈实事，不得呈称疑。违者，笞五十"；"为人作辞牒加状"条："诸为人作辞牒，加增其状，不如所告者，笞五十"；"教令人告事虚"条："教令人告缌麻以上亲，及部曲、奴婢告主者，各减告者罪一等；被教者，论如律。"

③ 《大清律例·刑律》"教唆词讼"条："凡教唆词讼，及为人作词讼，增减情罪诬告人者，与犯人同罪。"

④ 《论语·子路》；《孟子·尽心上》。

⑤ 《汉书·宣帝纪》。

⑥ 《唐律疏议·名例》"同居相为隐"条："诸同居，若大功以上亲及外祖父母、外孙，若孙之妇、夫之兄弟妻，有罪相为隐；部曲、奴婢为主隐：皆勿论。"

⑦ 张晋藩主编：《中国民事诉讼制度史》，巴蜀书社1999年版，第63页。

⑧ 在当时的统治者看来，民事诉讼中大部分是关于民间的田土、债务、婚姻、继承等纠纷，虽然关系到百姓的切身利益，但与国家统治的根本利益关系不大，因而这些纠纷都被视为"细故"，远不如对国家、社会稳定的刑事诉讼重视。如虽然规定有上诉程序，但往往是一审终审。张晋藩：《中国民事诉讼制度史》，巴蜀书社1999年版，第10页作此注释。

⑨ 《大清律例·刑律》（卷三十）"告状不受理"条；陈宏谋《牧令书》，《申明农忙分别停讼檄》（卷十八）。

破坏家财”的纠纷解决方式。相比之下，调解就没有这些问题。

上述这些因素共同作用形成了传统社会“无讼”的法律文化观，再有最高统治者的倡导，使得包括民间调解以及诉讼调解在内的调解制度获得了最权威的合法性基础，逐步制度化和普遍化。不仅民间调解长盛不衰，从宋朝开始调解也成为民事诉讼的一项重要制度，因此，传统调解人的存在具有历史合理性。

三、调解人在当代的发展

1. 当代调解人的种类

在我国传统的以和为贵的法律文化影响下，秉承当事人权利自治的现代法律理念，以及实际良好的纠纷解决效果的回馈，调解作为一种纠纷解决方式被广泛地运用于不同的纠纷类型的不同阶段。目前调解主要分为法院调解、仲裁调解、行政调解、律师调解、人民调解。主持调解的人员有其原本的“角色定位”，法官、仲裁员、行政人员、律师的鲜明的职业性与其展开、进入、结束调解工作都有着密不可分的联系，虽然调解过程中这些职业属性会被淡化，但其并不因此而成为一般的调解人，这些人员是从事调解工作的人员，但其职业属性并不能因为其从事了调解工作而被抹杀。换而言之，调解只是这些人员完成工作的可选择的程序手段之一，而非对其角色重新定位的实质标准。

2. 社区调解中的调解人

为了便于集中研究，笔者将当代城市社区调解人的范围划定为：在三种社区调解机构中的社区调解人，即街道司法所的调解人、居委调委会的社区调解人以及街道调解工作室的社区调解人。本研究中的社区调解人是指在城市街道司法所（法律服务所）、城市居委调委会以及城市调解工作室等社区调解机构中，综合运用情理法，以疏导、说服的方式从事社区调解的人员，他们属于“人民调解员”的范畴。以下分别阐述：

（1）街道司法所中的调解人。街道司法所设有专职的社区调解人，即司法助理员。其主要职责有两项：一是指导居委调委会；二是调解居委调委会送来的疑难纠纷，指导检查社区调解，接受并处理有关调解工作的来信。

根据《司法部关于进一步加强司法所建设的意见》、《司法部关于创建规范化司法所工作的意见》以及《司法助理员工作暂行规定》，司法所应当在镇、街道办事处设立专职的司法助理员；司法助理员在镇、街道办事处和县、区司法局（科）的领导和基层政府的指导下工作；司法所应当有 3 人以上，所长一般由专职的司法助理员担任。

从上述规定以及实践可以分析出，司法助理员具有双重身份：既是基层司法行政工作人员；又是从事调解工作的社区调解人。但实际上主要是从事社区工作的社区调解人。之所以强调这一点，从调研的实际情况来看，没有一个从事调解的司法助理员是公务员编制，他们或者是事业编制（如J区C街道司法所的调解人老Z先生），或者沿袭了他们过去的企业编制（如X区K街道司法所的G先生），而我们对一个人所从事工作性质的定位主要是看他是从哪里获得报酬（这是对其劳动的确认）以及所从事工作的性质。从这个意义上说，从事社区调解的司法助理员应当纳入人民调解的范畴。有学者认为从事社区调解的司法助理员应当属于行政调解的范畴。[①] 而笔者认为，从事社区调解的司法助理员在调解过程中不仅工资待遇没有享受公务员的待遇，而且一般也不是以行政方式来处理社区纠纷的，在处理纠纷时也不出示任何行政文件，如行政复议时，行政机关必须要出示行政复议书。

（2）居委调委会中的社区调解人。居委调委会中的社区调解人，指的是该机构中的人民调解员。我国宪法、人民调解委员会组织条例以及其他相关法律都没有对人民调解员进行界定，但对人民调解委员会委员进行了规范，笔者认为，人民调解员就是人民调解委员会委员。

《人民调解工作若干规定》第2条规定："人民调解委员会是调解民间纠纷的群众性组织。"《人民调解委员会组织条例》第3条规定："人民调解委员会由三至九人组成，设主任一人，必要时可以设副主任。""人民调解委员会除由村民委员会或者居民委员会成员兼任的以外由群众选举产生，每三年改选一次，可以连选连任。"第4条规定："为人公正，联系群众，热心人民调解工作，并有一定法律知识和政策水平的成年公民，可以当选为人民调解委员会委员。"中共中央办公厅、国务院办公厅关于转发《最高人民法院、司法部关于进一步加强新时期人民调解工作的意见》的通知第6条规定："人民调解员应当具有较高的思想道德水平，公道正派，热心人民调解工作，能够联系群众，在群众中有威信，并有一定的法律知识和政策水平。"

综合上述规定可以作出以下界定：人民调解员是为人公正，热心人民调解，具有法律知识和一定政策水平，经群众选举产生或者接受聘任，在人民调解委员会领导下，从事调解纠纷工作的成年公民，由村民委员会成员或居民委员会成员兼任的除外。

---

① 邱星美、王秋兰：《调解法学》，厦门大学出版社2008年版，第198～200页。

根据笔者对所居住的城市S市的调研，目前S市的居委会通常都会设有调委会，并安排极少数调解人专门从事社区调解，如笔者对M区J街道C二居委调委会的调研，该调委会就安排了一人，即中年的小L女士专事社区调解。面对整个C二居委的辖区，小L的调解工作量是相当大的，无法承担的部分由居委会其他成员兼职进行社区调解，或者将棘手的社区纠纷转交街道司法所解决。而兼职从事社区调解的居委其他成员，日常工作已经是多而杂，不会有更多的时间、精力应对社区调解。实际上，居委调委会中的社区调解人处理的社区纠纷，在整个社区调解中的分量远不如街道司法所以及调解工作室中的社区调解人多。

下表是1986—2002年的调解人情况，从表中可以了解调解人的发展情况。与同时期人民调解的发展规律一致，调解人也有一个由弱到强再到渐弱的发展过程。鉴于调解工作室是在2003年以后出现的，因此，表并不反映调解工作室中调解人的情况。

调解人、司法助理员情况(1986—2002)

年　份	1986	1988	1990	1992	1994	1996	1998	2000	2002
调解委员会(万)	95.76	100.26	102	101.12	100.94	100.16	98.37	96.40	89.06
调解人(万)	608.73	637.04	625.62	1 017.92	999.76	1 035.42	917.53	844.50	716.16
专职司法助理员(万)	42 173	43 618	47 399	51 122	49 642	56 173	52 875	54 638	47 173

数据来源：《中国法律年鉴(1986—2002)》，中国法律年鉴出版社。

(3) 街道调解工作室中的社区调解人。2003年全国第一家调解工作室在S市出现，它代表了社区调解"专业化、规范法、社会化"的发展方向。调解工作室主任一般由"首席人民调解员"担任，工作室的其他调解人大多经过了考核与选拔，素质高于一般社区调解人。"政府购买社区调解服务"的方式保障了工作室的基本运作，因此，调解工作室在S市发展很快，成为当下社区调解的"主力部队"。

3. 三类社区调解人的比较分析

(1) 性质的比较。司法所调解人的调解是基层行政系统直接介入的调解；居委调委会调解人的调解属于基层自治组织的调解；调解工作室调解人的调解是专业的工作室调解。

司法所调解人一般是司法所的司法助理员，有居委调委会调解网络支持的工作系统，与居委调委会形成上下级调解关系。可以调解的社区纠纷有两大类：一是当事人主动向司法所请求的居民之间、法人之间或其他组织之间以及它们之间发生的轻微的民事纠纷和刑事自诉纠纷；二是居委调委会解决不了的疑难纠纷。

居委调委会调解人隶属于居委会这个基层居民自治机构，法律规定每个居委会都应设有调委会，每个调委会都要设专门调解人。居委会本质上应当是自治组织，但在现实中有强大的行政力量参与，达不到自主发展的目标，调解也不专业。

调解工作室调解人的调解是专业的社区调解，没有明晰的工作网络支持，依靠调解实践与调解服务积累的人脉关系。工作室的出现是市场经济发展的表现，工作室调解人的调解是社会自治的调解实践。

(2) 编制的比较。司法所调解人是有行政编制的专职调解人；居委调委会调解人大多为兼职的；调解工作室的调解人全部都是专职调解人。

司法所调解人是基层司法行政机构的公务员，按规定应当有正式的行政编制，但笔者在调研中发现，司法所调解人也有不是行政编制的，而是其他编制，如企业编制、事业单位编制，有的甚至就没有任何编制，而是临时工编制。如笔者对 X 区 K 街道司法所的调研，该司法所在 2005 年有 3 名调解人，只有一人是公务员编制，另外两人分别是企业编制和临时工编制。

居委调委会调解人大多是兼职的，调解力量明显不足。由于受到居委会行政色彩的强烈冲击，使得现实中调委会设置的专门调解人数量极少；居委会其他成员虽然可以兼职从事调解，但时间、精力都很有限，再加上大多没有经过调解的专门培训，根本无法应对居委会辖区的社区纠纷，如笔者对 M 区 J 街道 C 二居委调委会的调研，该居委调委会的调解力量是这样配置的：调委会有 1 人专职调解；居委会其他成员兼职从事调解；另外补充了 9 名社区调解志愿者。

调解工作室调解人是经过培训专事调解，工作室主任大多由“首席人民调解员”担任，一般都由 4～6 名专职调解人组成，又有“政府购买社区调解服务”的规范形式，调解质量、效率高，是目前三类调解人中专业化程度比较高的调解人。

(3) 案源的比较。司法所调解人与调解工作室都可以跨区域调解，但一般情况下，有一方当事人是本辖区的居民；或者纠纷是发生在本辖区内、有辖区以外的居民参加。司法所调解人除了对棘手的纠纷直接调解，还要对居委调委会调解人进行指导，如指导他们制作规范的书面调解协议。居委调委会调解人有很强的地域限制，只负责本居委范围内的社区纠纷，由于人手不足，调解质量不高，遇有调解不了的疑难纠纷可以移交司法所或者调解工作室进行调解。

4. 调解人适当职业化发展的思考

调解人适当职业化发展的思路是：将社区调解人纳入法律职业共同体的范畴，在现阶段进行“准法治化”的建设，以下是一些具体化思考：

（1）设置规范的社区调解人的准入机制。目前调解人的编制五花八门，有企业、事业编制，有公务员编制的调解人，有与政府签约的调解工作室的调解人，甚至还有临时聘用的调解人，[①]这就导致调解人的能力与水平参差不齐，水平低的调解人甚至不会制作调解协议书，更谈不上对调解的总结了，这直接影响了调解的效果，也不利于社区调解制度的进一步发展。笔者设想，可以参考对优秀调解人的分析结果，选拔具有丰富社会经验、具有协调人际关系的工作阅历、具有一定法律知识、具有崇高道德品质、爱岗敬业的人，通过统一的有关调解知识的考试后作为社区调解人，并且发给类似于律师执业证的社区调解人资格证书，使社区调解人的身份规范化。

（2）设置规范的上岗社区调解人的资格延续考核机制。对上岗的社区调解人定期进行新法规、党的政策、国外社区管理经验、语言应用等知识的学习培训，可以考虑采取类似于律师定期培训检验执业资格的模式，将定期参加学习培训与资格延续挂钩，促使社区调解人不断学习，提高调解人的理论水平。培训社区调解人的师资除了固定的培训教师外，还可以考虑聘请优秀的法官、检察官、律师、法学家作为不定期的教师，建立法官、检察官、律师、社区调解人以及法学教授的定期互动交流制度，使社区调解人充分理解法律职业共同体的角色与特点，进一步拓展调解人的知识面，提高他们的调解水平。

（3）设置社区调解人参与法院调解前置程序的机制。作为中国法制体系内的社区调解制度，它应当与法院诉讼衔接协调，而不是分离，因此，社区调解人定期参与法院的调解前置程序，可以促进他们在社区调解中增加法律的含量，提高社区调解的质量。同时还要保持社区调解的特色，社区调解人是采取“柔性的”工作方式，将法律渗入其中，这有利于纠纷当事人接受调解。

（4）设置定期总结交流社区调解人经验的机制。对于已经上岗的社区调解人，不仅要注重提高他们的理论水平，还要加强培养他们的调解能力。对此，可以定期评选优秀的社区调解人，让他们交流自己的调解经验。这既有利于其他调解人提高工作水平，也有利于鼓励调解人不断总结经验，进一步提高调解技术和水平。由于我们是通过树立调解人的权威来推崇调解的制度权威，所以同时要重视调解中的人文关

---

① 瞿琨：《非诉讼纠纷解决机制的价值再分析与发展路径探讨——兼论社区调解制度的完善》，《上海大学学报》，2007 年第 2 期。

怀，使制度能够服从人的需要，这就要求社区调解人具备适时变通义合情合理的调解能力。

社区调解人的素质培养是全方位的，S市优秀社区调解人L阿姨曾经讲过："我深深体会到作为调解员，没有公心人家信不过，没有热心碰到困难就要绕道，没有决心办法就会少，没有法律知识就压不了邪，没有耐心就解决不了纠纷。"[①]这段话生动地表明了一个优秀的社区调解人所应当具备的综合素质。

附录：点评麻鸣《乡村社会结构的变迁对民间调解功能实现的影响》

一、文章运用法律社会学方法——法律制度分析方法

法律社会学对法律规范或制度的分析与实证法学派、哲理法学派不同，它强调的是把一定的法律规范放置于特定的社会现实生活中进行分析。深入研究法律规范或制度体现于其中的社会价值；与社会现实发展的要求的统一；作为法律规范客体的"社会单位"以及社会变迁；法律规范或制度现状；法律规范或制度与不同现实利益群体关系等问题。[②]

文章的第一部分阐述观点——调解功能的实现有赖于调解人员的权威。首先介绍调解的定义和功能。对制度功能的分析是法律社会学常用的分析方法之一，作者认为调解的功能在于解决纠纷，在实现调解这一功能时就需要调解人从中斡旋。接着作者分析了调解的程序和纠纷存在的两种情况，民间纠纷主要表现在当事人的利益冲突和情感对立两个主要方面，在纠纷发生过程中调解程序如何发生作用，作者认为要让调解具有效力，调解这一纠纷解决方式本身必须具有正当性。从理论上讲，调解的正当性来源于当事人的合意，而在当事人的合意难以达成时，调解的正当性就需要由其他的因素来支持，这便是调解人所具有的权威。而作为纠纷解决的关键因素：调解人的权威来源于什么？作者借助了社会学理论中韦伯的权威合法性来源理论。韦伯区分了三种不同类型的权威：法理型权威、传统型

① S市C区司法局编：《社区红叶情——LQ调解工作法》，2004年版，第61页。
② 李瑜青等：《法律社会学理论与应用》，上海大学出版社2008年5月版，第114页。

权威和魅力型权威。法理型权威的合法性来源于理性;传统型权威是由传统的神圣性赋予其合法性;魅力型权威的合法性来源于权威者的个人的魅力素质。作者进而从韦伯对权威合法性来源的论述中推导出这样一个结论:社会生活中权威的获得不外乎来源于两个方面——社会制度和个人素质,因而纠纷调解人的权威也离不开这两方面的因素。

文章的第二部分分析民间调解制度与我国社会结构条件之间的联系,以及不同社会结构条件下调解人的权威资源与调解功能实现之间的关系,作者根据社会结构的变迁,把我国乡村社会民间调解制度的发展大致分为三个阶段:第一,1949年以前;第二,1949—1982年;第三,1982年至今。作者将对民间调解制度的分析嵌入到特定的社会阶段中进行社会学分析,在社会结构变迁中分析调解制度,这就是典型的法律制度分析方法的运用。在第一阶段,民间调解主要以宗族调解的形式出现时,在当时特殊的社会结构和条件下民间调解依据的是乡规民约,由族长作为调解人。在第二阶段,国家以政社一体化的方式使基层乡村社会成为嵌入整个国家行政组织系统,并成为国家功能的组成部分,从而以行政管理的方式对乡村社会实现了直接的生产控制和行政控制,民间调解这一传统的民间纠纷解决方式也被纳入了国家行政管理体系。在这一阶段主要由半官方性质的人民调解委员会发挥调解作用。第三阶段,随着国家政治制度、经济制度的改革,调解委员会成为一个由下设在基层自治性组织的专门委员会转变成完全民间自治性的组织,因而其成员也不再具有由国家制度所赋予的权威。调解委员会作为一个群众性自治组织,其制度性权威只能来自村民委员会这一自治性组织赖以产生和运行的规章。而调解的另一个重要因素调解人的权威,也随着社会结构的变迁丧失了以往的权威性。作者进一步列举了大量的数据来说明民间调解制度的不断式微的趋势。

二、运用法律社会学方法分析的合理与不足之处

文章运用法律社会学中的法律制度分析法,将民间调解制度纳入中国具体社会结构的变迁中加以考察,将具体的法律制度与其所处的时代背景和具体的社会条件变迁相结合来考察制度的功能,这种研究视角解决了传统研究只局限于民间调解制度内部考察的不足,使得我们可以清晰看到影响民间调解制度的社会深层原因,看到其在实际运作中受到哪些外部因素的制约和影响,从而使我们更好地理解这一制度。

文章在运用法律制度分析法对民间调解制度做了一系列分析之后,对得出结论

部分稍显仓促,如果能结合分析的结果对在具体社会条件变迁下,阐明民间调解制度如何进行调整和创新,对当代中国如何使民间调解发挥其应有功能提出建设性的意见,将会使得文章更完整。

论文摘要

麻鸣:《乡村社会结构的变迁对民间调解功能实现的影响》载于《浙江社会科学》2002年第5期。该文主要对调解所具有的纠纷解决功能、调解过程中对权威的依赖以及从历史发展的角度对1949年之前、1949—1982年以及1982年之后的三个不同阶段的调解及其功效进行了分析。

第一部分说明和分析调解中的一些基本概念和运作逻辑,所谓调解就是由民间或个人组织的,依据民间的各种社会规范,在劝解、说服的基础上让双方当事人各自作出退让,进而使纠纷得以解决;调解的主要功能在于社会纠纷的解决;调解的一般运作逻辑是让调解人依据共同体内公认的价值标准作出一个折中的方案,从而使双方当事人自觉接受。因此,作为调解人的合法性就显得非常重要了,而调解人的合法性又是与调解人所具有的权威相联系的。

纠纷一般来源于两种情况,即当事人在利益上产生了矛盾和冲突及当事人在情感上出现了裂痕和对立,因此调解人一方面利用当事人对调解人的信任度从而使纠纷的当事人各自作出让步,另一方面慑于调解人的权威以及在“情、理、法”的攻势之下进而作出某种让步。文章借助于韦伯有关对权威划分的标准及权威的来源进行了分析,认为社会生活中权威的获得不外乎两个方面,即社会制度和个人素质。就调解人的权威来说同样也是离不开这两个方面的。

第二部分对三个不同历史时期内的调解逻辑进行了分析。在1949年之前,中国的乡村社会是一个以宗族为主要结合形式的组织,因此族内发生的纠纷主要由族长予以调解,族长的调解主要依赖于在族内自然形成的族规、乡约等,而且在此阶段族长所主持的调解也是具有很好的效果的,这主要因为族长具有社会制度和个人素质的双重权威;在1949—1982年之间,由于新中国的成立,从而使得我国的结构发生了根本性的变化。在此时期的乡村社会已经不是一个远离国家政权的相对独立自治的“社区王国”了,而变成了中国最为基层的组织。在此政社一体化的管理体制下,民间调解也被纳进国家的管理体制之中，变成了专门性的组织即人民调解委员会。由于人民调解委员会具有广泛的群众性基础以及半官方的身份，因此使得调解获得了广泛的认同；1979 年尤其是 1982 年之后，由于经济结构的变化以及对人民调解委员会的调整，再加之社会制度和个人素质的缘故，使得人民调解委员会没有能发挥其应有的社会功能，进而导致一方面民间纠纷得不到解决，另一方面基层政府和基层法院的纠纷解决的压力增加，并影响了其相应职能的实现。

参 考 文 献

1. 冯天瑜，等. 中华文化史[M]. 上海：上海人民出版社，1990.

2. 朱贻庭，等. 当代中国道德价值导向[M]. 上海：华东师范大学出版社，1996.

3. 李瑜青，李明灿. 契约精神与社会发展[M]. 太原：山西人民出版社，1997.

4. 李瑜青. 思想的流动与法治的构造[J]. 上海大学学报，2009(2).

5. 李瑜青. 法律社会学理论与应用[M]. 上海：上海大学出版社，2007.

6. 李瑜青. 论法律的文化人格[J]. 日本北海道大学法学院学报，2004(2).

7. 徐昕. 国家的态度：民间收债和私力救济的表达与实践[J]. 中外法学，2004(1).

8. 朱苏力. 从历史的意义来认识梁祝悲剧[N]. 文汇报，2004－2－15.

9. 朱景文. 法社会学[M]. 北京：中国人民大学出版社，2005.

10. 陈信勇. 法律社会学教程[M]. 杭州：浙江大学出版社，2000.

11. [英] 科特威尔. 法律社会学导论[M]. 北京：华夏出版社，1989.

12. [法] 亨利・莱维・布律尔. 法律社会学[M]. 上海：上海人民出版社，1987.

13. [美] 布莱克. 社会学视野中的司法[M]. 北京：法律出版社，2000.

14. [英] 斯温杰伍德. 社会学思想简史[M]. 北京：社会科学文献出版社，1998.

15. [法] 雷蒙・阿隆. 社会学主要思潮[M]. 北京：华夏出版社，2000.

16. [德] 马克斯・韦伯. 论经济与社会中的法律[M]. 张乃根，译. 北京：中国大百科全书出版社，1998.

17. [美] 哈罗德・J. 伯尔曼. 法律与革命——西方法律传统的形成[M]. 贺卫方，等译. 北京：中国大百科全书出版社，1993.

18. 李步云. 法理学[M]. 北京：经济科学出版社，2000.

19. 郑永流. 法治四章[M]. 北京：中国政法大学出版社，2002.

20. 张文显. 二十世纪西方法哲学思潮研究[M]. 北京：法律出版社，2006.

21. [英] 韦恩・莫里森. 法理学：从古希腊到后现代[M]. 李桂林，等译. 武汉：武汉大学出版社，2003.

22. 倪正茂. 过程论与法治国家建设[J]. 民主与科学，2008(6).

23. [奥] 凯尔森. 法与国家的一般理论[M]. 北京：中国大百科全书出版

社，1996.
24. 瞿同祖. 瞿同祖法学论著集[M]. 北京：中国政法大学出版社，2004.
25. 刘焯. 法的效力与法的实效新探[J]. 法商研究，1998(1).
26. 张薇薇. 法治背后的人治：职业法律家阶层存在条件探析[J]. 北大法律评论，2001(1).
27. 季卫东. 法律职业的定位：日本改造权力结构的实践[J]. 中国社会科学，1994(2).
28. [德] 弗朗茨·维亚克尔. 近代私法史：以德意志的发展为观察重点[M]. 陈爱娥，黄建辉，译. 上海：生活·读书·新知三联书店，2006.
29. 谢晖. 论法律实效[J]. 学习与探索，2005(1).
30. [法] 克罗齐耶. 法令不能改变社会[M]. 张月，译. 上海：格致出版社，2008.
31. [美] 罗伯特·C·埃里克森. 无需法律的秩序——邻人如何解决纠纷[M]. 苏力，译. 北京：中国政法大学出版社，2003.
32. [美] 彼得·罗西，霍华德·弗里曼，马克·李普希. 项目评估方法与技术(第6版)[M]. 邱泽奇，译. 北京：华夏出版社，2002.
33. 朱景文. 现代西方法社会学[M]. 北京：法律出版社，1994.
34. 赵震江. 法律社会学[M]. 北京：北京大学出版社，1998.
35. 付子堂. 法律功能论[M]. 北京：中国政法大学出版社，1999.
36. 杨宗科. 法律机制论——法哲学与法社会学研究[M]. 西安：西北大学出版社，2000.
37. [美] 乔纳森·特纳. 社会学理论的结构[M]. 邱泽奇，等译. 北京：华夏出版社，2001.
38. 田成有. 法律社会学的学理与运用[M]. 北京：中国检察出版社，2002.
39. 刘焯. 法社会学[M]. 北京：北京大学出版社，2008.
40. [日] 青井和夫. 社会学原理[M]. 刘振英，译. 北京：华夏出版社，2003.
41. 张文显，信春鹰，孙谦. 司法改革报告——法律职业共同体研究[M]. 北京：法律出版社，2003.
42. 高全喜. 法律秩序与自由正义：哈耶克的法律与宪政思想[M]. 北京：北京大学出版社，2003.
43. [英] 戴维·M. 沃克. 牛津法律大辞典[M]. 李双元，等译. 北京：法律出版社，2003.
44. [英] 弗里德利希·冯·哈耶克. 自由秩序原理[M]. 邓正来，译. 北京：生活·读书·新知三联书店,1997.

45. [英] 迈克尔·博兰尼. 自由的逻辑[M]. 冯银江,李雪茹,译. 长春:吉林人民出版社,2000.

46. [德] 哈贝马斯. 在事实与规范之间:关于法律和民主法治国的商谈理论[M]. 童世骏,译. 北京:生活·读书·新知三联书店,2003.

47. [德] 米歇尔·鲍曼. 道德的市场[M]. 肖君,黄承业,译. 冯兴元,景德祥,校. 北京:中国社会科学出版社,2003.

48. [美] 布莱克. 法律的运作行为[M]. 唐越,苏力,译. 北京:中国政法大学出版社,1994.

49. [美] 罗伯特·C. 埃里克森. 无需法律的秩序:邻人如何解决纠纷[M]. 苏力,译. 北京:中国政法大学出版社,2003.

50. [美] 罗斯科·庞德. 通过法律的社会控制:法律的任务[M]. 沈宗灵,董世忠,译. 北京:商务印书馆,1984.

51. [德] 乌尔里希·贝克. 世界风险社会[M]. 吴英姿,孙淑敏,译. 南京:南京大学出版社,2004.

52. [美] 亨廷顿. 变动社会中的政治秩序[M]. 李盛平,等译. 北京:华夏出版社,1988.

53. [日] 田中英夫,竹内昭夫. 私人在法实现中的作用[M]. 李薇,译. 北京:法律出版社,2006.

54. 张建伟. 国家转型与治理的法律多元主义分析:中俄转轨秩序的比较法律经济学[J]. 法学研究,2005(5).

55. [法] 托克维尔. 论美国的民主. 董果良,译. 北京:商务印书馆,1988.

56. 李瑜青. 人本思潮与中国文化[M]. 北京:东方出版社,1998.

57. 李瑜青,等. 法律社会学导论. 上海:上海大学出版社,2004.

58. 乐国安. 中国社会心理学研究进展. 天津:天津人民出版社,2004.

59. 费孝通. 乡土中国·生育制度[M]. 北京:北京大学出版社,1998.

60. 李瑜青. 当代中国法律权利意识的解读[J]. 学术界,2009(5).

61. [日] 美浓部达吉. 法之本质[M]. 林纪东,译. 台湾商务印书馆,1992.

62. 梁治平. 梁治平自选集[M]. 桂林:广西师范大学出版社,1997.

63. 沙莲香. 社会心理学[M]. 北京:中国人民大学出版社,2006.

64. 李瑜青. 当代中国社会分层与和谐社会建设[J]. 江苏行政学院学报,2005(4).

65. [法] 皮埃尔·布尔迪厄. 实践理性——关于行为理论[M]. 谭立德，译. 北京：生活·读书·新知三联书店，2007.
66. [美] 戴维·波普诺. 社会学[M]. 李强，等译. 北京：中国人民大学出版社，2003.
67. [法] 让·卡则纳弗. 社会学十大概念[M]. 杨捷，译. 上海：上海人民出版社，2003.
68. [美] 昂格尔. 现代社会中的法律[M]. 吴玉章，周汉华，译. 南京：译林出版社，2001.
69. 李瑜青. 中国社会分层研究上的若干理论问题[J]. 上海大学学报(人文社会科学版)，2003(1).
70. 查士丁尼. 法学总论：法学阶梯[M]. 张企泰，译. 北京：商务印书馆，1996.
71. 陈光中. 律师学教程[M]. 北京：中国政法大学出版社，1988.
72. [英] 洛克. 政府论[M]. 叶启芳，瞿菊农，译. 北京：商务印书馆，1996.
73. [日] 谷口安平. 程序的正义与诉讼[M]. 王亚新、刘荣军，译. 北京：中国政法大学出版社，1996.
74. 张晋藩. 中国法律的传统与现代化——93 中国法律史国际研讨会论文集[M]. 北京：中国民主法制出版社.
75. 中国大百科全书总编辑委员会《社会学》编辑委员会. 中国大百科全书(社会学)[M]. 北京：中国大百科全书出版社，1994.
76. 朱孔武. 论中国传统伦理法的终结[J]. 华中理工大学学报(社会科学版)，2000(3).
77. 范忠信. 中国法治现代化的三个层次[J]. 金陵法律评论，2001，秋季.
78. 川岛武宜. 现代化与法[M]. 王志安，等译. 北京：中国政法大学出版社，1994.
79. 夏恿. 法治是什么——渊源、规诫与价值[J]. 中国社会科学，1999(4).
80. 马作武. 中国古代“法治”质论——兼驳法治的本土资源说[J]. 法学评论，1999(1).
81. 蒋传光，张建设. 论中国的法律文化传统与当代中国的法治道路[J]. 安徽大学学报(哲学社会科学版)，2001(3).
82. 张骐. 法治视野中的中国传统思想初论[J]. 北京大学学报(哲学社会科学版)，2003(5).
83. 李军. 传统与现代之间——中国法治之路的思考[J]. 现代法学，1998(5).

84. 田成有，陈令华. 法治现代化的启动与传统法文化的创造性转化[J]. 现代法学，1998(6).

85. 苏力. 法治及其本土资源[M]. 北京：中国政法大学出版社，1996.

86. 秦国荣. 论中国法治现代化过程中的几个重大关系[J]. 山东社会科学，2000(5).

87. 刘敏. 论传统调解制度及其创造性转化——一种法文化学分析[J]. 社会科学研究，1999(1).

88. 范忠信. 中国法律传统的基本精神[M]. 济南：山东人民出版社，2001.

89. 张国华. 中国法律思想史新编[M]. 北京：北京大学出版社，1991.

90. 瞿同祖. 中国法律与中国社会[M]. 北京：中华书局，1981.

91. 李瑜青，等. 人文精神与法治文明关系研究[M]. 北京：法律出版社，2007.

后　记

法律社会学的研究已为国内学界普遍关注，一个很重要的原因就在于其重视法律的实现问题。转型中的中国法律承受着巨大的社会压力，对法律工作者、研究者来说，这既是事业发展的一种表现，同时也是有着深刻意义的巨大挑战。法律作为解决社会纠纷、实现社会控制的一种手段，保证其实现的有效性是最为重要的，而这必须要我们突破原来实证法学仅仅满足于法律体系内部的逻辑和语言问题的思维定式。但有很多东西要真正实践起来，需要进行大量的思考和研究，而研究有一个方法论得当与否的问题。在对中国改革开放 30 年成果的总结中，谈及法律社会学在其中的贡献，有的学者对此打分甚低，这不是这一学科本身的悲哀，而是我们学人在知识储备上还不能够满足我们这一时代的要求。

本书的创作正是基于以上的一些思考，希望通过教程的方式来进一步扩大法律社会学的传播。历史的进步总是从点点滴滴积累做起的，我们每一个学者脚踏实地地做一点工作，一座知识的大厦也就构筑了起来。在本教程的写作中，我们吸收了一部分运用法律社会学方法进行研究的学术论文精髓，通过对这些论文的点评，其目的是要我们了解法律社会学的知识或理论应当如何去应用，其应用的价值在哪里，它对法律实现的研究可以从哪些方面去推进法治的发展，如此等等。本教程每一章都是一个专题性问题的研究，反映了作者的一些独立见解，有些作品已在国内外重要学术期刊上发表过。

本书的写作凝聚了集体的智慧，我的同事以及博士研究生、硕士研究生也参加了本书的写作，具体分工如下：李瑜青：第一、二、三、五、六章；赵斌：第四章；李瑜青、赵昭：第七章；雷明贵：第八、十三章；李瑞、李瑜青：第九章；肖倩、李瑜青：第十章；李瑜青、张建、王荣：第十一章；田先纲：第十二、十五章；瞿琨：第十四、十七章；陈琦华：第十六章。撰写点评部分分工如下：王荣：第四、五、六、七、八章；张建：第九、十、十一、十二、十三章；赵昭：第十四、十五、十六、十七章。

在本教材的写作过程中，研究生赵昭承担了秘书工作，李瑜青、瞿琨设计了全书的整体结构，李瑜青承担了全书统稿工作。

对本教程在写作与出版过程中曾给予支持与指导的学界同仁，在此表示深深的谢意！

李瑜青

2009 年 8 月